项目资助

本书是教育部哲学社会科学研究后期资助项目"精准扶贫背景下基层公务员心态研究"(19JHQ067)的最终成果

精准扶贫背景下
基层公务员心态研究

An empirical study on construction
of mentality for grassroots civil servants
under the background of targeted poverty alleviation

谢治菊 / 著

中国社会科学出版社

图书在版编目（CIP）数据

精准扶贫背景下基层公务员心态研究/谢治菊著.—北京：中国社会科学出版社，2020.12

ISBN 978-7-5203-7381-4

Ⅰ.①精… Ⅱ.①谢… Ⅲ.①公务员—心理健康—研究—中国 Ⅳ.①D630.3

中国版本图书馆 CIP 数据核字（2020）第 193335 号

出 版 人	赵剑英
责任编辑	赵　丽
责任校对	赵雪姣
责任印制	王　超

出　　版	中国社会科学出版社
社　　址	北京鼓楼西大街甲 158 号
邮　　编	100720
网　　址	http://www.csspw.cn
发 行 部	010-84083685
门 市 部	010-84029450
经　　销	新华书店及其他书店
印　　刷	北京明恒达印务有限公司
装　　订	廊坊市广阳区广增装订厂
版　　次	2020 年 12 月第 1 版
印　　次	2020 年 12 月第 1 次印刷
开　　本	710×1000　1/16
印　　张	23
字　　数	343 千字
定　　价	128.00 元

凡购买中国社会科学出版社图书，如有质量问题请与本社营销中心联系调换
电话：010-84083683
版权所有　侵权必究

目　录

第一章　研究源起与调研说明 …………………………………………（1）
　一　研究背景及意义 ………………………………………………（2）
　二　研究现状及核心概念界定 ……………………………………（6）
　三　研究方法及调研说明 …………………………………………（13）

第二章　基层公务员心态建设的理论基础 ……………………………（20）
　一　街头官僚理论与基层公务员心态 ……………………………（20）
　二　认知五层级理论与基层公务员心态 …………………………（37）
　三　基层公务员心态建设的分析框架 ……………………………（43）

第三章　基层公务员心态现状调查 ……………………………………（48）
　一　基层公务员工作心态调查 ……………………………………（49）
　二　基层公务员社会心态调查 ……………………………………（56）
　三　基层公务员生活心态调查 ……………………………………（67）
　四　基层公务员精准扶贫心态调查 ………………………………（71）
　五　基层公务员对民众的信任心态调查 …………………………（79）

第四章　基层公务员职业倦怠心理调查 ………………………………（91）
　一　研究综述 ………………………………………………………（92）
　二　基层公务员职业倦怠心理测量 ………………………………（98）
　三　基层公务员职业倦怠心理成因 ………………………………（103）

第五章　基层公务员心态问题反思 …………………………………（120）
  一　基层公务员心态变化特征 ………………………………（121）
  二　基层公务员心态问题分析 ………………………………（125）
  三　基层公务员心态问题反思 ………………………………（130）

第六章　基层公务员心态形成机理 …………………………………（134）
  一　基层公务员心态形成的背景：工作环境 ………………（135）
  二　基层公务员心态形成的前提：角色冲突 ………………（143）
  三　基层公务员心态形成的土壤：行动逻辑 ………………（150）
  四　基层公务员心态形成的核心：思维观念 ………………（157）
  五　基层公务员心态形成的关键：文化制度 ………………（160）

第七章　基层公务员心态对辞职的影响 ……………………………（166）
  一　基层公务员的倦怠心理对辞职的影响 …………………（167）
  二　基层公务员的追责心理对辞职的影响 …………………（187）
  三　基层公务员的满意度对辞职的影响 ……………………（195）
  四　基层公务员的工作心态对辞职的影响 …………………（199）

第八章　大数据对基层公务员心态的影响 …………………………（216）
  一　大数据的概念与特征 ……………………………………（217）
  二　大数据时代心态研究面临的挑战与契机 ………………（219）
  三　大数据对基层公务员心态的影响 ………………………（223）

第九章　基层公务员心态调适的逻辑 ………………………………（231）
  一　前提：降低职业倦怠与提升自我效能 …………………（232）
  二　关键：提升参与水平与培育责任意识 …………………（249）
  三　核心：强化公平认知与增强获得感 ……………………（263）

第十章　基层公务员心态调适的路径 ………………………………（281）
  一　平衡主客观责任，减少基层公务员角色冲突 …………（282）

二　构建大数据平台，动态监管基层公务员行为 …………（291）
三　建构政策限度，积极调适扶贫干部心态 ……………（295）
四　健全体制机制，有力保障基层公务员权益 …………（301）
五　树立正确的价值观，调整公务员的角色期待 ………（308）
六　建立社会支持体系，科学减轻工作负担 ……………（311）

参考文献 ……………………………………………………（314）

附件1　基层公务员心态调查问卷 ……………………………（333）

附件2　基层公务员信任问题调查问卷 ………………………（341）

附件3　访谈对象一览表 ………………………………………（351）

后　记 ………………………………………………………（357）

第 一 章

研究源起与调研说明

据统计，截至2012年年底，全国公务员总数为708.9万人，其中60%在基层，被称作基层公务员。① 基层公务员的工作是回应民众需求的载体，其行为会对民众的生活产生实质性影响。正如李普斯基所言，由街头官僚所执行的政策通常是与人民关系最为密切且充满个性化的政策，这使得街头官僚行动势必会影响人民的生活。② 同时，基层公务员的工作会影响民众对政府治理体系的评价。中国的基层公务员是党和政府的象征，政治特色更加明显，他们的工作与行动映射着政治结构和政治制度的整体形象，在特定场域下构成了民众评价政府的经验基础。但是，面对社会转型关键时期的到来，作为管理基层社会公共事务的一类特殊群体，我国政府公务员尤其是基层政府公务员正承受着前所未有的巨大压力。尤其是随着国家对农村政策的调整，基层公务员的稳定感消失、危机感加深，以致其在公众形象、工作方法、服务本领、收入水平等方面形成了巨大的反差，由此造成心态不平衡。总体来看，目前我国基层政府公务员的心态不容乐观，工作压力、环境压力、心理压力和生活压力较大，普遍存在"转向市场经济的落差心理、引入问责体制的担忧心理、职务晋升的巨大压力心理和唯权是用的寻租交易心理"③。这说明，为提

---

① 胡颖、廉叶岚：《大数据解读真实基层公务员》，《决策探索》2014年第11期。
② Lipsky M., *Street-level Bureaucracy: Dilemmas of the Individual in Public Service*, NY: Russell Sage Foundation, 2010, p.8.
③ 宋丽红：《转型时期中国基层公务员心理健康问题的主要表现》，《哈尔滨师范大学社会科学学报》2012年第1期。

升基层公务员在变革环境下捕捉机会与迎接挑战的能力，调动基层公务员的工作积极性与创造性，关注新时代基层公务员心理与心态问题已刻不容缓。

一 研究背景及意义

2018年深圳市的"两会"上，不少人大代表提出建议启动基层公务员心理健康促进计划，对基层公务员的心理健康进行普查并建立档案。之所以有这样的建议，是因为部分基层公务员的压力大，心理健康出了问题。2016年的调查显示，67.5%的基层公务员认为压力源来自工作量，57.9%的来自晋升，51.4%的来源于薪资待遇，41.9%的认为来源于领导。① 公务员的心理为何会出问题，其主要原因在于"工作太累、晋升太难、待遇太低、领导太难伺候"。其实，人大代表为基层公务员发声，这不是第一次，早在2011年，时任全国人大代表、浙江省委组织部副部长陈小恩就呼吁，要加大基层一线公务员选拔培养的力度，加强省市机关向县、乡公务员的选调力度。2016年，300余名江西网友组织策划了微信圈"全国两会江西朋友圈"，就提高基层公务员的待遇献计献策。在朋友圈中，有人大代表提出，基层公务员尤其是乡镇基层公务员工作辛苦，生活条件偏差，待遇偏低，面临的买房、结婚、生子、养家压力较大，希望国家能考虑提高他们的待遇。② 无独有偶，在百度里输入"基层公务员心态、心理健康或工作压力"之类的词，居然有上百条，大部分是吐槽和抱怨，内容主要集中在以下几点：一是基层公务员直接面对群众，在社会矛盾聚集的背景下，压力大；二是上层政府领导的思维还停留在管理型政府阶段，却要求基层政府做服务型政府，难度大；三是基层公务员的权责利不对等，简政放权的结局是责任层层下移，越到基层，事

---

① 《基层公务员为什么压力那么大，他们有什么心理问题吗？》，https://www.zhihu.com/question/267635896。
② 程世杰：《全国两会江西朋友圈：建议提高基层公务员和村干部待遇》，2016年3月，http://news.eastday.com/eastday/13news/auto/news/china/20160306/u7ai5370551.html。

情越多，责任越大，财权和事权却依然留在上级政府；四是基层升职难，天花板效应明显，许多人以科员的身份一干到底；五是基层待遇偏低，无论是与工作付出相比、与同级别上级部门相比还是与物价相比，基层公务员的收入感都十分低下，这严重挫伤了他们的工作积极性；六是加班多，"白+黑""5+2"的工作成为常态，这对基层公务员的家庭和生活带来了严重影响。可以说，"压力大、收入低、加班多、任务重、晋升难"是基层公务员之所以抱怨的根源。这些抱怨有一定的合理性，与近年来行政生态环境的变化亦有很大的关联。

首先，农业税的减免增加了基层干部的压力。从 2006 年 1 月 1 日起，在中国已开征 2600 年的农业税宣告结束。减免农业税，对广大农民是好事，也是基层干部翘首以盼的事。但是，农业税减免后农民的日子虽然好过了，基层政权的运行却更加艰难。不仅乡镇面临巨大的经济负担、错位的成本负担，基层公务员还面临沉重的心理负担，一些干部对改革不满，对工作厌倦，放任自流的消极情绪明显。① 同时，农业税减免后乡镇政府大都不再重视农业，农民也大都逃离故土，外出打工，以致农业资源大量损耗，农村空心、家庭空巢、耕地荒废、土地贫瘠、留守儿童增多是其典型表现。在此背景下来谈乡村振兴，基层公务员的工作压力和工作难度不言而喻。

其次，"八项规定"等各项禁令增加了基层公务员的焦虑感。"八项规定"等各项禁令对基层公务员的影响总体上是积极的，因为有研究表明，"八项规定"至少带来了会风的改变、大大压缩了没有实效的表彰评比活动、让公务员从人情负担中解脱出来。② 但是，自"八项规定"以来，基层公务员承担的责任更重、面临的舆论监督更严苛、需要的能力素养更高已是不争的事实，基层公务员的发展遭遇个人价值的困局、职业发展的困惑和理想信念的困扰。据人民网调查，薪水低、工作难、心情烦，

---

① 赵理彦：《免征农业税后乡镇基层政府面临的问题及解决对策》，《中国市场》2007 年第 13 期。

② 周蓬安：《作为基层公务员，我因"八项规定"而受益》，2013 年 12 月，法制网http://news.eastday.com/eastday/13news/auto/news/society/u7ai382389_K4.html。

成为"八项规定"后基层公务员普遍的心理状态。再加上职业发展的"天花板效应",不少干部日渐陷入迷茫,然而这些问题并未得到有效重视。尽管根据浙江省心理卫生协会的调查,29.3%的公务员存在心理健康问题,这一比例在基层公务员队伍中更高,但相应的调适机制如心理健康维护、心理健康培训和心理健康专业训练并未及时启动,以致基层公务员的"考核焦虑""显绩焦虑""人际焦虑"等情绪越发明显。① 有人对"八项规定"后基层公务员的思想状况进行了调查。结果发现,自"八项规定"以来,基层公务员普遍存在对新政策措施的认同感、对各方面压力的焦灼感、对工作的疲惫感和对未来的迷茫感,在职业操守与官场生态、心理预期与严峻现实、自身能力与社会期望、个人发展与体制固化之间存在重重矛盾。② 此外,"八项规定"后,基层公务员的灰色收入和隐形收入普遍减少,福利几乎全取消,这本是好事,但这滋生了部分基层公务员的不满情绪。③ 据人民网对12156名网民的调查,"八项规定"后,73.1%的被调查者认为基层干部工作动力不足,64.4%的人认为官员的行为更趋于保守,"求稳怕乱"的心态更为明显。④ 这说明,在"八项规定"等各项禁令之下,基层公务员的心态已开始发生变化,焦虑等心理健康问题更为明显。

最后,精准扶贫强化了基层公务员的职业倦怠。精准扶贫是习近平总书记2013年11月到湖南湘西考察时提出的重要思想,核心要义是针对不同的贫困环境、贫困人群、贫困状况、贫困成因,坚持分类施策、因人施策、因地施策、因贫困原因施策、因贫困类型施策,做到精准识别、精准帮扶、精准监管和精准脱贫。2014年3月,习近平总书记在"两会"上再次对精准扶贫的理念进行了阐释,并在2017年党的十九大报告中提

---

① 孟令国:《新常态下基层公务员的心理特质及调适策略》,《绍兴日报》2015年4月12日第3版。
② 黄杰、王培智:《"八项规定"后江苏基层公务员思想状况调查》,《学海》2015年第6期。
③ 《公务员福利待遇:八项规定后福利全取消》,《现代快报》2015年1月18日第6版。
④ 《八项规定以来公务员生存现状》,2014年7月5日,https://www.liuxue86.com/a/2307673.html。

出了 2020 年"贫困全摘帽"的伟大蓝图。但是,由于扶贫涉及的部门多,诸如发改、扶贫、社保、医疗、教育、农业、水利、交通、财政、电力、住建等,各个部门在总体要求下都拿出相应的贫困治理方案,而方案的最终落实都是要依靠乡镇来完成。因此,在基层总是会感受到来自各个部门的压力。尤其是当前扶贫工作的一项要求是精准,要做到精准就意味着有大量的调查材料、数据、图表以及照片等,并且在数字治理的背景下,这些都还要录入系统。[①] 于是,乡镇公务员白天忙常规工作,晚上、周末或节假日忙入户和填表,这导致了大量的"周末夫妻""月度夫妻",基层干部的心态可想而知。难怪有人发出了"要对扶贫干部的物质和心理进行'精准扶贫'"的呐喊。[②]

简言之,随着经济转型、政府转型和社会转型互动叠加的敏感时期的到来,我国广大基层政府公务员面临更加复杂的外部环境和更趋脆弱的基层治理环境。尤其是农村税费改革后,在建设社会主义新农村的大背景下,国家对农村采取了"多予、少取、放活"的政策,基层工作性质的变化引发了基层公务员心态的变化;再加上新一届中央领导执政以来,从中央到地方强力推进作风建设和反腐倡廉,各项规定、禁令不断出台;此外,新时代的脱贫攻坚任务繁重,这让基层公务员的压力倍增,职业倦怠感更为明显。在此背景下,无论是公务员的工作方式、生活方式还是交往方式都会发生很大的变化,这些变化将会对基层公务员的心态造成强烈冲击。心态决定心情,心情决定状态。作为国家公职人员,基层公务员心态的好坏事关基层公共事务的治理效果,事关百姓的安危冷暖,必须予以足够的重视。

基于此,本书有重要的价值与意义,具体表现:第一,从角色冲突、工作环境、思维观念、行动逻辑、制度文化五个层面诠基层公务员心态的形成机理,从理论建构、现实分析、问题反思、形成机理、影响危害、调适策略六个方面系统阐释基层公务员心态,可以帮助构建并完善新时

---

① 《精准扶贫中的基层扶贫干部》,2016 年 3 月 28 日,https://wenku.baidu.com/view/6756ab2c974bcf84b9d528ea81c758f5f61f291e.html。

② 赵晓明:《应考虑对基层公务员"精准扶贫"》,《中国社会报》2016 年 7 月 4 日第 8 版。

代基层公务员心态分析的理论体系；第二，运用人类认知五层级理论来诠释基层公务员心态，将公务员心态的影响机制分为神经机制、心理机制、语言机制、思维机制和制度文化机制，着重探讨心理机制、思维机制和制度文化机制对基层公务员心态的影响，能够拓展基层公务员心态的研究范畴；第三，通过大规模实证调查，首次系统掌握基层公务员的真实心态，为调动新时代基层公务员工作主动性和积极性，提升扶贫效果提供参考；第四，在实证调查的基础上，制定新时代基层公务员的激励机制和考核体系，为合理调适基层公务员心态提供帮助；第五，运用大数据对基层公务员心态变化进行精确分析，以案例的形式阐释大数据对基层公务员心态的影响，为科学预测基层公务员心态变化提供依据；第六，通过培育基层公务员的健康心态规范其行政行为，可为提高基层政府工作效率、提升基层公共事务治理效果和增强基层政府公信力提供借鉴。

二 研究现状及核心概念界定

所谓基层公务员，指在县及其以下公共部门工作、依法履行公职、由国家财政供养的工作人员，即李普斯基笔下的"街头官僚"。街头官僚并非指街面上的工作人员如中国的"城管"，而是以空间隐喻的方式表征与公共服务对象直接接触的基层工作人员。根据李普斯基的描述，"工作中与公民直接互动，并且在工作实施中拥有实质自由裁量权的公共服务工作者"都可称为街头官僚。[①] 本书赞同这一观点，将基层公务员归结为县、乡（镇）两级政府工作人员，包括公务员和事业单位两种编制，不包括在基层工作的临时工和合同工。考虑到村干部是乡村治理的重要主体，事实上承担了大量的行政事务，故而部分特殊村干部的心态也是本书的研究对象。

---

① Lipsky M., *Street-level Bureaucracy: Dilemmas of the Individual in Public Service*, NY: Russell Sage Foundation, 2010, p. 3.

基层公务员心态是指基层公务员对自己工作、生活、学习等的基本看法及其在此过程中的言行表现。基层公务员的心态包括工作心态、社会心态与生活心态，其中工作心态是最重要的构成，意指基层公务员在参与基层公共管理的过程中所表现出来的基本心理状态及其情绪反应。基层公务员心态在很大程度上会影响其工作质量、服务水平和办事效率，从而进一步影响政府政策执行情况、政府公信力以及政府工作效率。为此，学界进行了一定程度的研究，这些研究主要聚焦于以下五个方面。

首先，关于心态的理论研究，在社会学、心理学、政治学、管理学、历史学等领域都能找到踪迹。在社会学领域，迪尔卡姆的研究较早。他指出，心态与心理是有区别的概念，前者是一种集体行为，是后者的个别情况，后者更多的是个体行为。他批判道："当然，心态和心理除存在明显的差异之外，也存在暂时没发现但将来可能发现的相似。"① 这说明，不能单从心理学的角度来研究心态问题。布迪厄是社会学领域研究心态的另一位重要学者。他主张从历史的角度考察不同社会结构中的"行动者"。他认为任何心态的形成过程，都会受到主客观世界的双重影响，反过来，社会中的心态因素也会对社会结构有积极的作用。② 布迪厄的心态理论对基层公务员的心态有重要的借鉴。其一是明确了心态和行为的因果关系，心态是因，行为是果，心态是人们生存方式、行为方式、行为规则的总根源。③ 因此，基层公务员的心态对其行为选择和情绪状态有重要的影响。其二是心态内化于个体并对个体行为进行无意识的协调，即"把个体放在铸模中并让个人无意识地实现各种社会活动的模式"④。

在心理学领域，从学术轨迹看，古斯塔夫·勒庞、弗洛伊德、F. M. 米尔斯、G. 霍曼斯和 K. T. 斯托曼分别在群体心态、小群体心态、个体分析和情绪分析等领域做出了贡献。⑤ 其中，庞勒认真剖析了感情、理

---

① ［法］E. 迪尔卡姆：《社会学方法的准则》，狄玉明译，商务印书馆 2006 年版，第 15 页。
② 高宣扬：《当代法国思想五十年》，中国人民大学出版社 2005 年版，第 4—5 页。
③ 高宣扬：《当代法国思想五十年》，第 4—5 页。
④ 高宣扬：《当代法国思想五十年》，第 4—5 页。
⑤ 张静、谢新水：《行政心态：理论基础及概念考察》，《学术论坛》2011 年第 8 期。

想、信念等对群体心态的影响,并对不同群体如选民、议员、罪犯的心态进行了分类研究,并指出群体心态都有非理性特征。① 庞勒的心态观对基层公务员的心态研究有重要的启示,只是由于公务员所在的行政系统是一个理性的系统,因此,公务员的心态顶多带有一定的非理性成分,并不是存在明显的非理性心态。米德提出应从"社会态度"的角度来关注心态。他认为,社会态度的形成是社会组织进入个体心灵的过程,个体心态受组织成员心态的影响比较明显。② 鲍桑葵试图将心理学的概念应用于国家公共意志的形成,从道德观念的角度来解释个体心态对职业行为的影响。他说:"我们的职业像邻里关系一样,会给我们的身心都打上烙印。"③ 米德从"社会态度"来研究心态的观点对研究公务员心态的价值在于:一方面,作为官僚制组织的成员,公务员专权垄断、僵化教条等心态是由官僚制组织本身的特性决定的;另一方面,集体心态对公务员个体行为的影响较大,因此党的十八大以来的各项禁令和严厉反腐营造的风清气正的行政生态环境对培育基层公务员良好的心态有重要的作用。因为,"只有在我们能够采取共同体的态度然后做出反应的范围里,我们才会有种种观念"④。因此,党的十八大以来,我国基层公务员的心态整体向好,工作积极性、满意度有所提升。⑤

至于其他领域的心态理论,布洛赫从历史学的角度探讨了宗教心态,认为宗教心态是不同区域环境和文化相互作用的结果。⑥ 由于农业社会是政教合一的社会,故而布洛赫的宗教心态很大程度上可以视为当时执政者的执政心态,这一心态对当时的社会行为和情感倾向有很大的

---

① [法]古斯塔夫·勒庞:《乌合之众——大众心理研究》,冯克利译,广西师范大学出版社2008年版,第51页。
② [美]乔治·H. 米德:《心灵、自我与社会》,赵月瑟译,上海世纪出版集团2005年版,第5、141页。
③ [英]鲍桑葵:《关于国家的哲学理论》,汪淑钧译,商务印书馆2006年版,第297页。
④ [美]乔治·H. 米德:《心灵、自我与社会》,赵月瑟译,上海世纪出版集团2005年版,第141—142页。
⑤ 谢治菊:《十八大以来基层公务员心态变化及调适研究》,《中共福建省委党校学报》2018年第4期。
⑥ [法]马克·布洛赫:《封建社会》(上卷),张绪山译,商务印书馆2005年版,第156页。

影响。柏拉图从政治哲学的角度研究了心态。他在《理想国》中将人分为金、银、铜、铁四种类型，每种类型对应不同的心灵和职责。① 他指出，国家是一个共同体，每种类型的人在共同体中都有独特的精神模式，这些模式使他们以不同的方式服从共同体的利益，这种服从是一种共同体行为，行为的质量取决于共同体成员心灵深处的质量。② 法国学者迪韦尔热将一个阶级的心态等同于阶级意识，认为阶级心态是存在于某个特定阶级的主观感觉和意识。③ 这种意识与物质要素如财富、生产资料一起，构成了马克思主义者划分阶级的依据。其实，阶级意识引发的群体心态，是一种属于但超然于个体心灵的团队精神和集体灵魂，这恰是公共行政所主导的，也是基层公务员在行政行为中呈现出的集体意识。

其次，对公务员心态进行理论建构。此建构工作主要由国外的学者来完成。例如，Lipsky 指出，基层公务员也是怀揣着对职业的热爱、服务公众的理念和做出贡献的期盼而加入该队伍，但基层公共事务的繁杂、公共资源的短缺、人手的不足、处理方式的不确定性和当事人的不可预测性让他们的抱负和志向一再受到打击，滥用自由裁量权的消极心态由此形成④；库珀认为，公务员的心态受伦理责任的影响，拥有更多主观伦理责任的公务员有更多的良知，更懂得感恩⑤；全钟燮将公共行政的建构分为理性建构和社会建构，认为社会建构下的公务员更具有自我省察、批判性反思、参与式互动的美德，此种美德有利于塑造良好的心态⑥；沃拉斯则指出，政治行为是人性和环境接触的结果。环境中的许多因素刺

---

① [古希腊] 柏拉图：《理想国》，郭斌和、张竹明译，商务印书馆 2002 年版，第 314 页。
② [英] 鲍桑葵：《关于国家的哲学理论》，汪淑钧译，商务印书馆 2006 年版，第 49 页。
③ [法] 莫里斯·迪韦尔热：《政治社会学——政治学要素》，杨祖功、王大东译，东方出版社 2007 年版，第 126 页。
④ Lipsky M., *Street-level Bureaucracy*: *Dilemmas of the Individual in Public Service*, NY: Russell Sage Foundation, 2010, p. II.
⑤ [美] 特里·L. 库珀：《行政伦理学：实现行政责任的途径》，张秀琴译，中国人民大学出版社 2010 年版，第 98 页。
⑥ [美] 全钟燮：《公共行政的社会建构：解释与批判》，孙柏瑛等译，北京大学出版社 2008 年版，第 126 页。

激着人们的感官，人们出于本能或后天的知识，认识到它们的重要性，并把它们连同有关的象征性符号保存在感觉和记忆中，这些认识的自动的、无意识的活动变成了人的情感和行动。① 按照沃拉斯的观点，许多人都是在下意识或非理性的情况下形成政治见解的。正因为如此，一旦政治情感与金钱挂钩，就会出现少数人控制多数人的情况，进而导致不正常的现象。沃拉斯的著述为探知公务员在政治活动中的心理机制提供了重要的借鉴。其实，这些著述虽内容不一、侧重点不同，但均倡导一种思想，即作为行政系统主要构成的公务员，其责任意识尤其是主客观伦理责任的建构对行政系统的高效运行有重要的作用。② 而公务员的责任意识受心态的影响较大，积极乐观的心态对公务员公共精神的培育、公共责任的承担、公共品质的塑造有重要的正向促进，反之亦然。这意味着，公务员积极健康的心态对行政系统的运行至关重要。

再次，对转型期基层公务员的心理健康进行实证调查。调查显示，基层公务员心理健康问题不容忽视，仅有48.7%的受访者表示对自己的心理健康满意，普遍存在转向市场经济的落差心理、人际关系敏感的戒备心理、知识观念更新的紧张心理、引入问责体制的担忧心理、心理沟通不畅的压抑心理、职务晋升的巨大压力心理、官至富随的逐利获益心理和唯权是用的寻租交易心理。③ 这些心理对他们的职业倦怠有重要的影响。数据表明，78.9%的基层公务员存在不同程度的职业倦怠。④ 而心理健康在基层公务员角色压力对工作倦怠的影响关系中具有显著的调节作用，心理健康状况的提升使得角色超载对人格解体的影响有所减弱，反之亦然。⑤ 因此，让基层公务员拥有健康的心理，对推动其不断规避心理

---

① ［英］格雷厄姆·沃拉斯：《政治中的人性》，朱曾汶译，商务印书馆1995年版，"序言"。
② William Galston, *Liberal Purposes: Goods, Virtues and Duties in the Liberal State*, Cambridge University Press, 1991, p. 32.
③ 宋丽红：《转型时期中国基层公务员心理健康问题的主要表现》，《哈尔滨师范大学社会科学学报》2012年第1期。
④ 国务院发展研究中心人力资源研究培训中心课题组：《公务员压力与心理健康现状调查》，《西部大开发》2012年第8期。
⑤ 郑建君：《基层公务员角色压力与工作倦怠的心理健康调节作用》，《哈尔滨工业大学学报》（社会科学版）2015年第1期。

困境、完善人格特质、培育公共情怀与公共精神、调动工作主动性与积极性、提升公共事务管理与社会环境适应能力有一定的帮助，对进一步提高基层政府行政效率、提升基层公共事务治理效果、提高基层政府公信力亦有一定的参考。

复次，对党的十八大前后基层公务员心态变化进行分析。党的十八大之前，基层公务员心态变化主要是受社会转型、税费改革的影响。薛泽通指出了此种影响下基层公务员心态变化的现状及调适的动因、路径[1]；郑建君则从积极和消极心理状态两个方面进行研究，积极心态主要从心理健康、幸福感和心理资本状况进行探讨，消极心态主要从角色压力和工作倦怠情况进行分析。[2] 党的十八大之后，受八项规定和精准扶贫的影响，基层公务员心态再次发生变化，此变化有两种取向：一种认为，党的十八大以来的从严治党，逐渐培养了一大批敢于担当、勇于奉献的公务员，这些公务员责任心强、心态积极、任劳任怨，大部分积极向上，个别存在懒政、迷茫失落、急功近利等消极心态。[3] 正如周蓬安所指出的，"八项规定"带来了三个方面的新气象：一是会风的改变。"八项规定"出台后，不但参会次数大大减少，"开短会、讲短话，力戒空话、套话"已经成为主流会风，因为针对性强，参会者也不再感到枯燥无味。二是大大压缩了没有实效的表彰评比活动。"八项规定"后表彰评比活动被大大压缩后，基层公务员就可以腾出更多的时间去做自己的本职工作，同时也减少了评比达标中滋生出的荣誉腐败、权钱交易，基层组织明显减少了土特产、纪念品的开销。三是让公务员从人情负担中解脱出来。过去每到年底，单位总是购买一批贺卡、明信片，让向上级机关、关联部门的相关人员寄发。这种类似于逢年过节互发手机短信息联络感情一样，实际上已经弄成"人情负担"，也造成了较大的浪费和对环境的破坏，中纪委严禁公款购买印制寄送贺年卡等物品的规定出台后，公务员

---

[1] 薛泽通：《当代基层公务员的心态变化及调适》，中共中央党校出版社2007年版，"序言"。
[2] 郑建君：《基层公务员心理状况实证研究》，中国社会科学出版社2013年版，"序言"。
[3] 龚云：《十八大以来公务员心态有何变化》，《人民论坛》2017年第8期。

也就从这一人情负担中解脱出来。① 另一种则强调，"八项规定"让公务员的隐性收入和福利大大减少，部分公务员牢骚满腹，考虑辞职的人越来越多。② 这样的情形在基层公务员队伍中更为明显。受工作环境艰苦、工资待遇不高、晋升通道狭窄等客观因素的影响，党的十八大以来，部分基层公务员存在安于现状、态度恶劣、谋求私利的消极心态。③ 正是由于有这样的消极心态，有学者呼之"公务员的辞职热"已经来临。根据智联招聘《2015春季人才流动分析报告》，公务员跨行业跳槽比例比2014年同期上涨了34%，公务员群体竟成为跳槽最活跃的白领。④ 这说明，随着税费改革的推进和社会转型的到来，在精准扶贫的压力下，作为管理基层社会公共事务的特殊群体，我国基层公务员正承受着前所未有的巨大压力。

最后，通过质性分析简单描述精准扶贫中基层干部的心态。钟涨宝、李飞以武汉市H区Q村为例，以质性分析的方法和叙述化手段，分析了精准扶贫中贫困户、普通农户、村民代表及党员、富人、村干部、驻村干部的心态及其成因，明确指出村干部在精准扶贫中有"照章办事完成扶贫任务、开拓创新谋求长远规划"两种心态。⑤ 孙萌指出，部分公务员精准扶贫工作流于形式、走马观花，存在"敷衍塞责的应付心态、事不关己的抵触心态、以权谋私的补偿心态、急于求成的跟风心态"⑥。孙萌所指出的公务员心态在精准扶贫中比较典型，此种心态对扶贫成效会产生严重的负面影响，但现有的研究并没有去探讨这些影响，更没有对精准扶贫中基层公务员的具体心态进行实证调查、定量分析和类型化阐释。

就此而言，虽然上述研究可以为本书提供一些案例、素材和思路

---

① 周蓬安：《作为基层公务员，我因"八项规定"而受益》，2013年12月，法制网http://news.eastday.com/eastday/13news/auto/news/society/u7ai382389_K4.html。
② 孙爱东、胡锦武：《禁令之下公务员心态调查》，《决策探索》2014年第2期。
③ 梁永：《贫困地区乡镇公务员消极工作心态探析》，《中共山西省委党校学报》2010年第2期。
④ 戴玉：《"公务员辞职潮"来了吗？》，《南风窗》2015年第8期。
⑤ 钟涨宝、李飞：《插花贫困地区村庄的不同主体在精准扶贫中的心态分析》，《西北农林科技大学学报》（社会科学版）2017年第2期。
⑥ 孙萌：《精准扶贫要杜绝四种不良心态》，《领导科学》2017年第27期。

借鉴，但这些研究明显有三个方面的不足：一是研究方法以质性研究和叙事分析为主，没有实证调查和量化分析，这不能全面、有效地反映党的十八大以来基层公务员的心态；二是研究对象以普通公务员的普通心态为主，缺乏对基层公务员尤其是西南地区基层公务员心态的专门研究，这在"全员扶贫、乡村振兴"的当下，对优化扶贫资源配置、强化扶贫政策执行和提升扶贫效果是极其不利的；三是研究内容聚焦于基层公务员心态的静态描述和现状分析，对基层公务员心态的动态变化、形成机理和调适路径缺乏系统、深入的研究，这凸显出本研究的重要性和必要性。

三 研究方法及调研说明

研究方法是指在研究中发现新问题或新现象，提出新观点或新理论，揭示事物内在规律和逻辑联系的工具和手段。就某种意义而言，研究方法决定着科学研究的内容与质量，这说明研究方法对科学进步、学科建设和学术规范均有重要的作用。归纳起来，本书使用的方法主要有以下四种。

（一）批判性诠释

科学哲学所指涉的批判具有两层意蕴：一是指对科学哲学方法的内在批判，二是对社会现象本质的逻辑思维的怀疑。批判性诠释的意思是研究者并不用一个固定的理论来进行研究，而是尝试让自己成为社会或文化的批判主义者，通过研究的路径来达到社会改造之目的。批判理论把批判视为社会理论的宗旨，认为社会理论的首要任务就是否定，而否定的主要手段就是批判，批判的对象除了文化、世界观和意识形态外，就是现存的社会制度。这种反对实证主义的社会建构十分注重理论与实践的统一，在本体论上是一种"历史现实主义"，承认客观事实的存在，强调对社会现实的批判和否定。沃尔泽认为，"要做好批判，批判者必须在情感上和知识上都有所超脱，情感上的超脱指脱离与被批判者的利害关系，尽量做到公正无私；知识上的超脱指批判者必须具有开阔的眼界、开明的眼光"①。公共行政学家杰·怀特认为，公共行政领域有解释性、诠释性和批判性三种研究取向。目前，解释性的研究使用较多，批判性和诠释性的研究使用较少，这是不恰当的。鉴于此，本书使用较多的是批判性诠释的方法。例如，在对基层公务员心态的形成机理中，批判性诠释能够帮助找到党的十八大以来基层公务员心态变化的逻辑与动因。正如朱恩所说："批判理论为行政管理提供一个解释性的方法。通过摒弃制度对人类非人道的统治以及行政人员惯常性的行为，批判的行政管理理论根据行为如何符合伦理道德和行动，怎样负有责任来理解和解释所存在着的行为和行动。"② 要对党的十八大以来基层公务员的心态及其行为进行阐释，批判性阐释的方法必不可少。

（二）规范性研究与实证性研究相结合

实证研究离开了理论探讨与规范分析就会流于单纯的事故描述。规范分析是理论研究不可或缺的分析工具，规范性研究意味着"应当怎么样"，描述的是事物的应然状态，注重事物的价值、标准方面的研究。本书以人类认知五层级理论和街头官僚理论作为理论基础，对党的十八大以来基层公务员心态的变化、影响因素及其形成机理进行规范研究。但是，规范性方法往往预置某种先入为主的价值前提，这使其很难摆脱研究者本身的价值偏好，实证方法恰好弥补了这些不足。所以，本书还以大规模的实证调查材料为依据，用问卷调查的方式对党的十八大以来基层公务员心态变化的特征、趋势和愿景进行科学统计，用深度访谈的方式寻找基层公务员心态变化的深层逻辑，用经典个案对基层公务员的典型心态进行追踪，以期对党的十八大以来基层公务员心态进行深度建构。

---

① ［美］迈克尔·沃尔泽：《阐释和社会批判》，任辉献、段鸣玉译，江苏人民出版社2010年版，第44页。
② ［美］J. S. 朱恩：《行政管理的新视维：解释和批判理论》，孟凡民译，《北京行政学院学报》1999年第3期。

（三）案例分析法

案例分析侧重对单一事件或活动做详尽的分析，他所运用的方法和技巧具有弹性，通过一组典型案例的分析能够较生动直观地反映某一现象的发展历程，解释某一事物发展的历史与现状。本书将选取"安顺塘约经验""秀水五股扶贫""六盘水三变改革"等典型案例中基层公务员的心态，对这些经典案例进行全面梳理和系统分析，生动揭示十八大以来基层公务员积极心态的形成脉络，增强文章的可读性和说服力。

（四）比较研究法

比较研究法是根据一定的标准，对两个或两个以上有联系的事物进行考察，寻找其异同，探求普遍规律与特殊规律的方法。按属性的划分，比较研究可分为单向比较和综合比较；按时空的要求，比较研究可分为横向比较与纵向比较；按目标的指向，比较研究可分为求同比较和求异比较；按比较的性质，可分为定性比较和定量比较。本书主要采用的横向比较和纵向比较。所谓横向比较，就是利用一定的方法将基层公务员的心态与普通民众的心态进行比较，以找寻基层公务员心态形成的特殊机理；所谓纵向比较，就是对基层公务员的心态变化进行历史叙事，重点对比十八大前后基层公务员心态的变化及成因。如此一来，以普通民众为参照，将公务员心态的变化置于基层政权变革和乡村治理模式嬗变的历史洪流中，这对深度理解新时代基层公务员心态的形成机理有重要的帮助。

为深入了解十八大以来基层公务员心态情况，课题组先后10余次到贵州、重庆和四川3省（市）公务员管理局和基层政府做大规模问卷调查和深入访谈。调查共涉及30余个县（市、区）130余个乡镇（街道）和县属部门，共获取有效调查问卷3209份，其中，贵州省1478份，四川省805份，重庆市926份，3省（市）问卷的回收率分别为92.4%、80.5%和92.6%。为保证调查样本的代表性，虽属于同一级别，但考虑到街道办事处和乡镇政府的性质和工作内容、工作对象不同，课题组首先将调查范围分为乡镇机关、街道办事处和县属职能部门3类；在此基础上，选取分管土地、财政、扶贫、社保、信访、维稳和福利等民生领域的重点人群进行调查，调查对象既有基层公务员，也有基层事业编制工作人员。调查对象背景变量如表1—1所示。

表1—1　　　　　　　调查对象背景变量（N=3209）

背景变量		百分比（%）	背景变量		百分比（%）	背景变量		百分比（%）
性别	女	40.1	政治面貌	群众	28.5	民族	少数民族	44
	男	59.9		党员	71.5		汉族	56
文化程度	专科及以下	18.7	职位	科员	53.7	婚姻状况	未婚	25.6
	本科	70.4		科长	33.8		已婚	71
	研究生及以上	10.8		处长	12.5		离异	3.4
工作年限	5年以下	35.8	本部门工作年限	5年以下	57.2	年收入	5万元以下	2.7
	6—10年	19.3		6—10年	20		5万—10万元	73.4
	11—20年	21.8		11—20年	11.6		10万—15万元	21.6
	20年以上	23.1		20年以上	11.2		15万元以上	2.4
年龄	16—30岁	38.2	工作部门	乡镇政府	43.2	省市	贵州省	46.1
	31—45岁	48.7		县直机关	45.5		重庆市	28.8
	45岁以上	17.1		街道办事处	11.3		四川省	25.1

从表1—1可知，调查对象男性占59.9%，略多于女性；10年以下工作年限的人稍多，比10年以上多10%；少数民族公务员占44%，汉族占56%；文化程度为本科的公务员占70.4%，科级以下、科长和处长的比例分别为53.7%、33.8%和12.5%；年收入在10万元以下的公务员占多数，高达76.1%，10万—15万元的占21.6%，15万元以上的为少数，占2.4%；年龄在31—45岁的公务员最多，占48.7%，说明调查的公务员以青壮年为主；调查的对象中，乡镇政府、县直机关和街道办事处的被调查者员比例分别为43.2%、45.5%和11.3%，这也符合基层公务员的身份定义。

调查同时还获得 100 余个深度访谈或集体座谈记录，总时长 3622 分钟，涉及 120 多余基层公务员，详见文章附录。

为准确、有效地整理数据，本次所有调查问卷均采用 SPSS 20.0 进行分析。考虑到调查对象的背景变量在后面的章节中会多次用到，因而先对其进行编码，编码的具体情况见表 1—2。编码后，对有所的问卷进行单变量频数描述、多选项频数描述、二变量交叉列表描述、二变量相关卡方检验、双变量相关分析、信效度分析、均值比较和回归分析等。在数据录入的过程中，为了保证数据的真实性，课题组严格筛查了无效、无用与重复的问卷。另外，本次调查的访谈记录均是第一手原始资料。为了保证访谈的全面性、真实性、原创性，以防遗漏与添加，每次访谈均有两个被调查者在场记录，并在调研后即时进行了整理。本书主要使用了 SPSS 中以下 7 种数据分析方法。

表 1—2　　　　　　　　调查对象背景变量编码

序号	背景变量	编码情况
1	省市	1 = 贵州省，2 = 重庆市，3 = 四川省
2	性别	1 = 女，2 = 男
3	年龄	1 = 16—30 岁，2 = 31—45 岁，3 = 45 岁以上
4	民族	1 = 少数民族，2 = 汉族
5	文化程度	1 = 大专及以下，2 = 本科，3 = 研究生
6	职位	1 = 科员，2 = 科长，3 = 处长
7	婚姻状况	1 = 未婚，2 = 已婚
8	工作年限	1 = 5 年以下，2 = 6—10 年，3 = 11—20 年，4 = 20 年以上
9	本部门工作年限	1 = 5 年以下，2 = 6—10 年，3 = 11—20 年，4 = 20 年以上
10	年收入	1 = 5 万元以下，2 = 5 万—10 万元，3 = 11 万—15 万元，4 = 15 万元以上
11	政治面貌	1 = 群众，2 = 党员
12	工作部门	1 = 乡镇政府，2 = 县直机关，3 = 街道办事处

（1）频数分析（Frequencies）。包括次数分配、百分比、平均数与标准差，用以分析受试者各背景变量的资料以及单选题、多选题上的各项

施测结果。

（2）交互分析（Cross tabulation Analysis）。交互分析所采用的方法是通过双变量的交互汇总，计算出行变量与列变量的对应关系，如计算交互变量的频次、行百分比（或列百分比）、总百分比或卡方检验以及双变量的相关系数。

（3）线性回归分析（Liner Regression Analysis）。回归分析是确定两种或两种以上变量间相互依赖的定量关系的一种统计分析方法。根据自变量的多少，可分为一元和多元回归。线性回归分析表示自变量和因变量之间是一条接近直线的关系。线性回归侧重于考察变量之间的数量变化规律，帮助人们准确把握变量受其他一个或多个变量影响的程度，进而为控制和预测提供科学的依据。用回归方程来表示变量之间的关系需要满足一定的假定条件。这些假定条件是：正态性假定、零均值假定、同方差假定、独立性假定、无系列相关假定。这些假定条件中有一个不满足，回归方程都是没有价值的。

（4）逻辑斯蒂回归分析（Binary Logistic Analysis）。逻辑斯蒂回归是针对因变量不是连续变量而是二元或多元的分类变量进行的回归分析，其目的是发现因变量和自变量之间的关系。

（5）因子分析（Factor Analysis）。因子分析是指研究从变量群中提取共性因子的统计技术。最早由英国心理学家 C. E. 斯皮尔曼提出。他发现被调查者的各科成绩之间存在一定的相关性，一科成绩好的被调查者，往往其他各科成绩也比较好，从而推想是否存在某些潜在的共性因子，或称某些一般智力条件影响着被调查者的学习成绩。因子分析可在许多变量中找出隐藏的具有代表性的因子。将相同本质的变量归入一个因子，可减少变量的数目，还可检验变量间关系的假设。

（6）信度与效度检验。信度指测验结果的一致性、稳定性及可靠性，一般多以内部一致性来加以表示该测验信度的高低。信度系数越高即表示该测验的结果越一致、稳定与可靠。系统误差对信度没什么影响，因为系统误差总是以相同的方式影响测量值的，因此不会造成不一致性。反之，随机误差可能导致不一致性，从而降低信度。信度可以定义为随机误差 R 影响测量值的程度。如果 R=0，就认为测量是完全可信的，信度最高。效度（Validity）即有效性，它是指测量工具或手段能够准确测出所需测量的事物的程度。效度是指所测量到的结果反映所想要考察内容的程度，测量结果与要考察的内容越吻合，则效度越高；反之，则效度越低。效度分为三种类型：内容效度、准则效度和结构效度。

（7）均值比较。平均数（均值）是表示一组数据集中趋势的量数，它是反映数据集中趋势的一项指标。解答平均数应用题的关键在于确定"总数量"以及和总数量对应的总份数。在统计工作中，平均数（均值）和标准差是描述数据资料集中趋势和离散程度的两个最重要的测度值。常见的均值比较有简单均值比较、单一样本T检验、独立样本T检验、单因素ANOVA检验，本书所用的主要是独立样本T检验和单因素ANOVA检验。

第 二 章

基层公务员心态建设的理论基础

一 街头官僚理论与基层公务员心态

(一) 街道官僚理论文献综述

街头官僚理论 (street-level bureaucrat) 是由外国学者在20世纪70年代末正式提出和建立的。然而"街头官僚"现象早在建立的十多年前就引起许多学者的注意。其中米勒、克洛格利用街头官僚的个人特征来研究街头官僚的个人特征如何影响街头官僚决策;爱肯、海基和瓦斯曼等学者组织特征为研究视角,深入研究组织特征对街头官僚决策和行为的影响。[①] 然而,当时的研究人员并没有采用"街头官僚"的概念,而相关的研究成果并没有引起学术界的关注。[②] 虽然对街头官僚的研究已经持续了很长时间,但"街头官僚"一词最早出现在1977年,美国行政学者李普斯基发表的"建立街头官僚理论"一文中。1978年,学者普罗塔斯发表了一篇题为"公共服务官僚机构的官僚权力"的论文,以进一步研究街头官僚。[③] 1980年,李普斯基正式出版了《基层官僚:公职人员的困境》,标志着街头官僚理论的被正式确立。李普斯基称那些必须与民众直

[①] 吉海燕:《街头官僚理论视角下我国基层服务型政府建构研究》,硕士学位论文,南京师范大学,2015年。

[②] 叶娟丽、马骏:《公共行政中的街头官僚理论》,《武汉大学学报》(哲学社会科学版) 2003年第5期。

[③] Prottas, J., M., "The Power of the Street-level Bureaucrat in Public Service Bureaucracies", *Urban Affairs Quarterly*, 1978.

接互动或在执行公务时有很大自由裁量权的公职人员为街头官僚。典型的街头官僚包括教师，警察和其他执法人员、社会工作者、法官、公设辩护人、医疗保健工作者和其他政府雇员等，这些街头官僚占政府雇员的很大比例。① 身为公共利益的提供者与公共秩序的维护者，且具有较大的自由裁量权的街头官僚，他们权力的行使会直接影响公众的生活福利。②

1. 国外研究现状

自街头官僚被正式提出以来，许多学者从不同角度进行了大量研究，经历了街头官僚理论修正与发展的两个阶段。

第一，街头官僚理论修正阶段。自李普斯基正式提出街头官僚理论以来，许多学者从不同的角度进行了大量的研究和修正，扩展了街头官僚理论的外延及内涵。1980 年，古德塞尔、海森费尔德和斯登美茨等学者，从街头官僚服务对象的特征——当事人的特点出发，研究了当事人的特征如何影响街头官僚的决策。其中，古德塞尔的研究发现，那些表示强烈需求的当事人往往能得到很高比例的福利回应。③ 海森费尔德和斯登美茨发现，被认为困难或麻烦的当事人通常收益甚微。因为街头官僚经常隐瞒他们的信息，回避他们的问题，或者使用一些技巧来使他们的申请变得困难。1983 年，摩尔（Moore）教授指出利用"政治话语"的理论框架来解释和分析街头官僚的决策和行为。街头官僚在"政治话语"理论中成为政治家。④ 1997 年，学者斯科特在文章"街头官僚自由裁量权决定因素的实证研究"中指出，目前对于街头官僚的研究主要从官僚个人特征、组织特征和当事人特征三方面展开。同时，指出这三方面的研究仅限于影响街头官僚决策的某个因素，并没有对各种影响因素的相

---

① ［美］李普斯基：《基层官僚：公职人员的困境》，苏文贤、江吟梓译，学富文化事业有限公司 2010 年版，第 3—4 页。

② 付敏：《街头官僚理论视角下基层执法人员政策执行力研究》，硕士学位论文，广州大学，2012 年。

③ Goodsell, Charles, " Client Evaluation of Three Welfare Programs", *Administration& Society*, 1980, 12: 123 – 136.

④ 李珊：《我国街头官僚的行动逻辑研究》，硕士学位论文，南京大学，2014 年。

对重要性进行比较和分析。①同年,科利研究发现,组织中强调的价值影响文化一定程度上影响和制约了街头官僚的自由裁量权。② 20 世纪末,以斯科特为代表学者们主张削弱甚至消除街头官僚的自由裁量权,认为自由裁量权对政策、公平、责任等造成了损害,提出以管理和制度的手段来控制街头官僚的自由裁量权。然而,这些观点又遭到其他学者的质疑,认为越来越多的制度与条例会给街头官僚带来更多的自由裁量权。③ 2000年,学者穆迪和雷兰德发现并非所有街头官僚都利用自己自由裁量权来为自己的利益服务。在大多数情况下,街头官僚都是非常负责任的。街头官僚工作环境的不确定性和当事人急切需要回应的要求,决定了街头官僚自由裁量权的普遍存在,不可能被削弱甚至是消除。此外,街头官僚在缺乏足够的外部资源的情况下,只可以根据现有的经验、技能、专业知识和价值观行使自由裁量权,以做出判断和决定。与此同时,他们还发现街头官僚使用自由裁量权使他们的工作舒适和安全的想法只描述了一些但不是全部的街头官僚行为。相反,一些街头官僚做出的决定反而会使他们的工作更加艰难、压力更大,甚至威胁到他们的职业。这些街头官僚具有高度的责任感,他们的责任感是针对他们的服务对象的。也就是说,这些街头官僚只对当事人负责,而不是上级。穆蒂(Moody)和雷兰德(Leland)的研究发现丰富了我们关于街头官僚行为模式的理解。④

第二,街头官僚理论发展阶段。20 世纪 90 年代末,信息技术革命持续推进,各国政府组织经历了根本性的变革,电子政务系统管理下的电子政府应运而生,街头官僚正在逐渐转变为"屏幕官僚",电子计算机和其他信息技术的广泛使用使官僚机构决策更加程序化与系统化。虽然官

---

① Scott P G. "Assessing Determinants of Bureaucratic Discretion: An Experiment in Street-Level Decision Making", *Journal of Public Administration Research & Theory*, 1997, 7 (1): 35 – 58.

② 叶娟丽、马骏:《公共行政中的街头官僚理论》,《武汉大学学报》(哲学社会科学版) 2003 年第 5 期。

③ 付敏.《街头官僚理论视角下基层执法人员政策执行力研究》,硕士学位论文,广州大学,2012 年。

④ 叶娟丽、马骏:《公共行政中的街头官僚理论》,《武汉大学学报》(哲学社会科学版) 2003 年第 5 期。

僚仍然直接与各方联系以实施具体政策,但大多数都是通过计算机专用程序系统在服务窗口中进行的。许多官僚决策不再在街头发布,而是已经整合到计算机中的软件程序,街头官僚的自由裁量权也被大大削弱了。波文斯和荣瑞迪斯又提出系统官僚理论(System-Level Bureaucracies Theory)。"街头官僚"向"屏幕官僚"演变为"制度官僚"的背后是街头官僚工作环境变化引起的自由裁量权增减的博弈。但在制度官僚制中,街头官僚的自由裁量权已经成为系统程序员的自由裁量权,滥用公权的危险仍然存在。此外,系统官僚机构完全依靠计算机和信息系统来处理决策问题,这可能导致严格的行政程序,这反过来又给公共行政带来了挑战。[1] 2006 年,学者普劳德福特指出,在街头官僚的工作方式、街头官僚的职责和城市本身产生的环境中,街头官僚能够有效实施公共政策。[2] 2012 年,布罗德金在文章《街头官僚理论反思:过去、现在、未来》中指出,李普斯基 1980 年的研究推动了两项重要计划:"分析计划"和"改进计划",前者旨在检验街头官僚和他们的工作方式,在很大程度上超越了以往传统的强调"缺口"和"服从"的分析模式;后者旨在通过改变街头官僚负面的刻板印象来拯救公共官僚,提供了一个分析框架呈现街头官僚为做好工作而努力的形象。[3] 同时,运用街头官僚研究的工具来设计有效的管理路径从而提高公共部门的绩效。布罗德金对 1980 年以后的街头官僚研究进行了梳理归纳:为"聚焦政策研究""管理与治理研究""街头层面的非正式分配研究""街头官僚政治控制研究""街头层面互动与阶层构建研究"及"国际治理研究"等。[4]

纵观街头官僚理论的发展历程不难发现,自街头官僚 1980 年被李普

---

[1] Bovens M., Zouridis S., "From Street-Level to System-Level Bureaucracies: How Information and Communication Technology is Transforming Administrative Discretion and Constitutional Control", *Public Administration Review*, 2010, 62 (2): 174–184.
[2] Proudfoot J S., "At street-level: bureaucrats and the spaces of regulation", *Journal of Organic Chemistry*, 2006, 47 (15): 3763–3765.
[3] 方鹏飞:《街头官僚研究的历史叙事》,硕士学位论文,南京大学,2015 年。
[4] Brodkin E Z., "Reflections on Street-Level Bureaucracy: Past, Present, and Future", *Public Administration Review*, 2012, 72 (6): 940–949.

斯基正式提出后，赢得了学者们的普遍青睐，他们从不同角度对街头官僚进行了大量研究，丰富了街头官僚理论研究的分析工具。研究主要集中在街头官僚的自由裁量权、政策实施和工作环境方面。大多数学者研究的重点是削弱或扩大街头官僚的自由裁量权，但学术界尚未达成共识。虽然研究的都是街头官僚这一主题，但是学者研究都是在各自学科领域范围内展开的，很难统一研究结论共识，因此，很难为街头官僚的自由裁量权建立一个完整的理论体系。① 国外关于街头官僚的研究还处在"条块分割"的状态，研究仍需要不断完善与深入。

2. 国内研究现状

国内学者对街头官僚理论的关注最早可追溯到 2003 年。截至 2018 年 10 月，以"街头官僚"为主题进行 CNKI 检索（详情见图 2—1、图 2—2），研究成果检索总数为 300 条；学术期刊成果最多，检索 168 条；硕博论文检索 73 条，会议检索 5 条。2003 年至 2007 年每年的研究成果不超过 10 项，国内对于街头官僚理论的研究还处在起步的迟缓阶段，2008 年以后相关研究才有所上升，其中 2014 年和 2016 年研究成果达到了 30 项。随着相关研究不断增多，国内对于街头官僚理论的研究也取得了一定成果，国内学者的研究可以分为以下四类：

第一，关于街头官僚理论的介绍。

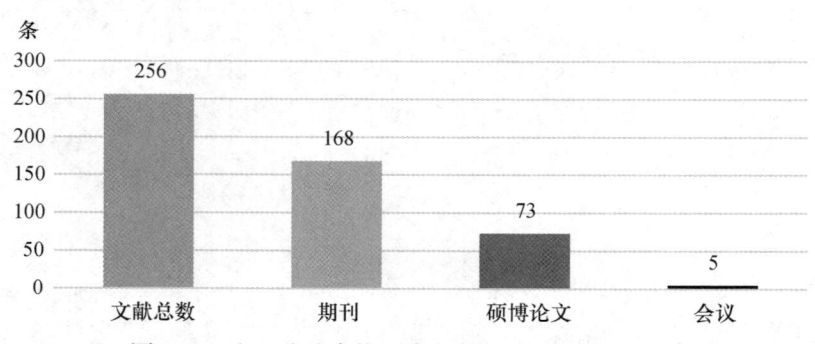

图 2—1　以"街头官僚"为主题的 CNKI 检索结果②

---

① 王佳佳：《关于街头官僚自由裁量权的综述》，《西昌学院学报》（社会科学版）2010 年第 2 期。

② 资料来源：根据中国知网（CNKI）检索数据自制。

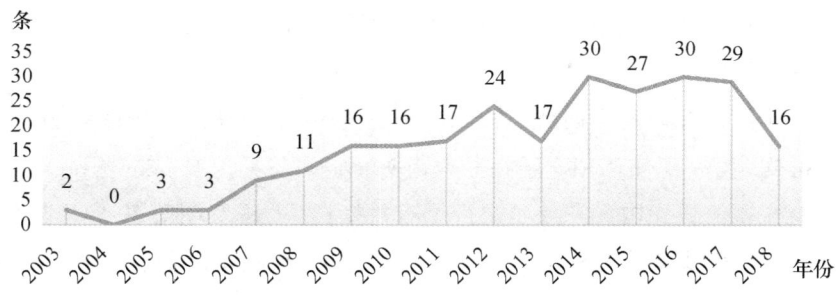

图2—2 以"街头官僚"为主题的CNKI检索年度分布①

2003年,叶丽娟和马骏《公共行政中的街头官僚理论》一文的发表,成为国内第一批研究街头官僚的学者。文中详细介绍了街头官僚理论,认为街头官僚的工作就是制定政策和执行政策,制定政策的根据在于街头官僚所掌握的自由裁量权。在街头官僚理论发展中,"屏幕官僚"和"系统官僚"的出现似乎解决了权力被滥用的可能,但事实证明职权滥用仍存在,认为除了西方学者提出的通过管理手段和法律手段进行控制以外,也可以尝试对街头官僚进行政策管制。② 韩志明依据街头官僚工作界面的空间性质,将街头官僚的工作空间定位成三种类型:窗口空间、街头空间和社区空间,不同的工作空间对街头官僚与民众的行为互动过程都加以了约束和控制。③ 学者曹长义根据街头官僚工作的本质属性,在"价值取向"和"行为取向"的框架下对街头官僚分类,进一步细化为政治过程型、行政过程型、政治结果型和行政结果型等。④ 张静详细介绍了街头官僚理论的兴起、街头官僚的自由裁量权、行动逻辑和自由裁量权的约束,并指出当下中国对农村街头官僚相关研究的空白。⑤ 汪广龙指出

---

① 资料来源:根据中国知网(CNKI)检索数据自制。
② 叶娟丽、马骏:《公共行政中的街头官僚理论》,《武汉大学学报》(哲学社会科学版)2003年第5期。
③ 韩志明:《街头官僚的空间阐释——基于工作界面的比较分析》,《武汉大学学报》(哲学社会科学版)2010年第4期。
④ 曹长义:《街头官僚:基于国内研究文献的述评》,《山东行政学院学报》2014年第12期。
⑤ 张静:《关于街头官僚理论研究的文献综述》,《牡丹江大学学报》2013年第2期。

我国街头官僚自由裁量权的研究现状，表明现有的研究只是获取了关于自由裁量权的性质及其基本的因果联系的混合并且有限的认识，更多的是因素研究，并非过程研究，没有完整呈现出街头官僚自由裁量权形成的关键问题。① 董伟玮和李靖在经典街头官僚理论定义要件的基础上，对中国街头官僚概念内涵和外延进行了有益探讨。② 杨文明等基于职业化定位视角对中美街头官僚进行比较分析，从历史和制度层面探究造成中美差异化的根源，以我国城管队伍为研究对象，提出了一条突破目前我国城市管理综合执法困境的有效路径。③

第二，对街头官僚自由裁量权的研究。

街头官僚在工作环境的高度不确定性、资源严重匮乏及被要求及时做出回应的背景下，官僚组织赋予了街头官僚拥有广泛的自由裁量权。自由裁量权不仅与公共政策目标的实现有直接关系，也决定了政策实施中是否可以实现社会公正。由于滥用自由裁量权的现象被公开，街头官僚的自由裁量权已成为研究人员的焦点，学者们对街头官僚的自由裁量权进行研究，它可以分为两类：维持甚至扩大街头官僚的合法和合理的自由裁量权，减少甚至消除街头官僚的自由裁量权。

关飞洲认为在各方利益主体之间，国家需要设置和保留一定的非正式的利益缓冲空间，村干部在政策执行中拥有的适度的自由裁量权能够起到良好的缓冲作用。④ 尹文嘉引入领导理论分析街头官僚建立街道领导模式的自由裁量权和责任，并指出街头官僚的自由裁量可以分为过程型自由裁量和结果型自由裁量两个维度及街头官僚的自由裁量权的四种分类。⑤ 王佳佳指出，为了达成组织目标、理解管理官僚所下达的模糊性政

---

① 汪广龙：《研究综述：街头官僚的自由裁量权》，《中山大学研究生学刊》（人文社会科学版）2011年第1期。
② 董伟玮、李靖：《街头官僚概念的中国适用性：对中国街头官僚概念内涵和外延的探讨》，《云南社会科学》2017年第1期。
③ 杨文明、刘梦露、吴量福：《职业化定位视角下中美城市管理街头官僚的比较——兼论我国城市管理综合执法困境下的城管突破路径》，《公共管理与政策评论》2018年第4期。
④ 关飞洲：《街头官僚执法行为选择研究》，硕士学位论文，华南理工大学，2018年。
⑤ 尹文嘉：《从街头官僚到街头领导：一个解释框架》，《甘肃行政学院学报》2009年第3期。

策和缓解资源不足等问题，且管理官僚制度控制并非有效的情况下，赋予街头官僚可控的自由裁量权对于街头官僚执行法律政策和达成组织目标是至关重要的。① 殷盈和金太军在用街头官僚理论研究农村低保政策过程中，指出农村街头官僚在政策目标模糊、执法资源不足的条件下，应该赋予其更多的自由裁量权，实现政策执行的良性变通既能够保证政策的贯通执行，又能够根据具体情况保障农民的利益。② 上述学者从不同视角分析了街头官僚应该保持甚至扩大目前所拥有的自由裁量权。

叶娟丽和马骏指出，街头官僚拥有广泛的自由裁量权，不仅会失去对街头官僚的控制，甚至会为种族和性别歧视提供存在的温床，这不利于实现社会公共利益与社会公平，主张削弱街头官僚的自由裁量权和增加政策管制。③ 韩志明认为街头官僚在与当事人互动或政策执行过程中，街头官僚掌握的自由裁量权会导致规则依赖、选择执行和一线弃权等怪象，建议从管理、法律、政治和道德四个方面加以约束街头官僚自由裁量权的使用。④ 王惠琴和尹文嘉总结我国转型期社会矛盾和冲突日益凸显，分析指出如果自由裁量权使用不当将会给社会稳定埋下隐患，建议对基层公务员的自由裁量权进行良好的监督控制，以实现政策目标和社会稳定。⑤ 张金良研究发现，街头官僚的主观经验、组织文化、服务对象、工作环境、规章制度将对其行使自由裁量权带来影响，指出可以通过文化管理和改进信息反馈机制来加以规范街头官僚的自由裁量权。⑥ 高焕清等指出，街头官僚因自由裁量权使用失范导致权力滥用与权力寻租。可依靠现代信息技术建构电子政务监督模式控制街头官僚，推进依法行

---

① 王佳佳：《关于街头官僚自由裁量权的综述》，《西昌学院学报》（社会科学版）2010年第2期。
② 殷盈、金太军：《农村低保政策的变通执行：生成逻辑与治理之道——基于街头官僚理论的视角》，《学习论坛》2015年第11期。
③ 叶娟丽、马骏：《公共行政中的街头官僚理论》，《武汉大学学报》（哲学社会科学版）2003年第5期。
④ 韩志明：《街头官僚的行动逻辑与责任控制》，《公共管理学报》2008年第1期。
⑤ 王惠琴、尹文嘉：《街头官僚的自由裁量权：传统解释与领导模型》，《广西师范学院学报》（哲学社会科学版）2009年第3期。
⑥ 张金良：《街头官僚自由裁量权规范行使的影响因素探析》，《法制与社会》2011年第8期。

政，防止自由裁量权滥用。① 周宇指出，可以从完善有关法律法规及激励措施、消除"官本位"思想、提高公共服务动机三方面避免自由裁量权的不当使用。② 郑婉菁、叶先宝引入权变函数分析街头官僚的自由裁量权，从完善法律、制定街头官僚权力清单、完善责任机制、提高街头官僚行政素质等方面予以规制，引导街头官僚自由裁量权良性行使。③ 霍达④、李继刚⑤、胡远方⑥、盖宏伟⑦等学者分别从司法程序、道德伦理、文化素养、个人内涵等方面提出了限制自由裁量权的建议。

第三，对街头官僚行动逻辑及行为的研究。

韩志明指出，街头官僚的一般行动逻辑可归纳为四个典型方面：激励不足，规则依赖，选择执行和一线弃权。⑧ 李旭琴指出，街头官僚长期处于公共政策执行资源稀缺和公共服务弹性需求差距夹缝之中，容易出现绩效目标异化偏差，表现出典型的激励不足、规则依赖、投机行为和一线弃权等行动逻辑，可以从街头官僚机构内部改革、街头官僚自我优化、目标团体的问责监督三方面矫正偏差的行动逻辑。⑨ 吴伟、吴坚从自由裁量、权力膨胀；渠道受限、监管不力；目标差异、绩效难测；激励不足、动力缺失；保护主义、近亲繁殖五方面分析了街头官僚政治执行偏差的原因。⑩ 刘鹏、刘志鹏指出影响街头官僚政策执行变通行为选择的

---

① 高焕清、汪超、于亚婕：《街头官僚问责：逻辑意蕴、即时监督与新媒体工具选择》，《湖北社会科学》2013 年第 3 期。

② 周宇：《我国街头官僚行政自由裁量权解析》，《宿州学院学报》2014 年第 2 期。

③ 郑婉菁、叶先宝：《街头官僚行政自由裁量权：权变、困境及其规制》，《行政与法》2015 年第 10 期。

④ 霍达：《街头官僚自由裁量权的行使逻辑与规范路径》，《领导科学论坛》2015 年第 5 期。

⑤ 李继刚：《论街头官僚行政裁量权的伦理控制》，《道德与文明》2014 年第 4 期。

⑥ 胡远方：《我国基层公务员的行政自由裁量权探析——以街头官僚理论为视角》，《南阳理工学院学报》2012 年第 1 期。

⑦ 盖宏伟：《后新公共管理视阈下街头官僚自由裁量权研究》，《理论探讨》2011 年第 6 期。

⑧ 韩志明：《街头官僚的行动逻辑与责任控制》，《公共管理学报》2008 年第 1 期。

⑨ 李旭琴：《街头官僚在公共政策执行中的偏差及矫正》，《北京工业大学学报》（社会科学版）2009 年第 3 期。

⑩ 吴伟、吴坚：《街头官僚政策执行偏差及原因分析》，《社科纵横》（新理论版）2012 年第 4 期。

因素主要是政策执行主体和政策本身两大因素,具体包括:一是委托—代理关系不够完善,二是政策环境难以保障,三是政策内容存在问题,四是政策主题的自利逻辑,无视政策文化的影响。并认为委托—代理关系和政策文化两个因素是中国街头官僚执法行为选择的典型影响因素。①张文翠和宋明爽以乡镇政府执行人员为研究对象,研究发现他们有三种行动逻辑:区分执行、代替执行、回避执行。②刘升从结构视角出发,研究发现街头官僚处于管理官僚与公民的"中间位置",街头官僚所处的"中间位置"除了受到双向挤压外,也让他们成为上下信息交汇的枢纽,街头官僚可以利用所掌握的信息资源来满足自己的行动便好。③

李金龙和杨洁研究精准扶贫政策的实施发现,政策执行主体(街头官僚)选择性执行和执行环境复杂等情况,会造成替换性执行、象征性执行、隐瞒性执行及附加性执行等失范现象。④范玉琴从自由裁量权、街头环境、政策绩效问责悖论和激励不足四方面指出了街头官僚行动逻辑的根源,并提出了从控制自由裁量权、加强责任控制、优化街头环境三种路径规制街头官僚。⑤张力伟指出,街头官僚在推进国家治理能力现代化进程中,多元化结构性问题突出、工作任务艰巨、权责不一及冲突加剧等极大削弱了街头官僚的行动力。⑥

第四,街头官僚行动空间及时间研究。

韩志明指出,"街头"是对街头官僚与公民直接互动时对工作界面的高层次抽象,以空间隐喻来定义街头官僚的,拓宽了对"街头官僚"的

---

① 刘鹏、刘志鹏:《街头官僚政策变通执行的类型及其解释——基于对H县食品安全监管执法的案例研究》,《中国行政管理》2014年第5期。
② 张文翠、宋明爽:《"街头官僚"在政策执行中的行动逻辑与责任控制》,《山东农业大学学报》(社会科学版)2015年第1期。
③ 刘升:《街头官僚制定政策的机制研究——以A市城管为例》,《云南行政学院学报》2016年第1期。
④ 李金龙、杨洁:《农村精准扶贫政策执行的失范及其矫正——基于街头官僚理论视角》,《青海社会科学》2017年第4期。
⑤ 范玉琴:《基层公务员的行动逻辑与规制——基于街头官僚理论》,《厦门特区党校学报》2017年第3期。
⑥ 张力伟:《国家治理视域下的街头官僚素描——基于L省K市基层环境治理的田野调查》,《地方治理研究》2018年第3期。

内涵理解。① 韩志明认为，街头官僚主义是建立在空间化概念的理论建构基础之上的。街头官僚与公民之间的互动是一种情境中的面对面互动。窗口空间和街道空间是街头官僚活动空间的两种类型，不同活动空间显示的自由裁量权显示出很大的差异。在政策执行的角色和功能方面，管理官僚和街头官僚之间只有少许区别，这为解读街头行政现象提供了新的视角。② 韩志明根据本土行政文化建立了街头行政概念，将研究视野从单中心街头官僚扩展到街头官僚与公民之间的面对面互动。它加深了对街头官僚与公民之间面对面互动过程的理解，为分析和解决街头官僚与公民之间的矛盾提供了新的理论思路。③ 韩志明首次在街头官僚的研究中引入时间变量。以执法人员的工作日志表为手段，围绕执法工作的时间规则会引起什么样的反应行为，时间对执法官员及其执法过程有何影响？谁在决定街头官僚的工作时间及其分配和利用？分析组织和执法人员的时间分配和分配效果，并根据时间跨度、节奏、灵活性、控制和效用讨论时间分配和管理。揭示了时间管理与街头官僚的内在逻辑。④

  回顾国内街头官僚理论的研究发现，多数学者的研究仍停留在对西方有关研究的简单套用，没有创新性地从我国的实际国情出发来研究问题，没有形成与西方理论的对话研究，如何将街头官僚理论"中国化"，以此解决中国本土实际问题仍是广大理论工作者的努力方向。韩志明认为国内对于基层政府公务员的研究与街头官僚理论没有很好的融合，研究对象不够清晰，主题笼统泛化，缺乏系统性和连贯性。⑤ 随着研究的深入，国内学者对街头官僚理论的概念界定、自由裁量权、行动逻辑及责任控制等有了较为深入的认识，且研究成果显著增多。值得注意的是，

---

① 韩志明：《街头官僚的空间阐释——基于工作界面的比较分析》，《武汉大学学报》（哲学社会科学版）2010 年第 4 期。
② 韩志明：《街头官僚及其行动的空间辩证法——对街头官僚概念与理论命题的重构》，《经济社会体制比较》2011 年第 3 期。
③ 韩志明：《街头行政：概念建构、理论维度与现实指向》，《武汉大学学报》（哲学社会科学版）2013 年第 3 期。
④ 韩志明：《街头官僚的时间政治——以基层执法人员的工作时间为例》，《甘肃行政学院学报》2017 年第 2 期。
⑤ 韩志明：《街头官僚的行动逻辑与责任控制》，《公共管理学报》2008 年第 1 期。

已有学者引入时间与空间的视角来对街头官僚理论展开研究，丰富了对街头官僚理论的研究视角。

（二）街头官僚理论下基层公务员的特征

街头官僚理论最早见于美国行政学者李普斯基1977年发表的《走向街头官僚理论》一文。按他的解释，街头官僚是指处于低层次行政执行单位同时也是最前线的政府工作人员，包括警察、公立学校的教师、社会工作者、公共福利机构的工作人员、收税员，等等。依照我国的国情和《公务员法》的规定，大体可将交警、城管以及其他"窗口"部门的一线工作人员即基层公务员视为典型的"街头官僚"。按照街头官僚理论的观点，任何国家的基层公务员数量都非常庞大。在中国的公务员系统，一个公认的比例是基层公务员占到了60%。如果按照李普斯基的观点，将"拿国家财政工资"的所有人员如教师等都包括进来的话，这一比例会更大。基层公务员对人们的生活有相当大的影响，他们可以使公民了解并适应对于政府服务的期待以及在政治团体里的地位，他们可以决定哪些公民可以获得政府的福利、奖惩或受到制裁。因此，就某种意义而言，基层公务员代表了公民与政府法律关系中许多层面的中介者。简言之，他们掌握着公民权利与义务的关键面向。[①]

由于基层公务员是劳力密集型工作，他们的业务是透过人力来为民众服务，而这些公共机构的运作成本，则反映出他们相当依赖领取薪资的公职人员的事实。因此，政府花在基层公务员身上的公共经费，相当一部分用来支付了他们的薪资。如果说数量庞大、薪资占公共支出的比例较大、人数增长较多是对基层公务员重要性的描述，那么，公共服务范围的扩展对认定基层公务员的关键性角色也会做出较大的贡献。例如，私人部门一度在健康、慈善、安全、幼儿照顾等领域承担有相当大的责任，但现在，民众对公共安全的期待日益提升，学校"保姆式"地照顾

---

① ［美］李普斯基：《基层官僚：公职人员的困境》，苏文贤、江吟梓译，学富文化事业有限公司2010年版，第3页。

婴幼儿甚至大学生的所有生活，政府对民众的健康关照也肩负了越来越重要的责任。事实上，公共安全、公共教育、公共健康等早在一个世纪以前就转为了政府的责任，这导致一些民众认为享受政府的公共责任是一种新的财产权利，此种权利应该被当成一种公民权利而受到保护。在公民的这些权利中，基层公务员要么因直接为民众服务而扮演关键性的角色，要么在民众的新权利之间扮演中介者的角色。贫困人群对基层公务员的关键性角色体会更为深刻。事实上，基层公务员与贫困的关系之深，甚至可以说他们是贫困情景中的一部分。基层公务员不仅能够决定贫困者是否能成为贫困者，还能决定贫困者得到政府救助的范围、质量和程度。当然，如果贫困者都能得到政府的救助，说明一个国家的社会保障体系比较健全，也被视为社会进步的象征。这说明，基层公务员既要执行公共政策也要执行决策。

1. 执行公共政策

基层公务员与民众的互动是相当密切而直接的，这会对人民的生活产生极大的影响。首先，基层公务员所传达或执行的政策，通常与民众的利益密切相关；其次，基层公务员常常要当场做出决定，故而其个人的综合素养对这样的决定有重要的影响。因此，基层公务员的首要角色是公共政策的执行者。大多数公民与政府接触的方式，并不是通过参与选举、向中央写信或直接上访，而是透过他们的老师或者他们孩子的老师，抑或是在街角或是巡逻车上的警察。不论哪种接触，其实都代表了某种政策执行的案例。因此，李普斯基将"凡是在工作中必须与民众直接互动，或者在执行公务方面具有实质自由裁量权的公职人员，都称为基层公务员；将基层公务员比例及数目占据较大部分的公共服务机构，称作基层官僚组织"[①]。基层公务员提供福利和各种约束规范的方式，将会建构人们的生活与机会，并且也为人们的生活与机会划定了界限。此外，他们的工作方式也会引起并且提供人们在其间活动的社会脉

---

① ［美］李普斯基：《基层官僚：公职人员的困境》，苏文贤、江吟梓译，学富文化事业有限公司2010年版，第1页。

络，因此，当国家在增加给公民提供的公共服务时，总是伴随更大程度的影响及控制。

按照官僚制组织的逻辑，下级在执行公务时都会服从上级的要求。但是，当下级不认同上级的目标、命令或决定时，且上级的权力有限无法有效制约下属的时候，下级公务员就会表现出不服从。为调适这样的不服从，组织机构就会构建一套机制，以便于去调停一些本质上相互冲突的或有所分歧的利益。在组织机构内部，下级不想迎合上级时，往往会采取"上有政策，下有对策"的策略，选择性、替代性、机械性地去执行，其结果是损害组织目标的达成度与组织能力的提升，同时也不能满足公务员的心理需求。

2. 制定部分决策

虽然普遍认为基层公务员的工作主要是执行上级的决定和国家的政策，是低层级的工作人员，但"事实上他们正是建构政府所提供的服务的实际行动者。除此之外，若是把这些公共服务工作者的个别决策积累起来，甚至可以成为或者是等同于政策"①。不论是提供好处的政策，如分配社会福利，还是赋予服务对象某种身份的政策，如将某些人归为犯罪者，基层公务员都具有一定的自由裁量权，这些裁量权就等于政府各种方案的奖励和惩处，或者决定什么样的人能够获得政府所提供的权利或福利。事实上，基层公务员所做出的决策，大都与重新分配以及资源配置有关，例如，决定哪些公民有获得福利的资格，哪些公民有获得服务的权利，即使决策失误，相应的代价也由纳税人或其他部门来承担。另外，在传达或执行公共政策时，基层公务员所做出的决策，将会影响到人们的生活机会。例如，对于生活境遇相似的人，一部分接受社会福利，另一部分人没有接受社会福利，前者比后者在生活上拥有更多的机会。

当然，基层公务员必须和公民进行互动，在与这些公民有关的决策

---

① ［美］李普斯基:《基层官僚：公职人员的困境》，苏文贤、江吟梓译，学富文化事业有限公司2010年版，第1页。

上，他们能够行使广泛的自由裁量权。基层公务员制定政策的角色，建立在他们职位的两个相互关联的层面：较高程度的自由裁量权，以及在组织权威之下所拥有的相对自主权。与大部分机构中位阶较低的员工不同，基层公务员在决定民众奖惩的本质、数量以及品质方面，拥有较大的裁量权。警察可以决定逮捕谁，又放谁一马；法官可以决定给谁判刑，给谁减刑；教师可以巧妙地决定谁孺子可教，谁朽木一块。但是，这并不表示基层公务员的行为不受规制。相反，公共政策的主要面向——给予福利的程度、合格的范畴、规则的本质、规定以及服务等——都是由政策精英以及政治和行政官员所塑造的，社群规范也会建构基层公务员的政策决定。这些影响不仅确定了公共政策的主要范畴，也确定了公共行为的标准化程度。就此而言，基层公务员的工作性质只能是执行公共政策。然而，规则一方面是监督和标准，另一方面又为基层公务员拥有自由裁量权提供了契机，因为规则有时候是自相矛盾的，这让基层公务员只能选择性执行。由此，基层公务员的自由裁量权与大量的规则责任看似矛盾地存在，但基层公务员的自由裁量权并不能被削减，因为"基层工作的某些特征，会使大幅度减少自由裁量权变得困难，甚至不太可能做得到。"[①] 首先，基层公务员的工作场域相对复杂，因此无法将其简化为事先计划好的一套固定做法。其次，由于基层的工作环境使然，让他们经常会需要针对不同情境下的人性做出及时的回应。在执行公务的过程中，基层公务员应有敏锐的判断及观察能力，这些能力是无法将其简化成一套固定的模式的。简言之，在某种程度上，整个社会所追寻的，不仅仅是期望公共机构能够刚正不阿。同时也希望在处理具体事情时感同身受，以及在处理特殊情景时有一些弹性。[②] 最后，由于要与民众在一线互动，拥有自由裁量权才能让基层公务员有自尊的意识和权威性，能够显现国家福利的合法性。也就是说，基层公务员的自由裁量权符合其工作性质和工作特点，是公共权力在基层有效行使的需要，是公共服务

---

① [美]李普斯基：《基层公务员：公职人员的困境》，苏文贤、江吟梓译，学富文化事业有限公司2010年版，第25页。
② James Q Wilson, "The Bureaucracy Problem", *The Public Interest*, No.4, 1967.

被有效供给的必要条件，因此，自由裁量权仍是许多未来公共服务工作的特色。

对于一些关键性职位，即使级别较低，也可以享有额外的资源让管理者对其礼让三分，甚至产生依赖。社会学家麦肯尼克认为，在正确的情境之下，专门的知识与技术、对某件事情抱有兴趣且付出努力、个人的吸引力和魅力等特质是提高低层公职人员权力影响力的重要因素。[①] 基层公务员在政策领域之内掌握某种专门的技能与知识，会让服务对象对他们表现出某种程度的服从。但真正影响管理者对下级依赖程度的，还是他们所拥有的裁量权以及他们身为政策制定者的地位。由于基层公务员所拥有的自由裁量权是由上级所批准的，这意味着，为展现自己的能力，管理层不得不依赖下属，也因此使管理层无法去干预基层公务员在执行任务时所使用的方法和手段。正因为管理者与基层公务员有这样的逻辑关系，对于不喜欢的上级，基层公务员还能以不合时宜的态度来对待他们，如拒绝某种类型的工作、做好分内的最低工作要求或者刻意严格执法以败坏上级的名声。

3. 拥有自由裁量权

基层公务员会将工作兴趣放在能够最大限度地减少危险和提升满意度的工作方面，然而，对于管理者，只有下级这样的选择有利于增进生产力及效能的时候，才不会横加干预。基层公务员与管理者的目标之所以产生分歧，是因为他们之间的工作目标不同。基层公务员希望快速地处理工作，减少工作中实际上和心理上可能受到的威胁和伤害，这就要求他们使用一些简化的程序。而管理者所感兴趣的，是工作表现以及达成工作表现所付出的成本，重视的是结果能否达成目标。也就是说，基层公务员关注过程，上层公务员关注结果。在此背景下，基层公务员想努力地扩展被上级管理者压制的自主权，管理者却想尽办法制定标准化、规范化和程序化的行为规则，限制下级的自主权。因此，当管理者致力

[①] Mechanic D., "Sources of Power of Lower Participants in Complex Organizations", *Administrative Science Quarterly*, Vol. 7, No. 3, 1962.

于制定各种公共服务规范时，这些做法却被基层公务员认为是不合理的。相反，基层公务员会想尽办法创造出自由裁量权，因为"对于基层公务员而言，维持及强化自由裁量权是非常重要的事情"①。基层公务员努力争取自由裁量权的另一个原因，在于自由裁量权是他们与当事人可持续互动的有效工具，以免他们的行为被质疑，被贴上"机械化"的标签。很显然，自由裁量权为基层公务员在不同当事人之间的取舍与判断提供了机会。然而，自由裁量权的行使也不是万能的，在最好的情况之下，官僚体系在提供人性化服务方面，仍然充满了许多矛盾与暧昧不清的情况；而在最坏的情境之下，自由裁量权将会是管理者与基层公务员的目标之间持续冲突的来源。

当然，基层公务员的自由裁量权让民众对他们的工作期望有更多的要求。由于他们对于"公共利益"有一般且广泛性的义务，因此人们合理地期盼，希望这些公职人员在自由裁决时能够做出一些对人们比较友善且有利的做法。即由于"基层公务员在工作定义上的暧昧状况，让人们仍然期望有人在法庭上可以帮他们一把。"② 由于基层公务员代表政府来进行社会控制，因而他们在各种冲突的调节中，扮演了相当重要的角色。在处理毒贩、小偷等因经济状况不佳而犯法的人们时，法庭、警察及监狱工作人员扮演了重要的角色；在教导人们应该遵守社会秩序和抓住机会时，学校扮演了重要的角色；为缓解失业带来的冲击，降低民众的不满情绪，就业管理部门可以建议扩大公共支出，拓展就业新领域。由于基层公务员的社会服务和社会控制角色存在冲突，所以某些人认为基层公务员提供的是社会服务，另一些人却认为是在尽力延伸社会控制的范围。故此，基层公务员成为争议的焦点。基层公务员被公共争议的另一个焦点，则放在适应社会控制的种类上。社会控制有经济控制、思想控制、法律控制和教育控制，有积极控制和消

---

① ［美］李普斯基：《基层官僚：公职人员的困境》，苏文贤、江吟梓译，学富文化事业有限公司2010年版，第32页。

② ［美］李普斯基：《基层官僚：公职人员的困境》，苏文贤、江吟梓译，第10页。

极控制,有内在控制和外在控制,不管哪种控制,都反映民众对控制严厉程度的争议。例如,在教育工作方面,是采取自由放任的教育政策和更为弹性的教学方式,还是采用严苛的纪律奖惩以及死板的教学方式,民众的观点不一。正因为如此,无论采取哪种手段,都必将使一部分人有争议。

街头官僚理论通过分析街头官僚的工作性质、工作限制、工作冲突及其冲突中的心理状态,对其行动逻辑进行了诠释,尤其对其拥有的自由裁量权及其伦理规制进行了重点探讨。街头官僚理论对解析基层公务员心态的形成有重要的帮助。从性质来看,街头官僚同时兼具决策权和执行权,出于安全和自我保护的需要,他们会在照章办事的逻辑中寻求免责;从限制来看,街头官僚可使用的资源常常不足,因而他们会选择理性的方式进行配置,谋求对自己最有利的政策执行;从工作冲突来看,街头官僚因难以解决公民的弹性需求增加和资源短缺的矛盾,故而与公民之间的紧张关系就难以避免,常常成为民众批评和抱怨的对象;从自由裁量权来看,街头官僚直接决定着民众所享有的社会福利数量、质量和水平,但这些自由裁量权又缺乏相应的规制,因而需要从道德自觉性和伦理自主性的角度来考量。可以说,该理论所揭示的街头官僚"激励不足、规则依赖、选择执行和一线放弃"的行动逻辑,正是十八大以来我国基层公务员心态变化的现实原因与理论依据,这对于从基层公务员工作性质的角度探讨其心态变化,具有重要的意义。

二 认知五层级理论与基层公务员心态

人类社会发展的趋势是实现人自由而全面地发展,研究当下的公务员心态也应该关注这一趋势,思考要怎样才能实现公务员的发展。实际上,人的发展是任何一项政策实施要达成的关键目标。政策中人的行为可将自下而上的分散信息集中传递和呈现,不仅会影响政策实施的效果,更是政策创新的源泉所在。就此而言,乡村振兴的实施主体——基层公务员,其在政策实施过程中的心理,以及在此心理驱动下的行为表现,恰恰是最应关注的问题。基于此，本章试图跳出马克思主义人的发展观，尝试以案例分析的方式，用人类五层级认知理论来破解新时代我国公务员心态建设的难题。

作为20世纪的标志性学科，认知科学欲在人脑与心智工作机制方面有所突破、引发科学研究方法的新变革，其所涉及的内容主要有知觉、语言、思维和文化等。按照国际上公认的学科框架，认知科学是由哲学、心理学、语言学、计算机科学、人类学和神经科学六大学科体系构成，这六大学科也被称作认知科学的来源学科，由此形成的六大交叉学科心智哲学、认知心理学、语言与认知、人工智能、认知神经科学和文化、认知与进化被称为认知科学的六大基础学科。[1] 认知科学的目标是揭开人类心智的奥秘。由于人类的心智机能是复杂的，不能单单由生物基因来决定，文化基因是最关键的决定因素。与生物基因不同，文化基因通过对生物基因改造环境的适应和超越，将人们后天的习得以根植于内心的方式固化下来，形成一种传统和制度，从而对人类的心智产生决定性影响。因此，要实现认知科学"揭开人类心智的奥秘"这一目标，仅仅依靠单一的学科并不能解决，还必须由多学科共同来完成。其实，20世纪中叶以来认知研究的许多重要成果都是在多学科交叉领域取得的，如乔姆斯基的生成转换语法、卡尼曼与特沃斯基的前景理论决策模型，这为认知科学应用于社会科学领域提供了很好的契机。事实上，已有学者尝试分析认知科学对公共治理的影响。景怀斌分析构建了公共管理的认知科学研究范式[2]；道格拉斯·诺思探讨了认知科学与经济学的关联，指出认知科学对经济选择的影响较大[3]；衣新发、蔡曙山认为认知科学可以促

---

[1] 蔡曙山、江铭虎：《人类的心智与认知——当代认知科学重大理论与应用研究》，人民出版社2016年版，第1页。

[2] 景怀斌：《公共管理的认知科学研究：范式挑战与核心议题》，《武汉大学学报》（哲学社会科学版）2016年第6期。

[3] ［美］道格拉斯·诺思：《经济学和认知科学》，《北京大学学报》（哲学社会科学版）2004年第6期。

进教育技术的变革和教学效果的提升①；谢治菊更是直接构建了认知科学应用于贫困治理的分析框架，认为可以产生贫困治理领域中的认知机制和认知科学视域中的贫困治理机制两种研究路径，通过大量鲜活的案例证明现阶段贫困治理的三个核心议题是"贫困心理、内生动力和贫困文化"，并同时指出应重点关注贫困治理中选择机制、信任机制、激励机制、思维机制和合作机制的创新。② 这些研究为本研究提供了重要的参考与借鉴。

人类认知五层级理论是清华大学认知科学研究团队蔡曙山教授在推动认知科学学科发展的过程中凝练出来的，是他长期学术积淀的结果。他指出，人类的认知从低到高可以分为五个层级，分别是神经认知、心理认知、语言认知、思维认知和文化认知，前两个层级的认知为低阶认知，后三个层级的认知为高阶认知。其中，神经认知是人类与动物共有的心智和认知形式，该层级认知是人类低层级的认知形式，主要依赖于神经科学的发展，通过探讨人类大脑和神经对人的行为的支配和影响，进而得出"脑与神经系统产生心智的过程叫认知"的结论；心理认知也是人类与动物共有的心智和认知形式，该认知起源于乔姆斯基，由乔姆斯基和米勒共同开辟完成，他们的研究使心理学从行为主义进入了认知科学时代。心理认知研究知觉、注意、表象和记忆等人的基本心理活动对人的行为的影响，是人类认知的第二个层级；语言认知有特殊的地位，不仅是低高阶认知的连接点，也是高阶认知的基础。语言学是认知科学的来源学科之一，其所形成的句法学、语义学和语用学三大领域对认知科学都有重要的作用；思维认知是人类最高级别的精神活动，人类的思维认知，不外乎是借助听、说、读、写、嗅、触、思等手段来表达。可以说，人类社会的进步大都是思维认知的结果，而思维形式又是逻辑学研究的范畴，因此，思维认知与逻辑学有莫大的关联；文化认知是人类认知的高级形态。文化是人类独有的进化形态，这种进化形态与

---

① 衣新发、蔡曙山：《认知科学、聚合科技与教育创新》，《创新人才教育》2016年第3期。

② 谢治菊：《认知科学与贫困治理》，《探索》2017年第6期。

认知有关。可以说，人类认知都是在一定的文化环境中发生的，当今社会人类的所有认知活动都可以纳入文化框架中去分析，文化是认知的工具，认知又反过来改造文化。因此，文化认知是人类心智最高层级的反映（见图2—3）。①

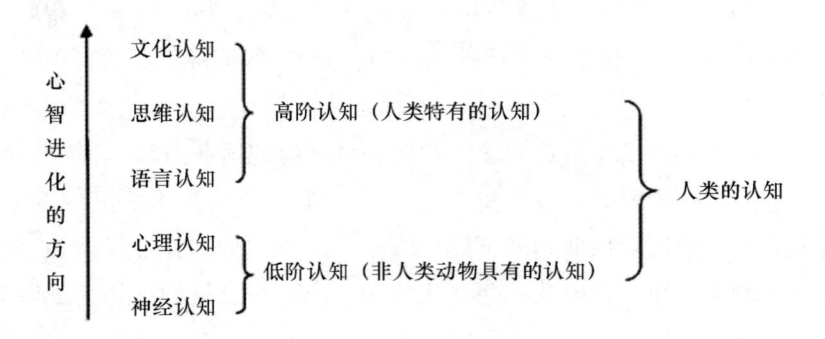

图2—3 人类认知的五个层级

库恩在1962年出版的《科学革命的结构》中正式提出了范式的概念，尽管遭遇了"概念模糊不清"的质疑，但"范式""范式革命"的表达还是享誉世界。他指出，不断涌现的新的科学成就会对常规科学产生冲击，这些冲击会使常规科学的某些原则失效，一旦失效积累到某种程度，常规科学与新科学之间就会发生战争，进而引发范式的革命。即"不能解释、描述和预测的例外越来越多，最终可能导致某个或某些科学家开始站出来质疑该范式，范式进入危机阶段，最终会走向范式革命。"② 他提出，被称作范式的新科学，一定是拥有一批坚定的拥护者，拥有对某一领域的解释力，能够成为社会实践问题的分析框架。③ 因此，在他看来，范式是从事某一研究领域的研究者们共同遵守的基本理念、世界观和行为方式。按此标准衡量，人类认知五层级理论是贫困治理的新范式，原因如下：

---

① 蔡曙山：《论人类认知的五个层级》，《学术界》2015年第12期。
② 邓建国：《呼唤新的范式出现?》，《社会科学》2012年11月1日第5版。
③ ［英］托马斯·库恩：《科学革命的结构》，金吾伦等译，北京大学出版社2003年版，第9页。

具身认知，即 embodied cognition，意为与身体有关的认知，在认知科学范式中占据重要的地位。具身认知反对将人类心智简化为自然界镜像的传统认知，认为身体、大脑和环境在认知中具有重要的作用，强调在自然的情境中对人类的认知过程进行实时的描述与具体的分析。① 正因为具体认知比传统认知更有可取之处，当前认知科学领域内许多方案虽然都贴着"具身认知"的标签，但其各自内涵是异质的。② 虽然具身认知强调身体在人类认知中是最关键的，但身体具体指什么，是否包括大脑，在学界却有两种不同的观点。一种观点认为，身体不仅包括还超越大脑，其在自主体认知过程中扮演着重要的因果角色或者物理性构成的角色。③ 就此而言，人类认知中脑与身体扮演的角色不能分而治之。另一种观点认为，具身认知中的"身体"必须特指除大脑之外的全部"物理身体"。④ 甚至有激进者指出，他们主张认知是具身的即意味着认知能力并非仅仅定位于大脑。⑤ 其实，无论是赞成还是反对的观点，都表明具身认知核心概念的合理性正在受到质疑，这对该理论是否能成为认知科学的范式是重要的侵蚀；再加上该理论在假设上并不如其所宣称的那般与经典认知理论"泾渭分明"，这也进一步导致其研究设计往往存在论证与解释有效性的缺陷。⑥ 认知五层级理论有效地克服了上述缺点。在科学与学科的关系中，科学是第一性的，学科是第二性的，科学发展决定学科的变迁。人类认知五个层级是人们头脑里发生的东西，是科学结构，它映射到学科领域中便得到认知科学的科学框架，五层级理论分别对应神经科学、心理学、语言学、逻辑学与哲学、文化学与人类学，具有成熟的

---

① 赵蒙成、王会亭：《具身认知：理论缘起、逻辑假设与未来路向》，《现代远程教育研究》2017 年第 2 期。

② Goldman A. L., "A Moderate Approach to Embodied Cognitive Science", *Review of Philosophy & Psychology*, Vol. 3, No. 1, 2012.

③ Foglia L., Wilson R. A., "Embodied cognition", *Wiley Interdisciplinary Reviews Cognitive Science*, Vol. 4, No. 3, 2013.

④ Goldman A., De. V. F, "Is social cognition embodied?" *Trends in Cognitive Sciences*, Vol. 13, No. 4, 2009.

⑤ Anderson M. L., Richardson M. J., Chemero A., "Eroding the Boundaries of Cognition: Implications of Embodiment (1)", *Topics in Cognitive Science*, Vol. 4, No. 4, 2012.

⑥ 陈巍：《具身认知运动的批判性审思与清理》，《南京师范大学学报》2017 年第 4 期。

学科基础，理论的包容性较强；认识层面上，将人类心智的进化看作神经、心理、语言、思维和文化共同作用的结果，符合生物因素和文化因素共同孕育人类心智的论断，理论的规范性较强；实用层面上，五层级理论概念清楚、操作性强，符合人类自然演进的逻辑，对人类的社会治理活动均有很强的解释力，理论的有效性较强；核心观点上，认为每一种初级认知依次成为高级认知的基础，高阶认知才是人类特有的认知形式，语言在高阶认知中占据核心地位，推演的逻辑性较强。按照库恩新范式的标准，兼具"包容性、规范性、有效性和逻辑性"的人类认知五层级理论，已具备取代常规范式的基础和条件，理应成为认知科学的新范式。

人类认知五层级理论是分析新时代基层公务员心态的新工具。一般而言，传统研究对基层公务员心态影响因素的分析，常常从组织支持、制度建构、社会环境、个性特质等方面去分析，并产生了大量的研究成果。例如，张树旺等的研究发现，组织支持感对基层公务员的担当行为有显著的正向影响，其影响的程度由强到弱分别是价值认同支持、工作协助支持、上级支持、利益支持。[①] 组织支持让员工更有责任担当，这本身就意味着心态的调整。但是，传统的研究不仅面临分析工具如何创新的瓶颈，也与新时代的要求有一定的差距。新时代、新征程、新使命，社会大众对公共服务的精准化、个性化、差异化的诉求更强烈，这对基层公务员的工作提出了更高的要求，这些要求会对基层公务员的心态产生影响，人类认知五层级理论恰恰能为这些影响提供新的解释框架。在认识层面上，人类认知五层级理论将人类心智的进化看作神经、心理、语言、思维和文化共同作用的结果，符合生物因素和文化因素共同孕育人类心智的论断，也与基层公务员心态的影响因素相符。因此，用人类认知五层级来分析基层公务员心态的形成机制，应将其分为心态形成的神经行为机制、心理机制、语言机制、思维机制和制度文化机制五个层

---

① 张树旺等：《论组织支持感对基层公务员敢于担当行为的影响——基于珠三角地区的调查数据》，《华南理工大学学报》2017 年第 4 期。

面（见表2—1）。其中，神经机制指从人格特质的角度解析基层公务员心态形成的原因，心理机制指通过心理测试了解基层公务员心态的变化，语言机制指基层公务员尤其是少数民族公务员使用不同语言行使公权力对心态的影响，思维机制是不同的行政思维方式对基层公务员心态的影响，制度文化机制是行政制度和行政文化、行政制度对基层公务员心态的影响。这五层机制对基层公务员心态的影响可归结为行政行为、行政心理、行政语言、行政决策和行政文化对心态的影响。可见，用人类认知五层级理论来分析基层公务员心态的形成机制，可以深入挖掘基层公务员心态的影响因素，摸清基层公务员的行为、心理、思维与认知，从文化的层面彻底解除基层公务员的不良心态。

表2—1　人类认知五层级与基层公务员心态形成机制对应情况

认知层级	认知形式	对应的学科	心态形成机制	对应的学术术语
1	神经认知	神经科学	神经行为机制	行政行为
2	心理认知	心理学	心理机制	行政心理
3	语言认知	语言学	语言机制	行政语言
4	思维认知	逻辑学、哲学、计算机科学	思维机制	行政决策
5	文化认知	文化学、人类学、文化人类学	制度文化机制	行政文化 行政制度

三　基层公务员心态建设的分析框架

在上述理论的指导下，本书的写作思路是：本书在批判吸收现有研究成果的基础上，以街头官僚理论与人类认知五层级理论作为理论分析框架，结合乡村振兴的现实背景和精准扶贫的现实考量，以西南地区3209份问卷为分析依据，对十八大以来西南地区基层公务员心态的现状调查、问题反思和形成机理进行系统诠释。在此基础上，探讨大数据对基层公务员心态建设的影响和基层公务员心态对辞职的影响，并构建西南地区基层公务员心态调适的逻辑与路径。

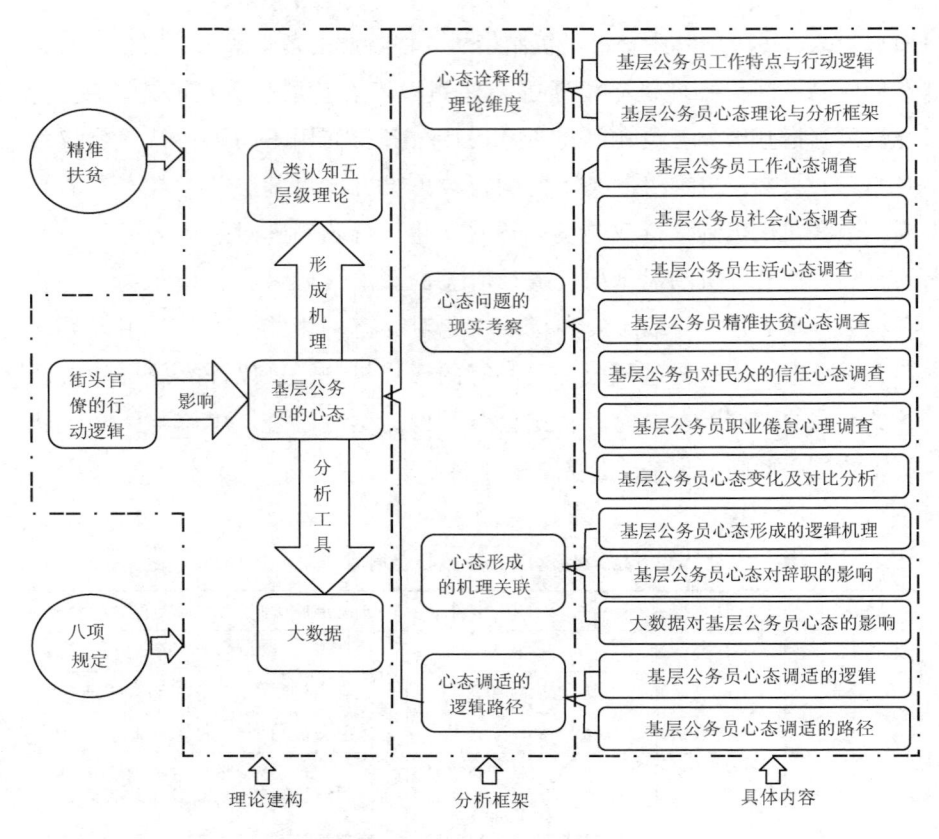

```
┌─────────────────────────────────────────────────────────────────┐
│                           ┌──心态诠释的──┬──基层公务员工作特点与行动逻辑     │
│   ┌──────┐                │   理论维度   └──基层公务员心态理论与分析框架    │
│   │ 精准 │                │                                              │
│   │ 扶贫 │⇒  ┌─────────┐  │              ┌──基层公务员工作心态调查        │
│   └──────┘   │ 人类认知五│  │              ├──基层公务员社会心态调查        │
│              │ 层级理论 │  ├──心态问题的──┼──基层公务员生活心态调查        │
│              └────┬────┘  │   现实考察   ├──基层公务员精准扶贫心态调查    │
│                   ↕形成   │              ├──基层公务员对民众的信任心态调查 │
│                   机理    │              ├──基层公务员职业倦怠心理调查    │
│   ┌──────┐  ┌─────────┐   │              └──基层公务员心态变化及对比分析  │
│   │街头官│影响│基层公务 │←─┤                                              │
│   │僚的行│⇒ │员的心态 │   │              ┌──基层公务员心态形成的逻辑机理  │
│   │动逻辑│  └────┬────┘  ├──心态形成的──┼──基层公务员心态对辞职的影响    │
│   └──────┘       ↕分析   │   机理关联   └──大数据对基层公务员心态的影响  │
│                   工具    │                                              │
│   ┌──────┐  ┌─────────┐  │              ┌──基层公务员心态调适的逻辑      │
│   │ 八项 │⇒ │ 大数据  │  └──心态调适的──┤                                │
│   │ 规定 │  └─────────┘     逻辑路径    └──基层公务员心态调适的路径      │
│   └──────┘                                                              │
│        ↑              ↑                        ↑                        │
│     理论建构        分析框架                 具体内容                   │
└─────────────────────────────────────────────────────────────────┘
```

图2—4　分析框架与研究内容

在此分析框架下，本书的主要研究内容如下：

第一，探究基层公务员心态建设的研究背景与理论基础。

在探讨基层公务员心态研究必要性、重要性和可行性的基础上，结合街头官僚理论和人类认知五层级理论建构基层公务员心态研究的分析框架。同时，结合基层公务员心态形成的历史范畴和现实背景，新时代基层公务员心态形成的现实背景，以及历史特征。

第二，调查十八大以来西南地区基层公务员心态及其形成机理。

结合西南地区的实际，通过3209份问卷和重点分析十八大以来基层公务员心态的现状、问题及特征，从角色冲突、工作环境、思维观念、行动逻辑和制度文化五个层面系统诠释西南地区基层公务员心态的形成机理，重点诠释行动逻辑和制度文化对基层公务员心态形成的影响（见图2—4）。

第三，探讨大数据对西南地区基层公务员心态的影响。

大数据可以扩大心态研究的样本，从整体上宏观把握公务员的心态特征，动态监控公务员的心态变化，保证数据的科学性。同时，大数据会转变公务员的行政思维，优化公务员的监管和考核体系，进而对其心态产生影响。也即，大数据让公务员拥有更科学的决策心态、更透明的监管心态、更公正的考核心态，这对公务员积极向上、健康乐观的心态形成有重要的帮助。

第四，分析基层公务员心态对辞职的影响。

着重分析公务员的倦怠心理、追责心理、满意度和工作心态对其辞职的影响，以深度剖析基层公务员心态对行政效能的影响。

第五，构建十八大以来西南地区基层公务员心态调适的逻辑。

基层公务员心态的调适与其职业倦怠、自我效能感、公共参与、责任意识、公平认知、获得感有重要的关联。因此，本部分在探讨十八大以来西南地区基层公务员的自我效能感与职业倦怠、公共参与与责任意识、公平认知与获得感现状及其相互关系的基础上，从提升获得感和自我效能感、降低职业倦怠感的角度调适西南地区基层公务员的心态，其目的在于深度挖掘基层公务员心态的深层影响因素。

第六，优化十八大以来西南地区基层公务员心态调适的路径。

结合人类认知五层级理论的高阶认知，重点从基层公务员的行为、心理和制度文化等层面探求新时代基层公务员心态的调适策略；同时，呼吁建立基层公务员大数据平台，探讨如何利用大数据调适基层公务员心态，回应基层公务员心态建设的理论体系与制度建构。

本书的主要观点是：

第一，关于基层公务员的行动逻辑。受压力型体制和政策建构的影响，我国基层公务员既具有政策执行权，也在公共服务领域享有一定的决策权。不管是执行权还是决策权，均受到基层公务员自由裁量权的影响。由于基层公务员的工作环境具有资源不足、目标模糊、绩效评估难以量化、非自愿性当事人等特点，故其在行动逻辑上体现为例行惯例，简化心理、理性选择,维护权益和工作疏离。

第二,关于十八大以来基层公务员心态的变化。十八大以来的各项禁令对基层公务员心态的影响是正向的和积极的。同时,受十八大以来风清气正的政治环境的影响,基层公务员的责任心增强、幸福感增加、满意度提升,这使其呈现出工作心态积极、社会心态平和、生活心态乐观的特征。仔细分析发现,基层公务员因压力增大而导致的失衡心态、倦怠心理、社会责任感不足等问题依然存在。

第三,关于十八大以来基层公务员的社会心态。受十八大以来风清气正的社会环境的影响,基层公务员的社会心态整体向好,其表现是社会认知理性、社会价值观正确和道德性社会行动积极,但也存在一些负面社会情绪和消极的工具性社会行动。究其原因,"公共人"角色的特性让基层公务员的社会认知和社会价值观得到了有效控制,但不断增大的工作压力和不合理的制度建构让基层公务员的负面社会情绪逐渐滋长。为缓解负面情绪,在资源有限的情况下,本着理性选择、规则依赖和一线放弃的原则,基层公务员往往在道德性社会行动上选择了积极应对,在工具性社会行动上却消极处之。

第四,关于基层公务员的精准扶贫心态。受精准扶贫制度建构不合理、时间紧、任务重的影响,部分公务员在精准扶贫中存在一些消极心态,如以"疲于应付"的心态对待检查填表、以"敷衍塞责"的心态面对责任担当、以"急于求成"的心态跟风产业项目、以"消极应考"的心态应付入户评估。

第五,关于基层公务员心态的形成机理。基层公务员心态形成的背景在于其特殊的工作环境,形成的前提是自身作为"公共人"与"社会人"的角色冲突,形成的基础是自身在公共场域中的行动逻辑,形成的核心是基层公务员个体及整体的思维观念,形成的关键在于公共领域的制度和文化,即行政体制和行政文化。

第六,关于基层公务员的公平认知与获得感。基层公务员的公平认知比较理性,获得感较高,且精神层面的获得感大于物质层面的获得感。基层公务员公平认知对获得感的促进作用比较明显,促进程度与基层公务员的民族、年龄、职位、工作年限、婚姻状况、收入、工作部门有显著的相关性。

第七，关于大数据对基层公务员心态的影响。大数据会转变基层公务员的行政思维，优化基层公务员的监管和考核体系，进而对其心态产生影响。也即，大数据让基层公务员拥有更科学的决策心态、更透明的监管心态、更公正的考核心态。

第八，关于基层公务员心态的建设路径。根据认知五层级理论，结合基层工作实际，十八大以来基层公务员心态的形成与行为、心理、思维、文化和制度有莫大的关联，因而要调适基层公务员的心态，就应该从公务员的行为动机、心理特征、思维观念，以及行政文化和制度建构的逻辑出发，对基层公务员心态进行全方位建构。

第 三 章

基层公务员心态现状调查

近日,中组部、人社部、国家工商总局、国家公务员局联合发布《关于规范公务员辞去公职后从业行为的意见》,对公务员辞职的相关制度更加细化、更加具体翔实。文件一出引发社会热议:现在公务员考试竞争那么激烈,竟然还有公务员辞职?其实,随着社会的发展与各项体制的不断完善,公务员的"特权地位"已经逐渐淡化。一定比例的公务员辞去公职是公务员队伍正常流动现象,有利于补充新的力量、增强队伍活力。相关数据显示,截至2015年年底,全国共有公务员716.7万人,2015年辞职人数不到1.2万人,约占公务员队伍总数的0.2%。单纯从数量上看确实有点让人吃惊,离职率却处在一个非常低的水平。[1]

公务员有其光鲜的一面,也有其"劣势"的一面。有的人因为工资低,生活压力大选择离职;有的人因为上升空间有限,而选择离职;还有的人,特别是年轻人,因为工作单一,磨灭激情而选择离职等。尤其是基层公务员,加班是生活常态,加薪遥遥无期,晋升渠道狭窄,问责压力过大,整天面对着烦琐单调"鸡毛蒜皮"的小事,初入公务员系统的激情早就被磨平。在访谈的过程中,有很多基层公务员,有辞职的想法,但已经失去了辞职的勇气。正如他们自己所言,基层公务员如同鸡肋一般,弃之可惜,食之无味。想当年过五关斩六将终得上岸,如今说辞职,真的有点舍不得,而且上有老下有小,也不敢冒险辞职。

---

[1] 参见 http://www.sohu.com/a/144601902_540449。

基层公务员处于国家行政体制的末端,是行政管理活动中最活跃的因素,他们掌握着大量直接关乎人民利益的公共资源,行使着公共权力,是政府与民众联系的最后一公里。从某种程度上说,政府行政组织目标能否有效实现,取决于基层公务员主观能动性的发挥程度。长期以来,传统人事行政管理经验以"任务"为中心,把基层公务员看作实现行政组织目标的"工具"和手段,只负责执行和问责,其体制地位是附属性的,行政组织只注重对基层公务员的管制、监控。多年来,我们一直提倡公务员要"为人民服务",重视行政组织整体利益的实现,而忽略了基层公务员的个体价值。当个人利益和组织利益发生矛盾时,强调个人利益要服从集体利益。鉴于基层公务员的重要性以及这个职业的特殊性,无论在实践上还是在理论上,人们都过多强调基层公务员的义务和责任,而较少重视基层公务员自身的需求和价值的实现。[①] 如上文所述,虽然只有 0.2% 的离职率,但是追溯其背后产生的原因却是刻不容缓的,面对不断攀升的辞职率,了解其工作心态就成为当务之急。

一 基层公务员工作心态调查

目前学界对基层公务员的工作心态直接研究较少,有学者对贫困地区乡镇公务员的消极工作心态进行研究,因受到一些主观原因(如攀比心理较强、思想观念落后、工作能力不强)、客观原因(如工作环境较艰苦、工资收入不高、晋升与提拔困难)等的影响致使贫困地区乡镇公务员产生一些消极工作心态,从而影响政府公信力和降低公共政策的执行效率。[②] 也有学者提出相近的概念——"行政心态",即由行政环境和行政体系中的各种要素与行政人员相互作用所形成的行为心理结构,是反映在行政行为模式中有个体差异性的集体心态。基层公务员工作心态相比行政心态,范围更窄,主体仅限定在基层公务员,排除了基层事业单

[①] 齐燕:《中国政府公务员满意度问题研究——以三门峡市政府公务员为例》,硕士学位论文,西北大学,2008 年。

[②] 张静:《行政心态:理论基础及概念考察》,《学术论坛》2011 年第 8 期。

位、工勤及其他身份的行政人员,"工作心态"是"心态"的一个范畴,仅指对工作的看法及言行表现。基层公务员工作心态是行政心态的一个细分领域,与行政心态相关的研究基础(虽不多)可以为我们提供参考。

基层公务员工作心态是一项心理感知的指标,如何对它进行测量,是我们调查的首要任务。通常情况下,工作心态可以分成积极和消极两个类型。通过梳理近十年的研究成果,发现反映基层公务员工作心态的最主要的指标有:基层公务员的公共服务动机、工作环境(如公平感)、薪酬、工作性质(包括工作时间和压力)等。本次调查通过调查基层公务员的公共服务动机、工作环境(主要是公平感)、薪酬满意度和工作性质(包括工作时间和压力)四个维度来探讨基层公务员的工作心态的特点、影响因素和形成机理。

(一) 公共服务动机纯正

公共服务动机是个多维度的概念,广泛认为其有四个维度,分别是参与公共政策制定的吸引力、对公共利益的承诺、同情以及自我牺牲精神。[1] 广义地讲,公共服务动机是"为人民团体、地方、国家和全人类的利益服务的、普遍的利他主义动机"[2];凡德拉比就公共服务动机提出了一个概括性的定义,认为公共服务动机是一种超出个人和部门利益的信仰、价值观和态度。[3] 综合以上研究,可以看出公共服务动机是一种利他的而非利己、理性和情感兼有的一种态度、倾向。公共服务动机对工作心态有何影响呢? 公务员的职业幸福感、工作绩效、工作投入是其工作心态的极好的反映。目前已有不少研究,主要有:基层公务员的公共服

---

[1] Cf. Perry J. L. , "Measuring Public Service Motivation: An Assessment of Construct Reliability and Validity", *Journal of Public Administration Research & Theory*, Vol. 6, No. 1, 1996.

[2] Rainey H. G. , Steinbauer P. , "Galloping Elephants: Developing Elements of a Theory of Effective Government Organizations", *Journal of Public Administration Research & Theory*, Vol. 9, No. 1, 1999.

[3] Cf. Vandenabeele W. , *Towards a Theory of Public Service Motivation: an Institutional Approach* [C] // 2006: 321 – 328.

务动机和职业幸福感呈显著正相关。① 公共服务动机与个体绩效正相关，公共服务动机强的政府公务员绩效更高。② 朱光楠等通过对我国中西部三省一市（直辖市）省级公务员进行了问卷调查，对公共服务和工作投入进行相关分析和回归分析，发现公共服务动机对工作投入有显著的积极影响。③

调查发现，有76.9%的调查对象认为自己在工作中的付出是"值得"的，有13.9%的选择"不值得"，选择"无所谓"的只有9.2%。当被问及"您进入公务员队伍的动机是什么？"有48.3%的选择是为了"实现人生价值"，比例最高，其次是"就业生存"的42.6%，"父母期望"的9.0%。调查对象在被问及"大多数时候，在行使权力的过程中，您认为哪种利益最重要？"选择"群众利益"的54.8%，"公共利益"的34.8%，"政府利益"的3.7%，"本单位利益"的4.5%，共占比97.7%，仅有2.3%的选择"个人利益"。十八大以来，中央大力推进作风建设、党风廉政建设，在这样"老虎""苍蝇"一起打的"严打"时期，被调查者还是认为中央各项禁令对基层公务员的影响是积极的（占92.8%）。不难看出，基层公务员的公共服务动机是很强的，更多的是考虑集体的利益和国家的长治久安。调查对象的公共服务动机不仅停留在意识上，而且落实在行动中，调查发现，被调查者在工作中责任意识很强，当被问及"我勇于担当工作中的责任？"16.3%的选择"有点同意"、39.2%的选择"比较同意"、41.5%的选择"完全同意"，即同意的占比为96.9%。在谈到"国家兴亡，匹夫有责"这一观点时，有60.7%的人十分同意，20.7%的比较同意，11.4%的一般同意，即92.8%的人选择同意。

---

① 郑楠、周恩毅：《中国基层公务员的公共服务动机对职业幸福感影响》，《中国行政管理》2017年第3期。
② 李小华、董军：《公务员公共服务动机对个体绩效的影响研究》，《公共行政评论》2012年第1期。
③ 朱光楠、李敏、严敏：《公务员公共服务动机对工作投入的影响研究》，《公共行政评论》2012年第1期。

（二）组织公平感较强

工作环境主要包含自然环境和人文环境，自然环境指的是地理环境，如位于城区还是乡镇，服务于乡镇地区的公务员的工作环境比较恶劣，工作心态相比工作在县城的较差。自然环境属于客观因素，不属于心态范畴，这里不加以探讨。相比自然环境，人文环境对基层公务员工作心态的影响更大，作用更明显。人文环境主要有组织公平程度、人际关系融洽和谐程度等方面。很多学者主要围绕职务晋升公平、薪酬公平等角度研究了公平感对工作绩效的影响进行了研究。研究显示，职务晋升的分配公平、程序公平、互动公平对绩效均具有显著性的正向影响，且影响力依次减弱。[1] 卢威等研究发现公务员关联绩效整体水平较高，且关联绩效与组织公平感各维度都有较高的相关性，其中程序公平和领导公平影响最大。[2] 张来春等认为公务员工资存在公平性困境，即外部公平性困境和内部公平性困境，外部公平性困境是指公务员工资水平与外部非公共部门比较相对偏低的困境，内部公平性困境表现为公务员工资水平与所产出的绩效相关度低问题，简单来说就是工资收入低于劳动付出，违背了市场经济的"同工同酬"分配原则。[3] 而公务员薪酬公平感对懒政、怠政、渎职、自利、不合作等偏差行为有显著负向影响，即公平感越强，越能激发公务员的勤政、廉政思想。[4]

调查发现，调查对象认为"在基层干部职务晋升中"能力更重要，占了52.6%，其次是人品24.4%，二者共占比77%。可见基层公务员是干部选拔的公平性是相当认可的。调查中还发现，基层公务员的人际交

---

[1] 王晓晖等：《公务员职务晋升公平感对其工作绩效的影响研究》，《南方经济》2013年第11期。

[2] 卢威、赵维良：《组织公平感对公务员关联绩效影响研究》，《统计与信息论坛》2010年第12期。

[3] 张来春、姚勤华：《公务员工资的公平性困境及若干思考》，《中国人力资源开发》2006年第11期。

[4] 韩锐、李景平、张记国：《公务员薪酬公平感对职场偏差行为的影响机制——基于个体—情境交互视角》，《经济体制改革》2014年第2期。

往关系比较融洽,当谈及"我善于协调工作中的各种关系",有24.5%的选择"有点同意"、42.7%的选择"比较同意"、24.0%的选择"完全同意","不太同意"和"不同意"的比例仅8.8%。当谈及"我在工作中能与同事和谐相处"时,有13.0%的选择"有点同意"、41.5%的选择"比较同意"、43.4%的选择"完全同意","不太同意"和"不同意"的比例仅2.0%。

(三) 薪酬满意度低

公务员看待薪酬的态度有两个方面,一是薪酬公平性问题;二是薪酬满意度问题。薪酬公平性前面已经谈到,这里仅分析薪酬满意度。对于公务员薪酬的高还是低,社会公众和公务员个人有不同看法,社会公众普遍认为公务员工资高,待遇好,福利好。偶有发生的事业编制的教师集体要求加薪的事件,就是一个缩影。而公务员个人大多认为工资低,与付出不成比例。公务员薪酬水平是否合理?张广科通过将中部三省公务员与企业薪酬数据进行比较,发现公务员可比名义薪酬略低于企业中"相当人员"的可比薪酬,但机构自定津补贴印记明显,"机构类型、单位总收入、职务级别"引致的公务员津补贴差距主导了公务员薪酬内部的不合理差距。[①] 公务员工资自新中国成立以来经过几次加薪,特别是十八大之后公务员工资进一步规范之后,如今基层公务员工资满意度如何?有待进一步研究。

我们调查的对象主要有:普通办事员42.6%,股级干部11.1%、科级干部33.8%、处级干部12.5%。年收入分别设置了5万元以下,5万—10万元、10万—15万元、13万—20万元、20万元以上,比例分别为2.7%、73.4%、21.6%、1.5%、0.9%。可以看出,年收入大部分在5万—10万元,而我们调查的对象中普通办事员和科级干部占了76.4%,也即普通办事员和科级干部的工资收入在3万—10万元。在基层公务员

---

① 张广科:《津补贴、薪酬差距与行政机关公务员薪酬公平——基于中部三省公务员与企业薪酬数据的实证分析》,《经济管理》2012年第7期。

看来，这个数字是高还是低呢，调查发现，当被问及"您怎么看待您的工作报酬？"47.3%的选择"偏低"，51.7%的选择"一般"，仅有1.0%的选择"偏高"。特别是十八大以来，中央制定了八项规定，有32.9%的调查对象反映收入降低了。

（四）工作压力较大

公务员工作性质也是影响其工作心态的一个重要指标，其中包括工作时间、工作压力、工作量和工作复杂程度。有研究表明，公务员工作压力与职业倦怠有显著的正相关。李景平通过实证研究确认了工作压力与职业倦怠之间的正相关关系。① 公务员工作压力源自哪里呢？有研究表明，包括上级领导、工作责任、人际关系、工作任务、工作性质、完美倾向和职业前景在内的七大因素是公务员工作的主要压力源。② 刘晓洋对青年公务员的工作压力源进行了研究，设计了包括组织环境压力、工作要求压力、工作角色压力、工作支持压力、人际交往压力、职业发展压力、个人问题压力七个因子进行调查，发现压力大小降序排列分别是：工作角色压力、个人问题压力、工作支持压力、工作要求压力、组织环境压力、职业发展压力以及人际关系压力。基层公务员压力具有更大压力，商磊等通过对乡镇公务员的工作压力进行实证研究，因工作直接处在第一线，工作综合性强，难度大，男性的工作压力高于女性；学历越高，工作能力越强，压力越大；31—45岁年龄段的压力最大；已婚的比未婚的压力大，职位高比职位低的压力大。③ 公务员作为一种职业身份，它的工作性质与其他工作自然有差异。有人戏说公务员工作的状态是"上班两件事，一是喝茶，二是看报。"现实果真是这样吗？调查显示，58.4%的调查对象每天工作时间6—12小时，7.7%的在12小时以上，也即是，每天加班

---

① 李景平、鲁洋、李佳瑛：《公务员工作压力对职业倦怠的影响研究——以X市Y区为例》，《西北大学学报》（哲学社会科学版）2012年第1期。
② 封丹珺、石林：《公务员工作压力源问卷的初步编制》，《中国心理卫生杂志》2005年第5期。
③ 商磊、张家云：《乡镇公务员工作压力成因及应对策略》，《中国行政管理》2009年第6期。

的比例占了66.1%。当被问及"您每周的工作时间通常是多少?"有的选择"6天",选择"7天"的有14.6%,只有45.0%没有周末加班。特别是十八大以来,在55.8%的调查对象认为工作满意度提高了,57.1%的认为工作积极性提高了,68.5%的认为工作责任心增强了,80.5%的人认为各类检查增加了,相反工作压力增大(87.2%)。

除了工作时间长、工作压力大,基层公务员工作量和工作难度均不可想象。农村扶贫攻坚、化解矛盾纠纷、拆迁安置补偿、返乡农民工创业、信访维稳工作、社会风气整治、应付上级检查,特别是农村扶贫攻坚、化解矛盾纠纷、应付上级检查、信访维稳工作四项工作是基层公务员反映难度较大的几项工作。特别是信访维稳"一票否决"(66.8%的被调查者认为不合理)无形中给基层公务员又增加了很大压力(调查中感到压力大的有91.6%,其中偶尔的有38.0%、经常的有28.2%、频繁的有14.4%、每天的有11.1%)。工作量大、件件都很压头,导致基层公务员心生焦虑和疲惫(偶尔焦虑的有46.4%、经常焦虑的有28.0%、频繁焦虑的有11.0%、每天焦虑的有5.6%,共占比的有91%;下班时我觉得筋疲力尽的占92.7%,其中偶尔的有33.7%、经常的有33.7%、频繁的有13.2%、每天的有12.1%;早上起床想到工作就觉得累的有82.5%,其中偶尔的有39.1%、经常的有23.9%、频繁的有9.8%、每天的有9.7%),导致68.7%的被调查者不同程度地感到对工作越来越不感兴趣,68.4%的被调查者不同程度地反映对公务员工作没有以前热心了,甚至有57.3%的被调查者不同程度地怀疑自己工作的意义、53%的被调查者不同程度地越来越不关心自己在工作中的贡献,以及66.3%的被调查者不同程度地感到在工作中越来越没有成就感了。

首先,工作量大,自然加大了基层公务员的工作压力,工作推动不力被问责也无形中给公务员工作带来很大压力,甚至有时候为求自保,不敢放手开创性开展工作。调查显示,66.8%的被调查者认为信访维稳"一票否决制"是不合理的,有36.9%认为责任追究不合理,其中不合理的第一位原因是"权责利"不对等,第二位原因是责任追究范围不合理,第三位原因是责任承担压力过大。

其次，工作成效不明显也进一步加大了其工作压力。调查显示，认为精准扶贫工作成效高的有43.0%，将近一半以上的被调查者认为精准扶贫工作成效是一般甚至成效低。生态保护工作、新农村建设、生态移民搬迁、失地农民养老工作、村集体经济发展等各项工作满意度均没有过半，甚至认为村集体经济发展有成效的仅有23.7%。

二　基层公务员社会心态调查

近年来，"社会心态"一词的关注度比较高，中国知网上直接以此为题目的论文就有2000余篇。同时，自2011年起，中国社会科学院已连续五年发布了《中国社会心态调查报告》蓝皮书。这一举措表明，新时代的社会心态问题已经被高度重视。为何当前人们的社会心态问题被高度重视？因为随着社会结构的逐步调整、社会利益的重新组合和收入分配差距的进一步拉大，尽管民众的整体心态呈现出开放、包容、自信、民主和理性等特点，但人们"仇官""仇富"等不平衡心态也在逐渐加剧，焦虑感、不安全感、被剥夺感等不良心态也越来越明显。这说明，当代社会的心态问题已不容忽视。然而，纵观现有的研究成果，大都研究的是民众的社会心态，鲜有对公务员尤其是十八大以来基层公务员的社会心态进行系统分析，更缺乏基层公务员社会心态的实证调查，这在基层政权内卷化、基层需求个性化、基层工作压力增大、基层环境日趋复杂的新时代，在脱贫攻坚、乡村振兴的关键节点，是极其不利的。况且，公务员兼具"公共人"和"社会人"双重角色，"公共人"角色要求其维护公共利益，"社会人"角色要求其维护个人利益，两种利益的价值标准和利益取向不同，产生冲突在所难免。事实上，将这两种不同的人格要求和价值取向强化到公务员身上，肯定难以有效奏效，因为公共利益和私人利益本身难以分开，界限十分模糊。[①] 正如斯莫尔所指出，在20

[①] 谢治菊：《主客观行政责任的冲突与平衡：理论阐释与实证表达》，《中共福建省委党校学报》2014年第12期。

世纪末期的美国,由于利益的重叠性和不可分性,要将个人利益从公共利益中分离出来越来越困难,行政人员的角色冲突不可避免。① 既然公务员的角色冲突不可避免,那么分析每种角色背后的心态就至关重要。社会心态是公务员对社会现象和社会行为的看法和表征,反映了公务员作为"社会人"的行为趋向,此种趋向对工作心态和工作效率亦有重要的影响。故此,本章试图以西南地区的实证调查数据为依据,对十八大以来基层公务员的社会心态及其形成机理进行系统分析与反思。

(一) 社会心态及其测量

社会心态的英语为 social mentality,mentality 的原意为心理、智力和思想,这说明社会心态的本义是社会群体的心理状态或社会的心智状态,也即"民心""民意"。但随着该词的广泛应用,社会心态的内涵不断扩大,可指由政治制度、经济关系、社会环境的发展变化而引起的共同心理反应或心理状态[②];也可指一段时间内弥散在整个社会的社会共识、社会情绪和感受、社会价值取向等宏观心理状态,是在个体心态的同质性基础上生成的具有特定功能的心理现象[③];还可指个体对社会现象的主观感受和评价。这些感受和评价通过行为、言论、习俗或舆论表现出来,是社会政治经济变化的"晴雨表",具有一定的稳定性和时代特征。④ 本章比较赞同从社会认知的角度去界定社会心态。按此逻辑,基层公务员的社会心态就是指与特定的社会事件相联系的广泛存在于基层公务员群体的情绪、感情和认知。这种心态比较感性,易被感知,没有根植于社会结构,具有即时性、动态性、直接性等特征。

---

① Small J., "Political Ethics: A View of the Leadership", *American Behavioral Scientist*, Vol. 19, No. 5, 1976.
② 丁水木:《社会心态研究的理论意义及其启示》,《上海社会科学院学术季刊》1996 年第 1 期。
③ 杨宜音:《个体与宏观社会的心理关系:社会心态概念的界定》,《社会学研究》2006 年第 4 期。
④ 揭扬:《转型期的社会心态问题及其有效疏导》,《中共浙江省委党校学报》1997 年第 5 期。

如何测量社会心态？中国社会科学与社会学研究所社会心理学研究中心研发的"社会心态测量指标体系"包括社会需求和动机、社会认知、社会情绪、社会价值观和社会行动五个一级指标和若干二级指标。① 但根据自我决定理论，个体的需求和动机往往与目标有关，人的目标分为以"个人成长发展、身体健康、对社会的贡献等"为主的内在目标和以"健康、财富、名誉、地位"等为主的内在目标，内在目标是满足基本需求，外在目标强调个人价值。② 这意味着，要调查基层公务员的需求和动机，应该对其内外在目标进行详细的测量。由于公务员身份地位的特殊性和政治的敏感性，通过一系列指标测量其内外在目标不太现实，故而本章略去基层公务员的社会需求和动机指标，改用剩余四个一级指标来测量其社会心态。其中，社会情绪是对特定社会现象的感性评价，常见的"仇官""仇富"、相对剥夺感、社会焦虑就是一种社会情绪。情绪是心态结构的感情成分，情绪测量要针对具体的社会现象。社会认知是对某种社会现象的感知与认识，是个体对社会行为的共识性表达，社会认知对社会行为和社会心理具有重要的影响，测量社会认知可用人们对某些社会现象的了解认识程度的指标。例如，测量腐败时可用腐败是否存在、腐败的程度、腐败的原因等指标。③ 社会价值观是用什么标准去评价社会现象，也即评价社会现象的准则和规范。社会价值观是社会心态最活跃的要素，时刻反映社会经济结构的变化和发展状况。社会行动是具体心态支配下的行为动向。由于社会行动受个体社会情绪、社会认知与社会价值观的合力推动比较明显，因而测量社会行动时用某一群体要采取的集体或社会化行动最为适宜。④ 可以说，这四个测量指标反映了社会心态由浅入深、由里向外的形成过程，具有较强的可操作性和实用性。

测量发现，随着物质水平的提升和国际地位的增强，当代中国民众

---

① 王俊秀：《不同主观社会阶层的社会心态》，《江苏社会科学》2018 年第 1 期。
② Cf. Kasser T., Ryan R. M. "Further Examining the American Dream: Differential Correlates of Intrinsic and Extrinsic Goals", *Personality and Social Psychology Bulletin*, 1996.
③ ［美］艾尔·巴比：《社会研究方法》（上），邱泽奇译，华夏出版社 2000 年版，第 181—182 页。
④ 马广海：《论社会心态：概念辨析及其操作化》，《社会科学研究》2008 年第 10 期。

的整体社会心态持续向好,只是在一些特殊事件上不良社会心态比较明显。例如,刘天俐等利用2014年中国科学院心理研究所第三期社会调查数据分析城乡居民社会心态,结果发现,城乡居民对中央政府的满意度高于地方政府,对基本生活状况和国家经济形式的满意度高于养老、医疗、教育等民生问题;同时,80%的被调查者倾向于用理性方式来解决社会矛盾和社会不公。[①] 王俊秀则指出,当前民众的社会心态发生了如下变化:整体社会信任水平略有提高,底层认同成为影响其社会心态的关键要素,社会情绪总体以正向为主,但指向明确的负向甚至反向情绪要引起高度的重视,否则会危害社会运行的根基;民众的社会价值观念更加多元,价值观冲突引发的矛盾与纠纷越来越多。[②] 可见,新时代民众的社会心态呈现出"整体向好,特殊事件失衡"的特征。那么,作为国家政策的主要执行者,基层公务员的心态是否也存在这些特征呢?到目前为止,还没有学者在实证调查的基础上进行系统分析,仅可以从"将社会责任感纳入公务员的考评体系"这一事件来推测基层公务员社会心态问题已开始引发政府的关注。按道理,与普通社会成员相比,公务员理应有更强的社会责任感,承担更多的社会责任。然而,受"寻租""权钱交易"等不良风气的影响,部分公务员的责任感越来越弱,难怪浙江省2015年将"社会责任感"作为录取公务员的标准,这一标准得到了1891名被调查者78.6%的支持。[③] 其实,将社会责任感纳入公务员录用考察标准,不过是对公务员职业道德的内在要求,回归了责任政府、服务政府、人民公仆的本原。[④] 此种回归对公务员社会心态的建设有重要的意义。诚如弗雷德里克·莫舍所言,在公共行政和私人部门行政的所有词汇中,责任一词是最为重要的。[⑤] 行政人员的责任可分为主观责任和客观责任,

---

[①] 刘天俐等:《近年来中国城乡居民社会心态的调查分析》,《人口与发展》2018年第1期。

[②] 王俊秀:《当前社会心态的新变化》,《北京日报》2015年11月3日第19版。

[③] 屈金轶:《公务员社会责任感需动态考核》,《长沙晚报》2015年1月30日第F2版。

[④] 符向军:《公务员社会责任感考察应成新常态》,《民主与法制时报》2015年2月3日第2版。

[⑤] [美]特里·L.库珀:《行政伦理学:实现行政责任的途径》,张秀琴译,中国人民大学出版社2001年版,第162页。

主观责任是根植于人的良心与道德的责任，客观责任来源于制度和法律。社会责任感主要是主观责任，即基于信仰、道德和社会价值观等而产生的对社会义务的认同。个体社会责任感越强，对社会义务的认同度就越高，进而能形成更为积极的社会心态；反之，良好的社会心态也会对个体的社会责任产生强化。故此，用前述四个指标调查基层公务员的社会心态状况，对增强其社会责任感、强化其对社会义务的认同、形成良好的社会风气，亦有重要的帮助。

（二）基层公务员社会心态特点

基层公务员的行动具有一定的解释性，法制性解释、政策性解释、任务性解释、共谋性解释是其典型的表征，基层公务员行动的可解释性意味着基层公务员在行动中对某些合理性事实的维护，此种维护也许蕴含着侵犯正式制度的危险，但此种维护能够给他人带来实质性影响。[1] 要对他人带来实质性影响，就会引发他人相应的意识体验，这种体验的典型表现就是社会心态。社会心态是基层公务员对他人产生实质影响的媒介，积极的心态能建构基层公务员与他人的良好关系，促进社会团结；消极的社会心态会阻碍基层公务员"社会角色"的扮演，离散社会和谐。为深入了解基层公务员的社会心态，2017 年 1—12 月，课题组先后 10 余次到贵州、重庆和四川 3 省（市）30 余个县（市区）130 余个乡镇（街道）和县属部门开展大规模问卷调查和深入访谈，调查共获取有效调查问卷 3209 份，其中，贵州省 1478 份，四川省 805 份，重庆市 926 份。此次调查对象以本科学历的基层公务员为主，大部分为科长及其以下的中青年（16—45 岁）工作人员，性别比例、民族比例基本相当。调查一级指标为基层公务员的"社会认知、社会情绪、社会价值观和社会行动"，二级指标设定有若干个，囿于篇幅的限制，在此就不一一列举。调查发现，基层公务员的社会心态呈现如下特点。

---

[1] 董伟玮：《秩序视角下的街头官僚行动研究》，博士学位论文，吉林大学，2007 年。

1. 社会认知理性

社会认知是指个体对社会性客体和社会现象及其关系的感知和理解。① 社会认知的对象可分为自我认知、人际认知、群际认知以及如社会归因、社会推理与社会决策之类的社会事件认知。② 考虑到基层公务员执行公共政策时有较大的自由裁量权,且政策执行的资源有限、对象不确定和条件艰苦,故而从"自我认知、关系认知、公平认知及社会事件认知"四个方面来探析基层公务员的社会认知。就自我认知而言,本章用"我能胜任自己的工作、我感觉自己对单位做了较大的贡献、我能有效解决工作中出现的问题、我的工作是卓有成效的、我勇于担当工作中的责任"五个指标来测量;就人际认知而言,用"我善于协调工作中的各种关系、我在工作中能与同事和谐相处、我在工作中能正确评价别人"三个指标来测量。自我认知与人际认知的每个指标都采用李克特五分量表设置"很不同意、不太同意、有点同意、比较同意、十分同意"5个答案,分别赋值"1—5分"。结果显示,自我认知五个指标的均值分别为4.25分、3.62分、3.96分、3.68分、4.19分,总均值为3.94分,接近比较同意的水平,即基层公务员的自我效能感较强;人际认知三个指标的均值分别为3.81分、4.26分和4.06分,总均值为4.04分,超过比较同意的水平,这说明基层公务员对自己的人际关系和人际交往有信心。至于公平认知,用两道题来测试,一是宏观公平认知,即"你如何看待社会公平",63.9%的被调查者选择"社会公平",12.5%的选择"一般公平",23.6%的选择"不公平",即高达76.4%的被调查公务员认为社会是公平的;二是微观公平认知,用"职务晋升的关键因素"来测量,有52.6%的被调查者选择"能力"因素,24.4%的选择"人品"因素,15.4%的选择"关系"因素,7.6%的选择"运气及其他",即高达77%的被调查者认为基层公务员的职务晋升是比较公平的,这说明基层公务员的公平感较好。关于社会事件认知,通过罗列基层公务员熟知的社会

---

① 庞丽娟、田瑞清:《儿童社会认知发展的特点》,《心理科学》2002年第2期。
② 李宇:《中国人社会认知研究的沿革、趋势与理论建构》,《心理科学进展》2014年第1期。

现象,如"当下办事关系比能力更重要、遇到矛盾和冲突应该通过法律手段来解决",设置"很不同意、不太同意、有点同意、比较同意、十分同意"5个答案,分别赋值"1—5分",让其做评价,结果显示,他们的均值分别为3.2分和4.14分,也即,70%左右的被调查者认为办事关系比能力更重要,95%左右的被调查者认为矛盾与纠纷应该通过法律手段来解决,这说明基层公务员对社会事件的认知较符合实际,也表明基层公务员的社会认知能力较强,比较理性(见表3—1)。

表3—1　　　　　　　　基层公务员社会认知调查

	指标	均值	标准差
自我认知	我能胜任自己的工作	4.25	0.891
	我感觉自己对单位做了较大的贡献	3.62	1.033
	我能有效解决工作中出现的问题	3.96	0.850
	我的工作是卓有成效的	3.68	0.960
	我勇于担当工作中的责任	4.19	0.832
人际认知	我善于协调工作中的各种关系	3.81	0.923
	我在工作中能与同事和谐相处	4.26	0.777
	我在工作中能正确评价别人	4.06	0.873
公平认知	如何看待社会中的公平(公平=3)	2.40	0.844
	如何看待职务晋升的关键因素(能力与人品=2)	1.77	0.421
社会现象认知	当下办事关系比能力更重要	3.20	1.154
	遇到矛盾和冲突应该通过法律手段来解决	4.14	0.964

2. 社会负面情绪

社会情绪是社会心态的核心指标。近年来,从媒体数据和心理机构的调查发现,基层公务员的心理情绪问题比较多,轻者影响家庭生活水平、降低工作效能,重则伤害他人或自杀,以致得出了"近年来基层公务员自杀事件和自动离职比例在逐步上升"的结论。[①] 结论的可靠性暂且

---

① 彭琳、彭翔:《中国公务员情绪管理研究述评》,《内蒙古农业大学学报》(社会科学版)2015年第1期。

不论，但基层公务员"辞职热"的问题确实在网上被炒得沸沸扬扬。根据智联招聘《2015春季人才流动分析报告》，公务员跨行业跳槽比例比2014年同期上涨了34%，公务员群体竟成为跳槽最活跃的白领。① 本次的调查也显示，95%的被调查者完全理解基层公务员的辞职行为，38.1%的被调查者表示有辞职的想法，至于想辞职的原因，37.4%的被调查者表示报酬低，36.7%被调查者表示压力大，16.1%被调查者表示责任重，9.9%被调查者表示加班多。正因为有这些心态，大部分被调查公务员感到焦虑和不安全，职业倦怠感明显。例如，91%的被调查者有不同程度的工作焦虑，92.7%的被调查者感觉精疲力竭，82.5%的被调查者一想到工作就感觉累，91.6%的被调查者感觉工作压力增大。这说明，基层公务员的倦怠情绪比较严重。由于倦怠，加上99%的被调查者认为自己的收入偏低或一般，故而有61%的被调查者不同程度羡慕社会上的"一夜成名"或"一夜暴富"，79.5%的调查者有不同程度的"仇富"心理，认为社会上的有钱人大都是通过不光彩手段得来的；同时，被调查者的拜金主义思想比较明显，77.9%的被调查者不同程度认为"金钱是衡量个人成功与否的重要标准"。这意味着，被调查基层公务员负向的社会情绪较多，这对基层政权的稳定和基层治理效果的提升是极其不利的。根据李普斯基的描述，一方面，街头官僚与人民的互动是相当密切而直接的，街头官僚所执行的政策，通常与人民最为直接相关，也会对人民的生活产生极大的影响；另一方面，街头官僚处理公共事务的自由裁量权较大，且大多裁量权要当场做出决定，而这一决定完全取决于个人的层次，因此街头官僚的情绪对决定的影响至关重要；再加上街头官僚不仅执行政策，还是决策的制定者，他们所做出的决策，通常大都与重新分配和资源配置有关，例如，他们可以决定哪些公民拥有一些福利的享受资格，也可以减少或增加低收入人群获得福利的机会，也即街头官僚暗中掌控了重新分配福利的力度，而相应的代价则由纳税人或较为富裕的部门来承担。② 这里的街头官僚，是指工作中与公

---

① 戴玉：《"公务员辞职潮"来了吗？》，《南风窗》2015年第8期。
② ［美］李普斯基：《基层官僚：公职人员的困境》，苏文贤、江吟梓译，学富文化事业有限公司2010年版，第10—11页。

民直接互动,且在工作实施中拥有实质自由裁量权的公共服务工作者,即基层公务员。[1] 正是由于基层公务员既执行政策又制定决策,其"仇富、拜金"等负面社会情绪会带来"贪污、寻租、滥用职权"等越轨行为,进而引发其不良的社会心态,应引起足够的重视(见表3—2)。

表3—2　　　　　　基层公务员社会情绪调查　　　　　　单位:%

基层公务员辞职行为	不理解	5
	理解	95
是否有辞职的想法	没有	61.9
	有	38.1
想辞职的原因	报酬低	37.4
	压力大	36.7
	责任重	16.1
	加班多	9.9
基层公务员焦虑感	工作焦虑	91
	精疲力竭	92.7
	感觉累	82.5
	压力增大	91.6
基层公务员社会情绪	羡慕社会上的"一夜成名"或"一夜暴富"	61
	有钱人大都是通过不光彩手段得来的	79.5
	金钱是衡量个人成功与否的重要标准	77.9

3. 社会价值观正确

正确的社会价值观是培育健康心理、塑造良好品格、健全人格特质的重要前提。英格尔哈特认为工业化带来的社会转型可用两个维度来考察:一是与经济繁荣和知识社会有关的自我表现价值观,此价值观意味着个体由生存向自我表现的转变,也被称为"后物质主义"价值观。二是世俗与理性价值观,意味着从以宗教、国家自豪感等为主的传统价值观向世俗理

---

[1] [美]李普斯基:《基层官僚:公职人员的困境》,苏文贤、江吟梓译,学富文化事业有限公司2010年版,第3页。

性价值观的转变,这被称为"物质主义"价值观。对于中国而言,现在还处于"物质主义"价值观的阶段,故而暂时没有价值观转型的问题。① 本章采用"后物质主义"价值观,用"'一分耕耘,一分收获'、社会上的大多数人是值得信任的、'国家兴亡,匹夫有责'、违法是一件很丢脸的事、职业没有高低贵贱之分、应加强基层公务员的职业道德建设"六个指标来测量其社会价值观是否正确,其具体做法是设置"很不同意、不太同意、有点同意、比较同意、十分同意"5个答案,分别赋值"1—5分",让其做评价,结果显示,他们的均值分别为3.77分、3.66分、4.32分、4.22分、4.35分、4.10分,总均值为4.07分,超过"比较同意"的水平,这说明基层公务员辨别是非的能力较强。能够说明这一观点的还有另一组数据。当问及基层公务员"效率优先还是公平优先"时,66.9%的被调查者选择需要二者兼顾;当问及"工作上的付出是否值得"时,76.9%的被调查者选择了值得;当问及"工作中理论与实践水平谁更重要"时,65.8%的被调查者选择了二者都重要;当问及"哪种利益更重要"时,54.8%选择群众利益,34.8%选择公共利益,二者合计89.6%。这说明大部分基层公务员的社会价值观是正确的。正是由于基层公务员有正确的价值观,故而有89.4%的被调查者对当前的中国现实保持积极乐观的社会心态,这一比例比对基层公务员前途保持乐观心态的被调查者高21.3%(见表3—3)。

表3—3　　　　　　　　基层公务员社会价值观调查

指标	均值（分）	标准差
我相信"一分耕耘,一分收获"	3.77	1.080
社会上的大多数人是值得信任的	3.66	1.011
国家兴亡,匹夫有责	4.32	1.012
违法是一件很丢脸的事	4.22	1.035
职业没有高低贵贱之分	4.35	0.947
应加强基层公务员的职业道德建设	4.10	0.922

---

① [美]罗纳德·英格尔哈特:《中国尚未进入后物质主义价值观阶段》,《人民论坛》2013年第27期。

4. 社会行动两面

社会行动是社会学研究的重要概念，韦伯直接将社会学研究的对象定义为社会行动，并指出社会行动的两个基本要素"赋予行动主观意义"与"指向他人"。所谓社会行动，是指向他人的过去、现在或未来的社会性行为。① 帕累托将社会行动分为本能行动、逻辑行动与非逻辑行动，韦伯将社会行动分为目的合理行动、价值合理行动、情感行动与传统行动，帕森斯将社会行动分为工具性社会行动、表情性行动与道德性社会行动。其中，帕森斯的划分是根据行动者的动机进行的。他指出，一个行动的逻辑应该包括当事人、目的和情境三种要素，这三种要素在规范的张力之下联系在一起，基于认知的、情感的或评价的动机和认知的、鉴赏的或道德的价值观，构成某种复合行动，由此形成社会行动的三种类型。② 本章依据帕森斯的社会行动理论，将基层公务员的社会行动分为以志愿参与为主的"道德性社会行动"与以解决问题为主的"工具性社会行动"，前者用参与志愿活动等公益性指标来测量，后者用基层公务员面对不良社会现象采取的实际行动来测量。数据显示，对于"我积极参与社会公益活动"的判断，均值为 3.68 分，有 91.6% 的被调查者表示自己愿意参加公益活动，但当问及"我为社会发展建言献策"时，同意的比例下降至 70.7%。③ 这说明，基层公务员的道德性社会行动比较积极，但乃至具体的工具性社会行动，积极性有所下降。此次调查的结果也印证了这一观点。当让基层公务员判断"遇到有人做出有损民族气节、有损公平正义之事，我会检举或制止他们"时，均值为 4.08 分，同意此观点的人达到了 94.8%，但是，当具体指出"你对上级或同事的不伦行为是怎么处理的"时，只有 21.9% 的人选择了当场指出，有 8% 选择举报，剩下的被调查者要么选择不闻不问，要么选择事后再谈，这意味着，与道德性社会行动相比，基层公务员的工具性社会行动大打折扣。为何与道

---

① 侯钧生：《西方社会学理论教程》，南开大学出版社 2001 年版，第 116 页。
② 佟庆才：《帕森斯及其社会行动理论》，《国外社会科学》1980 年第 10 期。
③ 谢治菊：《基层公务员公共参与对其责任意识的影响研究——基于 362 份问卷调查的分析》，《福建行政学院学报》2014 年第 2 期。

德性行动相比,基层公务员的工具性行动会大打折扣?根据经验现象,基层公务员的道德性行动属于意向性行动,无须承担相应的责任和义务;相反,基层公务员主观上对道德性行动的维护对于保持其身份权威、情感优势和服务对象控制还具有十分重要的意义。然而,在具体行动中,为回应政治锦标赛的要求和压力型体制的弊端,基层公务员的行动一般呈现保守的倾向。也即,受"日常生活功能化"的结构性困境、"控制路径"面临内在的制度性矛盾以及"目的导向"造成的个体行动局限的影响,虽然基层公务员在道德上维护着当前的社会秩序,但行动上并未给予相应的规范性承诺,因而道德性行动与规范性行动存在鸿沟(见表3—4)。①

表3—4　　　　　　基层公务员社会行动调查　　　　　　单位:%

类型	指标	百分比
道德性行动	我积极参加社会公益活动	91.6
	遇到有人做出有损民族气节、有损公平正义之事,我会检举或制止他们	94.8
工具性行动	我为社会发展建言献策	70.7
	你对上级或同事的不伦行为怎么处理的	当场指出(21.9) 举报(8) 事后再说或其他(70.1)

三　基层公务员生活心态调查

近年来公务员辞职现象与公务员报考人数的不断攀升引发社会热议,一边是千军万马过独木桥想挤进去,一边是想尽千方百计"脱离"体制,这两者看似无关,实则联系紧密,基层公务员承担着国家职能的具体执行责任,辞职现象属于正常的人才流动。作为一份事业,基层公务员的稳定与不错的社会地位也成为毕业大学生就业的香饽饽,是争相追逐的就业方向。通过几次基层深入访谈了解到,现在基层公务员属于"弱势

---

① 董伟玮:《秩序视角下的街头官僚行动研究》,博士学位论文,吉林大学,2007年。

群体",群众政治意识增强,要求服务质量高,对于基层公务员的各项管理约束增多,工作任务重,检查多,问责力度大等不同程度造成了小部分基层公务员"日子难混",难以坚守阵地,便选择"逃离"体制。吉林省委党校公共管理教研部主任焦述英认为,"唯有升迁一条路可走"是公务员的现实处境,这个群体中复杂的社会交往全部是围绕这个核心而转,激烈地竞争使人产生孤独感,竞争过程中还时刻担心会出现不利于自己的情况,这样的心理压力可见一斑。抑郁、焦虑、烦闷、孤独等挥之不去的消极情绪,难以疏解的心理压力,基层政府的无形限制让很多人选择将问题埋在心底不敢表露,长此以往,心理问题像雪球般越滚越大,极大地影响工作和生活。这说明,对基层公务员工作满意度的了解更显得刻不容缓。

(一) 生活满意度较高

生活满意度指数是由英国莱斯特大学社会心理学家阿德里安·怀特建立的。生活满意度是个人生活的综合认知判断,主要是个体生活的一个总体的概括认识和评价。生活满意度作为一个认知因素,常常被看成是主观幸福感的关键指标,是对个人快乐的补充,是人们主观幸福感的一种更有效的衡量标准。目前,国内外学者对生活满意度已经形成了一个比较一致的看法:生活满意度是个人依照自己选择的标准对自己大部分时间或持续一定时期生活状况的总体性认知评估,它是衡量某一社会人们生活质量的重要参数。学者郑建君在他的文章中指出:生活满意度作为主观幸福感的重要构成部分,是个体对整体生活质量的主观评价。从生活满意度的类型来看,一般生活满意度强调对个人生活质量的总体评价,而特殊生活满意度则聚焦于对不同生活领域的具体评价,例如婚姻、家庭关系等。相对于特殊生活满意度而言,一般生活满意度更为抽象和稳定。生活满意度作为个体生活质量评估的重要指标,受到人格、自尊、焦虑、控制源、精神信仰、情绪智力、价值观、生活环境、婚姻及经济状况等主客观因素的影响。因此,生活满意度高低影响着基层公务员执行政策与提供公共服务质量。① 调查结果显示，55.1%的基层公务员生活满意度高，23.6%的基层公务员对生活满意度无所谓，21.3%的基层公务员生活满意度低，虽然高满意度比例是低满意度的2.5倍，但生活满意度低的基层公务员还是占了总数的1/5。基层公务员管理部门应给予足够的重视，在制定相关管理措施时应该充分考虑如何提高这部分基层公务员的生活满意度，以激发基层公务员的内生动力。

（二）住房心态较好

基层公务员作为行政体制内的人，各项福利政策相对较好，外人眼中的"铁饭碗"。在对基层公务员深度访谈中得知，基层公务员就属于"富不起来，也饿不死"的群体。马斯洛需求五层次中的生理需求，基本能满足，但网上也有一些北上广深的基层公务员发帖称，微薄的工资对于当地不断攀升的房价来说，简直就是杯水车薪。由于本调查是在西南地区贵州、重庆、四川开展，属于西部地区，而且是针对基层公务员，所以调查结果显示，对住房的满意度较高。其中，基层公务员对住房满意的占72.2%，对住房不满意的占27.8%，对住房满意的约是不满意的2.6倍。大部分基层公务员对住房满意度还是较高的，这正是国家廉租房与公积金政策取得良好政策效果的有力佐证。深入访谈得知，基层公务员中对住房不满意的主要是年轻的基层公务员，他们刚参加工作不久，大多数未婚，经济基础薄弱，大多是租房住。国家在制定关于基层公务员住房性政策时可把基层年轻公务员这个因素纳入进去，保证基层公务员下得去，留得住。

（三）家庭比较和谐

基层公务员的工作性质决定了家庭所在地变动性不大，且较稳定。学者王文俊在其文章中指出："基层公务员往往会存在工作与家庭角色的

---

① 郑建君：《基层公务员角色压力、工作倦怠与生活满意度的关系》，《江西师范大学学报》（社会科学版）2016年第5期。

冲突。"但对基层公务员家庭满意调查结果显示，90.3%的基层公务员满意现在的家庭，仅有9.7%的基层公务员不满意现在的家庭，占了不到1/10。可见，基层公务员的家庭生活幸福感指数较高。有满意的家庭作为后盾，在工作中才会更认真更负责地履行岗位职责。同时，对基层公务员子女教育满意调查结果显示，83%的基层公务员对子女教育较满意，只有17%的基层公务员表示不满意。

（四）学习状态较好

良好的知识素养，是基层公务员理解国家政策，履行职责，政策宣传讲解基本功。随着社会事务复杂性增强，对基层公务员知识素养提出了更高的要求，在干部的考察任用中，学历也成了考察指标之一。县级及以上的行政区划中均设有党校，不定期对公务员进行知识培训，以提升公务员处理应对日益复杂社会事务的能力。中央政府主导建立学习型政府，以不断完善广大公务员知识体系，加快公务员体系知识新陈代谢。对基层公务员知识素养满意调查结果显示，对自身知识素养满意的基层公务员占86.2%，对自身知识素养不满意的基层公务员占13.8%，基层公务员对知识素养满意的大约是不满意的6.2倍。面对新知识层出不穷的当下，基层公务员只有紧紧把握住每次学习机会，加强内功修炼，练好为人民服务的基本功，才不至于被时代所淘汰。

（五）对子女教育比较满意

基层公务员大多数都是受过本科及以上教育的，只有少数中年基层公务员是大专学历。现在的公务员招考条件当中，最低要求本科学历，部分职位限招硕士以及博士等学历。可见，公务员都是受过良好教育的，只有掌握足够的知识文化，才能更好履行职责。在农村的大字报上还可以看见醒目的标语："再穷不能穷教育，再苦不能苦孩子"，足以体现出现在对孩子教育的重视程度。本书对基层公务员子女教育满意调查结果显示，83%的基层公务员对子女教育较满意，只有17%的基层公务员表示不满意。深入访谈得知，广大基层公务员尤其重视孩子的教育问题，但是由于工作缘故,没有更多的时间去辅导孩子的学习。

2014年,《海宁日报》的记者对部分公务员展开关于"公务员社会交往"访问调查。轻者失眠不安,重者悲观抑郁,更有极端者选择结束生命,部分公务员受社会交往等方面问题困扰,心理健康堪忧,而大多数受访公务员认为社会交往是他们主要的心理压力来源。基层中年公务员是心理问题最严重的群体之一,而在拆迁、信访、司法岗位上的公务员,更容易出现工作失控、情感压抑、言语暴躁等状况。"最大的压力就是社会交往,处理社会交往要花费70%以上的精力"。某35岁基层公务员表示,他参加工作11年了,虽然平时工作干得多,但总是受到人际关系的困扰。在民主生活会上,很多人无端指责他"工作态度强硬""工作没有技巧""爱出风头"等,这让他觉得既委屈又困扰。某48岁的基层公务员表示,官场中的人际关系就是"恶魔"。她说自己大学毕业后进入公务员系统,一直谨慎做事,生怕出现流言蜚语,工作上也是处处维护同事关系,可是没想到竞聘副局级岗位时,还是遭人诽谤,甚至恶意攻击,导致其落选。这说明,基层公务员的满意度受人际关系的影响比较明显。

四 基层公务员精准扶贫心态调查

调查发现,在精准扶贫的背景下,60.7%的基层公务员对工作状态比较满意,94.4%的基层公务员在努力地、积极地工作,76.9%的基层公务员认为自己在工作中的付出是值得的,48.3%的基层公务员选择这一职业是为了实现自己的人生价值,66.9%的基层公务员在工作中坚持"公平优先,效率兼顾"的办事原则,52.6%的基层公务员认为职位晋升的关键因素是"能力"而非其他,89.5%的基层公务员认为群众利益和公共利益更重要,93%的基层公务员认为"八项规定"对基层政府和社会风气的影响是积极的。这说明,尽管有精准扶贫的巨大压力,十八大以来大部分基层公务员的心态是积极的、健康的,呈现出"认同感增强、积极性提高、满意度增加、责任心增强"的态势。正如有学者所言,基层公务员大多会采取积极的态度面对职业伦理困境，较少有回避倾向。①但是，受精准扶贫压力大、时间紧、加班多、责任重的影响，部分基层公务员也存在一些不良的消极心态，具体表现如下：

（一）以"敷衍塞责"的心态面对责任担当

对于基层扶贫干部的责任担当，中办和国办2016年联合下发的《脱贫攻坚责任制实施办法》中明确规定，对于贫困县的扶贫管理，县党政正职领导要遵从"不脱贫不调整、不摘帽不调离"的原则，该原则在乡镇一级自然传导。这虽然强化了贫困地区基层干部的任务和责任，但他们的压力越来越大。访谈时，重庆某乡镇干部指出，现在基层干部的压力普遍较大，对上压力主要来自检查增多、工作任务重和政策的层层落实，对下压力来自老百姓无感恩之心、法制意识薄弱、侥幸心理过多、基本素质不高。该乡镇干部反映的问题在其他地区也普遍存在。据了解，尽管存在一定的地区差异，基层干部要承担的责任和压力确实较多，上级压在基层党政负责人身上的"一票否决"事项如信访维稳、安全生产、精准扶贫等高达7—8项，这还不包括属地管理派生的诸多"第一责任"工作。面对"一票否决"的压力，许多基层公务员感到无奈又心酸。调查显示，36.9%的基层公务员认为上级对他们的责任追究不合理。至于责任追究不合理的原因，第一原因是权责利不等对，占32.9%；第二原因是追究范围不合理，占34.6%；第三原因是责任承担压力过大，占28.9%。正因为有些责任追究不合理，才有高达66.7%的被调查者认为信访维稳的"一票否决制"应该取消，尤其应撤销拆迁安置补偿中的"一票否决制"。访谈时，某市一分管安全的副乡长告诉我们，他分管的安全工作，花大力气去抓了，也尽力去做了，但因安全工作偶然性大、突发性强，安全问题仍时有发生，根本没有办法去很好地预防。因为很多被追究的责任并不是他们本身不努力的结果，而是基层长期矛盾的必

---

① 李春成、钱怡青：《执法机关公务员职业伦理困境研究——以S机关为例》，《福建行政学院学报》2017年第2期。

然现象甚至是意外。例如，有的驻村干部因没有在村内张贴扶贫的宣传标语而被处分，有的则因建档资料不规范、收入计算不精细而被处分。难怪在"你最想对习大大说的一句话"的活动中，贵州一乡长提出"可否取消信访维稳一票否决制"，四川一县委书记提出"我能否辞去现有的职务"，这都从不同侧面反映了强力问责下基层干部对"一票否决"工作的恐慌心态。当然，在强力问责下，虽然恐慌，大部分公务员还是在兢兢业业完成本职工作，一些优秀的扶贫干部未老先衰，任劳任怨、日夜兼程的工作，甚至病倒、累倒在工作岗位上，遵义25岁女干部在扶贫路上遇车祸牺牲就是典型的案例。但是，基层扶贫干部虽有巨大的扶贫责任，却没有相应的利益保障，可谓"责任重于泰山，待遇轻于鸿毛"。我们的调查显示，55%的扶贫干部一周的工作时间是6—7天，58.4%的扶贫干部每天的工作时间在6—12小时，7.7%的干部在12小时以上。他们如此的付出，工作报酬却比较低下。数据表明，高达99%的扶贫干部认为其报酬一般或偏低，其中，年收入在5万—10万元的公务员占73.4%，还有2.7%的公务员收入在5万元以下。GY市GP乡一位工作10年的扶贫干部，其基本工资每月3400元，年终奖30000元左右，年总收入7万—8万元，但承受的压力非常人能比，其每天填写各种表格、走访贫困户、应对上级检查、参加各类会议的时间常常在12小时以上。由于收入低、压力大，该公务员表示身边已有两例副科级公务员辞职。扶贫干部不仅收入低下，他们的加班也没有相应的绩效或报酬。访谈时LPS市PZ乡一位扶贫干部谈道，"脱贫攻坚没有专项的人员奖金，脱贫摘帽虽有奖金，但奖金不是给个人，而是继续用于脱贫攻坚"。

（二）以"疲于应付"的心态对待检查填表

"上面千条线，下面一根针"，基层扶贫干部责任大、条件艰苦、任务繁重，但自从开展精准扶贫工作以来，种豆子和数豆子的人却向两极化发展，前者越来越少，后者越来越多，即关于精准扶贫的各类考核评比、检查层出不穷。精准扶贫的检查较多，从检查主体看有国家级、省级、市级、县级和第三方检查，从检查时间看有月报、季度检查、半年检查、年度检查，从检查方式看有现场检查、口头汇报和书面汇报，从检查手段看有临时抽查和定期检查。但不管是哪种检查，因标准不一、要求不同、形式各异，乡镇扶贫干部都得面对重新填表的问题。例如，某组驻村10来天，就先后开展了脱贫攻坚巡查、半年工作综合考评、半年脱贫攻坚工作考评、"双百工程"实地观摩等十来项检查。难怪访谈时，LPS市一位扶贫干部告诉我们，整个扶贫过程中上级检查多、填表多，该乡2017年接受大型检查十余次，小检查几十次，往往国家考核评估结束后省里来检查，省级结束后市里又来检查。上级检查多是为了让基层重视扶贫工作，发现问题好及时整改，但由于各级政府的检查标准有细微差异，例如，市里面为了让标准更加有说服力，将省里的标准细化或创新，县级再结合实际进行修改，这加大了扶贫干部的工作量。由于填表标准不一致，表格不停地修改，以致档案里有各级政府的检查表格，反复填表的情况很突出。其实，检查增多引发的"精准填表"问题，已引发各类媒体的高度关注。例如，2017年6月5日，"中青网"发表评论《莫让精准扶贫陷入"精准填表"泥潭》，痛斥一些地方表格标准不稳定，省里模板有变就要求基层重新算账、填表、上报，这不仅耗费大量的人力物力财力，还会助长扶贫中的形式主义，损害群众利益。[1] 同年7月5日，《中国纪检监察报》发文《有的地方精准扶贫变精准填表用坏3台打印机》痛批一些地方精准扶贫变成了精准填表，成了新时代精准扶贫挥之不去的痛。一位扶贫干部反映，从2016年11月开始，他的任务就是填表。为了填表，抽调了几十位同事轮流作业，打印机已经用坏3台。[2] 扶贫干部将大量的时间花在了填表上，中部某县3—6月扶贫干部要填写的表格多达90个，部分干部从早到晚忙着填写材料，有的累趴下，有的累哭。一位第一书记的朋友圈显示，2017年6月底的一天，因为领导的一句"推倒重来"，乡里的扶贫干部夜里12点不得不从床上爬

---

[1] 《莫让精准扶贫陷入"精准填表"泥潭》，中国青年网 http://news.youth.cn/jsxw/201706/t20170605_9967998.htm，2017年6月5日。

[2] 郑莉莉：《有的地方精准扶贫变精准填表用坏3台打印机》，《中国纪检监察报》2017年7月5日。

起来重新填表。为何要重新填?他介绍,2016年的扶贫攻坚该省全国倒数,省里要求各地两个月之内整改,市里要求一个月,到了县里和乡里,时间被压缩至15天。在此背景下,一个月之内,多名扶贫干部累倒在工作岗位上。① 同年8月到12月,《人民日报》多次刊发部分地区"精准扶贫"变"精准填表"的评论文章,再次引发了人们的热议。文章指出,近期走访发现,有些地方在制定扶贫政策和考评指标体系时依然存在严重的形式主义和面子工程,填表成为扶贫工作的最大负担。例如,中部某县旅游局派的第一驻村书记为应付县里的扶贫建档检查,该局全部下村突击填表,只剩1人留守值班。该书记反映,扶贫档案必须由第一书记亲自填,一式三份均不得出错和涂改,否则,全部重填。小村的贫困户人少,但大村的贫困户可能上千人,极端时一个贫困户的身份证号就填了几百次,因此一个人填,很难按时完成,只好检查前突击作业。此事的另一个弊端是耗费大量的打印费。据悉,一个贫困村花在打印上的钱不少于2万元,更有贫困乡为迎接检查,仅打印费就花掉了10万多元。② 无独有偶,2017年7月非常酷热的一天,网上的一张"七八小伙赤膊上阵填写精准扶贫材料"的照片引发了大量围观,戏称"酷热的天气阻挡不了扶贫的脚步"③。为戏谑反复填表给扶贫干部带来的负面压力和影响,有人将汪峰的《春天里》改为《表格里》。

(三)以"急于求成"的心态跟风产业项目

目前,可持续脱贫仍然是精准扶贫最大的难点所在。扶贫治理之所以不可持续,在于扶贫治理的载体——基层治理资源的不可持续性,而资源不可持续的主要原因在于制度建构有缺陷。④ 产业扶贫即是如此。之所以这么认为,是因为贫困户持续脱贫取决于两个要素:自身可持续发

---

① 《从早到晚忙材料,扶贫岂能靠填表?》,《人民日报》2017年6月1日第17版。
② 田雯雯:《部分县精准扶贫成"精准填表",形式主义怪圈怎么破?》,《人民日报》2017年12月18日。
③ 《从早到晚忙材料,扶贫岂能靠填表?》,《人民日报》2017年6月1日第17版。
④ 孙国峰、郑亚瑜:《精准扶贫下农村反贫困末端治理的可持续性研究》,《理论与改革》2017年第3期。

展能力与可持续脱贫的机会。目前，很多地方进行了产业扶贫，短期内贫困户的收入有所提高，但从长远来看，存在一些问题，这与政府对产业扶贫求大求全有很大的关系。为急于出成绩，有的干部缺乏思路，不切合当地的资源条件实际，盲目跟风上项目、上产业。云南楚雄县政协对该县 30 个乡镇、60 个村委会、247 户建档立卡贫困户、58 户非贫困户的抽样调查表明，产业扶贫跟风现象严重是制约该地区精准扶贫成效的重要原因。① 为急于脱贫，一些基层政府热衷于短期内可见成效的项目，不愿选择长远收益的项目，产业发展长短结合不够，可持续脱贫的条件不足。近年来，西南地区许多县域不顾当地实际情况，大规模养殖黑山羊、土鸡、香猪，种植猕猴桃、核桃和金银花等农特产品，已出现滞销案例，贵州省剑河县 2017 年滞销的几万只土鸡就是最好的例证，核桃产量过剩也是很好的例子。有数据显示，2018 年，我国核桃产量将占世界的 80%，而国人日常食用核桃的量却并不多。② 基层干部在扶贫中之所以有"跟风"上项目上产业的心态，原因有四个方面：一是许多产业要 2—3 年才见成效，但一些地方要求贫困户 1 年内就要脱贫，短期考核和长期效益的矛盾让基层干部不愿意采取创新的方式上新的产业，只好采用其他地方短期内已见成效的产业来跟风。二是扶贫干部的频繁更换让贫困户不愿意冒险种植养殖新的产业。调查时发现，现在很多扶贫干部挂职的居多，挂职的年限一般是两年，一旦产业发展时间超过两年才见效益，贫困户自身就会有很强的抵触情绪。例如，某村挂职干部经过多方考察和实地调研，发现该村特别适合种花椒，但花椒要 3 年才挂果，所以当地老百姓有抵触情绪。在他们看来，花椒 3 年才挂果，而让他们种植花椒的挂职干部两年后就得调走，第 3 年花椒要是出了问题去找谁。三是稳定的产业扶贫需要劳动力和文化，但一般贫困户家里都缺乏劳动力，也缺乏文化，所以一些地方在做产业扶贫时，都要考虑这两个因素，进而寻找相对成熟的能做的产业。四是产业扶贫效果受市场的影响较大，

---

① 吕金平：《产业扶贫要"个性"不要跟风》，《人民政协报》2017 年 12 月 4 日。
② 李彤、蒋琪：《扶贫产业要尊重市场规律，切忌盲目跟风同质化》，人民网，2017 年 1 月 13 日。

扶贫干部在选择要发展的产业时，市场的不确定性不好掌控，因而只好选择风险相对较小、市场相对成熟的产业来发展，长此以往，必将出现产业发展跟风现象。

（四）以"消极应考"的心态应对入户评估

为确保 2020 年全国贫困人口脱贫摘帽，自 2016 年开始，国家引入第三方评估机制，对精准扶贫中贫困人口的识别率、退出率和帮扶工作群众满意度进行评估。第三方评估是绩效管理的重要方式，通过查找问题、特色与亮点，可以克服政府自我评估的缺陷，有利于客观评价精准扶贫的效果，是一种制度创新。经过 2016 年的试点和 2017 年的正式评估，第三方评估取得了一定的成效，但也暴露出一些问题，如"算账脱贫"和"被脱贫"现象时有发生，部分驻村干部帮扶工作未落到实处，各地基层政府以赶考的心态迎接评估，评估中的外部"干扰"严重等。① 由于第三方评估是一种考核，部分基层干部担心"考不出"好的成绩，因此往往以"应考"的心态来看待第三方评估，在评估组入村之前，提前给贫困户发放慰问金或慰问物品，或将一些宣传资料提前发放给贫困户，或对贫困户提前"辅导"，以便让贫困户按其意图来回答问题。评估组在评估中发现的这些问题确实在一定程度上存在，但是，站在基层干部的立场，他们在入户评估中之所以有这样或那样的抵触心态，究其原因，主要有三点：一是无论谁来评估，"群众满意度"的测量都难以做到客观、公正。按照测量指标，群众满意度主要测量贫困户对帮扶工作队、帮扶责任人、帮扶方式和帮扶工作效果的满意度。满意度是一个人的主观感受，群众对精准扶贫工作满意与否虽然与工作的成效有关，但更与贫困户个人的认知和人格特质有关。按道理讲，帮扶干部只要认真做好了帮扶工作，贫困户就应该满意。但现实是，扶贫干部面对的贫困户是比较复杂的群体，这些群体可能有一些过去积累的矛盾和恩怨，或群体中的部分

---

① 刘学敏、李强：《国家精准扶贫工作成效第三方评估的几个问题》，《信息化》2017 年第 8 期。

人欲望较多、沟壑难填，还有一些贫困户受利益的影响比较明显，故而他们评价的满意度不一定反映了真实的状况，故而基层公务员要以"赶考"的心理来对待评估。二是就评估主体方法欠妥。评估主体大部分是无工作经验的大学生，这些学生不熟悉农村工作，与农民交流有一定的困难。为完成任务，部分学生照本宣科、生搬硬套，甚至替农户作答；部分评估主体在检查建卡情况时，不区分计数方式和涂改情况，一律判定有问题，这在一定程度上挫伤了干部的积极性。三是评估问卷有待优化。现实中，评估问卷的设计不够合理，不仅字体小、内容多、题量大，问卷的内容也不太接地气，如"两学一做""一生中最后悔的决定"等。一个有文化的人都需要个把小时才能完成这些问卷，更何况对文化程度低、理性辨别能力不强的贫困户。

正因为基层公务员有上述消极心态，尽管有官方数据表明十八大以来我国减贫人口高达6854人，目前全国农村贫困人口为3046万人，比2016年减少1289万人，贫困发生率仅为3.1%。① 但是，此次调查结果还是显示，57.4%的被调查者认为基层工作的难点是扶贫攻坚。至于扶贫攻坚的效果，只有43%的基层公务员认为精准扶贫成效较好，有高达46.5%的被调查者认为成效一般，仍有10.5%的被调查者认为成效较差。这说明，公务员心态不仅影响扶贫客观效果，还对扶贫主观效果有影响。

与美国等发达资本主义国家几乎完全相反的是，中国民众对政府的信任呈现明显的"央强地弱"格局，调查也显民众对地方政府的信任度下降更快，甚至产生了"地方政府信任危机"。在探寻地方政府信任危机形成机理的过程中，政府信任的影响因素浮出水面，归纳起来，这些因素主要有制度、文化、政府绩效和政府行为等方面。例如，马得勇认为，制度的和社会文化的视角对政治信任成因的解释均具有意义，在东亚及东南亚国家，权威主义价值观作为一个文化的因素，对人们的政治信任

---

① 陆娅楠：《2017年中国农村贫困人口去年再减1289万》，《人民日报》2016年2月7日。

的形成产生了重要影响。① 肖唐镖指出,政府绩效和政府的惠民政策始终是推动农民政治信任的主要因素。② 胡荣等的调查则表明,社会资本和政府绩效对城市居民政府信任的影响是积极正面的③;同时认为,上访对政治信任的流失具有很大影响:上访者到达政府层次每提高一级,其对政府的信任就减少一个档次。④ 也就是说,目前学界主要是从政府行为、民众心理和制度文化三大方面去研究政府信任的影响因素。虽然这样的研究有重要的价值,但大多数研究都是单向的,即研究的是民众对政府的信任及其影响因素,鲜有提及影响民众信任政府的另一个重要因素——政府对民众的信任。我们知道,信任是一种双向互利的关系,政府对民众的信任和民众对政府的信任是紧密相关的,"如果公民知道或感受到管理者的不信任,他们同样不会信任对方。同理,如果管理者不信任公民,他们也不可能积极推行强化信任关系的改革对策。"⑤ 因此,如果忽视了政府对公民信任水平问题的研究,那么,旨在提升公民对政府信任度而建构的理论体系就是不完整的,意在增强政府公信力和合法性的策略也会有失偏颇。基于此,本章以基层公务员为例,在构建政府对民众信任的理论假设和指标体系的基础上,试图通过实证调查的数据来验证,基层公务员对民众的信任心态如何?此种信任心态是如何建构的?以达成丰富政府信任理论、和谐政府信任关系之目的。

五 基层公务员对民众的信任心态调查

(一) 研究假设

站在社会学的角度,信任被看作社会结构、文化层面的一个变量

---

① 马得勇:《政治信任及其起源——对亚洲 8 个国家和地区的比较研究》,《经济社会体制比较》2007 年第 5 期。
② 肖唐镖:《"民心"何以得或失——影响农民政治信任的因素分析:五省(市)60 村调查(1999—2008)》,《中国农村观察》2011 年第 6 期。
③ 胡荣等:《社会资本、政府绩效与城市居民对政府的信任》,《社会学研究》2011 年第 1 期。
④ 胡荣等:《农民上访与政治信任的流失》,《社会学研究》2007 年第 3 期。
⑤ 王巍、牛美丽:《公民参与》,中国人民大学出版社 2009 年版,第 111 页。

而非个性化函数。如果从公共管理的角度来解读,政府对民众信任的需求是公权力机构及其人员权力膨胀的自然反应,是维持并增强其合法性、提升其公信力的重要手段。尽管奥弗指出信任有四个领域:一是公民对他们的同胞或"别的每个人"范围的次范畴的信任;二是大众选民对政治领域或其他领域的精英们的信任;三是在政治精英当中以及在像商业、军队等其他部门的精英中扩展的水平信任;四是自上而下的垂直信任。① 但遗憾的是,奥弗的关注焦点也仅集中到第一个领域,忽视了对第四个领域的研究,因此,无论从社会学还是从公共管理角度看,民众对政府的信任需求,即基层公务员对民众的信任问题至今都没有被认真地研究过。然而,在处于一个流动性强、合作程度高和与陌生人接触较多甚至对陌生人产生依赖的当下社会,以往基于个人交往经验的习俗型信任或基于公民授权的契约型信任没有多大帮助,仅靠这种信任生成机制的社会是完全低效的,因为这样的社会使人们在缺乏可选择的信任产生机制的情况下放弃许多于彼此有益的机会。所以,要提高民众对政府的信任水平,就必须提高基层公务员对民众的信任水平。

在 Levi 看来,"政府是不可信的,这种认知结论不仅是政府失信的标志,同时也是政府机构不信任守法公民的证据"②。之所以提出这样的观点,政府对民众参与的不信任就是有力的佐证。在美国,许多管理者对公民参与怀有矛盾心态甚至愤恨心理,他们认为参与过程充满了各种问题,有的管理者甚至认为,"参与者是一群懒惰、冷淡和没有行为准则的人"③。在当代中国,尽管我们的一些制度文件中允许民众合理合法、理性地表达权益,但无论是民众的制度化参与还是非制度化参与,是民众的理性表达还是非理性表达,政府实际都持保守、谨慎甚至反对的态度。

---

① [美] 马克·E. 沃伦:《民主与信任》,吴辉译,华夏出版社 2004 年版,第 41 页。
② Levi M., "A state of trust", *Rust & Governance*, 1996.
③ King Cheryl S., Camilla Stivers, 1998. *Citizens and Administrators: Roles and Relationships, In Government Is Us*, edited by Cheryl S. King and Camilla Stivers, 49–62, Thousand Oaks, CA: Sage Publications.

例如，宪法对民众的游行、结社、言论自由等权利给予了明确保护，但实际一旦发生遭到的往往是抵制或镇压；拆迁中的利益表达许多法律是所有规定的，但政府往往以不信任民众为前提，大多数时候会动用警察、枪械等暴力工具来维持秩序；在街头官僚的行为中，他们往往对服务对象持有敌对的态度，因此经常上演"躲猫猫"的游戏。以上列举的种种，其实都是政府不信任民众的表现。

那么，什么是政府对民众的信任呢？简言之，就是政府对民众的自信心，即政府相信民众能够按照政府的工作要求和使用有益于实现政府工作目标和工作绩效的方法来理性地表达利益诉求、监督公共权力、参与公共生活、使用公共资源的心理状态。在这里，政府对民众的信任感不仅来自他们接触过的部分公民，还来源于教育、媒体、家庭成员、朋友、电影和其他渠道提供的信息。值得注意的是，政府对民众的信任超越了私人领域和社会关系的范畴，他们之间的信任关系本质上具有政治性和民主意义，因此应当遵守基于民治、民有、民享的政府权力理念。甚至在某种程度上可以说，政府对民众的信任应被视为一种权力节约的手段，一方面，因为这种信任关系能缓解行为者们的担忧、疑虑、警惕和戒备，并从监视他人日常行为细节的高代价的措施中摆脱出来；另一方面，如果政府绝对地依靠强制性而不是对民众的信任，往往会产生一种巨大的资源分配不当，这种分配不当不仅是低效率的，而且最终是无效的。①

那么，实践中政府对民众信任程度的影响因素到底有哪些呢？相关的研究发现，政府官员对民众的信任倾向程度、自由效能感强度、对公民参与活动的认可、多中心治理手段的运用等是可以增强政府对民众的信任的，而政府活动的程序化水平越高、公共服务的市场化改革越明显、政府被批判的程度越深、民众越不信任政府，政府对民众的信任就越少。② 当然，政府对民众的信任程度越高，

---

① ［美］马克·E.沃伦：《民主与信任》，吴辉译，华夏出版社2004年版，第52页。
② 王巍、牛美丽：《公民参与》，中国人民大学出版社2009年版，第117页。

他们就越能坚守对民众的承诺。因为当双方信任时，他假定在信任者和被信任者之间存在共享的或共同的利益，从而放弃影响决策的机会。另外，如果合理的信任在某些情况下能减轻个人和制度进行政治决策的负担，那么复杂社会中和谐的政府信任关系就可使民主决策变得更加稳健。①

为此，本章的假设前提是：不管民众的宗教信仰、性别、年龄和身份到底是什么，政府都应该更多地信任民众。为了验证该假设是否成立，本章通过实证调查的数据，以基层公务员为例，引入了三个变量：基层公务员的信任倾向性、基层公务员对民众的普遍信任和基层公务员对民众公共参与的特殊信任。信任倾向性是信任的基础，同时也反映出基层公务员对社会民众可信赖品质的期待；基层公务员对民众的普遍信任是政府官员对大多数民众的一种心理预期；基层公务员对民众公共参与的特殊信任程度对政策效果有重要的影响，参与中若没有信任，管理者会佯装支持参与改革，但实际上仍然沿用传统的处世方式行事。而在地方政府治理的过程中，基层公务员对民众的信任水平可以反映他们与公民分享权力的程度，因为"授权只有在长期信任你关系的基础上可能得以持续发展并发挥效能，政府越不信任民众，他们就越希望控制参与过程，并刻意选择参与者，由此构成了专家权威路径、被动—接受路径、询问路径、交易路径以及共同管制路径五种阶梯形参与路径"②。事实上，缺乏政府信任的参与不会激发公民的信任感；相反，公民还可能因为受辱而产生出更多针对政府的失望与疏离情绪，这可以说是当代中国民众常常冷漠、被动参与甚至拒绝参与政绩工程项目的主要原因。

基于此，此部分的研究假设之一是：基层公务员的信任倾向性越强，作为整体的政府就越信任民众；假设之二是：基层公务员对民众的普遍信任度越高，就越能相信民众公共参与的品质与能力。

---

① ［美］马克·E.沃伦：《民主与信任》，吴辉译，华夏出版社2004年版，第4页。

② 王巍、牛美丽：《公民参与》，中国人民大学出版社2009年版，第118页。

(二) 基层公务员对民众的信任心态之实证调查

基层公务员对民众的信任意味着政府与民众共同构成了一个网络，在这个网络中，网络成员的重大诉求能得到共同关注，网络成员之间彼此扶助，将共同的事业和彼此的利益置于成员间的失信、失误和失败的风险之中。与信任网络一样，政权体系的维持依赖于同样的资源——劳动力、金钱、信息、忠诚等。可以说，历史上大多数统治者都从信任网络中攫取了流淌其间的资源，或是在有能力掌控信息网络时将自己嵌入信任网络之中。[①] 但是，统治者的这种摄取会在一定程度上破坏信任网络，阻塞信任网络的运作，犹如富人和有权势的人的"买官现象"会双倍削弱公共政治一样，他们会因撤出自己的信任网络而削弱公共政治，也会因糟蹋普通公民的协商有效性而削弱公共政治。[②] 这种削弱会让政府失信于民，这使得政府与公民之间构建的信任网络具有重要意义：一方面，要防止信任网络的自身分化，或是丧失为风险事业提供担保的能力；另一方面，是网络内部的成员——政府与普通民众的讨价还价，并达成附加条件的妥协，此种妥协是政府与民众之间保持高水平信任的重要前提。

由于"政府"一词本身是一个笼统而模糊的概念，为了准确把握政府对民众的信任状况，实现分析的精准性、有效性和可靠性，应运用定量分析的方法对基层公务员对民众的信任进行测量。为此，利用到西南地区多地党校系统培训班授课的机会，对培训班的学员进行了大规模问卷调查，调查共获取有效问卷541份。大致而言，如表3—5所示，调查对象家庭出身为农村的被调查者多于城市的，女性与男性相当，少数民族被调查者略多于汉族，中共党员是一般群众的近4.7倍，31—45岁、乡局级公务员、科级干部、学历为本科、执行机关人员、月收入为2001—4000元的公务员是本次调查的主要群体。

[①] [英] 查尔斯·蒂利：《信任与统治》，胡位钧译，上海人民出版社2010年版，第26页。
[②] [英] 查尔斯·蒂利：《信任与统治》，胡位钧译，第163页。

表 3—5 调查对象基本背景变量情况（N = 541）

背景变量		百分比（%）	背景变量		百分比（%）	背景变量		百分比（%）
文化程度	大专及以下	21.4	任职时间	5 年以下	59.5	单位归属	乡镇政府	41
	本科	68.2		3—10 年	20.1		县市区政府	26.8
	硕士研究生及以上	10.4		11—15 年	8.1		市（州）政府	24.7
				16 年以上	12.2		省级政府	7.5
性别	男		民族	汉族	46.5	家庭出身	农村	61
	女	47.3		少数民族	53.5		城市	39
政治面貌	一般群众	16.5	年龄①	0—30 岁	33.1	职位级别	一般办事员	36.2
	中共党员	77.3		31—45 岁	49.2		科级（正副）	52.1
	民主党派	6.2		43—60 岁	11.3		处级（正副）	11.7

根据 Rotter 的描述，政府官员的信任倾向性主要有三个测量指标：一是日常生活中家庭成员大都可以信守承诺，二是日常生活中，大多数人是诚实的，三是日常生活中，我总相信他人，包括我不认识的人。② 我们的测量借鉴了该指标，同时结合了中国的国情，用"大多数人基本是诚实的、大多数人基本是好人、大多数人是值得信任的、受人信任时大多数人也将信任对方、受人信任时大多数人将做出相应回报、我相信大多数人、大多数人都相信他人"七个指标来测试基层公务员的信任倾向性。

同时，根据 Cummings 和 Bromiley 的定义，管理者对民众的普遍信任主要体现在对民众的意图、能力、行为和品质的信任③，因此，本研究用"大多数民众是诚实的，大多数民众是友善的，大多数民众是勤劳和进取的，大多数民众对政府的行为是支持的，大多数民众是维护政府形象的，大多数民众是服从政府安排的"六个指标来测量政府官员对民众的普遍信任。另外，结合 Rotter 和 Cummings、Bromiley

---

① 此处还有 6.5% 的被调查者是 60 岁以上。
② Rotter J. B., "Generalized Expectancies for Interpersonal Trust", *American Psychologist*, Vol. 26, No. 5, 1971.
③ Cummings L. L., Bromiley P., "The Organizational Trust Inventory (OTI): Development and Validation", *Nj & Trust*, 1996.

的意思，用"大多数民众是积极参与公共事务的、大多数民众参与公共事务时是理智的、大多数民众参与公共事务的过程中能理解政府的难处、大多数民众参与公共事务时是勇于承担责任的、大多数民众公共参与时是维护政府利益的"五个指标来测量政府对民众公共参与的特殊信任。

需要指出的是，上述三类 18 个测量指标基本涵盖了信任的五种基本元素：能力、诚信、正直、仁爱、责任，每个指标都设有"很不同意、不太同意、一般、比较同意、十分同意"五个答案，并分别赋值"1—5分"，回答者被要求做出选择，调查的结果如表 3—6 所示：

表 3—6　　基层公务员对民众的信任心态描述（N = 541）

一级指标	二级指标	平均数（M）	标准差（SD）	中位数（Me）
信任倾向	大多数人基本是诚实的	4.02	0.846	4.00
	大多数人基本是好人	4.02	0.794	4.00
	大多数人是值得信任的	4.08	2.352	4.00
	受人信任时大多数人也将信任对方	3.99	0.865	4.00
	受人信任时大多数人将做出相应回报	3.88	0.897	4.00
	我相信大多数人	3.99	0.875	4.00
	大多数人都相信他人	3.67	0.989	4.00
	平均	3.95	1.090	4.00
对民众的普遍信任	大多数民众是诚实的	4.17	0.890	4.00
	大多数民众是友善的	4.01	0.976	4.00
	大多数民众是勤劳和进取的	4.22	0.865	4.00
	大多数民众是维护政府形象的	3.43	1.075	4.00
	大多数民众对政府的行为是支持的	3.77	0.929	4.00
	大多数民众是服从政府安排的	3.79	0.911	4.00
	平均	3.90	0.941	4.00

续表

一级指标	二级指标	平均数（M）	标准差（SD）	中位数（Me）
对民众公共参与的特殊信任	大多数民众参与中是勇于承担责任的	3.01	1.210	3.00
	大多数民众是积极参与公共事务的	3.37	1.056	3.00
	大多数民众参与中是维护政府利益的	2.76	1.080	3.00
	大多数民众是理智参与公共事务的	3.49	1.059	3.00
	大多数民众参与中是理解政府难处的	3.05	1.255	3.00
	平均	3.14	1.132	3.00

对基层公务员的信任倾向性而言，从表3—6的二级指标M的均值为3.95、Me的均值为4.00、SD的均值为1.090可知，基层公务员的信任倾向性基本接近比较信任的状态。就基层公务员对民众的普遍信任程度而言，M的均值为3.90、Me的均值为4.00、SD的均值为0.941，这表明，基层公务员对公民的信任介于一般信任和比较信任之间，且有一定的离散性，即不绝对信任也不完全怀疑，对公民持有中立的信任态度。其中，基层公务员对"大多数民众是维护政府形象的、大多数民众对政府的行为是支持的、大多数民众是服从政府安排的"的信任程度不高，属于一般信任的范畴。就基层公务员对民众参与公共事务的特殊信任而言，各二级指标M的均值为3.14、Me的均值为3.00、SD的均值为1.132，这表明基层公务员对民众参与公共事务的信任程度很一般，介于信任和不太信任之间，基层公务员尤其不信任民众在公共参与过程中会维护政府利益、勇于承担责任、理解政府难处，他们的均值分别为2.76、3.01和3.05。通过访谈得知，一些基层公务员还是把公民参与看作对政府的对抗，由此产生出相当消极的态度，包括认为民众的参与会带来"体制内冲突加剧、政策偏好歪曲、导致资源浪费、管理者负担过重、组织性不够"等问题。

至于基层公务员的信任倾向性与基层公务员对公民信任的关系，

以及基层公务员对公民的普遍信任与公民公共参与特殊信任的关系，则需要通过逻辑斯蒂回归来解释。为此，要先对表3—6中的各项二级指标值进行处理，具体方法是：将均值大于3的称为"高信任"，赋值为"1"；将均值小于等于3的称为"低信任"，赋值为"0"；然后，分别以基层公务员的信任倾向性和基层公务员对民众的普遍信任为自变量，分别以基层公务员对民众的普遍信任和基层公务员对民众公共参与的特殊信任为因变量，进行逻辑斯蒂回归，回归结果如下：

第一次回归结果表明，基层公务员的信任倾向性与基层公务员对民众的信任关系成正比，他们的 Wald 检验的概率P值为0.000，小于显著性水平0.01，具有统计学意义。从 Exp（B）值即发生比率 OR 值可以看出，在控制其他变量以后，高信任倾向性的基层公务员高信任民众的发生比是低信任倾向性基层公务员的14.767倍，即信任倾向性越强的基层公务员越信任民众。从 Nagelkerke R^2 值来看，基层公务员的信任倾向性能解释基层公务员对民众普遍信任24.7%的变动情况，解释的力度较好，这验证了前面的假设1，即政府官员的信任倾向性越强，作为整体的政府就越信任民众。这也说明，提高基层公务员的信任倾向性能提高基层公务员对民众的信任（见表3—7）。

第二次回归结果表明，基层公务员对民众的普遍信任与基层公务员对民众公共参与的特殊信任关系成正比，他们的 Wald 检验的概率P值为0.000，小于显著性水平0.01，具有统计学意义。从 Exp（B）值即发生比率 OR 值可以看出，在控制其他变量以后，对民众高普遍信任的基层公务员高信任民众公共参与的发生比是低信任基层公务员的10.857倍。从 Nagelkerke R^2 值来看，基层公务员对民众的普遍信任能解释基层公务员对民众公共参与特殊信任11.2%的变动情况，这验证了前面的假设二，即政府对民众的普遍信任度越高，越能相信民众公共参与的能力和品质（见表3—7）。

表 3—7 主要变量逻辑斯蒂回归模型汇总

因变量	自变量	系数	标准误	Wals 值	显著性水平	Exp（B）
公务员对民众的普遍信任	公务员的社会信任倾向[a]	2.692	0.342	61.918	0.000	14.767
	常量	0.511	0.243	4.403	−0.036	1.667
	$P = 0.000$，−2 对数似然值 = 247.302，Cox & Snell $R^2 = 0.109$，Nagelkerke $R^2 = 0.247$					
	a 参照变量为低信任倾向公务员					
公务员对民众公共参与的特殊信任	公务员对民众的普遍信任[a]	2.385	0.422	31.894	0.000	10.857
	常量	−1.692	0.411	16.916	0.000	0.184
	$P = 0.000$，−2 对数似然值 = 665.230，Cox & Snell $R^2 = 0.082$，Nagelkerke $R^2 = 0.112$					
	a 参照变量为对民众低普遍信任的公务员					

上述结论与杨开峰 2005 年的研究结论不谋而合，他的研究表明："信任的倾向性是管理者信任公民的一个重要预测因素；同时，信任被认为是公民参与活动的一个重要指标，如果没有信任，管理者不可能去倡导更高程度的公民参与，又或者，这种公民参与不会获得有效的进展。"[①] 由此可见，信任倾向性是影响公务员对民众信任程度的重要因素，但是，这并不意味着在招募公务员时一定要招募有高度信任倾向性的人，因为信任倾向性具有在后天的成长中积累的特性，可通过学校教育、家庭生活、社区帮助和社会熏陶来强化。此外，考虑到基层公务员对民众的信任和对民众的公共参与具有重要的作用，因此政府应以更加开放、包容的心态来对待民众，应更有效地管理参与程序、参与过程和参与结果。

（三）研究结论及反思

信任是一套从表面上看起来似乎是完全公平的规则，此规则就好比

---

① ［美］E. 马克·沃伦：《民主与信任》，吴辉译，华夏出版社 2004 年版，第 65—67 页。

是交通管制，主要确保事情顺利进行，而不是明显地将某些好处授予信任双方中的一方。但是，假如人们打破这些规则，将信任理解为一方对另一方的承诺而非双方的相互承诺，不信任和不平等就会盛行。因此，信任，尤其是基层公务员对民众的信任，除非另有说明，应当成为政府及其管理者的伦理观念和行为准则，即政府管理者应该信任民众的诚实、善意、坚韧、正直、勤奋、能力、自律、博爱和责任等品德，除非有证据显示民众缺乏这些品德。正是由于基层公务员对民众的信任如此重要，所以政府与民众之间的诸多误会不仅仅是民众的怀疑主义心理作祟，很大程度上也来源于政府对民众而非自身缺乏信心。

此处的结果表明，基层公务员对民众的信任具有重要意义，是提高政府信任度、提升政府公信力、增强政府合法性、构建和谐干群关系、提升政府效率的重要途径。实证调查的结果不仅印证了上述观点，同时还发现，政府既不完全信任民众，也不完全不信任民众，他们对民众的信任处于中立状态，这种状态决定了政府绝不会自觉地把更多的情感、仁慈和道德渗透到管理和决策活动中。本研究最有价值的结论是：政府官员的信任倾向性越强，作为整体的政府就越信任民众；政府对民众的普遍信任度越高，就越能相信民众公共参与的品质和能力。

而要提升基层公务员对民众的信任，更多的责任还在政府身上。为此，第一，政府应该成为信任的发起者，自己讲诚信的同时对民众给予充分的信任，用自身的智慧和行动聆听民众的心声、尊重民众的选择、鼓励民众的参与、分享民众的权利、正视民意的表达。第二，政府应采取多种措施推进公民的参与，支持和鼓励社区建设，建立强调公民价值的行政文化，塑造一个更加开放、多元和公平的社会。第三，政府应与民众一道努力，构建促进彼此间信任关系的制度。制度可以促使成员讲真话，对谎言和背叛有敏锐的觉察能力，使人们守约；制度可促进那些体现公平、公正和中立价值观的事件得到强化，彰显社会影响力；制度还可以促使处于制度内的人们的团结协作、增强凝聚力，同时通过降低信任者的风险来促进信任。因而，制度能够通过赋予和施加一套特殊的价值观来促成政府与民众之间的信任。第四，基层公务员对民众的信任也暗含着政府对民众的诸多要求，包括民众应具有良好的道德、应切实履行义务、应具有值得信赖的品质，应承担更多的治理责任，与政府一道建立诚信的民主生活。

第四章

基层公务员职业倦怠心理调查[*]

公务员的职业倦怠问题早已有之。早在2004年，由中国人力资源开发网发布的《中国"职业倦怠指数"调查结果》就显示：在接受调查的群体中，公务员以54.9%的高占比成为职业倦怠比例最高的职业群体。[①] 2007年，心理健康网首席执行官徐培基对温州市龙湾区公务员进行了调查，结果显示，超过一半受访者表示工作机械化严重，40%受访者长期被职业倦怠所困扰。2008年4月，中国人力资源开发网发布的"中国专业人员职业倦怠调查报告"显示，74.16%的职场人员有职业倦怠，其中供职于政府部门的公务员比例高于其他职业。2013年，中国社会科学院政治学研究所郑建军的问卷调查显示，78.89%的被调查者有轻度职业倦怠，6.4%的存在重度职业倦怠现象。[②] 这些数据表明，基层公务员职业倦怠问题已比较明显，需要高度重视。基于此，本章拟在综述研究现状的基础上，结合大规模实证调查的数据，就基层公务员职业倦怠的表现、成因及缓解策略进行探讨。

---

[*] 此章所用的数据是贵州省的调查数据。

[①] 《2004中国"工作倦怠指数"调查报告》，2004年12月9日，http://www.people.com.cn/GB/shenghuo/1089/3042998.html。

[②] 郑建君：《身心共举 德行兼修》，《光明日报》2013年1月22日第15版。

一 研究综述

"职业倦怠"这一概念的提出始于20世纪70年代的美国,随后在职业倦怠的概念、测量与干预方面形成了比较系统的研究。国内关于职业倦怠的研究起步较晚,但经过近十几年的发展也取得了阶段性研究成果,但在职业倦怠理论、公务员职业倦怠问题等方面也取得了丰硕的成果。

(一)职业倦怠的概念

1974年,弗洛登伯格看了格林尼撰写的小说《一个枯竭的案例》后。惊讶地发现自己和书中所描写的建筑师一样,有着蒸蒸日上的事业却觉得自己对工作热情消耗殆尽,因而产生了对工作的消极心态。同年,他在 *Journal of Social Issues* 上发表题为 "Staff Burnout" 的文章中首次使用了"职业倦怠"这个专业术语,以此描述在以人为服务对象的行业领域(医疗行业、服务行业)中的情绪耗竭。[①]职业倦怠一经正式提出,相关的研究迅速展开。在近几十年国外学者的职业倦怠研究中,不同学者对职业倦怠做出了不同解释。

弗洛登伯格指出,职业倦怠是由于工作时间过长,工作量大,工作强度高而在工作场所工作的个人造成的疲惫状态。表现为三种主要临床症状:情绪耗竭,人格解体和自我效能感低落。[②] 彻尼斯以组织视角研究了职业倦怠,他认为当个体从业者感觉自身工作的付出与回报不成正比,无法使用有效的手段来缓解付出和回报不平衡带来的不适时,职业倦怠随之产生。[③] 马勒诗和杰克逊认为职业倦怠是个体从业者长期工作的结果,与个体压力相关的情绪耗竭,去个性化和个人成就感低落的心理综

---

① Freudenberg H. J., "Staff Burnout", *Journal of Social Issues*, 1974, 30 (1): 159 – 165.
② Ibid..
③ 熊振华:《基层公务员职业倦怠问题的研究——以南昌市乡镇公务员为例》,硕士学位论文,南昌大学,2015年。

合表现。① 并基于实证研究，编制了职业倦怠领域的经典测量工具——马氏职业倦怠量表（MBI）。马氏的倦怠三维理论具有很高的可信度，现在已成为职业倦怠研究领域应用最广泛的理论模型。布里尔指出，职业倦怠是在排除了神经病理学的前提下，个体由于期望值偏离而导致的与工作有关的、烦躁不安和机体失调的状态。② 埃茨翁认为，职业倦怠是缓慢渐进的过程，在爆发前没有任何倦怠的迹象。然而，当超过特定阈值时，个体将突然感觉到能量耗尽并且失去良好的工作条件，并逐渐改变对待工作及对事物之前的看法。③ 学者派因斯和阿伦森认为，职业倦怠是从业者长期处于情绪资源过度付出的状态下，所产生的一种生理衰竭、情绪耗竭和精神疲惫的状态。④ 希罗姆与梅拉米德认为，职业倦怠是个体能量消耗的情绪状态，表现为身体疲劳，情绪耗竭和认知厌倦。⑤ 几十年来，随着对职业倦怠研究的深入，职业倦怠的描述和定义五花八门，但目前为止仍没有形成统一的共识。其中被运用最多的是马勒诗的定义：职业倦怠是个体从业者长期工作的结果，与个体压力相关的情绪耗竭，去个性化和个人成就感低落的心理综合表现。⑥ 本章的研究也主要采用这一定义。

（二）职业倦怠的测量

职业倦怠自1974年正式被提出以来，受到学术界的广泛关注，并且大量研究人员已开始进行相关研究。自20世纪80年代以来，随着职业倦怠研究的深入，研究人员对职业倦怠进行了实证研究。并将编制的量表

---

① Maslash C., Jackson S. E. "The Measurement of Experienced Burnout", *Journal of Organizational Behavior*, 1981, 2 (2): 99–113.
② Brill P. L., "The Need for an Operational Definition of Burnout", *Fam Community Health*, 1984, 6 (4): 12–24.
③ 莫彦芝：《长沙市公务员工作压力、自我效能感与职业倦怠的关系研究》，硕士学位论文，湖南师范大学，2012年。
④ Pines A., Aronson E. *Career Burnout: Causes and Cures*, Free Press, 1988.
⑤ 文启：《基层公务员职业倦怠影响因素及干预研究》，硕士学位论文，重庆大学，2014年。
⑥ Maslash C., Jackson S. E., "The Measurement of Experienced Burnout", *Journal of Organizational Behavior*, 1981, 2 (2): 99–113.

广泛应用于社会服务行业,并形成了以下四类较为权威的职业倦怠测评量表。

马勒斯和杰克逊所构建的 MBI 倦怠结构量表是目前最具影响力和最常用的量表。MBI 量表是针对以人为服务对象的行业的实证调查最终编制而成,主要从情绪耗竭、去个性化和个人成就感低落三个维度设计的,采用 likert7 点计分法测量。优点是内部一致性高,收敛效率高,判别有效性好。① 派因斯的 BM 倦怠结构量表,是典型的单维度结构量表,该量表主要从生理衰竭、情绪耗竭和精神疲惫三个维度进行测量,采用 likert7 点计分法测量,适用职业范围相对较宽。BM 和 MBI 的情绪耗竭分量表存在很高的正相关关系,表明该量表具有一定的效度。② 希罗姆和梅拉米德编制了 S-MBM 倦怠结构量表,该表把倦怠的测量分为情绪耗竭、生理疲劳和认知厌倦三个方面,采用 likert7 点计分法测量,其信效度有待进一步论证。③ 德梅鲁蒂和埃宾豪斯为克服 MBI 量表心理测量学的局限,开发了 OLBI 倦怠结构量表。该量表包含衰竭和工作脱离两个分量表,采用 4 点积分法测量,部分学者的验证性研究发现,OLBI 量表具有良好的结构效度和聚合效度。

(三) 职业倦怠的成因

张鹏和孙国光从组织社会学的角度研究了公务员职业倦怠现象。指出职业倦怠的成因主要包括对公务员的限制和监督以及公务员的双重角色定位所诱发的期望和舆论,个人人格和组织行为特征,建议通过克服政府组织的局限性,引导公务员的职业价值和引入 EAP 措施来治愈公务员职业倦怠。④ 王伟华基于对天津市 339 名公务员的实证调查,归纳出组

---

① 文启:《基层公务员职业倦怠影响因素及干预研究》,硕士学位论文,重庆大学,2014 年。
② 赵崇莲、苏铭鑫:《职业倦怠研究综述》,《宁波大学学报》(教育科学版) 2009 年第 4 期。
③ 滕志勇:《行政执法类公务员职业倦怠问题研究——以南宁市公安局为例》,硕士学位论文,广西大学,2017 年。
④ 张鹏、孙国光:《公务员职业倦怠成因及干预对策》,《中国行政管理》2008 年第 10 期。

织因素（公务员管理制度）、个人因素（兴趣与岗位脱节）、社会因素（社会期望值过高）三方面职业倦怠产生的原因，并提出拓宽公务员晋升渠道、引入横向职业通道、适时调整个人期望水平、制定合理职业发展规划、建立对公务员群体的合理期望等干预措施。① 管健指出，中国目前处于社会转型阶段，经济发展速度加快，组织变革频繁，职业不稳定加剧，使人们工作压力前所未有。过度劳累，冲突的角色或混乱，不愉快的关系等成为职业倦怠赖以存在的温床。② 李景平、鲁洋等在对X市Y区641名公务员实证调查的基础上，分析发现较强的工作压力是导致公务员职业倦怠重要的前因变量。此外，公务员职业倦怠与人口统计学中年龄、学历两个变量存在显著性差异，即是31—40岁的本科学历公务员职业倦怠感强。研究指出可以从减轻工作负担、避免公务员角色冲突、克服组织局限、优化工作环境、关注特殊年龄段和学历阶段等来缓解公务员职业倦怠。③ 成锡锋分析指出，"官场潜规则"是公务员职业倦怠的罪魁祸首。④ 缪国书、许慧慧以"双因素"为研究视角，认为缺乏挑战性和竞争激励机制缺失等因素导致公务员职业倦怠，并将工作特征模型引入"双因素"理论激励因素维度中，进而提出完善激励机制、建立竞争性机制、培养公务员责任感等干预措施。⑤ 寇晓南指出，职业倦怠的发生是一个渐进过程。公务员在开始职业生涯时，都是热情的、讲奉献的，因工作有意义而产生个人满足感。但由于工作中不可避免的困难、个人问题、社会压力以及价值观念等因素偏差，理想与现实相差甚远，公务员就会产生挫折感。公务员职业倦怠的形成有心理和身体两方面的个人原因、主

---

① 王伟华：《公务员职业倦怠成因分析及其规避——以天津市公务员职业倦怠状况调查研究为例》，《内蒙古农业大学学报》（社会科学版）2009年第2期。
② 管健：《公务员易患"职业倦怠"》，《人民论坛》2008年第8期。
③ 李景平、鲁洋、李佳瑛：《公务员工作压力对职业倦怠的影响研究——以X市Y区为例》，《西北大学学报》（哲学社会科学版）2012年第1期。
④ 成锡锋：《公务员职业倦怠的成因》，《决策》2008年第4期。
⑤ 缪国书、许慧慧：《公务员职业倦怠现象探析——基于双因素理论的视角》，《中国行政管理》2012年第5期。

观和客观两方面的行政组织原因。① 梁学荣在梳理现有研究成果的基础上，从人口统计学变量、个体层面、组织层面和社会层面分析公务员职业倦怠产生的因素，提出从个体、组织和社会三个层面探讨公务员职业倦怠的干预对策。② 王颖、倪超等以620名公务员为研究样本，对公务员职业倦怠的状况、产生过程及其影响机制深入分析。研究发现我国公务员职业倦怠状况高于平均水平，社会支持会直接影响公务员职业倦怠，因此可以通过减轻公务员工作压力，加强社会支持及培养积极应对方式等来缓解公务员职业倦怠水平。③ 刘学军以丹东市270名公务员为研究对象，研究发现丹东市公务员大部分表现为中度职业倦怠，极少部分表现为高度职业倦怠。从社会层面、组织层面、工作层面及个人层面全面分析了职业倦怠的引发原因，并据此提出了可行的干预对策。④ 吕维霞、徐晓明等基于Maslash职业倦怠理论和工作匹配理论，通过深度访谈和文献梳理，对海关基层公务员职业倦怠进行研究。选定情绪低落、人格分裂、低成就感三个评价指标和职业控制困难、职业价值降低和职业激励不足三个影响指标。研究发现：职业控制困难容易导致情绪低落；职业价值降低容易导致情绪低落、人格分裂、低成就感；职业激励不足容易导致人格分裂。⑤

（四）职业倦怠的干预

职业倦怠产生后，如不加以及时地控制和干预，将严重危害当事人的生理健康与心理健康。随着职业倦怠研究的深入，对职业倦怠的干预和控制研究逐渐受到重视，且研究成果丰富。Harden针对教师的职业倦

---

① 寇晓南：《基于积极心理视角研究公务员职业倦怠的应对策略》，《重庆行政：公共论坛》2016年第5期。
② 梁学荣：《我国公务员职业倦怠的成因及对策》，《天水行政学院学报》2014年第6期。
③ 王颖、倪超、刘秋燕：《中国公务员职业倦怠的产生过程：社会支持与应对方式的调节效应》，《中国行政管理》2015年第4期。
④ 刘学军：《关于公务员职业倦怠问题研究——以丹东市公务员职业倦怠状况调查研究为例》，《辽宁行政学院学报》2018年第2期。
⑤ 吕维霞、徐晓明、王超杰：《基层公务员职业倦怠感评价指标及影响因素研究》，《东北大学学报》（社会科学版）2018年第5期。

怠问题的研究时提出，从教师入职时的职业规划着手，严格把控教师的选拔、职业培训、职业咨询等环节，确保每位教师都能够选择最适合自己的工作，从而避免职业倦怠的产生。[1] Stephen 和 Marry 从管理理论的视角指出，在职的员工可以通过闲暇时间参与职业咨询及职业辅导等来加强与组织之间的联系，组织应及时反馈并提供相应的指导帮助作为回应，组织可以通过物质激励、职位提拔、职业生涯规划等来激发职业倦怠者的内生动力，提升其自我效能感。[2] Pines 和 Aronson 针对职业倦怠指出，职业倦怠的干预及控制只有组织与个人的双向互动才能取得良好成效，应该避免组织或是个人的单打独斗。[3] Homer 研究发现，持续减少工作时间可以有效地干扰和控制职业倦怠。[4] Hamberger 和 Stone 通过对服务行业工作者的时间管理观察性研究得出，积极响应时间管理的工作者能免受职业倦怠的困扰。[5] Westman 和 Etzion 对以色列 87 名工人进行观察性研究发现，假期能明显改善工人职业倦怠感。[6]

　　回顾国外职业倦怠研究脉络可知，国外关于职业倦怠的起步较早，相关理论及其研究成果较为丰富。尤其是诸如职业倦怠测量量表等工具的编制与使用都已经较为规范化和标准化。此外，国外研究的对象多集中于教师、医护人员、警察、图书管理员及其他服务行业从业人员，鲜有涉及关于基层公务员的职业倦怠研究。因此，国外职业倦怠理论研究成果只能为本章研究提供一个宏观的理论方法。与国外相比，国内对职业倦怠的研究相对较晚。经过十多年的研究发展，虽然职业倦怠相关研究范围得到扩展，但研究的深度还有所欠缺，关于职业倦怠的相关著作

---

[1] Harden R M., "Stress, Pressure and Burnout in Teachers: Is the Swan Exhausted?" *Medical Teacher*, 1999, 21 (3): 3.

[2] Robbins S P, Coulter M., *Management*, 清华大学出版社 2002 年版，第 443 页。

[3] Pines A, Aronson E., *Career Burnout: Causes and Cures*, Free Press, 1988.

[4] Homer J B., "Worker Burnout: A Dynamic Model with Implications for Prevention and Control", *System Dynamics Review*, 1985, 1 (1): 42–62.

[5] Hamberger L K, Stone G V., "Burnout Prevention for Human Service Professionals: Proposal for a Systematic Approach", *Journal of Hoslistic Medicine*, 1983, 5: 149–162.

[6] Westman M, Etzion D., "The Impact of Vacation and Job Stress on Burnout and Absenteeism", *Psychology & Health*, 2001, 16 (5): 595–606.

很少，大部分研究都是在对国外研究成果的理论回顾和整理。研究对象主要集中在教师、医护人员等方面，对基层公务员特殊群体职业倦怠的研究还不够。这些正是本章欲待突破的。

二 基层公务员职业倦怠心理测量

（一）测量指标

所谓"情绪耗竭"，是指基层公务员在长期压力沉重和低情绪化的工作情境中，情绪资源消耗过度，疲惫不堪，创造力、活力和精力消耗殆尽的感觉，让基层公务员产生烦躁不安、精力透支、缺乏斗志的心理状态，导致基层公务员内心焦虑、压抑、紧张等一些负面性情绪。身心交瘁、冷漠焦躁、撞钟度日、懒政怠政、不作为等是基层公务员职业倦怠的日常表现，在基层公务员职业倦怠的三个构成维度中，情绪耗竭是职业倦怠最核心的组成成分。[①] 所谓"去个性化"，是指在工作中对他人一种消极的、没有人情味的或是有意疏远的反应，对工作中的服务对象态度冷淡、缺乏主动和热情，严重影响工作与服务质量。[②] 基层公务员去个性化，他们好似"看破红尘"，具有消极厌世情绪，对社会有很大偏见，逃避一些社会交往，不愿意与同事进行相处甚至对他们出言讽刺和嘲笑，工作上不思进取，工作态度消极，对工作冷漠、厌倦，作风懒散，对服务对象需求漠不关心、得过且过，刻意与身边的人和事保持一定的距离。所谓"成就感低落"，是指基层公务员的自我效能感、胜任感和工作成就感低落，高期望的理想一次次被残酷的现实击碎，认为工作枯燥无味，烦琐细碎日复一日的工作使得自己英雄无用武之地，怀才不遇的思想念头越发严重，自我贬低缺乏自信，失去工作动机，产生强烈的无助感，甚至有辞职跳槽的想法。长此以往，最终产生强烈的职业倦怠，严重危害自身身心健康，误导群众对基层政府的评价，导致政府公信力

[①] 李永占：《工作家庭冲突视角下幼儿教师情感耗竭的心理机制：情绪智力的作用》，《心理与行为研究》2016 年第 4 期。

[②] 孙红：《职业倦怠》，人民卫生出版社 2009 年版，第 43 页。

下降。

为深入了解基层公务员的职业倦怠问题，本章采用李克特量表的方式，让被调查者对以下9个陈述的问题做出判断，这9个问题分别是：我的工作让我焦虑、下班时我觉得筋疲力尽、早上起床想到工作就觉得累、我感觉工作压力较大、我对这份工作越来越不感兴趣、我对这份工作没有以前热心了、我怀疑自己工作的意义、我越来越不关心自己在工作中的贡献、我在工作中越来越没有成就感。每个问题对应的答案分别是"从不、偶尔、经常、频繁、每天"，并赋值"1—5分"。

（二）信效度检测

为检验上述测量指标的科学性，需要进行信度和效度检验。信度也称可靠性，是指测试结果的一致性、稳定性和可靠性。可靠性系数越高，测试结果越一致，稳定可靠。目前常用的信度检验方法是"科隆巴赫 Alpha"系数，学者戴维利斯认为，最小可接受值是 0.65—0.7，0.7—0.8 为相当好，0.8—0.9 为非常好。因此，因子层面的科隆巴赫 Alpha 系数最好在 0.7 以上，如果在 0.6 以上，勉强也可以接受。而总量表的科隆巴赫 Alpha 值最好在 0.8 以上，如果在 0.9 以上，则信度极佳。若总量表的信度系数在 0.7 以下或者分量表的内部一致性系数在 0.6 以下，应重新考虑修订量表或增删题项。[①] 数据显示，职业倦怠总量表科隆巴赫 Alpha 系数为 0.927，大于 0.9，信度较好，表明该份职业倦怠测量表具有一致性、稳定性和可靠性。接下来进行效度分析，效度分析即有效性分析。效度分析是指测量结果反映检测内容程度的过程。效度分析可以分为内容性效度、准则性效度和建构性效度，本研究主要采用建构性效度，建构性效度是指量表能测量理论构造或特征的程度。量表的有效性主要采用"因子分析"，通过因子分析后的 KMO 值和巴特利特球形度检验进行判断。KMO 值介于 0—1，KMO 值越接近于 1 越适合做因子分析，变量的相

[①] Borg M G., "Occupational Stress in British Educational Settings: A Review", *Educational Psychology* (An International Journal of Experimental Educational Psychology), 1990, 10 (2): 103 - 126.

关系数越高,KMO 值越接近 0 则表示不适合做因子分析。① KMO 值在 0.6 以下,不适合做因子分析,KMO 值在 0.6—0.7 不太合适做因子分析,KMO 值在 0.7—0.9 表示适合进行因子分析,KMO 值在 0.9 以上时,非常适合做因子分析。巴特利特球形度检验值是检测问卷题目之间关联性是否明显,具体通过贵州系数来表现,如果贵州值小于等于 0.05 时表示可进行因子分析。② 本研究量表效度检验详见表 4—1:

表 4—1　　　　　　　　KMO 和巴特利特球形度检验

KMO 取样适切性量数		0.918
巴特利特球形度检验	近似卡方	10535.136
	自由度（df）	36
	显著性（Si 贵州）	0.000

由表 4—1 可知,职业倦怠量表的 KMO 检验值为 0.918,非常适合做因子分析,巴特利特球形度检验结果显示,近似卡方值为 10535.136,数值比较大,显著性概率 Si 贵州值为 0.000 小于显著水平 0.05,因此拒绝原假设（原假设是认为变量间的偏相关矩阵不是单位矩阵）,说明变量之间存在正相关关系,职业倦怠量表的效度结构较好,适合做因子分析。

在因子分析过程中,采用了主成分分析法。统计结果显示,每个因子旋转负荷均大于 0.5,信息丢失少,因此予于保留（见表 4—2）。分析共提取出 3 个公因子,三个公因子的累计方差贡献率为 83.928%,远大于 60%,表明量表的效度较好（见表 4—2）。效度检验必须对因子旋转后的载荷值进行分析,载荷值越高,说明所包含指标的信息量就越多。职业倦怠量表被方差极大旋转后抽取的三个因子整体划分为三个维度,其对应的关系分别为情绪耗竭（1、2、3、4）,去个性化（5、6）,个人成就感低落（7、8、9）。因子分析的结果表明职业倦怠问卷有良好的结

---

① 吴明隆、涂金堂:《SPSS 与统计应用分析》,东北财经大学出版社 2012 年版。
② 范婷婷:《基层公务员职业倦怠问题研究》,硕士学位论文,河北经贸大学,2014 年。

构效度，将职业倦怠分为情绪耗竭、去个性化、个人成就感低落三个维度符合构思，调查问卷设计比较合理。

表4—2　　　　　　　正交旋转后的因子负荷矩阵

维度	成分			提取公因子负荷
	情绪耗竭	去个性化	个人成就感低落	
1. 我的工作让我焦虑	0.750			0.754
2. 下班时我觉得筋疲力尽	0.735			0.828
3. 早上起床想到工作就觉得累	0.819			0.824
4. 我感觉工作压力较大	0.739			0.795
5. 我对这份工作越来越不感兴趣		0.864		0.905
6. 我对这份工作没有以前热心了		0.866		0.892
7. 我怀疑自己工作的意义			0.810	0.820
8. 我越来越不关心自己在工作中的贡献			0.788	0.862
9. 我在工作中越来越没有成就感			0.798	0.874
共量	63.655%	16.137%	4.136%	83.928%

（三）测量结果

本书将引入赋值法对基层公务员职业倦怠的现状进行测量，即选择"从不"选项为1分、选择"偶尔"选项得2分、选择"经常"选项得3分、选择"频繁"选项得4分、选择"每天"选项得5分。从1分到5分职业倦怠症状逐渐加重，将等于或低于1.5分的界定为轻度倦怠，将1.5—3.5分的界定为中度职业倦怠，高于3.5分的界定为重度职业倦怠（见表4—3）。

表4—3　　　　　　　职业倦怠量表及各维度描述统计

维度	均值（分）	因子	均值（分）	标准差
情绪耗竭	2.72	1. 我的工作让我焦虑	2.57	1.01
		2. 下班时我觉得筋疲力尽	2.90	1.15
		3. 早上起床想到工作就觉得累	2.56	1.21
		4. 我感觉工作压力较大	2.83	1.17
去个性化	2.08	5. 我对这份工作越来越不感兴趣	2.09	1.09
		6. 我对这份工作没有以前热心了	2.06	1.07
个人成就感低落	1.91	7. 我怀疑自己工作的意义	1.89	1.07
		8. 我越来越不关心自己在工作中的贡献	1.79	1.02
		9. 我在工作中越来越没有成就感	2.05	1.10

由表4—3可知，职业倦怠量表各维度因子统计结果中职业倦怠水平得分为2.30分，其中"情绪耗竭"的得分为2.72分，"去个性化"的得分为2.08分，"无效能感"的得分为1.91分。职业倦怠总体水平和三个维度均值均处在1.5—3.5分，可知基层公务员职业倦怠属中等水平，基层公务员职业倦怠各维度得分均值排序为：情绪耗竭＞去个性化＞个人成就感低落。

对职业倦怠量表三个维度九个因子分析发现，"情绪耗竭"维度因子统计分析中基层公务员在"下班时我觉得筋疲力尽"得分最高，为2.90分，"下班时我觉得筋疲力尽"在三个维度九个因子中得分第一，表明大多数基层公务员下班时会觉得筋疲力尽，高强度的工作容易引发基层公务员职业倦怠；"去个性化"维度因子分析中，基层公务员在"我对这份工作越来越不感兴趣"得分2.09分，在"我对这份工作没有以前热心了"得分2.06分；"个人成就感低落"维度因子分析中基层公务员在"我在工作中越来越没有成就感"得分最高2.05分，"我越来越不关心自己在工作中的贡献"得分最低1.79分，"我越来越不关心自己在工作中的贡献"在三个维度九个因子中得分也是最低的。总体来看，基层公务员职业倦怠九个因子的得分相近，分布呈现均衡性。

三 基层公务员职业倦怠心理成因

作为国家行政体系中最边缘的工作人员，基层公务员一方面要不折不扣地贯彻落实党和国家各项政策，肩负着深入群众、服务群众的重任；另一方面还要接受多个上级部门的监督考核，"有限的权力无限的责任"是无数基层公务员的心声与呼吁。基层公务员产生职业倦怠，将影响他们的工作态度和工作效率，降低服务质量，从而影响政府整体形象。随着基层公务员职业倦怠问题频频浮出水面，基层公务员职业倦怠引起学者广泛关注，关于基层公务员职业倦怠的产生根源及干预对策研究成果丰硕。职业倦怠本身就是三个维度共同构建的概念，职业倦怠产生是多种因素共同作用的结果，而本研究立足于贵州民族地区，导致基层公务员职业倦怠的原因错综复杂，需要从多个角度、不同层次来综合分析各种影响因素。下面，我们将结合实证调查数据、贵州省少数民族的特殊性、个案访谈和现有研究成果，分别从个体层面、组织层面、环境层面和社会层面（社会层面包含文化与社会的因素）着手，审视基层公务员职业倦怠的成因。

（一）个体成因

1. 人格特质个体间差异

人格特质是指在特定的文化氛围和生活环境中，个体在其人格和思维形成的过程中，形成了一种特殊的人格特质，这是一种普遍，持久和相对稳定的思维方式。[①] 个体的人格特质与岗位不符时，容易产生职业倦怠。热衷于高成就感、对自身要求过高且具有完美主义色彩的基层公务员，因投入过多的时间和精力最后期望落空，遇上残酷现实时容易产生职业倦怠；缺乏自信和性格内向的基层公务员会因难以胜任工作岗位和

---

① 周旭、李伟、李炜娟：《南昌市中学教师职业紧张现状及其影响因素》，《卫生研究》2013 年第 6 期。

工作的无效能感而引起职业倦怠。本部分研究将采用控制感、自尊水平、大五人格及 A 型人格等人格特质理论加以展开论述。①

第一，控制感。控制感可分为内控型和外控型。内控型个体无论成败在自己身上找原因，坚信事在人为，将成功归因于自己努力，将失败归因于自己粗心大意，积极主动承担责任。而外控型个体总把成败的原因归结为外部因素的结果，将成功归因于运气和机会等不可控因素，推脱责任。因此，对于具有内控型特征的基层公务员来说，始终坚信通过自己的努力能克服困难而职业倦怠感低，而对于外控型特征的基层公务员来说，总将失败归于他人或机遇，心理调节能力差，因为无助乏力而导致个人成就感低落，因此更容易产生职业倦怠。

第二，自尊水平。自尊是个体对自己价值、优点、地位及重要性等总体的自我综合评价。学者 Mazur 和 Lynch 研究证实了自尊与职业倦怠显著性正相关，自尊与职业倦怠两者存在交互作用，即自尊水平会影响职业倦怠，职业倦怠反过来也会作用于自尊水平。② 总的来说，基层公务员个体都有自尊的需要，因自尊心受损而引起自尊水平低的基层公务员容易产生职业倦怠，而产生职业倦怠的基层公务员因不能及时调适状态也会降低个体的自尊水平。因此，具有较强自尊需要的基层公务员更容易引起职业倦怠。

第三，大五人格。大五人格主要包含开放性、责任心、外倾性、宜人性和情绪稳定性五个方面。Swider 等学者对职业倦怠和人格特质进行相关性分析，分析结果表明低开放性、高情绪稳定性、低责任心、低外倾性和低宜人性的个体更容易产生职业倦怠。③ 也就是说，具有低开放性、高情绪稳定性、低责任心、低外倾性和低宜人性特征的基层公务员更容易引发职业倦怠症状。

第四，A 型人格。美国学者 Rosenman 和 Friedman 把人格分为 A 型和 B 型两类，A 型人格个体富有进取心、攻击性、自信心和成就感，并

---

① 孙红：《职业倦怠》，人民卫生出版社 2009 年版，第 50—53 页。
② 孙红：《职业倦怠》，第 51 页。
③ 马超：《基层公务员职业倦怠研究》，硕士学位论文，苏州大学，2013 年。

且容易紧张，B 型人格个体则具有较松散、与世无争，顺其自然等特征。① A 型人格的个体具有较强的时间意识和竞争意识，具备此种人格特征的个体经常把自己的精力和体力发挥到极限，因此较容易产生疲惫不堪的生理状态。也就是说，具备 A 型人格特征的基层公务员更容易产生职业倦怠。

2. 职业生涯规划不清晰

职业生涯规划是指个人对职业发展和终身职业生涯的持续全面规划过程。也就是说，在个人进入工作场所之后，在评估，分析和总结职业环境的主观和客观条件的基础上，结合自己的兴趣、优势、人格特质和时代特征，进行综合分析和权衡，确定个人的最佳职业目标。并为实现目标而努力的完整过程。

职业生涯规划对每个个体的就业选择和职业发展都至关重要，在对基层公务员进行实证调查和深度访谈时得知，贵州省大多数基层公务员从未或是很少做职业生涯规划，Pines 认为产生职业倦怠的个体大多数对自己的职业发展、收入、职位等抱有过高期望。② 大多数基层公务员对自身职业发展规划模糊，尤其是处于 46—60 岁年龄段、性别为女性的基层公务员，受中国传统思想和金字塔式行政体制的影响，46—60 岁年龄段的基层公务员觉得晋升无望，抱着混退休的心态成为单位的"闲人"，而绝大多数女性基层公务员倾向稳定的生活，公务员身份使她们有一份稳定的收入，把大多数人的心思和精力倾斜在家庭这个重心，对自身的职业生涯规划漠不关心，但是当别人获得晋升和提拔时，这部分基层公务员又会表现出"眼红"，很容易就引发职业倦怠。就贵州省而言，还有部分基层公务员在入职之初虽然做了详细的职业生涯规划，但是所定职业生涯规划目标过高，显得不切实际。基层领导职位呈现"僧多粥少"的局面，高晋升期望和低晋升机会、庞大的基层公务员队伍和狭窄的晋升

---

① Rosenman R H, Friedman M, Straus R, et al., "Coronary Heart Disease in the Western Collaborative Group Study. A Follow-up Experience of Two Years", *the Journal of the American Medical Association*, 1975, 23 (3): 173 – 190.

② 成锡锋:《公务员职业倦怠调查》,《决策》2008 年第 4 期。

渠道间的矛盾愈加凸显，客观事实决定了将有绝大多数高成就感、满腔抱负、热情高涨、信心满满的基层公务员长期停留在普通岗位，职业生涯规划中的高预期即使再努力也得不到满足时，心理落差的消极情绪逐渐引发职业倦怠。总体来说，对自身职业生涯规划漠不关心或规划目标不合理的基层公务员较容易产生职业倦怠。

3. 期望偏差与角色冲突

期望值高或是成就动机强烈的个体，一般是典型的完美主义者和理想主义者，他们通过对自己设定高的目标期望来实现人生价值，对工作的投入不遗余力并希望承担更多工作，而期望值一旦落空便饱尝挫败感，很容易陷入职业倦怠困境。期望值过高的群体很容易产生职业倦怠。① 通过对 2019 年国家公务员报考数据分析得知，云南和贵州是全国竞争最激烈的省份，两省的竞争比例分别是 153∶1 和 140∶1，贵州竞争最激烈的职位是国家税务总局和贵州双龙航空港经济区税务局科员职位，招录 2 人，报名人数达到 3377 人，竞争比例达到 1672∶1。② 贵州公务员考试竞争再创新高，很多人趋之若鹜一心"成公"，究其原因，公务员是个稳定体面的职业，经过激烈竞争脱颖而出"一举成公"的公务员，不自觉地认为自己出类拔萃，有很高的职业期待与优越感，工作时热情高涨、极富责任心、工作态度积极主动。在对基层公务员实证调查中发现，有 51.23% 的基层公务员表示考进体制是为了"实现人生价值"，40.22% 的基层公务员表示考进体制是迫于"就业生存"，8.55% 的基层公务员表示考进体制是回应"父母期望"，超过一半的基层公务员对职业前景抱有较大期望（见图 4—1）。但就基层公务员来说，工作环境艰苦、行政级别低、领导职位少、收入待遇和社会地位也饱受吐槽这是不争的事实，初入职场的高期望饱满热情在现实面前被慢慢消减，给基层公务员造成巨大的心理落差容易引起职业倦怠。

---

① 孙红：《职业倦怠》，人民卫生出版社 2009 年版，第 52 页。
② 滕岳涓：《2019 年国考贵州 1672 人争一岗！成功拿下全国竞争比第二高》，2018 – 11 – 02/2018 – 12 – 20，https：//baijiahao.baidu.com/s? id=1615991263803200036&wfr=spider&for=pc。

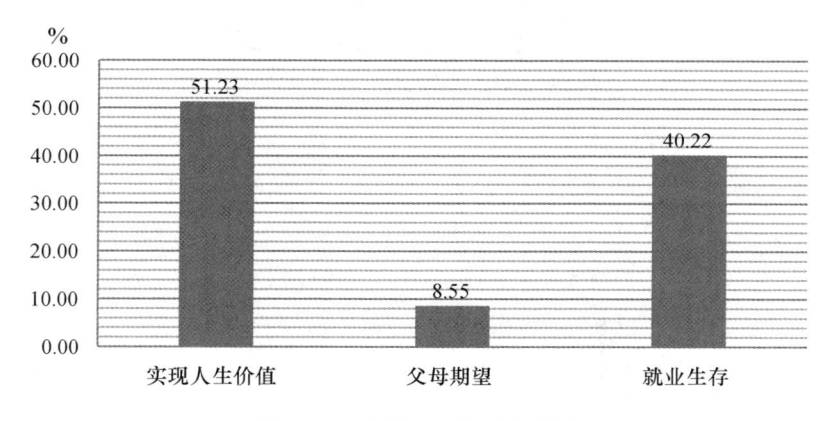

图 4—1　基层公务员工作动机

学者王国颖[①]、崔世强[②]、谢治菊和王曦[③]等指出，公务员兼有"公共人"和"社会人"双重角色，因两种角色代表的利益价值标准和利益取向迥异而导致角色冲突频发，诱发心态失衡和职业倦怠。一方面，基层公务员作为行政机关的执行主体，行使人民赋予的权力，其宗旨是全心全意为人民服务，"公共人"角色需要他们恪守底线保证公共利益的实现；另一方面，基层公务员作为社会普通的独立个体，"社会人"角色需要其维护私人利益，由于利益的不可分割性和重叠性，将公共利益与私人利益划清界限越来越难，基层公务员在长期的角色冲突中，若不能及时缓和此种角色冲突带来的压力，就不可避免地诱发职业倦怠。

（二）组织层面

1. 激励机制乏力

有力的激励机制可以充分激发个体的创造性与积极性，保持高昂的工作激情和自我效能感。激励主要包括物质激励和精神激励。马斯洛需

[①] 王国颖：《公务员工作倦怠原因分析及干预》，《云南行政学院学报》2007 年第 2 期。
[②] 崔世强：《基层公务员职业倦怠问题研究》，硕士学位论文，山东大学，2012 年。
[③] 谢治菊、王曦：《西南地区基层公务员社会心态形成机理及调适》，《北京行政学院学报》2018 年第 5 期。

求层次理论在本研究的理论基础部分已经阐述。沈雪梅[①]、张光辉[②]指出，缺乏科学的激励机制是导致基层公务员职业倦怠的原因之一。

在对基层公务员进行调查时了解到（见表4—4），30.9%的公务员表示经济状况压力大，99.4%的公务员表示工资报酬偏低或一般，基层公务员经济压力大，对物质的基本需求没有得到保障。54.8%的公务员表示工作压力较大，60.7%的公务员每周工作时间超过5天，69.7%的公务员每天工作时间超过8小时，贵州省大多数基层公务员表示工作任务重，精力过分透支，身心疲惫，精神上缺乏慰藉。在LPS市XX乡镇调研时一名副乡长表示：

> 精准扶贫等各项工作压力大，已经一个多月没回家，吃住都在办公室，主食以泡面为主米饭为辅，"白加黑""五加二"工作模式已成为常态，好几名同事因抗不了这种工作强度病倒住院，特别中央八项规定实行以来，不能发各种补贴，加班等于"白干"。

表4—4　　基层公务员工作压力、工作报酬及工作时间

压力主要来于	百分比（%）	工资报酬	百分比（%）	每周工作时间	百分比（%）	每天工作时间	百分比（%）
工作	54.8	偏低	44.8	5天以内	39.3	8小时内	30.3
经济状况	30.9	一般	54.6	6天	42.7	8—12小时	60.8
家庭生活	7.6	偏高	0.6	7天	18.0	12小时以上	8.9
社会交往	6.7						

在行政体制内，重精神激励轻物质激励，对于经济压力大的基层公务员来说，物质激励更有利于调动工作的积极性，加之激励名额有限和

[①] 沈雪梅：《六安市基层公务员职业倦怠问题研究》，硕士学位论文，安徽大学，2018年。
[②] 张光辉：《基层公务员职业倦怠问题研究》，硕士学位论文，河北大学，2016年。

激励机制流于形式等问题，导致激励机制不仅不能发挥激励作用，反而会打击工作积极性。基层公务员领导忙于工作，没有更多的精力去思考激励措施来激励下属，职业倦怠也就不请自来了。

2. 沟通渠道不畅

沟通渠道畅通能有效缓和基层公务员负面情绪、调整心态失衡，营造良好的沟通氛围、打通沟通渠道有助于缓解基层公务员职业倦怠，但是目前基层公务员的沟通渠道是不通畅的，沟通渠道不畅主要体现在三个方面：

第一，上下级沟通。访谈中一些基层公务员表示：

> 单位领导忙于堆积如山的行政事务，整天开不完的会和频繁出差，像自己这样的基层普通办事员一年能单独和领导见面的机会很少，即使有也是汇报工作，几乎没有机会与领导沟通谈心，只有中共党员政治面貌的才有机会与领导一起开民主生活会。

可想而知，除了正常的工作交往外，基层公务员的很多想法没能和领导及时倾诉，领导与下属之间慢慢就有了一条鸿沟，上级领导难以体察下属的各种需求，下属也无法感受组织温暖，容易引发职业倦怠。

第二，同事间沟通。同事间沟通不畅主要体现在同事关系冷漠。有的基层公务员初入体制，他们既没有工作经验也不懂与同事之间的相处之道，难以融入职场环境，除了工作之外很少与同事交往，同事间关系越来越疏远。此外，由于基层晋升渠道狭窄，同事间为了争取晋升机会明争暗斗、小心慎微，彼此互相提防猜忌和中伤，表面一团和气实则暗流涌动，同事间的脆弱关系逐渐消蚀了最初坦诚率真，久而久之同事间关系越发冷漠，而在这种氛围中内心的情绪与真实想法又不敢表露，日益增长的心理压力和负担极易诱发职业倦怠。

第三，与群众沟通。基层公务员的服务对象就是广大群众，根据李普斯基"街头官僚"理论可知，基层公务员就是和群众面对面接触的政府工作人员，我们党注重深入群众的工作路线，而只有和群众保持良好的沟通才能深入群众，和群众打成一片，更好的服务群众。而在对基层公务员调查中发现，有的群众不懂普通话，而工作人员又不懂少数民族语言或方言，语言障碍阻碍有效沟通。贵州省属于多民族省份，部分基层公务员难以适应繁多的民族风俗习惯与民族礼仪。此外，部分基层政府为创新考核机制，引入群众对基层公务员的满意度测评以考核基层公务员绩效，初入体制的基层公务员没有掌握与群众沟通的方法技巧，较难获得群众的满意和认可，工作成就感低引发职业倦怠。

3. 权责不对等

权责对等也称权责一致，即是基层公务员所拥有的权力应当与其所承担的责任对等一致。一方面，为保证基层公务员顺利履责必须赋予其足够相应的权力；另一方面，基层公务员所掌握权力的大小应与其职责对应。但从贵州省的实证调查来看，基层公务员在行政实践中出现了不同程度的有责无权、有权无责不对等的怪象。① 其中有责少权让一些基层公务员心力交瘁，陷入情绪耗竭的危机。实证调查显示，55.2% 的基层公务员表示对他们的责任追究不合理或无所谓；为何追责不合理，33.4% 表示权责不对等，28.4% 表示追责范围不合理，19.0% 表示责任承担压力大，13.8% 表示信访维稳"一票否决制"；此外，72.2% 的基层公务员认为信访维稳"一票否决制"不合理或无所谓（见表4—5）。以上数据表明基层公务员比较排斥目前的追责机制，究其根源，权责对等度低乃"罪魁祸首"。在访谈中，一位科级干部表示：

> 权力无限小，责任无限大，最弱的肩膀扛最重的担。机构改革后，基层政府权力被无限收缩，财政权限、人事任用、土地规划等权力都收归县一级政府，乡镇政府很多"鸡毛蒜皮"的小事都须上级批准，不能自行拍板。但中央、省级、市级、县级，任何一项工作都得靠乡镇政府来落实。有人开玩笑说，在中国，除了外交，其

---

① 张喜红：《权责一致：责任政治建设的基本前提》，《思想战线》2016 年第 6 期。

他几乎所有的工作基层政府都得干。甚至包括一些本就该州县业务部门负责的工作也要推给乡镇政府，所谓"上面千条线，下面一根针"，这句话是基层政府最真实的写照。信访维稳等工作一票否决制，使很多基层公务员神经高度紧绷。

基层公务员处于我国体制的末端，"上面千条线，下面一根针"，有限的权力无限的责任导致权责不对等。国家大大小小的决策部署最终都由基层公务员逐项落实，但是行政权力依然掌控在县区等职能部门。[①] 而上级政府在统筹时不问过程问结果，不问具体困难，但出了问题就得追究责任，让基层公务员"哑巴吃黄连——有苦难言"。权责不对等引发追责危机，长此以往容易导致职业倦怠（见表4—5）。

表4—5　　　　　　　　　基层公务员追责调查数据

追责不合理原因	百分比（%）	一票否决制	百分比（%）	责任追究	百分比（%）
"权责"不对等	33.4	不合理	58.6	不合理	34.7
追责范围不合理	28.4	无所谓	13.6	无所谓	20.5
信访维稳"一票否决制"	13.8	合理	19.0	合理	44.8
追责形式简单	5.5				
责任承担压力过大	19.0				

（三）环境层面

1. 外部资源不足

Margolis 指出，街头官僚在面对外部资源不足等工作环境时，会对他们造成工作压力，并使他们产生无力感进而引起职业倦怠。[②] 基层公务员在行政实践中也面临着外部资源不足的困境，基层政府处于我国行政体

[①] 中国新闻网：《基层干部不作为现象：权力与责任不对等致无法作为》，http：//www.chinanews.com/fz/2014/12-22/6899463.shtml，2014-12-22/2018-12-21。

[②] Margolis B L, Kroes W. H., Quinn R P., "Job Stress：an Unlisted Occupational Hazard", *Journal of Occupational Medicine Official*, Publication of the Industrial Medical Association, 1974, 16 (16)：659-661.

制的最末端，国家各项政策法规的贯彻落实都累积到基层政府这一级。现在正处于精准扶贫与乡村振兴巩固脱贫成效的关键节点，贵州省任务艰巨，一名副科级干部表示：

> 除了要完成单位日常工作以外，还要经常走访精准扶贫贫困包保户，想尽一切办法帮助他们如期脱贫，此外还要经常"迎来送往"各上级政府部门的督导组和考核组。深度贫困地区财政能力本就薄弱，巩固脱贫成效的唯一出路就是搞好产业规划，但产业规划谈何容易，上面不给资源，基层政府党政领导经常外出跑项目、找资金，但本地产业基础薄弱，无投资潜力，外地老板考察一次便不见踪影。

基层社会的教育、医疗、基础设施等政府公共产品稀缺，群众因需求得不到满足而怨声载道，供给与需求不平衡。此外，随着我国公车改革的深入推进，基层政府公务用车数量有限，而基层政府一级大多数工作都要进村开展，有基层干部笑称"公车改革初衷是防止公车私用，谁承想改成了私车公用"，侧面反映出基层公务员开展正常工作所需的资源不足。此外，工作环境艰苦凸显外部资源不足。基层公务员大部分被分配到偏远地区和深度贫困地区，基础设施落后、工作条件艰苦、办公设施条件简陋。2017年8月，贵州省委省政府为切实改善基层农村交通条件，做出了开展农村"组组通"公路三年大决战的重大部署，计划到2019年上半年，投资322.6亿元，建成通组硬化路8.08万公里，实现全省30户以上村民组100%通硬化路。贵州省农村"组组通"硬化路的修建虽然有效改善了基层边远贫困地区的交通状况，但相关配套措施仍有待完善，下村开展工作仍有诸多不便，这无疑会让基层公务员产生不满情绪，缺乏工作动力，甚至对这份工作失去信心。最后，我国基层公务员与李普斯基笔下的街头官僚有其相通之处，基层公务员就是与群众面对面打交道的基层政府工作人员，常常面临工作情景具有不确定性和服务对象的复杂性，而且要求他们迅速做出回应，而他们所掌握的信息大多数情况下又是不足的——即是资源不足,因此难免会做出错误的决定,此刻基层公务员将面临追责的风险,在资源不足、高服务品质与高行政效率的抉择中陷入职业倦怠困境。①

2. 工作负荷过重

国家每年招录数十万计的基层公务员,但基层政府编制人数远远不够,许多基层公务员身兼数职已见怪不怪,招录的多数基层公务员待不上几年,会通过遴选等方式逃离基层,进到高一级的机关单位进行工作,一时间基层政府又将陷入缺人的困境。究其根源,基层工作压力大、负荷重使基层公务员望而生畏,纷纷选择逃离这"是非之地"。在对基层公务员的访谈中,一名基层公务员表示:

> "上面千条线,下面一根针",千头万绪的工作任务压在为数不多的基层公务员身上。在精准脱贫或巩固脱贫成效、推进乡村振兴战略主基调背景下,基层政府工作力度逐年加大的同时,各项工作都要层层签订目标责任书,严格实行责任追究、一票否决等制度,为推动工作开展,基层公务员干部基本身兼数职,在基层党组织建设、社会稳定、经济发展指标、环保、安全生产、信访、党风廉政建设等工作中承担着较为繁重的目标任务,加之上级各种临时性会议、检查验收、情况调研频繁,基层公务员往往疲于应付,工作积极性、主动性有所减弱,容易产生生理心理疲劳。

上文表4—4的调查数据显示,54.8%的公务员表示工作压力较大,60.7%的公务员每周工作时间超过5天,69.7%的公务员每天工作时间超过8小时,这说明半数以上的基层公务员表示工作负荷过重,工作时间过长。

前不久,云南楚雄大姚县湾碧民族乡党委书记李忠凯在网络意外

---

① [美]李普斯基:《基层官僚:公职人员的困境》,苏文贤、江吟梓译,学富文化事业有限公司2010年版,第53—60页。

"走红",作为"80后"干部的他,头发全白,部分网友认为其照片与年龄不符而提出质疑,楚雄州委组织部第一时间做出回应,照片系李忠凯本人,"80后"基层干部如此白发引发网络讨论。多个媒体对此关注并采访,李忠凯的同事表示"李忠凯同志因工作劳累致头发变白"。在对李忠凯本人进行专访时,李忠凯仍然坚守工作岗位,他表示:"自己和多数奋战在基层一线的工作者一样,加班熬夜是常态,也不能按时吃饭睡觉,脱贫攻坚工作压力大,虽然家住本地但最长一次有50多天未能回家,对自己的意外'走红'表示惊讶"。像李忠凯这样奋战在脱贫攻坚一线的工作者还有很多,高强度的工作任务他们早已习以为常,高强度的工作负荷要求基层公务员必须做一个"全能型、全天候、全身心"的"三全"基层干部,"万金油"式的现实要求,超负荷的工作虽能让年轻干部更快地熟悉工作内容,却也让他们苦不堪言,工作仅限于完成任务,文字材料陈腔滥调、缺乏创新。许多刚进的基层公务员就直接安排人数最紧缺的岗位,人岗不匹配使刚入职的基层公务员充当"救火队员",加之超负荷的工作强大,基层公务员容易迷失方向,丧失斗志,陷入工作恐慌,进而引发职业倦怠。

3. 考核机制待优化

随着我国《公务员法》2006年1月1日施行及2018年1月1日修正案实施以来,我国各级公务员整体管理逐步走向法治化、科学化和规范化程序,但是在各地的管理实践中也部分存在不完善、不规范的状况,特别是基层干部及基层公务员考核方面。2013年12月,中共中央组织部发布《关于改进地方党政领导班子和领导干部政绩考核工作的通知》,从8个方面进一步明确和规范了考核标准和方向。本章结合研究实际,走访调查了贵州省公务员局领导和部分基层公务员。公务员局考核奖惩处领导表示:

近年以来,贵州省公务员局严格按照中央及相关部委相关文件和要求对我省公务员进行考核,本省的考核主要看工作业绩,考核工作与省委组织部联合展开。年度考核约有15%可评定为"优秀"。2015年起,为激发广大战斗在脱贫攻坚一线的基层公务员,全省14个深度贫困县考核为"优秀"提升到30%,全省平均下来"优秀"上升到17%—18%,激励力度大,受惠面积广。考核为"优秀"的进行嘉奖,连续三年考核为"优秀"立"三等功"一次,考核奖金及时到位,财务资金有保障。此外,考核为"优秀"的,在职务与职级并行中可缩短半年,考核办法施行以来,极大地激发了基层公务员干事激情与主动性。关于我省公务员各项政策的执行情况,总体反响较好,各级部门积极支持,宣传正能量。

部分基层公务员干部也表示:

> 基层政府考核,仍不同程度存在多头考核、重复考核、烦琐考核,"一票否决制"泛化和迎接考评任务重等现象。基层政府存在人少事多、小马拉大车、工作负荷重、考核压力大、工作条件差及工作质量无法保证等问题,公务员考核中,同岗不同酬、混岗混编现象仍存在。在培训问题上,存在工学矛盾突出,培训财务经费紧张等。

上文表4—5的调查数据显示,72.2%的基层公务员认为信访维稳"一票否决制"不合理或无所谓,约占了4/5,只有19%的基层公务员表示合理,调查数据有力证实了访谈信度。

目前,虽然在对基层公务员考核管理上已经建立了系统的考核机制,但仍存在部分问题。一是考核过程流于形式。基层政府因为工作任务重而忽视了考核工作,上级政府一纸红头文件要求进行考核时,急急忙忙组织大家召开一次会议填表格以此完成考核,流于形式只为向上级交差。上级组织部门对某位同志考察时,才会突击进行临时考核,用"过期"考核结果填补,而忽视了对基层公务员日常考核。二是考核结果平均主义。只要不出什么大的工作失误，单位同事轮流获得"优秀""称职""基本称职"三个等次，此种做法单位表面虽一团和气，但不利于激发广大基层公务员干事创业的热情，因为干多干少一个样，最后单位考核沦为吃大锅饭的平均主义，基层公务员只要不犯大错误，保住"铁饭碗"端一辈子。此外，我国基层公务员考核重精神奖励轻物质奖励，考核结果未能与提拔晋升等实际利益挂钩。以上问题的存在严重挫伤了基层公务员的积极性和主动性，"温水煮青蛙"逐渐使他们丧失斗志，诱发职业倦怠情绪。①

（四）社会层面

1. 社会期望过高

2018年5月中旬，网上爆出某镇副镇长X升因在去开会的途中，顺路接了一单滴滴订单引发媒体关注。神通广大的网友扒出这件事发生于2016年6月15日，2016年7月8日当地县纪检监察网站公布了"关于某镇副镇长X升违纪问题的处理通报"，"给予X升行政警告处分，处分期6个月，对其主动上交的违纪所得予以收缴"，"给予罚款5000元的行政处罚"。媒体记者采访得知：

> 因为婚姻破裂离异，X升每个月3000元的收入，成为自己和10岁儿子，还有70岁老妈，三个人的开支，还有房贷，所以才穷到一个星期只能吃上一次肉，因为身患风痛病，治疗费用欠款1.5万元，继续治疗还需2万元，为此，2016年5月上旬，X升用上下班代步的二手车广汽传祺注册滴滴，成为网约车的司机，6月15日，从县政府办完公事，前去参加一个会议的途中，顺路接了一单，结果被当地出租车发现后，多人围堵，他只有扔下车赶往会场，后被举报上班时间开网约车，X升被纪委调查。当天这个11元的单，只赚了

---

① 张光辉：《基层公务员职业倦怠问题研究》，硕士学位论文，河北大学，2016年。

4元钱,却惹来这么多麻烦,X升副镇长还表示事后压力大,给公务员队伍丢脸。①

X升副镇长事件引发网友讨论,大部分网友不仅没有谴责,还表示了同情、理解和声援。国家有国家的管理规定,嘘唏不已之余,更引人深思。

随着国家行政体制改革的深入推进,对公务员队伍的管理和要求更加规范和严格,要求广大基层公务员结合基层实际,转变执政理念、增强服务意识、优化服务品质、提高行政管理效率。同时,随着全面依法治国的纵深推进与普法教育工作的加强,广大群众法律意识和维权意识的普遍增强,公民意识觉醒,政治参与热情高涨,人民群众对基层政府服务质量与回应效率有了更高的期待。此外,随着自媒体时代的到来,群众接受着前所未有的丰富资讯,这无疑给基层政府加大了管理难度,广大群众期待基层公务员廉洁奉公、品德高尚、本领过硬、有求必应。自媒体的迅猛发展丰富了群众监督渠道,基层公务员神经时刻紧绷,一言一行都谨小慎微,害怕一点差错导致行为失范,也许就能登上"明天的头条",给基层公务员带来很大心理负担。最后,贵州省属于偏远山区,大多数基层公务员还奋战在脱贫攻坚一线,不排除包保的贫困户中存在"等靠要"思想严重,主动脱贫致富的意愿不高,一年的生机全都指望包保人,这无疑给包保基层公务员带来巨大工作压力。过高的上级要求、群众期待和巨大的心理负担、工作压力,基层公务员对外要维护自身形象,对内要调适内心的焦虑和恐惧,如果不能及时调整自身状态,容易产生职业倦怠。

2. 社会支持不够

社会支持是指一个人通过社会联系所取得的能减轻心理应激反应、缓解心理紧张状态、提高社会适应能力的影响,其中本研究基层

---

① 《副镇长开滴滴被查:当天就赚了4块钱,我给公务员丢脸了》,http://news.xhby.net/system/2018/05/25/030834508.shtml,2018年5月25日。

公务员的社会联系包括人民群众、上级政府、各级领导、亲友、同事、团体组织等精神上和物质上的支持和帮助。① 张虹②、周晓虹③、王颖等④、张婷⑤等学者研究结论表明，社会支持与职业倦怠及其三个维度呈显著性负相关，即是社会支持水平越高，职业倦怠及其三个维度程度减弱。但就目前贵州省实际来说，对基层公务员社会支持淡化，社会支持水平不高仍然存在。

首先，对基层公务员身份有误解。党的十八大以来，新一届党中央重拳反腐，打老虎拍苍蝇，陆续出台"八项规定""六条禁令"加强对公务员队伍的管理力度，持续推进全面从严管党治党，揪出党内蛀虫并绳之以法，作家二月河评论称"读遍二十四史，我们党的反腐力度空前"。反腐风暴营造了风清气正的良好政治生态，但同时也给基层公务员带来烦恼，广大群众容易产生晕轮效应，有的群众认为只要是政府吃皇粮的都没个"好人"，就存在贪污腐败、违法乱纪，个别腐败分子的恶劣社会影响，严重影响了基层公务员整体公共形象和社会职业声望，对基层公务员造成误解。其次，对基层公务员心理健康关注不够。作为国家各项职能的履行者和政策的执行者，还掌握一定自由裁量权，基层公务员因工作稳定、待遇优待一直被很多人追逐，心理健康等问题一直被忽略。在2018年"两会"期间，一位代表呼吁关注基层公务员心理健康问题，全国29%的基层公务员因工作压力、生活焦虑和舆论压力等引发心理健康问题，尤其是业务窗口部门，每天面对机械烦琐的业务，使得基层公务人员被枯燥、沉闷的气氛所包围。但目前，基层公务员心理健康现状与受到的关注和重视之间严重失衡。最后，工作与家庭的矛盾难以调和。

---

① 张虹：《工作家庭冲突、社会支持与公务员工作倦怠关系研究——以昆明地区为例》，硕士学位论文，浙江大学，2008年。
② 张虹：《工作家庭冲突、社会支持与公务员工作倦怠关系研究——以昆明地区为例》，硕士学位论文，浙江大学，2008年。
③ 周晓虹：《公务员职业倦怠的影响因素及其对策探索》，《经济师》2008年第8期。
④ 王颖、倪超、刘秋燕：《中国公务员职业倦怠的产生过程：社会支持与应对方式的调节效应》，《中国行政管理》2015年第4期。
⑤ 张婷：《广东省珠三角公务员职业倦怠与社会支持的关系研究》，硕士学位论文，华中师范大学，2017年。

基层公务员职业特殊性，加班是常态，每逢节假日恰恰基层公务员最忙的时候，很少有时间和机会陪家人，在精神上也处于家庭的缺位状态，家庭负担都落到了另一半身上，数据统计表明，基层公务员的离婚率，已经超过了社会平均离婚率。此外，身处体制的基层公务员成为整个家庭的光荣，远方亲戚会有一些无法实现的要求，办不到不但不理解还冷嘲热讽，经常承受巨大的心理压力。

第 五 章

基层公务员心态
问题反思

　　党的十八大以来基层公务员的心态有没有变化？问题是什么？与民众的心态和其自身的历史心态相比，有何特征？目前学界对这些问题缺乏系统的实证调查和理论分析，仅可从少许报刊评论和网上吐槽的一些帖子中窥知一二。例如，有人认为，党的十八大以来的从严治党让政治生态逐步好转，公务员队伍的心态呈现正面变化，整体上趋于自尊自信、行为趋向理性平和，逐渐培养了一大批敢于担当、勇于奉献的公务员，这些公务员责任心强、任劳任怨、敢于担当、积极向上，在培育和践行社会主义核心价值观上基本达成共识，个别存在懒政、迷茫失落、急功近利等消极心态。① 也有人强调，"八项规定"让公务员的隐性收入和福利大大减少，部分公务员牢骚满腹，考虑辞职的被调查者越来越多。② 网上大量的吐槽帖子支持后一种观点，认为十八大尤其是精准扶贫以来，基层公务员的压力不断增大，加班日益增多，待遇日渐减少，问责日趋严苛，这让基层公务员的职业倦怠越发明显。正如网上《乡镇为什么憋屈，乡镇干部为什么委屈？》一文所吐槽的，乡镇工作没钱办事、人手紧缺、权责利不对等、检查繁多，乡镇干部待遇低、环境差、条件艰苦、

---

① 龚云：《十八大以来公务员心态有何变化》，人民网，2017年4月11日。
② 龚云：《十八大以来公务员心态有何变化》，人民网，2017年4月11日。

压力大、不被理解、忽略家庭、前途缥缈,难怪委屈和憋屈。① 这说明,网上关于十八大以来基层公务员心态变化的探讨呈现两种取向:一种认为十八大以来风清气正的政治生态环境让基层公务员的心态越来越积极,另一种则认为十八大以来的各项禁令让基层公务员的抱怨越来越多。到底哪种取向更符合基层公务员的现实心态?现有的研究结论并没有建立在大规模实证调查的基础上,而是通过个别典型案例和宏观面向推测结论,结论的科学性和权威性有待提升。因此,本章试图弥补这一不足,拟在大规模实证调查的基础上,结合街头官僚理论,对十八大以来基层公务员心态的变化及其与民众变化、自身历史变化的情况进行系统对比分析。

一　基层公务员心态变化特征

受精准扶贫待遇低、压力大、时间紧、加班多、责任重的影响,以及受工作环境艰苦、工资待遇不高、晋升通道狭窄等客观因素的限制,部分基层公务员存在安于现状、态度恶劣、谋求私利的消极心态。② 例如,以"疲于应付"的心态对待检查填表,以"敷衍塞责"的心态面对责任担当,以"急于求成"的心态跟风产业项目,以"消极应考"的心态应付入户评估。正是由于有这些消极心态,有学者呼之"公务员的辞职热"已经来临。根据智联招聘《2015春季人才流动分析报告》,公务员跨行业跳槽比例比2014年同期上涨了34%,公务员群体竟成为跳槽最活跃的白领。③ 公务员的辞职热真的来临了吗?其真实的心态是什么?本次的调查显示,总体而言,基层公务员认为十八大以来中央"八项规定"等各项禁令对他们的影响是积极的,占92.8%,是认为消极影响的12.9

---

① 《乡镇为什么憋屈,乡镇干部为什么委屈?》,2015年1月1日,http://www.360doc.com/content/15/0701/00/964300_481823076.shtml。

② 梁永:《贫困地区乡镇公务员消极工作心态探析》,《中共山西省委党校学报》2010年第2期。

③ 戴玉:《"公务员辞职潮"来了吗?》,《南风窗》2015年第8期。

倍。为何十八大以来的"八项规定"等各项禁令对基层公务员心态的影响是积极的？70.8%的被调查者表示，十八大以来的各项禁令让他们工作上的应酬大大减少，有更多的时间陪伴家人和休息；同时，68.5%的被调查者表示，十八大以来，基层公务员工作环境更加风清气正，人与人之间的关系更加简单，执法者和被执法者的法治意识都更为浓厚，连原来在网上被频频吐槽的职务晋升，也有77%的被调查者认为是靠个人的能力和人品而不是关系。此外，49.8%的被调查者反映，受接待减少、接待标准规范和公车改革的影响，十八大以来的"三公"经费明显降低，有的乡镇仅为原来的1/3。最后，由于十八大对政府工作效率提出了新的要求，像浙江"最多跑一次"这样的行政改革逐渐生长，这让36.7%的被调查者认为，十八大以来政府的工作效率是有所提升的；至于公务员的辞职现象，仅有6.1%的被调查者表示，十八大以来离职的基层公务员有所增加。但仔细分析发现，离职的基层公务员以"80后"特别是"85后"为主，大都是财政、金融、税务、会计等专业性较强的领域，虽然有高达95%的被调查者理解公务员辞职现象，但仅有38.1%的被调查者表示有辞职的想法，且调查的客观数据显示，十八大以来基层公务员辞职的数量并没有明显增加，如2014—2017年，西部某区（市级区）仅有7名基层公务员辞职，辞职人数同比是下降的。这说明，十八大以来，尽管部分公务员的福利待遇有所下降、隐形收入有所减少，但被减少的福利待遇原来大都没有覆盖到基层公务员，故而并未对其引起较大的心理落差。这意味着，十八大以来的各项禁令对基层公务员心态的影响是正向的、积极的。不仅如此，由于十八大以来的行政生态环境更加风清气正，基层公务员的工作心态、社会心态、生活心态等方面还呈现出以下特征。

（一）责任心增强，工作心态积极

调查显示，68.5%的基层公务员表示，十八大以来其工作责任心更强，21.4%的被调查者表示其工作责任心没变，10.1%的被调查者表示其工作责任心下降。这说明，接近70%的被调查者认为，十八大以来他们的工作责任心增强了，这一比例是认为下降了的6.8倍。正是由于基层公务员的责任心增强了，有57.1%的被调查者表示十八大以来的工作积极性也增加了，这一比例分别比积极性没有提升和积极性下降的被调查者高32.7%和38.6%。这意味着，十八大以来的各项政令对基层公务员责任心和工作积极性的影响以正面为主。正因为如此，才会有94.4%的被调查者表示自己在努力地、积极地工作，76.9%的人表示自己在工作中的付出是值得的，仅有5.6%的人表示其工作心态比较消极。当然，尽管心态消极的人数较少，也要关注基层公务员工作态度消极、责任心下降的原因。前段时间一篇帖子《对不起，公务员我不嫁》被炒得沸沸扬扬。该文指出，公务员尤其是基层公务员，加薪靠运气、加班是必需、升职没机会，既没钱也没时间，职业倦怠感高，不能满足个体婚姻的要求。① 此文不是学术论文，观点的权威性、科学性和严谨性值得商榷，但即使部分人进入基层公务员队伍的原因是他们认为基层公共组织能够提供符合他们偏好的组织承诺，事实却是这群人处于中国压力型体制的"末端"，压力较大、责任较重、资源有限、报酬偏低，其所面临的职业倦怠比上层公务员更明显，个别人工作情绪消极和责任心下降在所难免。

（二）幸福感较强，社会心态平和

就生活态度而言，数据表明，64.2%的被调查者表示生活幸福，这一比例是认为不幸福的4.3倍，由此认为，基层公务员的幸福指数还是比较高的。基层公务员之所以认为生活幸福，和他们良好的社会心态有莫大的关系。调查显示，63.9%的基层公务员认为社会是公平的，57.2%的被调查者表示不在乎别人的评价，63.7%的被调查者经常上网并关注网络焦点事件，主要关注官员的贪污腐败事件、弱势群体的维权事件和特殊人群的特殊事件，当然，也比较关注食品安全和社会风气事件，这符合基层公务员的工作性质和工作内容。同时，58.7%的被调查者认为

---

① 《对不起，公务员我不嫁》，2016年2月22日，http://www.sohu.com/a/223497929_540673。

网络焦点事件对社会的影响是积极的，比认为是消极的被调查者高17.4%。当问及"能力比你差的人得到提拔重用是何感受"时，67.7%的被调查者选择了平常看待，29.3%的被调查者选择了积极反思，仅有2.9%的被调查者心生怨恨。这说明，超过2/3被调查者能以一颗平常心看待职位晋升中的不公平，能以开放包容的心态看待社会焦点事件，能以豁达的心态面对别人对他们的评价，这说明他们的社会心态较好。正因为社会心态较好，才有68.1%的被调查者表示对基层公务员的前途充满信心，89.4%的被调查者对中国的社会现实保持乐观积极的心态，87.7%的被调查者认为社会上大多数被调查者是值得信任的，87.1%的被调查者相信"一分耕耘，一分收获"，92.7%的被调查者认为"国家兴亡，匹夫有责"，94.2%的被调查者会检举或制止有损民族气节、有损公平正义的行为，91.8%的被调查者认为违法是一件很丢脸的事情，93.4%的被调查者选择通过法律手段来解决矛盾和纠纷。

（三）满意度提升，生活心态乐观

当问及"十八大以来工作满意度如何"时，55.8%的被调查者选择了有所提升，25.7%选择没变，18.5%选择有所下降。这说明，虽然十八大以来的各项禁令比较严格，但这些严格的禁令在让少数基层公务员有反感的同时，却因营造了风清气正的生态环境让超过半数的基层公务员欣然接受。能够佐证这一观点的还有另外三组调查数据：一是基层公务员对工作满意度的评价，60.7%满意，21.1%一般，18.1%不满意，满意者约占2/3；二是基层公务员的生活满意度，55.1%满意，23.6%一般，21.3%不满意，满意者超过一半；三是基层公务员对具体生活状态如住房、家庭、子女教育、身体状况、知识素养、人际交往的满意度，总分为5分，均值分别为3.09分、3.86分、3.44分、3.35分、3.46分、3.45分，处于一般满意和比较满意的状态。这说明，基层公务员对工作、生活、身体的满意度都比较高。正因为基层公务员对整体的生活状态比较满意，68.3%的被调查者表示生活态度比较乐观，这一比例是悲观者的9.5倍；同时，面对挫折时，70.8%的被调查者选择勇往直前，仅有

2.6%的被调查者选择退缩。这些数据说明，十八大以来，基层公务员的满意度有所提升，生活态度积极乐观，这对于选择基层公务员的激励方式有重要的作用。

为何十八大以来基层公务员的心态会向好的方面变化？米德的观点也许能解惑。米德提出，应从"社会态度"的角度来关注心态。他认为，社会态度的形成是社会组织进入个体心灵的过程，个体心态受组织成员心态的影响比较明显。① 米德从"社会态度"来研究心态的观点对研究公务员心态的价值在于：一方面，作为官僚制组织的成员，公务员专权垄断、僵化教条等心态是由官僚制组织本身的特性决定的；另一方面，集体心态对公务员个体行为的影响较大，因此十八大以来的各项禁令和严厉反腐营造的风清气正的行政生态环境对培育基层公务员良好的心态有重要的作用。因为，"只有在我们能够采取共同体的态度然后做出反应的范围里，我们才会有种种观念"。② 因此，十八大以来，我国基层公务员的心态整体向好，工作积极性、满意度有所提升。也即，十八大以来的各项禁令总体来说呈现正面现象，这对净化我们政治生态起着关键性的作用，大部分基层公务员的工作态度向积极的方向转变，在一定程度上提高了政府在人民群众心中的满意度，提高了政府在人民群众中的公信力。

二 基层公务员心态问题分析

尽管前述调查发现十八大以来基层公务员的心态整体向好，但类似于"每天早上一睁眼几十件事等着我""感觉要累死""已经很久没回家""真希望有三头六臂"之类的网络吐槽却频频发生，以致一些记者采访时用"感受了、感动了"来表达对基层工作者的敬意，用"活多钱少

---

① ［美］乔治·H. 米德：《心灵、自我与社会》，赵月瑟译，上海世纪出版集团2005年版，第141页。

② ［美］乔治·H. 米德：《心灵、自我与社会》，赵月瑟译，第141—142页。

责任大"来形容基层工作状态。① 其实,摘下有色眼镜,基层公务员的工作和生活状态确实不轻松,有的基层干部70%的时间在田间地头和农户家里,30%的时间在开会和写材料,还得忍受家人的怨恨和群众的批评,这会给其心理带来很大的压力。为减轻压力,部分基层公务员会对工作和服务对象方面遇到的问题进行自我调适,如在心理上贬低当事人或降低自己的工作目标以迎合自身的能力,这些调适会从心理上降低他们在能力和目标上的差距,进而使他们的工作在心理上容易被处理。② 有些基层公务员却发展成不同的态度,利用刻板化的形式重新定义工作的本质或他们服务的当事人本质。刻板化印象其实是人们对于正确性深信不疑的简化,但这些刻板化印象在实际上是不利而且不正确的,因为刻板化印象充其量只是将具有名义上相似特质的群体简化之后所得到的概括性特征罢了。③ 这说明,基层公务员压力的增大会导致行动的机械化和思维的僵化,降低服务效能。为此,通过实证调查了解十八大以来基层公务员心态存在的问题也十分必要。

(一) 工作压力增大引发心态失衡

十八大以来,基层公务员的工作压力普遍增加。例如,有高达87.2%的被调查者表示,十八大以来他们的工作压力增加了,分别是认为"压力不变"和"压力下降"的8.7倍和31.4倍。为何十八大以来基层公务员的压力会增加?一是受精准扶贫和乡村振兴战略的影响,基层检查明显增多。调查发现,某组驻村十来天,就先后开展了脱贫攻坚巡查、半年工作综合考评、半年脱贫攻坚工作考评、"双百工程"实地观摩等十来项检查。难怪访谈时,LPS 市一位扶贫干部告诉我们,整个扶贫过程中上级检查多、填表多,该乡 2017 年接受大型检查十余次,小检查几十次,往往国家考核评估结束后省里来检查,省级结束后市里又来检查。

---

① 范思翔:《让基层公务员有更多获得感》,《北京日报》2016年1月24日第12版。
② [美] 李普斯基:《基层官僚:公职人员的困境》,苏文贤、江吟梓译,学富文化事业有限公司2010年版,第274页。
③ [美] 李普斯基:《基层官僚:公职人员的困境》,苏文贤、江吟梓译,第275—276页。

正因为精准扶贫检查增多,当问及十八大以来各类检查的变化时,高达80.5%的被调查者表示,十八大以来,基层各类检查增多。二是"信访维稳"一票否决制让基层公务员如履薄冰。信访是民众权益得不到保护时正常的利益表达机制,但在实践中,往往以"零上访""零进京访"作为评价标准,实行信访一票否决制。在基层公务员眼中,这一制度是否合理呢?80.4%的被调查者明确表示,这一制度不合理,尤其在拆迁安置补偿中,许多涉案涉诉事件和民众的不合理要求为"零上访"增加了难度。检查的增多,压力的增大,让基层公务员面对责任担当时心态有些失衡。其中,56.4%的被调查者认为上级对基层的责任追究不合理,典型表现是基层公务员的"权责利"不对等,占49.1%,责任多、权利小、利益少。例如,55%的被调查者表示每周都要加班,66.1%的被调查者表示每天都要加班,但加班没有相应的激励机制,以致99%的被调查者认为自己的收入偏低或一般。这说明,虽然十八大以来基层公务员的满意度有所提升、积极性有所提高、责任心有所强化、幸福感有所增强,但"权责利"不对等的状态还是让他们承担责任的心理有所失衡,这种失衡会带来严重的负面影响。诚如库珀所言,"责任是构建行政伦理学的关键。"[①] 一旦承担责任的心态失衡,就会带来道德危机,引发伦理冲突,损害基层政府治理的合法性。

(二)工作报酬减少产生倦怠心理

调查显示,十八大以来认为工作报酬减少、不变、增加的基层公务员比例分别为26.5%、44.1%、29.4%,部分公务员认为十八大以来工作报酬减少了。事实也是如此,中央八项规定严格了体制内的各项开销,严格规定了接待标准、工作期间禁止饮酒、公务用车相关制度等,使得很多公务员没有了所谓的"额外收入",相应的工作报酬减少也在情理之中,这也为我国每年的财政节省了一大笔资金。数据显示,2013年中央

[①] [美]特里·L. 库珀:《行政伦理学:实现行政责任的途径》,张秀琴译,中国人民大学出版社2001年版,第62页。

本级接待费支出12.09亿元,与2012年支出14.98亿元相比下降了19.3%,从各系统来看,税务系统同比下降17.2%,交通运输部同比下降21.91%,公务接待费同步下降,说明中央八项规定下发以来,尤其是《党政机关厉行节约反对浪费条例》《党政机关国内公务接待管理规定》的落地以来,各地区各部门积极落实制度要求,完善配套机制,规范接待管理,严格监督问责,以实际行动反对铺张浪费,使得接待总量、接待支出持续下降。同时,公务员心态的变化也体现在工作负担小了,应酬大量减少;由于公务接待相关制度的实施,应酬也在大量减少,此前文山会海的状态不复存在,也让更多的公务员从各种会议、应酬中脱离出来,有了更多的时间和精力去学习、陪家人等,幸福感与日俱增。江西某地级政法系统的一名副处级干部告诉记者,他是从部队转业的干部以前无论是地方还是部队,喝酒是必备的"基本功",由于酒量太差,有时出差必须带几个能喝酒的,才能勉强过关,酒量不好,上了酒桌连话都不敢说,怕说了话会引来更多人敬酒。周某说,如今即使上面来了人,中午一般都不喝酒,就算喝一点也是礼貌性的,这对身体和心理都是一大解脱。

所谓职业倦怠,意指工作者因能力或资源的不足而导致的工作失败、精力衰竭或身心枯竭。[1] 职业倦怠是资源过度需求状况下的生理疲劳、情绪衰竭和认知厌倦,此种厌倦会带来工作上的疏离感、无成就感和无规范感,从而进一步诱发个体以负向的态度和行为面对工作。[2] 考虑到学界一般用"情感衰竭、人格解体、成就感低落"三个维度来测量职业倦怠,课题组用"我的工作让我焦虑、下班时我觉得筋疲力尽、早上起床想到工作就觉得累、我感觉工作压力较大"四个问题来测量情感衰竭,用"我对这份工作越来越不感兴趣、我对这份工作没有以前热心了"两个问题来测量人格解体,用"我怀疑自己工作的意义、我越来越不关心自己在工作中的贡献、我在工作中越来越没有成就感"三个

---

[1] Frendenberger H. J., "Staff Bern–Out", *Journal of Social Issues*, Vol. 30, No. 1, 1974.
[2] Shirom A., "Job–Related Burnout: A Review". In Quick J. C, Tetrick L. E. (Eds), *Handbook of Occupational Health Psychology*, 2003.

问题来测量成就感低落。调查显示，基层公务员职业倦怠的总均值为2.33分，处于偶尔倦怠与经常倦怠之间。仔细分析发现，三个维度的职业倦怠感有明显的差异，其中，情绪衰竭比较明显，均值为2.71分；人格解体次之，均值为2.13分；成就感低落不明显，均值为1.97分。也即，基层公务员情绪衰竭方面的职业倦怠问题更为突出，其中，91%的被调查者有不同程度的工作焦虑，92.7%感觉不同程度的精疲力竭，82.5%的被调查者一想到工作就感觉累，91.6%的被调查者觉得工作存在不同程度的压力。这说明，90%的被调查者在情绪方面的倦怠感是比较明显的。基层公务员之所以会出现不同程度的职业倦怠，是因为他们长期处于压力大、加班多的状态，这会对其心理和身体产生影响，进而引发他们情绪上的不满与抱怨。情绪会影响认知过程，认知会影响行动，行动的达成又往往取决于动机，故此，经常加班的基层公务员认为自己在工作过程中情绪消耗过度，不愿更多付出，进而会对工作感到疲惫和厌倦。也就是说，由于工作性质的特殊性和工作内容的复杂性，基层公务员作为"公共人"的角色和作为"公民"的角色发生冲突的可能性更大，如果该冲突不被及时、妥善地处理，压力就会产生，职业倦怠问题随之而来。[1]

（三）社会责任感不足

社会责任感是指个体在社会里应尽的义务和应承担的责任。因社会分工和角色扮演不同，个体在社会中承担的责任也不尽一致。与普通社会成员相比，公务员理应有更强的社会责任感，承担更多的社会责任。然而，受"寻租""权钱交易"等不良风气的影响，个别公务员的责任感越来越少，难怪浙江省2015年将"社会责任感"作为录取公务员的标准，这一标准得到了1891名被调查者78.6%的支持。[2] 其实，将社会责任感纳入公务员录用考察标准，不过是对公务员职业道德的内在要求，

---

[1] Sparks D., Hammond J., "Managing Teacher Stress and Burnout", Vol.27, No.2, 1981.
[2] 屈金轶：《公务员社会责任感需动态考核》，《长沙晚报》2015年1月30日第F2版。

回归了责任政府、服务政府、人民公仆的本原。① 社会责任感是一个抽象的概念，只有具体化为某些指标才能更好地测量。一般而言，见义勇为、参加公益活动和慈善事业等是常见的测量指标，据此调查发现，被调查基层公务员的社会责任感并不强。尽管有76.9%的被调查者认为自己在工作中的付出是值得的，有48.3%的被调查者认为参加基层公务员队伍是为了实现自己的理想，但当面对不伦行为时，仅有21.9%的被调查者选择当场指出，8%的被调查者选择向相关部门举报，剩下的都选择了沉默。在沉默的人中，21.8%不闻不问，31.8%事后再说，16.6%是其他举动。这说明，作为国家公职人员，基层公务员的正义感不够。另一组数据也反映出基层公务员的社会责任感不足。42.1%的被调查者同意"金钱是衡量一个人成功的重要标准"，70.7%的被调查者认为"当下中国社会关系比能力更重要"，这意味着基层公务员的社会责任感有待提升。正如网上曝光的"红豆局长"，一位将"红豆水"与"河流污染发红"相提并论的环保局长，宣称"红的水未必就不达标，红豆煮出来的饭也是红色的"，足见部分基层干部社会责任感的低下。

三 基层公务员心态问题反思

作为公共利益的提供者与公共秩序的维护者，基层公务员常常成为政治论战的焦点。他们一方面要焦头烂额地处理民众的许多要求，另一方面公共服务的受益者要求他们提升效率及反应的速度，而公民团体则要求他们改善政府服务的效能或效率。再加上他们的工作对人们的生活有巨大的影响，如监督民众的权利、制定和落实社会福利政策、主导地方经济社会发展，因此就某种意义而言，街头官僚代表了公民与政府之间的中介者，其心态和行为对政府良善治理的作用不可小觑。② 正因为

---

① 符向军：《公务员社会责任感考察应成新常态》，《民主与法制时报》2015年2月3日第2版。

② ［美］李普斯基：《基层官僚：公职人员的困境》，苏文贤、江吟梓译，学富文化事业有限公司2010年版，第5页。

基层公务员的作用如此重要，本章才对十八大以来他们的心态进行探讨。探讨发现，受十八大以来风清气正的政治环境的影响，基层公务员的责任心增强、幸福感增加、满意度提升，这使其呈现出工作心态积极、社会心态平和、生活心态乐观的特征。仔细分析发现，基层公务员因压力增大而导致的责任承担心态失衡、倦怠心理、社会责任感不足等问题依然存在。之所以存在这些问题，按照李普斯基的描述，街头官僚的行为常常与他们成长过程中受到的教养以及社会背景里形成的偏见有关，因此许多民众提出建议，希望政府能雇用教育程度较高的人员，或对他们提供更多与公众及人群关系相关的教育与培训。[①] 当然，这一观点也不一定全对，因为新街头官僚与旧官僚在成长背景上的差异，往往会在受训的社会化过程中消失，因此有证据显示，教育背景并不足以完全预测极端工作下街头官僚的心态。正如社会学家弗瑞德森研究医生的教育背景与其工作表现之间的关联性时所发现的，社会化能够解释个体专业表现的一部分，另一部分依靠与工作环境有关。[②] 这说明，工作环境、教育背景、社会化过程都会影响基层公务员的心态。

为此，要调适基层公务员的心态，让他们的工作积极性更高、责任心更强，就应该做到以下几点：第一，建立容错纠错机制，减轻基层公务员工作压力。容错纠错机制是鼓励干部大胆改革、锐意进取的重要举措，其目的不仅在于让干部在改革创新中止步于试错，而且在于总结经验基础上的纠错。科学的容错纠错机制必将为干部的创新和作为保驾护航。然而，事实是，尽管针对基层干部的容错纠错机制已初步建立，例如，2018年3月，贵州纳雍县某乡党委副书记罗某因未按时将贫困户信息录入扶贫系统而受到党内警告处分，但因补救及时，后被免于党纪处分、免于问责。[③] 容错纠错的范围、标准等问题还有待优化。为此，应进

---

① ［美］李普斯基：《基层官僚：公职人员的困境》，苏文贤、江吟梓译，学富文化事业有限公司2010年版，第274页。
② Eliot Freidson, *Profession of Medicine*, New York: Dodd, Mead, 1974: 89.
③ 《杨文明9名被处分干部容错免责这一制度意味着什么？》，2016年1月31日，搜狐网 http://www.sohu.com/a/219975699_119562。

一步健全基层公务员容错纠错机制，合理确定容错纠错的范围和标准，鼓励基层干部改革创新、大胆探索，减轻基层公务员的工作压力。第二，注重基层公务员心理健康，降低职业倦怠。加大对扶贫者心理健康的关注，将基层干部的心理保健纳入基本医疗范畴，定期开展心理健康咨询，邀请专家开展心理辅导，鼓励社会工作者开展心理服务。通过多种举措，让扶贫者拥有健康、开放、上进的心态，从根本上激发其工作的内生动力。第三，完善激励机制，健全基层公务员考核体系。美国学者卡茨等人研究发现，员工工作时间的长短会对其工作满意度产生影响，一旦超过临界点，员工的工作满意度会发生系统的变化。[①] 这说明，在基层公务员的薪资待遇不能有效提升、职位晋升渠道有限的情况下，设置科学的激励机制鼓励基层公务员的士气十分必要。为此，应在实证调研的基础上，完善基层公务员的激励手段和激励方式，例如，加班没有加班费但可以通过休假来弥补，职位晋升渠道有限但可加大基层评优评奖的比例和体制内外的交流力度来补偿，学历低的公务员可通过学习培训来提高其文化素质，等等。同时，将基层公务员的激励与考核评价相联系，通过设置科学的考核评价体系促进基层公务员的工作业绩，提升其工作效能。第四，坚定社会主义信念，增强基层公务员的社会责任感。通过学习培训增强基层公务员对社会主义和中国共产党的信心，培育基层公务员的大局意识和团队精神，树立终身学习观。通过坚定的信念培育基层公务员的社会责任感，应细化社会责任感的考核指标和考核方式，将社会责任感作为基层公务员的长效考核机制，而不仅仅是在录用环节，由此倒逼基层公务员将责任感铭记于心。

　　基层公务员的心态恰恰反映了其在工作中的行动和状态，此种状态有可能根源于工作结构和工作性质，也有可能根植于基层公务员的人格特质，更有可能来源于基层工作环境的复杂性和基层政权的内卷化。也许我们可以把民众心目中基层公务员刻板化行为的形成过程视为一种简

---

① 张婷、温子嫣：《基于 Maslash 职业倦怠理论的基层公务员职业倦怠调查分析——以西安市阎良区为例》，《经济与统计论坛》2012 年第 10 期。

化形式，此简化是一种心理上的捷径，这种心理捷径会概述一些事实，并且逐渐被人们用来代表比较复杂的现象。① 如果基层公务员可以清楚地看到，他们能够在不依赖于那些不受欢迎的简化过程的情况之下，仍然成功地处理工作压力，或者他们努力使得简化符合真正的工作要求而不是迎合领导的需要，这种简化对基层公务员良好心态的形成是大有裨益的。故此，基层公务员的心态究竟是消极的还是积极的，是弹性的还是死板的，得益于这种态度对减轻他们工作压力的帮助程度。②

---

① ［美］李普斯基：《基层官僚：公职人员的困境》，苏文贤、江吟梓译，学富文化事业有限公司2010年版，第275—276页。

② ［美］李普斯基：《基层官僚：公职人员的困境》，苏文贤、江吟梓译，第276页。

第 六 章

基层公务员心态形成机理

有人认为,党的十八大以来的从严治党让政治生态逐步好转,公务员队伍的心态呈现正面变化,整体上趋于自尊自信、行为趋向理性平和。① 也有人强调,党的十八大以来的八项规定让公务员的隐性收入和福利大大减少,部分公务员牢骚满腹,考虑辞职的人越来越多。② 党的十八大以来基层公务员的心态为何会出现前述变化及特征？分析发现,受党的十八大以来风清气正的社会环境的影响,基层公务员的社会心态整体向好,其表现是社会认知理性、社会价值观正确和道德性社会行动积极,但也存在一些负面社会情绪和消极的工具性社会行动。究其原因,"公共人"角色的特性让基层公务员的社会认知和社会价值观得到了事前、事中和事后的有效控制,但不断增大的工作压力让基层公务员的职业倦怠感加剧,负面社会情绪由此产生。为缓解负面情绪,努力做出看起来有成效的工作,在资源有限的情况下,本着"理性选择、规则依赖和一线放弃"的原则,基层公务员往往在道德性社会行动上选择了积极应对,在工具性社会行动上却消极处之。基层公务员的心态为何会呈现出上述特征？这得从其特殊的角色、地位和工作性质和制度文化谈起。有人将基层公务员的行动逻辑概括为"激励不足、规则依赖、选择执行与一线弃权"③。所谓激励不足,是指现有的职务晋升机制、

---

① 龚云:《十八大以来公务员心态有何变化》,人民网,2017年4月11日。
② 孙爱东、胡锦武:《禁令之下公务员心态调查》,《决策探索》2014年第2期。
③ 韩志明:《街头官僚的行动逻辑与责任控制》,《公共管理学报》2008年第1期。

薪酬福利制度不能对基层公务员形成有效的激励，尤其不能弥补基层公务员的付出；规则依赖指基层公务员的行动存在照章办事的官僚主义和保守主义倾向；行为选择是由基层资源的有限性、目标的模糊性带来的价值排序，由此引发的避重就轻等选择性行为在基层公务员中比较常见；一线弃权是基层公务员从自我利益出发，针对危险、紧张和复杂的工作环境而进行的巧妙回避方式。但是，这四点仅仅是基层公务员负向心态如社会情绪负面、工具性社会行动保守等的成因，并不能对基层公务员正向的心态如社会价值观正确、社会认知理性进行解释。故此，本章从公务员心态的产生、形成入手，对公务员心态的传递、扩散和固化原因进行了分析，并且指出，角色冲突是基层公务员心态产生的直接原因，工作环境是基层公务员心态形成的关键因素，而其行动逻辑会将其心态传递至社会中，思维观念将引导基层公务员心态的扩散，制度文化则会进一步固化基层公务员的心态（见图6—1）。

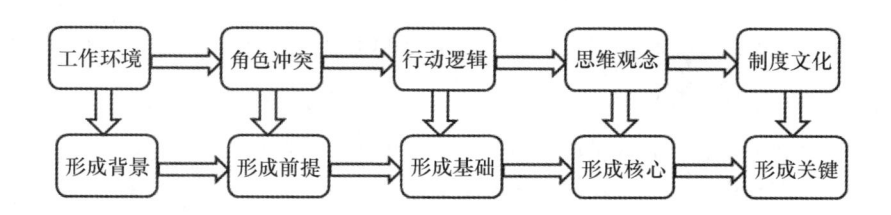

工作环境 → 角色冲突 → 行动逻辑 → 思维观念 → 制度文化

形成背景 → 形成前提 → 形成基础 → 形成核心 → 形成关键

图6—1 基层公务员心态形成机理

一 基层公务员心态形成的背景：工作环境

因无法提供及时的反应和适当的服务，基层公务员僵化死板、反应迟钝的行为模式一直饱受争议。究其原因，在于基层公务员所处的工作环境。基层公务员的工作环境是由一些共同的情景建构的，这些共同的情景会导致共同的行为模式，同时也会影响这些模式的发展方向。正是由于基层公务员的工作环境比较特殊，哪怕他们拥有一定的自由裁量权，也可使我们发展出一些关于基层公务员的普遍性结论，并以此种结论来说明这些重要的一般性政治与社会角色，以及这些角色所导致的操作性政策。一般来说，基层公务员的工作环境面临如下状况：一是与要完成的任务相比，基层工作员所拥有的资源是严重不足的；二是随着时间的推移，民众对公共服务的需求会不断地增加；三是民众对基层官僚组织的目标常常是含混不清的，疑义甚多，甚至是相互抵触的；四是基层公务员为完成工作目标所持有的表现，即使不是完全不可能，也是难以衡量的；五是由于服务对象没有选择性，大多数时候，他们都无法充当主要的官僚参照团体。

（一）资源不足

基层公务员常常需要在时间和资讯有限的情况下做出决定。然而，受资讯成本高、不易获取、接受者吸收能力有限等因素的影响，基层公务员所做出的决定常常面临一些限制。因为对于基层公务员而言，他们要取得可靠的资讯必须付出高昂的成本，而且他们面临的沉重的业务负担、与民众的不定期接触，以及民众要求他们做出决策的压力，都迫使他们在采取行动时，无法仔细地思考，若是投入更多精力去寻找资讯，不一定能带来更多的收益。这与高层公务员不一样，后者有充足的时间去做理性的计算。其实，"基层公务员面临的资源不足问题，不只是一个理论上的考量事项，同时也是高度实际的事项，因为对于一般大众而言，资源似乎是可以操纵的，基层公务员却不尽然"[①]。首先，官僚组织会以不同的方式提供比实际更少的资源给基层公务员，却要求他们尽力完成分内的所有工作。常见的方式是设定公务员与服务对象的比例，以及设置公务员与时间的比例。基层公务员常常被要求去处理比他们责任更大的庞大的案件数量，如社区工作人员被要求在规定的时间内到服务对象家里去拜访的次数要达

---

① [美]李普斯基：《基层公务员：公职人员的困境》，苏文贤、江吟梓译，学富文化事业有限公司2010年版，第53页。

标，但他们还有大量的常规工作要做，有堆积如山的文件要去处理，有表格或拟订的计划要完成，还有临时性像接待员这样的工作要完成。① 正如中国的精准扶贫一样，在大量的常规工作面前，扶贫干部只能在晚上和节假日到贫困户家里拜访和了解情况，完成上级规定的帮扶任务。再如，过低的师生比限制了教师对学生的关心和投入，以致心理不健康的学生需求得不到满足。又如，警察面临的最大限制就是时间，获取资讯的时间和采取行动的时间。由于时间不足，再加上基层工作有一定的危险性，警察在执行公务的过程中难免冲动和激进。其实，即使基层公务员并未面临危险的境遇，他们也会对服务对象的需求做出快速的反应，否则会被误解为能力不足或缺乏权威，进而影响他们与服务对象之间的互动关系。

　　基层公务员的资源之所以不足，主要在于供给与需求的错位。基层工作的明显特征是民众对服务的需求在不断地增加，以配合供给。有研究发现，当公共服务扩张时，公共服务的使用量就会增加。例如，政府提供的免费医疗范围越广，使用的人就会越来越多。故此，如果可以提供额外的服务，那么为了消化这些额外的服务，需求就会增加；如果可以得到的资源增加了，那么，利用这些资源来提供额外服务的压力就会如影随形。同时，当公共服务的数量增加时，民众对于公共服务的期望和要求都会随着时间而增。例如，随着生活水平的提升，公共健康纳入政府公共服务的范畴，民众对于健康公共服务的期望和要求大幅度增加，如果成本较低，一般民众对于健康的需求和健康照顾的数量就会无限制增长。正如有研究显示，当人们可以用极低的成本获得健康照护时，不同收入的民众寻求医疗服务的次数其实并没有明显的差异。②

　　在基层工作环境中，资源不足的问题往往得不到解决。其原因并不

---

　　① Prottas J. M., "The Power of the Street-Level Bureaucrat in Public Service Bureaucracies", *Urban Affairs Review*, Vol. 13, No. 3, 1978.

　　② Goodrich C. H., Olendzki M., Reader G. G., "The New York Hospital—Cornell Medical Center: A Progress Report", *Medical Times*, Vol. 87, No. 3, 1959.

是基层公务员所提供的公共服务只被一部分人所享有，也不是理论上他们将资源投到要给民众提供更高品质的服务上，而在于服务数量的减少虽然可以提高服务品质，但会增加大量的服务成本，由此带来的成本与效益之间的比例也会被认为是无法接受的，反而会带来民众要求提供廉价服务的压力。当然，这样的分析并不是让人们对这个问题感到绝望，而是要求基层官僚组织在利用额外的资源增加额外的服务时，要考虑增加的额外成本。也就是说，公共服务的品质问题，并不会因为任何想象得到的资源增加而轻易得到解决。在其他条件未改善的情况下，即使增加了资源，也只能得到相同水准的服务品质而已，因为任何可得的资源一旦成长，服务的需求量也会上升。由此可见，基层公务员往往陷入一种怪象的循环中。他们所提供的方案越好，对于公民需求的反应速度越快，对于服务的需求量就会大幅度增加。当需求量变大时，基层官僚组织就会以人为的方式来限制服务，或者为服务对象提供劣质的服务来转移需求增大的代价，在最极端的情况下，此种状况会持续到整个机构回到先前的均衡状态为止，也就是再次无视服务对象的需求。因此，对于免费的公共服务方案，政府一定要谨慎，因为免费方案的特色就是需求一直会增加到能够提供福利或服务的上限为止。而为了回应不断增加的服务，基层官僚组织要么强迫服务对象承担金钱或非金钱方面的代价，以有效限制服务的需求；要么会发展出限制配额的机制，以提高服务对象接受服务的成本。当然，基层官僚组织这么做的时候，往往会冠以冠冕堂皇的理由让服务对象心服口服，或者是找到可行的方法，可以排除非必要的、多余的服务，而同时不影响"重大计划"或"必要的服务"。这就是基层组织一直处于人手不足的紧张状态和民众总是认为服务的需求得不到满足的主要原因。为此，几乎可以确定的是，基层官僚组织必将一直面临资源不足的困境。

（二）目标模糊

基层公务员的工作目标往往具有模糊性，理想化色彩浓厚。究其原因，一是某一组织机构设立的初心被遗忘；二是不同目标的形成过程不同，难免会产生冲突；三是社会服务技术的不确定性为目标的确定性设置了障碍，故而会出现模棱两可的暧昧情况。

首先，以服务对象为中心的目标会和组织的目标产生冲突。以服务对象为中心的目标，要求用公平正义的社会规制，平等对待服务对象，捍卫服务对象的各种权利。而公共组织的目标，是公共部门开展公务活动要达到的预期结果，这一结果也许会捍卫部分服务对象的权利，但注定对部分人会有所损害。这说明，基层公务员对个别服务对象的处置方式，以及常规化、程序化的处置方式之间，是存在冲突的，此种冲突也表现在回应个别服务对象的需求与有效率的组织表现之间。这些冲突会让基层组织的目标定位有难度。其次，基层公务员的角色冲突也比较明显，这会带来目标冲突和模棱两可的情况。基层公务员之所以会产生角色冲突，是因为角色期望的来源不同，一是来源于同事，二是来源于某个社会团体，三是来源于公共期望。基层公务员角色冲突有三种表现：一是由于公共期待对基层公务员的影响较大，因此，关于基层官僚组织到底应该优先处理哪些事项，会产生较大的分歧，进而造成目标的不确定性。二是同事所处的位置不同，与基层公务员的关系不同，对其角色期待就不一样。由于同事的角色期待对基层公务员工作目标的设定有重要的意义，故此，他们在角色期待上的异议会对目标的模糊性产生影响。三是服务对象对基层公务员的角色冲突产生了影响。服务对象的需求和评价会对基层公务员产生职业上的压力，这些压力会让他们倾向于接受服务对象的意见，并对他们表示尊重和赞同。但由于不同服务对象的诉求不同，对基层公务员的要求也不一样，这让基层公务员的角色扮演更为困难。角色模糊性所造成的后果，并不只是产生明显的冲突。已有的研究发现，在角色期望上缺乏清晰度不但会削弱个人的行动，而且会降低公职人员的效能。[1] 也即，角色的模糊性不但会影响个人的表现，还决定了整个组织机构的走向。

---

[1] Gardner L., "The Handbook of Social Psychology", *Mental Health*, Vol. 6, No. 3, 1946.

（三）绩效评估难以量化

基层公务员的工作表现是难以量化的。虽然从某种程度上说，官僚机构本身可以被定义为一个大型组织，但这个组织输出的成品却无法用市场的交易机制来评估。也就是说，官僚机构无法透过一系列系统性的社会过程，来评估员工的工作，这在基层公务员身上特别明显。因为当输出成品的构成要素是基层公务员所提供的服务时，或是基层公务员使用自由裁量权的有效性时，如果对提供服务的品质标准有所争议，要去监督或审查基层公务员所做的决定，就会变得非常困难。首先，目标的模糊性会对基层公务员工作的评估产生阻碍；其次，受工作环境复杂性和工作回应非标准化的影响，要使评估可行，就应该把可能的变数都列入考量之内，但这实际上是强人所难；最后，基层公务员所拥有的自主权使他们的工作在很大程度上不受制于上级主管的控制，同时能获得民众的尊重。不管他们自由权的来源是什么，自由权本身就造成了评估上的困难。尽管基层公务员的绩效评估难以量化，但基层官僚组织还是设置了一些衡量标准。例如，对于警察，要求逮捕一定数量的犯人；对于教师，要求教授一定数量的课程；对于社工人员，要求帮扶一定数量的弱势群体；对于法官，要求判决一定数量的案件。但是，此类标准与目标之间的关联性还是颇受争议的，因为用这些标准去衡量公职人员的绩效，本身就没办法说清楚工作效率是高还是低、表现是好还是差。最明显的例子是警察的职能。警察逮捕的犯罪分子越多，似乎说明其绩效越高，但是，逮捕的人数越多，也表明治安犯罪率在上升。这说明，凭借单纯的数据来量化基层公务员的绩效是不科学的。尽管在衡量公务员的表现时有这么多的困难，但基层官僚组织还是掌握了一些可以进行衡量的工作表现面向，这些面向包括：一是民众对基层公务员所在机构的要求及机构本身的工作职能；二是基层公务员收到的训练程度及经验范围；三是官僚组织机构会根据组织的特性，发展出一些衡量其间员工表现的代用标准，如工作量、逮捕率、家庭访谈等。在使用这些标准时，组织机构不仅会注意公职人员上班时的工作情况，还会关注公职人员所产生的影响力和社会效益。

(四) 非自愿性服务对象

基层公务员所面对的服务对象，都是非自愿性的服务对象，这一点在警察这类公共部门里，更是显而易见。但是，即使基层公务员与服务对象之间的关系不像警察这样具有强迫性，上述的论点仍然可以适用，这是因为服务对象所需要的服务，无法从其他部门获取，只能由基层官僚组织提供。即使基层官僚组织提供的服务不具有垄断性和独占性，也会对特殊的群体大有裨益，如对贫困群体提供的服务。基层官僚组织的"非自愿性"服务对象是什么意思呢？是指这些服务对象无法选择公共服务的供给者，也即，即使这些供给者态度不端正、服务水平不高、道德风险加剧，他们也没有权利去惩罚或纠正这些基层公务员。因为，就算基层官僚组织无法满足服务对象的需求，也不会损失什么，毕竟成功处理民众的抱怨和根据服务对象的不满而改变策略是风马牛不相及的。[①] 甚至有些时候，基层官僚组织还会因为自己减少了提供服务的服务对象人数而得到奖励。即使在某些情景之中，当我们假定基层官僚组织会因为流失服务对象而承受损失时，这些基层公务员也会表现出毫不在意的样子。

基层公务员所服务的是非自愿性服务对象，这不仅对整体公共服务的方向有意义，同时对于基层公务员与服务对象互动的品质有直接的影响。如果互动的双方是平等的，互动就能够可持续开展。但如果互动双方不平等，甚至一方还试图控制另一方时，此种互动关系的本质就会发生变化，非自愿性参与的那一方就会付出沉重的代价。基层公务员可以利用一些手段来强迫服务对象付出代价，如辱骂、故意降低质量和浪费时间，或刻意造成服务对象的不便，虽然服务对象可能采取报复的手段，但基层公务员并非必然会受到惩罚，因为他们提供的公共服务是垄断性

---

① [美] 李普斯基：《基层官僚：公职人员的困境》，苏文贤、江吟梓译，学富文化事业有限公司 2010 年版，第 106 页。

的，大多数服务对象为了自己的利益都会忍气吞声甚至故意讨好，卑微地接受某种情况下的责任。以数个官僚组织所使用的简略而婉转的表达来说，他们根本不担心服务对象的"私奔"，因为一旦服务对象拒绝与他们打交道，所有的错误都会被归结到服务对象身上，会被贴上"逃脱者""无可救药者""与社会脱节的人"等标签。故此，基层公务员和服务对象之间的关系，并不是由管理者的道德优越感决定的，而是由服务对象的非自愿性本质决定的。

服务对象所具有的非自愿性本质，并不意味着他们在与基层公务员的互动关系中是全然无助的。某种意义上，基层公务员也会依赖服务对象。服务对象有很多的资源，因此，他们也会强加各式各样的代价在基层公务员身上，这是因为基层公务员必须要想办法让服务对象服从他们的决定，尤其是当上级是以服务对象的行为或表现来评价这些基层公务员的时候。当然，大多数时候，受传统行政文化和职位合法性的影响，服务对象都会同意基层公务员的决定，但有的时候，他们也会采取不合作的行为来反抗。此时，有些基层公务员会采取一些行动，强烈暗示服务对象偏离规范的代价。但是，基层公务员也常常在与服务对象的互动中感觉力不从心，原因有三点：一是基层公务员往往被沉重的业务量以及快速做出决定的需求压得透不过气来，因此，只要服务对象可以浪费基层公务员的时间，这就让基层公务员付出了极大的代价；二是基层公务员用于规制服务对象态度的资源是有限的，尤其在服务型政府的背景下，像浙江"最多跑一次"这样的改革让基层公务员的规制行为处于透明化的监控之中；三是服务对象的满意度及其表现，往往会成为上级政府评价基层公务员绩效的重要手段。尽管如此，服务对象与基层公务员之间的关系还是不对等的。更明确地说，他们之间是一种"单一方向性"的权力关系，在此种关系中，"做出决定以及执行决定的力量。是其中独占的一方，或近乎独占的特权"[1]。

---

[1] Katznelson L., *Black Men, White Cities: Race, Politics, and Migration in the United States, 1900－1930, and Britain*, 1946－1968, University of Chicago Press, 1976.

为在不平等的互动关系中占据优势，基层官僚组织需要对服务对象进行社会建构，其具体的方法是：抹杀服务对象原有的个体属性和身份特质，按标准化的程式将服务对象归为不同的类型，并使服务对象感受到自己仿佛一直就是这个类型中的成员，故而欣然接受组织的安排。基层官僚组织之所以可以对服务对象进行社会建构，原因在于他们可以对组织提供的利益及制裁进行分配，可以建构双方的互动关系、可以教导服务对象所应扮演的角色和行为、可以分配奖励和惩罚。尤其是，在利益分配及制裁方面，基层官僚组织的行为会明显影响到服务对象的福祉。换句话说，他们可以促进改变及发展，可以增加服务对象能够控制的资源，也可以使服务对象遭受痛苦或是让他们享受福利。在情景建构方面，基层官僚组织可以决定双方互动的内容、方式、时间和地点，及时预防可能出现的破坏性、有敌意或不合作的行为。在角色扮演方面，基层官僚组织通过以下四种方法，对服务对象的角色扮演和行为表现进行规制：暗示服务对象应该表现出的顺从态度，如果服务对象不顺从就会被惩罚，引导民众树立对官僚组织的合理期望，传送给服务对象如何影响官僚系统的过滤资讯。在奖惩方面，通过心理上的暗示和权力上的控制，基层公务员的行为和理念对服务对象的实质影响就比较明显。而且，服务对象与公共机构以及公职人员接触越深，此种互动造成的心理影响就越久、越大，他们奖惩服务对象的主动权就越大。总之，在双方的互动关系中，基层官僚组织因握有公权力而占有绝对的优势。

二 基层公务员心态形成的前提：角色冲突

角色冲突主要是指那些塑造并指导每个角色行为的价值观冲突，或者对同一角色在不同场合、不同时间的价值判断标准不同。事实是，将不同角色的人格要求强化到同一行政人员身上,或者将不同时间、不同场合的价值取向强加到同一行政人员身上肯定难以奏效,角色冲突便会产生。根据自由的程度,阿伦特将人类活动划分为劳动、工作和行动三种,由此对应分别生活在私人领域、社会领域和公共领域的劳动人、技艺人和行动者。在阿伦特看来,劳动是维持人的基本生理需要的本能,工作是介于私人与公共之间的关系领域,行动才是人类彰显个性、尊重差异的终极性目标。在行动中,人们充分表现自我,享受快乐,这些不同于劳动人与技艺者的行动者,就是"公共人",由公共人共同组成的实现自我、分享快乐的自由空间便是"公共领域"。[①] 从应然状态看,公共人是无私的,能够全心全意为人民服务,但由于公共领域缺乏市场机制、缺少竞争压力,公共人的道德确认面临被解构的危险,最常见的就是权力寻租。[②] 显然,公务员是"公共人",是具有公共精神信念和公共治理能力的公共价值主体。但随着国家治理体系的完善和多元共治的公共价值的确立,作为"公共人"的当代公务员面临多重挑战和要求,是否有理性的判断力、坚定的信念和正确的价值观成为各级政府遴选公务员的首要前提。除在笔试和面试环节考察外,还会在进入公务员队伍时进行初任培训,晋升时进行任职培训,平时进行专门业务培训和在职培训,这些培训无一例外都把强化公务员的共产主义信念和社会主义核心价值观作为首要任务,把公务员公共精神和道德情操的培育作为检视其成效的主要标准。因此,一个人能够进入公务员队伍,说明其先在的社会认知和社会价值观的正确性已通过了检验,后续的强化培训能进一步扭转进入队伍后的公务员因环境、职位或制度因素所带来的价值观摇摆。再加上,基层公务员在解决民众的需求、影响民众对政府治理体系的评价、反映公共行政的日常活动面向等方面具有关键的作用,这意味着基层公务员扮演的"公共人"角色更容易被感知和产生

---

① 汪晖、陈燕谷:《文化与公共性》,生活·读书·新知三联书店 2005 年版,第 73 页。
② 姜国兵:《服务型政府中的人性假设:公共人》,《行政论坛》2008 年第 4 期。

影响，只是由于基层治理目标的模糊性、资源的有限性、环境的不确定性、对象的庞杂性和手段的运动性，基层公务员"公共人"角色更容易被异化和批判，民众对政府的信任呈现"央强地弱"的格局就是最好的例证。

由于角色冲突，基层公务员会将工作兴趣放在能够最大限度地减少危险和提升满意度的工作方面，然而，对于管理者，只有下级这样的选择有利于增进生产力及效能的时候，才不会横加干预。基层公务员与管理者的目标之所以产生分歧，是因为他们之间的工作目标不同。基层公务员希望快速地处理工作，减少工作中实际上和心理上可能受到的威胁和伤害，这就要求他们使用一些简化的程序。而管理者所感兴趣的，是工作表现以及达成工作表现所付出的成本，重视的是结果能否达成目标。也就是说，基层公务员关注过程，上层公务员关注结果。在此背景下，基层公务员想努力地扩展被上级管理者压制的自主权，管理者却想尽办法发明标准化、规范化和程序化的行为规则，限制下级的自主权。因此，当管理者致力于制定各种公共服务规范时，这些做法却被基层公务员认为是不合理的。相反，基层公务员会想尽办法创造出自由裁量权，因为"对于基层公务员而言，维持及强化自由裁量权是非常重要的事情"①。基层公务员努力争取自由裁量权的另一个原因，在于自由裁量权是他们与当事人可持续互动的有效工具，以免他们的行为被质疑，被贴上"机械化"的标签。很显然，自由裁量权为基层公务员在不同当事人之间的取舍与判断提供了机会。然而，自由裁量权的行使也不是万能的，在最好的情况之下，官僚体系在提供人性化服务方面，仍然充满了许多矛盾与暧昧不清的情况；而在最坏的情境之下，自由裁量权将会是管理者与基层公务员的目标之间持续冲突的来源。

为了更好地了解基层公务员的角色冲突情况，课题组利用到贵州省内多地党校系统培训班授课的机会，对培训班的学员进行了大规模问卷

---

① ［美］李普斯基：《基层官僚：公职人员的困境》，苏文贤、江吟梓译，学富文化事业有限公司2010年版，第32页。

调查，调查共获取有效问卷541份。

首先就应然状态下基层公务员角色冲突进行描述，为简化描述过程，对设置的五个答案"很不同意、不太同意、一般、比较同意和十分同意"分别赋值"1—5分"，让被调查者做选择。① 如表6—1所示，在应然状态下，虽然被调查者的责任意识均较强，但他们认为对不同对象所负责任的程度应有所不同，具体表现在：一是客观责任比主观责任略高0.05分，二是对上级的责任比对下级的责任高0.24分，三是对职位的责任比对民众的责任高0.14分，四是对国家法律或制度的责任均比对民众的责任高0.13分，五是对良知、人生观与价值观、家人的责任虽不完全等同，但数据基本持平（见表6—1）。也就是说，就应然状态而言，基层公务员似乎更愿意承担客观责任，更愿意对上级、法律或官僚制度负责，这与库珀的行政角色冲突理论基本吻合。②

表6—1　　　　　　　应然状态下基层公务员的角色冲突

责任状况	均值（0—5分）
我应对我的职责（职位）负责	4.58
我应对我的上级负责	4.61
我应对我的下属负责	4.37
我应对选举我的民众负责	4.44
我会对国家的法律或制度负责	4.57
我做事要对得起我的良心道德（良知）	4.50
我不能做背离我人生观、价值观的事	4.43
我应对我的家人负责	4.46

---

① 谢治菊：《基层公务员公共参与对其责任意识的影响研究——基于362份问卷调查的分析》，《福建行政学院学报》2014年第2期。
② 谢治菊：《基层公务员公共参与对其责任意识的影响研究——基于362份问卷调查的分析》，《福建行政学院学报》2014年第2期。

上述是应然状态下基层公务员的角色冲突情况，那么，在实然状态中，当基层公务员的主观责任和客观责任、上下级责任、对制度和民众的责任发生冲突时，基层公务员又会做何选择呢？如表6—2所示，当基层公务员的行政责任发生冲突时，被调查人员的观点是：第一，当上级命令与下级要求发生冲突时，79%的被调查基层公务员选择首先顾及上级的命令；第二，当上级命令与制度的要求发生冲突时，78.8%的被调查基层公务员选择顾及制度的要求；第三，当对上级负责和对群众负责发生冲突时，52.3%的被调查基层公务员会选择对上级负责；第四，当对国家的忠诚和对人民的忠诚发生矛盾时，82%的被调查基层公务员选择对国家的忠诚；第五，当对制度的忠诚和对个人良知的忠诚发生冲突时，63.9%的被调查基层公务员选择对制度的忠诚；第六，即便保守的国家机密涉及基层公务员家人的利益，93.2%的被调查基层公务员选择不会泄密；第七，当奉上级的命令去执行一项任务时，有54.6%的被调查基层公务员选择照章执行而不考虑被执行者的利益；第八，当公共利益与个人利益或家庭利益发生冲突的时候，60.3%的基层公务员选择个人利益或家庭利益。

被调查基层公务员的上述答案表明，在实然状态中，基层公务员的角色冲突凸显出以下四个特征：第一，当主观责任和客观责任发生冲突的时候，基层公务员会首先选择客观责任；第二，面对权力冲突，基层公务员更愿意让契约性的权力来源服从权威性的权力来源，即让对民负责服从于对法律或制度负责；第三，面对角色冲突，基层公务员更愿意让组织外部角色服从于组织内部角色，即对家人和个人良知的忠诚服从于对国家和制度的忠诚；第四，面对利益冲突，基层公务员选择让公共利益服从个人私利。也就是说，表6—2的答案显示，面对行政角色冲突时，基层公务员更倾向于承担客观责任，准确地说，更倾向于承担客观责任中对上级、对制度和对法律的责任，尽管程度不同，这一结论与应然状态下基层公务员责任的承担完全吻合。这意味着：第一，无论是应然还是实然状态，无论是非冲突状态下的行政责任还是冲突中的行政责任，基层公务员都把对国家、制度、法律和对上级的客观责任摆在首位；第二，实然状态下基层公务员对角色冲突的选择更接近库珀的理论形态。

表6—2　　　　　　　　实然状态下基层公务员的角色冲突

	同意（%）	不同意（%）
当上级命令与下级要求发生冲突时，我会首先顾及上级的命令	79	21
当上级命令与制度要求发生冲突时，我会首先顾及制度的要求	78.8	21.2
当对上级负责和对群众负责发生冲突时，我会首先选择对上级负责	52.3	47.7
当对国家的忠诚和对人民的忠诚发生矛盾时，我会首先选择对国家的忠诚	82	18
当对制度的忠诚和对个人良知的忠诚发生冲突时，我会首先选择对制度的忠诚	63.9	36.1
即便我保守的国家机密涉及我家人的利益，我也不会泄密	93.2	6.8
当我奉上级的命令去执行一项任务时，我会照章执行而不考虑被执行者的利益	54.6	45.4
当公共利益与个人利益或家庭利益发生冲突时，我会选择个人利益或家庭利益	60.3	39.7

显然，这里有两个问题需要解释：一是为什么被调查人员更倾向于承担公共人角色？简言之，基层公务员也是理性经济人，承担客观责任能够给他们带来更多的金钱和更高的官位。因此，在实际生活中，基层公务员的主观责任逐渐被忽视，以致他们在执行行政决策的过程中慢慢冷却了自己的良知。① 那么，为什么基层公务员更愿意对上级、制度或法律而非下级和民众负责呢？主要原因在于：大多数基层公务员在公共事

---

① 谢治菊：《基层公务员公共参与对其责任意识的影响研究——基于362份问卷调查的分析》，《福建行政学院学报》2014年第2期。

务中享有较大的自由裁量权,然而,"由于资源短缺、供需不一、目标模糊、绩效评估困难,正式制度与社会公众难以对他们的自由裁量权进行有效监督,他们更愿意承担什么样的责任完全取决于自身的价值偏好。"①再加上,他们提供的服务是非竞争性的,无论他们如何对待民众,包括忽略他们的需要、滥用职权甚至完全不尊重他们,民众也会因没有选择而委曲求全、忍气吞声。简言之,基层公务员的自身偏好在他们与其所服务的民众关系中享有优先选择权,在缺乏外部监督的情况下,他们会更倾向于用更简单、更省事的办法来执法,进而更倾向于能给自身带来直接好处或决定自身前途命运的上级、法律而非下级、民众负责。②

不仅如此,基层公务员与上层管理者之间的关系,首先在本质上也是有所冲突的。基层公务员的角色目标,是快速处理当事人的事务,而其角色定位,就是尽可能扩张自己的自主权;而管理者的角色目标,却是做好员工管理,以增加业务单位的整体成效,而其角色定位,则尽可能减少员工的自主权。基层公务员与上层管理者之间的另一层关系,是相互依赖关系,因为在基层官僚体系中,哪怕层级较低的公务员,也拥有比其他领域工作人员更多的资源,故而会相互依赖。正因为相互依赖,即使管理者对基层公务员的工作不满意,他们也会尊重基层公务员的选择。基层公务员与上层管理者之间既有冲突性又有依赖性的关系,与政策制定者和执行者之间的关系不太一样,后者的假设是权威的影响力是从高层流向低层,二者的目标是一致的,即使有冲突,下层也会服从上层,或者共同服从组织目标。但由于基层公务员拥有足够的资源来抵抗组织的压力,与管理者是既冲突又依赖的关系,故而要让他们服从上层或组织的目标,就变得更为复杂。

---

① 谢治菊:《关于流动商贩的治理》,《城市问题》2011年第11期。
② 谢治菊:《基层公务员公共参与对其责任意识的影响研究——基于362份问卷调查的分析》,《福建行政学院学报》2014年第2期。

三 基层公务员心态形成的土壤：行动逻辑

虽然基层公务员的工作职责之一是维护服务对象的权益，但工作情境以及与服务对象的不良互动所带来的疏离还是会减少基层公务员对于工作的投入程度。因此，在分配社会价值方面，基层公务员经常被描述为必须承担起强大的责任，但在如何定义目标以及达成目标方面，基层公务员则被认为无法对外展现出明确而有效的决策能力。其实，基层公务员面临的最大问题，就是在不确定的环境下和资源有限的情况下做出决定。为克服资源有限的困境和工作上的不确定性，就应该仔细探究基层公务员所发展出的例行惯例以及主观的回应方式。[1] 也就是说，基层公务员会试图以某种方式去做好他们的工作。然而，就某种意义而言，他们的工作是根本不可能达到理想或完美境界的。既然如此，在面对资源不足、缺乏控制力量、目标不明确以及令人沮丧的情景时，基层公务员该如何去完成他们的工作呢？一般而言，基层公务员有四种方式去回应。第一，他们会发展出一些惯例模式，此种模式倾向于限制需求，尽可能充分利用可获得的资源，并且让当事人服从由官僚组织所发展出来的各种作业程序；第二，基层公务员会想办法减少他们的工作，以利于他们在资源受限的情况下，找到解决之道；第三，基层公务员会修正自己对于工作的概念，以降低或限制工作目标，这样就可以缩小资源与目标之间的差距；第四，基层公务员也会去修正他们在工作上必须处理的服务对象及其业务范围，以缩小目标与成效之间的差距。这四种回应，简称例行惯例和简化，第一种是例行惯例，第二种至第四种是简化。

（一）例行惯例

例行惯例可以处理工作上的复杂情况，帮助基层公务员加强他们对

---

[1] Lazarus R. S., "Psychological Stress and the Coping Process", *Science*, 1966.

于工作环境的控制力量。事实上，对于某些分析家而言，惯例化就几乎等于官僚化。① 而对于其他分析家而言，惯例化发生在官僚组织中，这实在是无法避免的情况，因为对于各种不同的需求而言，官僚组织的资源实在是太过于稀少了。② 本来，就基层公务员所发展出的惯例模式而言，本身没有太多的评论空间。当时，当政策是由许多基层公务员做出的决策所积累而成时，在权威当局所建立的界限之内，那些为了处理这些基层的决策所发展出来的例行惯例模式，就会在实质上决定政策内容。③ 就此而言，事实上，政策可以说是由基层公务员所制定的。正是如此，基层公务员在行动上的例行惯例至少会有以下四个方面的作用：有助于限量配给基层公务员所供应的服务，有助于基层公务员官僚控制服务对象并减少不确定性所带来的后果，有助于基层公务员节约使用管理资源，有助于基层公务员及时处理日常事务所造成的后果。然而，惯例行为并不都是有效的。事实上，在某些时候，惯例化的做法反而会得到反效果，使得原本有效率的运作程序变得混乱。④ 当然，例行惯例也会受到公职人员职业的以及个人偏见的影响，包括一些散漫在整个社会中的或明显或微妙或暗淡的偏见。因此，在使用例行惯例的模式时，要注意行动主体和行动环境的影响。

（二）简化心理

在日常生活中，人们会想办法去简化他们的工作，并且限制自己的知觉范围，以便处理他们所得资讯，并且发展出相对的回应方式。人们会从心理上去简化知觉对象，以降低评估各种事务的复杂程度。人们会刻意去建构自己所处的环境，以使各种工作以及知觉变得更为熟悉。可以说，例行惯例以及简化，可以协助人们处理复杂的情况，而刻意建构

---

① Hawley W. D., Rogers D., *Improving the Quality of Urban Management*, Sage Publications, 1974.
② Golembiewski R. T., Thompson V. A., "Modern Organization: A General Theory", *Midwest Journal of Political Science*, 1962.
③ Sharkansky L., *The routines of politics*, Van Nostrand-Reinhold, 1970.
④ Thompson V. A., "Modern Organization", *American Journal of Sociology*, 2015.

出来的环境，则可以把复杂性限制在人们能够处理的范围之内。① 简化的发展，如同心理上的惯例化一样，将会成为基层公务员的特征。在组织的层次上，官僚组织会正式地认可一些简化的做法，以使决策过程规则化。尤其是，当官方所制定的类别无法帮助基层公务员快速地处理工作，或者当这些类别明显地与基层公务员的偏好有所冲突时，基层公务员也会发展出他们的简化模式。首先，基层公务员会改变他们的目标，使其更加能够符合他们执行工作的能力；其次，因为基层公务员没有能力依据理想的状态来处理服务对象的问题，他们就只能在心理上贬损他们的服务对象，以减轻自己的心理负担。简言之，基层公务员会发展出对于他们的工作以及服务对象的一些想法和概念，这些想法会降低存在于能力与目标之间的落差所产生的沉重压力，从而使得他们的工作在心理上变得容易处理。②

（三）理性选择

基层公务员在工作时，经常面对资源不足的问题，而且在所处的情景之中，需求总是会一直上升，以符合服务的供给量。因此，基层公务员永远无法逃脱各种明显的限制所造成的影响。在这些限制的范围之内，他们在拥有资源方面却有广泛的自由裁量权。把资源应用到工作上时基层公务员将会面临暧昧不清、相互冲突的工作目标，同时还会面临一些额外的不确定性，这些不确定性则是他们在衡量以及评估工作表现时遇到的困难造成的。面对资源不足的内在压力，减负就成为一种理性的选择。由于政策目标大多模糊不清，甚至相互冲突，所以面对一大堆需要执行的法律法规和规章制度，以及需要考虑的不同需要和利益，基层公务员必须根据环境状况对价值进行排序，发展理性的资源配置方式，优先照顾比较重要的目标，努力满足相对紧迫的要求，这就不可避

---

① C. F. Ginsborg P. , "The Politics of Everyday Life : Making Choices, Changing Lives / P. Ginsborg", *Australian Council for Educational Research*, Vol. 15, No. 2, 2006.

② C. F . Toynbee P. , Naughton L . , "Political persuasion", *Community Practitioner the Journal of the Community Practitioners & Health Visitors Association*, Vol. 87, No. 6, 2014.

免地导致选择性行为，即避重就轻，选择那些能给个人或机构带来好处或利益的任务，而对那些无从得利的政策则采取消极应付甚至阳奉阴违的态度。① 正如克里斯托弗·胡德所指出的，基层公务员"往往选择一些容易和适合的工作，而不是那些紧张的和基本性的服务，尽管后者会得到社会多数人的好评。"② 戴维·H. 罗森布鲁姆等也同样认为，"基层行政人员可能更利己的而不是自动地去服务于公共利益。他们可能忙于'表面事务'，努力做那些容易处理和让他们的绩效看上去更好的工作。"③

（四）维护权益

一般民众通常会期待基层公务员不只是温和的、被动的守门人而已，民众们也会期望基层公务员能够成为民众权益的维护者，换句话说，也就是民众希望基层公务员能够善用他们的知识、技能及地位，来确保服务对象能够在可服务的范围之内，获得最佳的待遇或者地位。基层公务员的角色是为服务对象提供公共服务，但他们也必须为了组织机构的目标去评判并且控制服务对象，此种矛盾的状况在下列的紧张关系中得以看出端倪：一是只有代表个别单位的时候，基层公务员才能去维护服务对象的权益；二是维护服务对象权益的做法，其实与组织的观点是格格不入的。组织倾向于集聚贮藏可用的资源，但如果维护服务对象的利益，则会将聚集的资源分配给服务对象。如果可以，组织会对资源的分配加以严密的控制，然而为维护服务对象的权益，公职人员则会致力于寻找各种漏洞与自由裁量权来为服务对象谋取福利；三是维护服务对象的权益，与控制服务对象的权益的做法是彼此共存的。原因在于：基层公务员要干的事很多，不可能毫无保留地把时间和精力都投入服务

---

① 韩志明：《街头官僚的行动逻辑与责任控制》，《公共管理学报》2008 年第 1 期。
② ［英］克里斯托弗·胡德：《国家的艺术：文化、修辞与公共管理》，上海人民出版社 2004 年版，第 33 页。
③ ［美］戴维·H. 罗森布鲁姆等：《公共行政学：管理、政治和法律的途径》，张成福译，中国人民大学出版社 2002 年版，第 386 页。

对象身上，故此他们必须学会控制，以免失去服务对象的尊重，失去它们具有的优势，或做出丢脸的事。基层公务员试图去做好他们分内的工作，但是，由于他们承担了一些其他的心理以及角色方面的要求，因此他们在工作上就会显得有些力不从心[1]；四是基层公务员肩负的责任之一，就是帮服务对象做好一些必要的准备，然后再将其转介给其他的公职人员或官僚组织。然而，这也是相互冲突的。因为被转介服务对象会给被接手者带来一定的压力，会让接手对象再耗费时间和精力去了解之前的情况。

（五）工作疏离

基层公务员的工作是疏离的、孤独的工作，而此种疏离感不只会影响基层公务员对于工作以及服务对象的投入程度，此外，由于此种疏离感也会影响基层公务员职业经验的品质，因此，在考量到从事公职的公职人员数量很多的情况下，此种疏离感也会成为公共政策本身一个重要而明显的角色。"疏离"一词在此用以概括公职人员对于其工作的关系，而非心理学术语，而且可由此推知，此种关系中会产生一种特定的态度。有的时候，疏离是指"透过各种工作上的活动，工作者能够表达，或者必须压抑其创意及其人性行动的程度"[2]。由于基层公务员在维护服务对象的权益时，难免会做出一些妥协和让步，因此，基层公务员以全然人性化的方式来回应服务对象的程度就会有所减少。

基层公务员与服务对象产生疏离的情况，至少表现在四个层面：一是基层公务员只能够处理服务对象的部分问题。基层公务员往往喜欢把服务对象进行类型化标志，这种标志会忽略个人的本质。如此一来，基层公务员关心或处理的，只是服务对象一些外显的症状、资格及能力，

---

[1] Cf. Cumming E., "Systems of social regulation", *Social Service Review*, Vol. 48, No. 1, 1968.

[2] ［美］李普斯基：《基层官僚：公职人员的困境》，苏文贤、江吟梓译，学富文化事业有限公司2010年版，第144页。

而不是服务对象的真正感受或真正事实。由于基层公务员只能处理服务对象的部分问题，因此可能会导致低劣的或不适宜的服务品质。同时，由于基层公务员可能只处理整个过程中的某些部分，为提升服务效率、优化资源配置，会致使整个社会服务领域变得越来越专门化、特殊化。由于专门化，基层公务员对服务对象的工作就分别交由不同的单位或部门来处理或推进。如此一来，一些基层公务员就只能不停地重复相似的工作，如核查资料、进行面谈等，由此带来的效率低下常常引发人们的关注。二是基层公务员无法掌控其工作的结果。之所以无法掌控，一方面，专门化意味着他们无法完整地处理整个工作的过程，或是在处理服务对象问题的过程中，他们只是参与其中的一部分，而未参与的部分或未处理的环节则无法掌控；另一方面，服务对象的问题似乎是永无止境的。虽然理论上而言，基层公务员应有解决大部分问题的能力，但服务对象的问题似乎永远存在，解决掉旧问题又会蹦出新问题。也就是说，由于基层公务员无法去控制原本该由他们掌控的情景，而且其间的落差相当巨大，故而会对服务对象产生疏离。三是基层公务员无法控制其工作所使用的资源。基层公务员无法控制他们工作中的资源，部分原因是在于基层公务员的工作情境是他们无法与服务对象进行有效互动，而部分原因则因为即使当整体情境有利于进行干预的时候，他们也不能够掌控服务对象的情况，因此，他们无法使他们所拥有的技能发挥最大的效果。四是基层公务员无法控制其工作的进展步调。基层公务员所拥有的自由裁量权，可以当成工作中所获得的奖励，但是它们无法掌控使用自由裁量权的最佳时机。由于资源有限，他们可能去预测服务对象的需求，结果反而受制于工作，被工作所支配。当一份工作让人产生疏离感时，也会造成工作者的不满。公职人员对于工作的不满，会影响到他们对方服务对象以及服务组织的投入程度。故有人认为，基层公务员所扮演的是一种会产生疏离感的角色。

公共服务的工作会随着时间的推移而变得越来越官僚化，当公共服务越来越官僚化的时候，随之而来的后遗症，就是公职人员对于工作的疏离感也会增加。① 随着工作中的疏离感越来越多，基层公务员就比较愿意接受组织的重组，也不会去保护服务对象的权益以及他们自己与服务对象之间的联系。而如果基层公务员与服务对象之间的关系变得越来越平淡而脆弱，他们彼此之间的关联性就会变得越来越不明显，此时要改变此中关系也就变得比较容易。因此，那些会造成工作疏离的工作情境，或许会使服务对象与公职人员之间渐行渐远、彼此冷漠以对。

综上所述，基层官僚占据了大部分公共资源，被整个社会寄予厚望，人们希望他们在提供公共服务和负担公共支出之间寻找到一个平衡点。因此，即使基层官僚早就认识到上级对基层工作的投入有限，庞大而繁杂的工作量也会限制基层人员的回应速度，但作为个体，基层官僚还是既代表了人民的希望，也希望从上级政府那里得到更公平、有效的待遇。就此而言，基层官僚在公共事务中的重要作用是不言而喻的。

基层公务员的工作环境决定其工作性质首先是执行性，即按规定执行上级的政策与命令，但不能自定义工作范围、工作内容和工作方法，只是在具体的事实情境中，基层公务员必须做出一些适用何种规则的判断。基层公务员工作性质的另一特征是分配性，对民众享有的福利和拥有的权利进行有规则的分配，但在分配过程中，受分配性质的影响，自由裁量权的任意性得不到有效的规制，必然导致分配中的损益和剥夺。同时，基层公务员的工作环境是混乱的，充满挑战与不确定性。由于其工作过程难以程序化和量化，故而会产生一定的自由裁量权。正如李普斯基所言，街头官僚制组织的实质在于，他们需要由人来为其他人做出决定，由于在服务提供过程中需要人的判断，而人的判断的作用是无法加以规划的，也是无法由机器所代替的，街头官僚因此拥有自由裁量权，这些裁量权影响民众所获得服务和福利的性质、数量和质量。② 此外，街头官僚的顾客大都是确定的，但并不是自愿的，因为民众与官僚之间是

---

① Keith-Lucas A., Lewin T. F., "Decisions About People in Need", *American Journal of Sociology*, 1959.

② ［英］米切尔·黑尧：《现代国家的政策过程》，赵成根译，中国青年出版社2004年版，第178页。

不对称的权力关系，而不管服务供给是否满意，民众都没有选择街头官僚的余地。① 当然，街头官僚不仅对工作环境没有选择权，对工作任务也没有自主性，长期淹没在枯燥乏味的程序化工作中，方方面面都要受到上级的干预，这预示着街头官僚处于"被疏离"的尴尬境地。正如李普斯基所指出，街头官僚的工作只是产品的一个部分，他们对后果、原材料和工作的进度都没有控制能力。② 在此背景下，基层公务员在选择社会行动时，必然会本着理性经济人假设的原则，选择对自己有利的、能规避责任的行动。难怪罗森布鲁姆指出，在缺乏资源的情况下，街头官僚最有可能忙于表面事务，在最有益的地方投入他们的时间和精力，努力做些容易处理和看起来绩效更明显的工作。③ 这就是为何基层公务员会选择容易和适合而不是紧张和基本性的服务，尽管后者会得到大多数人的好评。④ 尤其是，当面临风险选择时，为规避失误的责任和可能招致的麻烦，出于自我保护的需要，基层公务员会在照章办事的官僚主义逻辑中寻求避风港。然而，繁多的规则本身就构成了官僚主义的基础，也会抹杀规则本身。⑤ 因而当面临危险的工作时，街头官僚会以踢皮球的巧妙方式来放弃自己的职责。可以说，在资源有限和工作环境不确定的情况下，"理性选择、规则依赖和一线放弃"是基层公务员社会行动呈现出两面性——道德性行动积极、工具性行动消极的主要原因。

四 基层公务员心态形成的核心：思维观念

思维是人类做出的最高级别的精神活动。所有人类的业绩和进步不

---

① 韩志明：《街头官僚的行动逻辑与责任控制》，《公共管理学报》2008年第1期。
② [英] 米切尔·黑尧：《现代国家的政策过程》，赵成根译，中国青年出版社2004年版，第179页。
③ [美] 戴维·H.罗森布鲁姆等：《公共行政学：管理、政治和法律的途径》，张成福译，中国人民大学出版社2002年版，第386页。
④ [英] 克里斯托弗·胡德：《国家的艺术：文化、修辞与公共管理》，彭勃等译，上海人民出版社2004年版，第33页。
⑤ [法] 皮埃尔·卡蓝默：《心系国家改革——公共管理建构模式论》，胡洪庆译，上海人民出版社2004年版，第42页。

过就是人类思想的产物。文化、艺术、文学、科学和技术的发展无一不是思维的结果。①

法国哲学家笛卡儿的著名论断"我思故我在",将思维与存在的关系定义为因果关系,由于我思维,所以我存在。哲学家的生命存在之定义比现代医学脑死亡的定义早了三百多年。事实上,笛卡儿的科学思想与他的哲学思想同样著名。笛卡儿的身心问题是哲学和认知科学的永恒问题。中国古代思想家对于思维也有过非常精辟的论述。孔子和荀子都论述过学习和思维的关系。孔子说:"学而不思则罔,思而不学则殆。"② 荀子说:"终日而思,不如须臾之所学也。"③ 孟子不仅区分感性认识和理性认识(思维),而且深刻论述了两者的关系。他说:"耳目之官不思,而蔽于物。物交物,则引之而矣。心之官则思,思则得之,不思则不得也。此天之所与我者。先立乎其大者,则其小者弗能夺也。此为大人而已矣。"④

一般认为,思维模式是人们对外界和自身的认识模式化而形成的一种思维惯性格式。这种格式是一定的思维主体在所处的各种环境中,在反复认识一定事物的过程中,积淀起来的相对稳定的思维模式框架。就个体而言,一个人的思维模式的形成受到自身知识、观念、方法、智力、情感、意志、语言、习惯等的影响;就群体或组织而言,一个集合体的思维模式则反映出这个集合体每一分子思维模式的共性特征。思维模式一旦形成,就将思维主体认识世界的方式内化成一种思维定式,以内在规则的形式规范着思维的方向、过程和结果,使人们按照它自觉或不自觉地进行一切思维活动。因此,研究行政思维的内在原则对形成正确的行政思维定式、行政思维方向以及产生良好的行政思维结果对基层公务员心态的影响,都是十分有意义的。⑤

在中国社会整体变迁的历史过程中,政府权限的变化、行政思维的

---

① http://www.psychology4all.com/Thinking.html.
② 孔子:《论语·为政》。
③ 荀子:《劝学》。
④ 孟子:《孟子·告子上》。
⑤ 王仁法:《行政思维根本原则论析》,硕士学位论文,华中师范大学,2004年。

转换以及与之相适应的政治规则的替代直接决定着政府的合法性与行政的有效性等一系列问题，并进而影响着社会生活的品质。① 确如所言，基层公务员提供福利和各种约束规范的方式，将会建构人们的生活与机会，并且也为人们的生活与机会划定了界限。此外，他们的工作方式也会引起并且提供人们在其间活动的社会脉络，因此，当国家在增加给公民提供的公共服务时，总是伴随更大程度的影响及控制。基层公务员之所以成为公共服务政治性争议的焦点，有两方面的原因：一方面，关于公共服务范畴及焦点的争议，本质是对基层公务员工作职责及其正当性的争议；另一方面，由于基层官僚对人们的生活有相当大的影响。

虽然基层公务员的地位如此重要，但党的十八大以来，基层公务员的工作压力普遍增加。例如，有高达 87.2% 的被调查者表示，党的十八大以来他们的工作压力增加了，分别是认为"压力不变"和"压力下降"的 8.7 倍和 31.4 倍。为何党的十八大以来基层公务员的压力会增加？一是受精准扶贫和乡村振兴战略的影响，基层检查明显增多。调查发现，某组驻村十来天，就先后开展了脱贫攻坚巡查、半年工作综合考评、半年脱贫攻坚工作考评、"双百工程"实地观摩等十来项检查。难怪访谈时，LPS 市一位扶贫干部告诉我们，整个扶贫过程中上级检查多、填表多，该乡 2017 年接受大型检查十余次，小检查几十次，往往国家考核评估结束后省里来检查，省级结束后市里又来检查。正因为精准扶贫检查增多，当问及党的十八大以来各类检查的变化时，高达 80.5% 的被调查者表示，十八大以来，基层各类检查增多。二是"信访维稳"一票否决制让基层公务员如履薄冰。信访是民众权益得不到保护时正常的利益表达机制，但在实践中，往往以"零上访""零进京访"作为评价标准，实行信访一票否决制。在基层公务员眼中，这一制度是否合理呢？80.4% 的被调查者明确表示，这一制度不合理，尤其在拆迁安置补偿中，许多涉案涉诉事件和民众的不合理要求为"零上访"增加了难度。三是工作加班已成为常态。在被戏称为"5+2""白+黑"的基层工作中，作为稀

---

① 杨楹、陈曙光：《论当代行政思维的现实转换》，《学习论坛》2004 年第 4 期。

缺资源的时间并没有被有效地管理起来,因为有 55% 的被调查者表示一周的工作时间超过 5 天,有 61.1% 的被调查者表示一天的工作时间超过 8 小时,这对作为社会生活本质和社会组织维度的时间而言,是一种挑战和示威。因为时间是社会性的,有关时间的规则是社会建构起来的,时间规则的尺度和分寸及其合理性和适宜性等是社会需要和社会观念的产物;时间更是政治性的,作为重要的行动资源,时间是权力控制和争夺的对象,因此设定、控制和利用时间的规则及其方法反映了不同权力的意志和要求,具有强烈的政治含义。[①] 因此,即使基层公务员的时间规则因工作需要被打破,也难免带来一定的消极情绪。检查的增多、压力的增大、工作时间的延长,让基层公务员的相对剥夺感增加。因为即便在如此的压力下,73.4% 的被调查者年收入仅在 5 万—10 万元,难怪 73% 的被调查者表示党的十八大以来其收入未变或有所下降。压力的增大、收入感的降低,让基层公务员面对"一夜暴富"和"一夜成名"的社会现象时,心态难免失衡。

五 基层公务员心态形成的关键:文化制度

文化不仅决定个人的基本生活方式和认知方式,影响个人的情感和心理健康,还决定社会公共生活的道德法则和制度设计。也就是说,文化中的观念、信念、信仰和意识形态对社会系统的形塑作用不可小觑。马克斯·韦伯早就意识到新教教义观念对资本主义制度的影响,因而写出了《新教伦理与资本主义精神》这样的传世之作;人类早期的神话和理论,带有明显的"形而上"色彩,是典型的经验主义,却因为某种信念成为永恒的经典;宗教有大批的追随者,是因为追随者有信仰;意识形态是有组织的信念系统,是个体基于某种文化信念而对社会应然状态的期许,是政党进行社会整合的心理依据。关于文化的重要作用,可从

---

① 韩志明:《街头官僚的时间政治——以基层执法人员的工作时间为例》,《甘肃行政学院学报》2017 年第 2 期。

贫困根源论中获悉。早在18世纪，一些思想家就发现，贫困不会随着社会的进步而消失，反而与社会进步密不可分。贾马里亚·奥斯特1774年指出，一个国家的财富与其人口成正比，而其悲惨程度则与财富成正比；约翰·穆法兰在1782年也写道，世界上最大多数的穷人不是在荒凉的国家或者未开化的民族，而是在最富饶和文明的国度；哪怕是古典自由主义的代表人物亚当·斯密，也小心翼翼地宣布工资并不是在最富裕的国家里才最高。① 事实上，最早将贫困作为一种文化来研究的是刘易斯，他在1959年首次提出贫困文化这一概念，认为贫困者的贫困与其所拥有的文化有莫大的关联，这种文化就是强烈的宿命感、无助感和自卑感，视野狭窄，目光短浅。刘易斯的贫困文化涵盖了物质与非物质两个层次，包括社区环境、经济生活、社会参与、家庭关系和个人心态等方面。② 正如他所指出，贫困文化一旦形成，就必然倾向于永恒，那些在棚户区的孩子在心理上往往很难接受改变他们生活条件的机会。③ 刘易斯理论的合理性在人们对贫困的界定，由单纯的收入贫困向多维的福利贫困转变的过程中得到进一步证实。随着整体生活水平的提升，贫困人口从原来的绝对贫困走向了相对贫困，贫困的内涵也从客观贫困拓展到了主观贫困，这种研究转向背后体现的是高度的人文关怀，符合公共管理的制度逻辑。④ 在越来越多的人虽然解决了温饱但仍然感觉到"被剥夺"和"被边缘化"的今天，主观贫困的认定无疑是回应民众诉求、彰显社会关怀、激励反贫困参与的有效形式，这也再次印证了从文化角度解释贫困问题的合理性。

关于文化制度对心态的影响，或者文化制度对心态的建构，可从现在的精准扶贫政策催生贫困户"等靠要"心态的逻辑过程来考量。首先

---

① [英]卡尔·波兰尼：《贫困与乌托邦》，2016年3月22日，http://www.360doc.com/content/16/0322/21/7355527_544424121.shtml.
② 吴理财：《论贫困文化》，《社会学研究》2001年第8期。
③ Lenski and G. E., *Power and Privilege: A Theory of Social Stratification*, New York: McGraw-Hill, 1966, p.188.
④ 左停、杨雨鑫：《重塑贫困认知：主观贫困研究框架及其对当前中国反贫困的启示》，《贵州社会科学》2013年第9期。

分析"等"的心态。调查中发现,部分农村的老三汉"老汉、愣汉和傻汉"被新三汉"老汉、傻汉和懒汉"所代替。如果说"老三汉"是整个乡村社会变迁的必然结果,"新三汉"的出现则意味着农民对政府补贴的等待比较明显。在农村,懒汉分两种,一种是无所事事、好吃懒做之人,另一种是等待国家政策补贴而干吃补贴之人。后者又分为两种,一种是等待国家退耕还林之类的政策补贴而放弃种地或外出打工之人,另一种是等待自家被纳入低保户而享受低保政策之人。无论哪种懒汉,都反映了农民等待政策补贴的心态,此种心态随着惠农政策范围的扩大、补助的增多、时间的延长而越来越明显。其次,谈谈"靠"的心态。罗吉斯指出,由于农民自身的自助能力较低,故而对政府的依赖程度增强,此种依赖是贫困文化的典型表现。[①] 调查时发现,新时期的农民逐渐从原来的"受苦人"变成了"受益人",普遍认为现在国家的政策好,种地有补贴,病了有保险,老了有养老金。随着惠农政策的加大,农民"受益人"的心态越发强烈,久而久之,对政府的依赖程度会不断加深。由于依赖,农民对新兴技术缺乏兴趣,勤劳致富的自主性亦不足。最后,分析"要"的心态。贫困户在两种情况下会产生"要"的心态:一是看到其他群体享受优惠政策而自己没有享受时,二是靠自己的努力不能脱贫致富时,其结果是"争戴贫困帽""争当贫困户"。正是由于贫困户有"等靠要"的心态,他们才将自身的发展更多地依赖外在的力量,自身缺乏积极性与主动性,久而久之,必将产生一种惰性,将贫困治理简单地变成政府职责。

那么,贫困户为何会有"等靠要"的心态呢?除环境和个体因素之外,最大的原因在于现有的精准扶贫政策设计有缺陷。作为一种外部力量,政策对个体的影响不仅仅停留在物质层面,还会对其心理、观念和意识产生影响。在精准扶贫中,政策设计过多地将责任和义务给了政府,将利益和权利留给了贫困户,因此一些贫困户更多地从现实需要和利益

---

① [美]埃弗里特·罗吉斯、拉伯尔·伯德格:《乡村社会变迁》,王晓毅、王地宁译,浙江人民出版社1988年版,第47页。

关涉出发，理所当然地享受国家的政策，毫无感恩之心。尤其是当看到其他贫困户享受某种优惠政策而自己没能享受时，部分农民会产生要求政府给予相同待遇的心理，"争当贫困户"现象就会发生。特别是，面对像异地扶贫搬迁这样的巨大福利，贫困户得到的补贴较高，多的甚至达十多万人，这对于那些处于贫困状态或临界贫困状态但没享受到政策的农民来说，心理会极不平衡，他们认为政府也应该给予其相同的补助，久而久之，就会形成一种"等靠要"的心理。然而，由于信息不对称，政府难以获得贫困户的全部信息，因此尽管获得了政策资助，贫困户不一定会按照政策目标和政策初衷来行事，会存在"逆向选择"和"败德行为"。从经济学的角度来看，逆向选择是由于制度不合理而产生的资源浪费和机会主义；道德败坏则是制度不合理而带来的道德鸿沟，这是市场失灵的典型表现。在此背景下，贫困户对政府的依赖心理逐步加深，且日益合理化。根据美国学者戴维·伊斯顿的观点，公共政策是解决市场失灵的重要选择，是对社会价值的权威分配。作为公共政策的一种，精准扶贫政策是为解决市场失灵所引发的收入差距扩大和公共产品供给问题，其目的在于缩小城乡差距。但是，公共政策也应该有一定的限度。所谓公共政策限度，是公共政策所发挥作用的范围和所行使职能的界域。按照科斯的观点，在效率领域，当公共政策的收益小于成本时，就应该考虑要放弃公共政策而采用市场规则；在公平领域，当政策施行引发的负外部性大于正外部性时，也应该考虑放弃该政策，或使用新的政策来代替该政策。[①] 精准扶贫政策是公平领域的政策，其逻辑起点是因资源、禀赋、能力和环境的差距，贫困户靠市场规则无法达成脱贫的目的，故而要靠政府通过公共政策来调节。然而，由于政策限度不合理，我国目前的精准扶贫政策引发了一些负外部性，如贫困户的"等靠要"心理、贫困户与非贫困户之间的攀比心态，扶贫中的形式主义和官僚主义也比比皆是，这意味着政府应该要调整现有的扶贫政策，使其更加科学、合

---

① 李文钊：《公共政策的逻辑与限度——读科斯〈社会成本的问题〉》，《中国审计报》2002年7月17日第7版。

理和有效。

关于政策的面向及其限度，涉及多个层面。从政策过程来看，它可能涉及目标设定、执行、监督、反馈等多个环节的问题；从对象来看，它可能受到政策制定的主体或者政策实施对象的限制；从实施强度来看，政策执行得太强或是太弱都有可能造成政策失效；从政策标准来看，应对不同的人群适用不同的标准，否则会造成新的不平等。由此，无论是"养懒汉"现象的发生，还是农村合作社的"异化"，又或是大规模使用兜底的政策补助，这些都体现了政策的限度和失效问题。在精准扶贫政策推行过程中所形成的"等靠要"的贫困心理是与现代化目标相悖的，它不利于实现现代化的目标。诚如美国学者英格尔斯在《人的现代化》一书中所言，"那些先进的现代制度要获得成功，取得预期效果，必须依赖运用它们的人的现代人格、现代品质。无论哪个国家，只有它的人民从心理、态度和行为等都能与各种现代形式的经济发展同步前进，相互配合，这个国家的现代化才能真正得以实现。"[①] 因此，在解决农村贫困问题，促进农村发展的道路上，一方面需要通过科学、合理扶持来促进物质和技术层面的现代化；另一方面需要通过政策设计对农民贫困心理进行改造，削减农民"等靠要"心理的不良影响，从而为实现现代化奠定社会和心理基础。

既然政策设计会影响心态，政策既是文化的结果，也是制度的重要构成，故而，文化和制度都会影响心态。在行政系统内部，最大的制度就是官僚制。本来官僚制产生于大型组织协调冲突的需要，具有专业性、职业化、等级化和法制化等特征，官僚制的原初等级表现为职位的高低和权力的大小。但在实际运行的过程中，受私欲膨胀、权力追捧、职位崇拜、情感需要等因素的影响，官僚制等级异化为人与人之间的等级化。[②] 在此背景下，即使没有平时的例行性工作和运动的临时性任务，也难以降低基层公务员在工作中的效能，其原因在于：首先，因训练不够，

---

① [美] 英格尔斯：《人的现代化》，殷陆君编译，四川人民出版社1985年版，"序言"。
② 谢治菊：《论官僚制等级的异化及救赎》，《河南大学学报》2015年第2期。

基层公务员可能面临能力不足、经验欠缺的尴尬境地，这对于他们完成工作目标有很大的限制。其次，即使基层公务员本身的能力和经验没有问题，也可能面临工作目标模糊、技术不成熟等问题，这也会降低工作效能。再次，在某些特殊情境下，受工作性质的影响，基层公务员必须以个人的身份去承受工作中的压力。例如，警察执行公务时，要常常面临任何时间、地点和场合出现的危险，即使这些危险出现的概率很低，也会在警察的心理留下阴影。复次，即使不面临威胁，基层公务员的工作环境也会给他们带来工作上的压力，产生无力感，正如一项研究所发现的，基层公务员心理不健康的原因与资源不足、工作负担过重以及角色的模糊性有很大的关联。[1] 最后，其他人对基层公务员的负面评价和严密监控也会让公务员感觉压力大。因此，解决资源不足的问题，会因服务对象的需求不同和可获取资源的程度不同而有所变化，也会因当事人对解决方法的看重程度不同而产生不同的做法。[2]

---

[1] Margolis B. L., Kroes W. H., Quinn R. P., "Job stress: an Unlisted Occupational Hazard", *Journal of Occupational Medicine Official Publication of the Industrial Medical Association*, Vol. 16, No. 16, 1976.

[2] ［美］李普斯基：《基层官僚：公职人员的困境》，苏文贤、江吟梓译，学富文化事业有限公司2010年版，第56—60页。

第 七 章

基层公务员心态
对辞职的影响[*]

虽然普遍认为基层公务员的工作主要是执行上级的决定和国家的政策，是基层的工作人员，但事实上他们正是建构政府所提供服务的实际行动者。除此之外，若是把这些公共服务工作者的个别决策积累起来，甚至可以成为或者是等同于政策。① 因此，不论是提供好处的政策，如分配社会福利，还是赋予当事人某种身份的政策，如将某些人归为犯罪者，基层公务员都具有一定的自由裁量权，此权力是很多基层公务员职务犯罪的根源。正因为如此，党的十八大以来，以习近平总书记为核心的党中央励精图治，从中央到地方强力推进作风转变、反腐倡廉，各项规定、禁令不断出台，既打老虎又拍苍蝇。当然，目前的基层政府精准扶贫工作压力大、时间紧、加班多、问责重，在此背景下，基层公务员的工作方式、生活方式和交往方式都会发生很大的变化，这会对他们的心态造成强烈冲击，以致想辞职的人越来越多。下面，从基层公务员倦怠心理、追责心理、满意度和工作心态四个角度，就心态对基层公务员辞职的影响进行系统的分析。

---

* 本章所用的数据是贵州省数据。
① ［美］李普斯基：《基层官僚：公职人员的困境》，苏文贤、江吟梓译，学富文化事业有限公司2010年版。

一　基层公务员的倦怠心理对辞职的影响

（一）问题的提出

基层公务员的职业倦怠问题也是现在政府和社会所密切关注的热门话题。习近平在第九届全国"人民满意的公务员"和"人民满意的公务员集体"表彰大会上强调"公务员是干部队伍的重要组成部分，是社会主义事业的中坚力量。广大公务员要向受表彰的先进个人和集体学习，自觉做习近平新时代中国特色社会主义思想的坚定信仰者、忠实实践者"[1]。可见，公务员在建设社会主义事业中起着重要的作用，因此，要重视公务员的精神状态，提高其对工作的积极性与热情。

2015年，郑建君对10个省的2482名基层公务员进行了大规模的实证研究，发现高达86.2%的受访者有轻度或重度的倦怠问题。职业倦怠不但会对基层公务员自己的身心健康和职业发展产生不利的影响，而且会造成政府行政效能的低下，影响政府在人民群众中的形象。因此，预防和缓解基层公务员职业倦怠是一个急需解决的现实问题。

Dhar，R. L. 通过实证研究方法探讨出个体的职业倦怠会影响其对群体、单位的归属感，最后造成辞职倾向偏高。Bria M. 则从现实意义出发探讨职业倦怠与辞职倾向二者之间的关系，当个体的基本要求无法得到单位或者组织的满足时，个体的职业倦怠水平会大幅增长从而导致个体的辞职率也大幅上升。而个体的辞职会对组织以及单位造成人力、财力、物力等方面的巨大损失，并且也会在一定程度上影响留任人员的心态，对组织带来巨大伤害。

职业倦怠的产生不仅受外部环境与人格特征的影响。伏琳琳在分析职业倦怠与自我效能的关系一文中，得出了"负面报道损害公务员形象"的结论，指出传统刻板印象认为公务员工作清闲、工资高，现实中大部

---

[1] 新华社：《陈希：做习近平新时代中国特色社会主义思想的坚定信仰者、忠实实践者》，2019年5月，中国共产党新闻网 cpc. people. com. cn/n1/2019/0515/c64094 - 31086987. html。

分公务员的任务都是繁忙而冗杂琐碎的，这让一部分公务员心理不平衡，产生情绪性职业倦怠的现象。① 这表明，社会心态影响职业倦怠。所谓社会心态，是个人与宏观社会的心理关系，早在一百多年前，法国心理学家吉斯塔夫·勒庞便开创了群体心理学的研究，强调群体心理是完全不同于个体心理的。杨宜音认为社会心态是一段时间内社会群体/类别中的宏观社会心境状态，是整个社会的情绪基调、社会共识和社会价值取向的总和。②

职业倦怠影响辞职倾向受个体的影响，并且在已有研究中"工作倦怠—辞职倾向"关系也并不稳定，这暗示了两者中存在潜在的调节变量。③ 本部分将集中于基层公务员这一特殊群体，探讨社会心态对职业倦怠影响辞职倾向的调节关系，为缓解基层公务员职业倦怠、减少辞职率提供研究证据。

总体而言，基层公务员的辞职倾向已引发国内外学者高度关注。然而，当前学者争论焦点集中于职业倦怠与辞职倾向本身，缺乏对调节变量的关注。事实上，职业倦怠对辞职倾向的影响关系并不是一定的，会随着调节变量的变化而变化。这就意味着，社会心态的变化会在一定程度上增强或者减弱职业倦怠对辞职倾向的影响关系。此问题的相关研究比较少，尚未有学者做出系统性的解答。本部分试图研究社会心态对职业倦怠与辞职倾向的调节关系以弥补当前研究中所存在的不足。与此同时，当下学者多采用理论探讨与个案分析等方法研究职业倦怠与辞职倾向的关系，较大规模的、系统的实证调查方法则使用较少。本部分通过对贵州省的基层公务员进行问卷调查，不仅可以为基层公务员的职业倦怠与辞职倾向的研究提供实证方面的资料，还可以借助实证调查来弥补当前研究中所存在的不足之处。同时，本部分将为政府有关部门制定基

---

① 伏琳琳：《基层公务员职业倦怠与自我效能感相关性研究》，硕士学位论文，河北师范大学，2019 年。
② 马广海：《论社会心态：概念辨析及其操作化》，《社会科学》2018 年第 10 期。
③ Cordes Cynthia L., Dougherty Thomas W., *A review and an integration of research on job burnout*, Academy of Management Review, 1993, pp. 621–656.

层公务员的相关政策提供一定思路与参考，争取做到降低基层公务员的职业倦怠与辞职倾向，提高其工作的责任感与积极性。

（二）文献综述与研究假设

1. 辞职倾向的相关研究

1958年，March在科学决策的探究假设基础上，建立了参与者决策模型的个体辞职模型。Mobley对期待理论这一概念进行了深入的分析并建立了这个模型，其假设基础是当个体加入组织时，具有较大的期望；假如个体为组织带来价值，随着工作年限的增加以及薪酬的逐步上涨，个体对工作的满意度会上升，此时，辞职倾向与满意度呈负相关关系。当个体有更换新工作的机会时，辞职倾向会大幅增加。这个模型准确解释了辞职中个体的整个心理活动。Jackson S. E. 和 Maslach C. 是从个体属性影响辞职倾向的角度进行研究，得出了个体的年龄、性别以及婚姻状况等均会对辞职倾向产生影响，如个体的年龄越大，其追求安稳的可能性越高，其辞职倾向越低；在相同条件下，女性个体比男性个体更容易产生辞职倾向，未婚个体比已婚个体更有可能更换工作。[1] 在探讨辞职倾向产生的原因方面，Frank M. Go 等主要是对辞职倾向的影响因素进行了研究。他认为，个体的辞职原因受其自身的辞职意愿、辞职所承担的风险成本较低以及外部环境（如公司的文化因素）的影响。个体的辞职动力更多地来自想要离开现有工作的动力而不是新工作的吸引力。Pines则认为回报、整合、回馈、正式沟通和集权化是造成个体产生辞职倾向的五大原因，其传导路径是五大原因影响工作满意度和工作机会进而对辞职倾向产生影响。[2]

国内学者主要是从辞职倾向的影响因素方面来进行探讨。黄春生的研究表明，工作满意度和个体属性通过组织的承诺对个体的辞职倾向产

---

[1] Moore, J. E., "Why is this happening a causal attribution approach to work exhaustion consequence saccade my of management review", *Journal for Quality Participation*, 2000.

[2] Pines A., Aronson E., *Career burnout: Causes and cure*, New York: Free Press, 1988.

生影响。工作满意度与辞职倾向呈负相关关系。① 赵西萍等则首次将个体的家庭负担、婚姻状况等因素与辞职倾向的关系进行了研究,并得出结论:宏观环境因素、组织因素、工作态度、个人特征和家庭因素是影响个体辞职倾向的五大因素。② 刘永安和王芳在系统地整合和逻辑性地梳理国内外研究成果后,指出辞职倾向的影响因素可以总结为个体因素、与组织或工作相关的因素、环境因素三大类。③

关于辞职倾向的实证研究,徐辉在分析医院职工的辞职倾向时发现,医院等级和岗位类型、医院管理、薪资和精神待遇、个人发展是影响医院职工辞职倾向的主要因素,其中,医院等级和岗位类型对员工辞职倾向的影响最大。④ 王萍和林丽丽分析"80后"员工的个性特征发现,个体的工作责任与态度、自我调整与适应能力、工作本身、工作回报、个人发展潜力与辞职倾向呈显著负相关关系。⑤

2. 职业倦怠与辞职倾向的关系研究

人口流动是社会的正常现象,但是,过多的辞职会给组织带来很多负面影响。例如,不仅失去了培养旧员工所耗费的时间和精力,还得花费人力和物力去培养新员工。而且,旧员工辞职可能会在组织内部引起恐慌,因此,职工的过度流失对组织的发展是极为不利的,一个优秀的组织需要保持一定的稳定性。辞职倾向是研究个体辞职的一个重要的预测变量,对辞职倾向的研究有助于及时采取措施减少辞职行为的发生,最大限度地降低辞职带来的损失。根据对辞职倾向的调查,辞职倾向产生的主要影响因素是宏观环境因素、个体因素、组织因素和家庭因素。实质上很多辞职因素如工作负荷大、缺乏社会支持、自己对工作不感兴

---

① 黄春生:《工作满意度、组织承诺与离职倾向相关研究》,博士学位论文,厦门大学,2004年。
② 赵西萍、刘玲、张长征:《员工离职倾向影响因素的多变量分析》,《中国软科学》2003年第3期。
③ 刘永安、王芳:《影响员工离职意向的因素研究》,《企业经济》2006年第6期。
④ 徐辉:《青年公务员职业价值取向对离职倾向影响研究——基于不同工龄群体的回归方程解析》,《中国行政管理》2017年第1期。
⑤ 王萍、林丽丽:《80后员工个性特征、工作满意度与离职倾向的关系》,《现代商业》2011年第2期。

趣等都是通过引发职工的职业倦怠而诱发辞职的。

职业倦怠这一概念是美国临床心理学家 Freudenberger 于 1973 年首次提出,他将其定义为"服务行业工作者,由于工作中过度消耗精力、力量或资源,导致其身心枯竭或情绪耗竭的一种状态"①。Maslach 认为职业倦怠是对工作中的情绪和人际压力的长期反应,主要表现为情绪耗竭、人格分裂及成就感低落三个维度,并在此基础上编制了量表,其中情绪耗竭是关键维度,指的是在长时间的工作和大量的精力投入下,个人的情绪消耗程度;人格分裂维度指的是非人格化的工作态度,即若情感耗竭无法得到有效干预,个人会对工作对象产生疲劳紧张或冷漠麻木的负面情绪;成就感低落维度指的是从对自身的评价维度来看,个人无法在工作中获得成就感,难以成功地与别人开展合作,从而对自身的工作价值和工作能力产生怀疑。

职业倦怠易导致心理不适,如情绪低落和失去信心。如果倦怠感不能得到及时有效排解,就很有可能引起从业者产生辞职倾向。留岚兰在对工作特征的研究中发现,个体的工作倦怠水平与其辞职倾向呈现出显著的正相关。② 王椿阳通过对以江苏、湖北等地教师为对象的研究中发现,教师的职业倦怠对辞职倾向有显著影响。③ 郝海涛等通过对某高校体育教师的调查研究,研究显示高校体育教师的职业倦怠和辞职倾向显著正相关。④ 赵崇莲等通过对国内 7 个城市 25 所高校的 68 名高校专职心理教师进行调查研究发现,职业倦怠的三因素——情绪枯竭、去人性化、低个人成就感因子均对辞职倾向有显著回归效应。⑤

综上所述,提出部分的研究假设:

---

① Freudenberge, Hr. J., "Staff Burnout", *Journal of Social Issues*, 1974.
② 留岚兰:《工作特征、工作倦怠以及离职倾向之间的关系研究》,硕士学位论文,浙江大学,2005 年。
③ 王椿阳:《小学教师工作倦怠及其与成就动机、离职意向的关系研究》,硕士学位论文,苏州大学,2007 年。
④ 郝海涛、刘悦:《高校体育教师成就动机、职业倦怠和离职意向的关系研究》,《浙江体育科学》2019 年第 5 期。
⑤ 赵崇莲、郑涌:《高校专职心理教师职业倦怠与离职倾向的关系研究》,《西南大学学报》(社会科学版) 2009 年第 4 期。

H1：职业倦怠与辞职倾向呈正相关关系。

3. 社会心态的调节作用

个体由于承受过多的工作压力而导致情绪耗竭、人格解体及成就感降低，继而引起个体的工作满意度下降。此时，个体对于现阶段的工作已经产生了厌烦心理，开始得过且过并关注外部的工作机会，虽然尚未实际脱离岗位，但对工作以及组织产生了很大的负面影响，实质上已经是隐性辞职了。不过，从个体感到职业倦怠到最终发生辞职行为还是有一定距离的，因为这中间会受到一个重要因素即社会心态的调节，其作用会增强或减弱职业倦怠对辞职行为的影响。本部分以社会情绪、社会认知、社会价值观和社会行动为社会心态测量的基本维度。研究表明，社会心态与职业倦怠有密切的联系。基于此，本部分选取社会心态作为影响职业倦怠与辞职倾向的调节变量。综合而言，当隐性辞职行为发生的时候，可以通过社会心态起到一定的调节作用，如果作用是正向的，就会降低个体的职业倦怠感，消除辞职的意向并达到留任的目的。如果作用是反向的，则会加强个体的职业倦怠感，当倦怠严重到一定程度，个体无法承担时就会由辞职倾向导致实际的辞职行为。

首先，社会认知影响职业倦怠。20世纪80年代，班杜拉提出了社会认知理论。社会认知被定义为建立在对社会现象感知基础上的对于某一社会心态对象的知识或信念。班杜拉认为，人类活动是一个完善的统一体系，不是孤立存在的，而是由个体的认知过程及其与环境、行为之间的交互作用决定的。从认知阶段方面来分，社会认知过程可分为社会知觉、社会印象和社会判断三个阶段。[1] 从认知角度来分，社会认知可以从自我认知、人际认知、公平认知以及社会事件认知四个维度来衡量。陈心想从王阳明心学的角度出发，认为由于每个个体认知的不同导致个体眼中的事物不同，提出构建认知框架的重要性，认为只有提高认

---

[1] 黄丽、肖晨洁：《消费者刻板印象对不同类型便利店购买意愿的影响分析——基于社会认知理论》，《生产力研究》2020年第1期。

知水平,才能构架合适的认知框架从而正确地认知社会事实。① 李德显、孙风强则借助《小马过河》的故事,认为个体的主观能动性可在社会认知维度表现为"权利—义务—责任"的曲行结构,主张发挥个体能动性对提高社会认知的重要作用。② 马改红等以社会认知职业理论为指导,寻求高校辅导员职业倦怠的克服方法,充分说明了职业倦怠与社会认知具有相关性。③ 刘彦辰、张研在对医护人员的职业认知与职业倦怠的相关性进行研究时,得出职业认知与职业倦怠呈负相关,即个体的职业认知度越高,其职业倦怠心理越低。④ 程献在对中小学体育教师的职业认同与辞职倾向的关系进行实证研究时,以职业倦怠作为中介变量,将职业认同定义为主体对自我职业的感受,得出职业认同可以通过中小学教师的职业倦怠间接地影响辞职倾向,也可以直接影响教师的辞职倾向的结论。⑤

由此提出研究假设 H2:社会心态中的社会认知能够调节职业倦怠与辞职倾向的关系。

其次,社会价值观影响职业倦怠。由于价值观会对人的心理以及行为产生导向作用,因此树立正确的社会价值观是十分重要的。⑥ 20 世纪二三十年代,就已经出现了从社会心理学角度对价值观展开的研究。社会价值观是社会成员用来评价行为、事物以及从各种可能的目标中选择自己合意目标的准则。杨宜音认为社会价值观可以从两个角度来解释,一个是个体的价值体系,即个体与个体之间的关系以及个体与社会之间的

---

① 陈心想:《"心"即"认知":认知框架、社会事实与赋值力》,《南京师大学报》(社会科学版)2020 年第 2 期。
② 李德显、孙风强:《个体社会认知的曲行结构及其教育促进——从〈小马过河〉说起》,《教育科学》2019 年第 5 期。
③ 马改红、黄群、朱诗琴等:《社会认知职业理论指导下高校辅导员职业倦怠克服方法的研究——以湖南中医药大学为例》,《教育现代化》2018 年第 33 期。
④ 刘彦辰、张研:《邢台市某县医院医务人员职业认知、工作满意度与职业倦怠的相关性研究》,《医学与社会》2019 年第 1 期。
⑤ 程献:《中小学体育教师职业认同与离职倾向关系的实证研究》,硕士学位论文,河南大学,2018 年。
⑥ 姜永志、白晓丽:《文化变迁中的价值观发展:概念、结构与方法》,《心理科学进展》2015 年第 5 期。

关系，主要指的是价值体系中具有"社会性"的部分，通常被称作"社会价值观"。另一个是社会层面的价值观，是隐含在社会制度以及社会结构背后的、为大多数成员所接受的整体性的价值观。① 本部分在此采用第一个解释，即本部分所提及的社会价值观指的是个体的价值体系中具有"社会性"的部分。在市场经济中，由于追求利益为取向的价值观的传播，导致个体会更多地重视金钱或者结果，导致价值评价标准的扭曲。② 郑亮指出，公务员由于职业的特殊性，身兼"社会人"和"经济人"的双重身份，在日常生活中难免会遇到个人利益和公共利益冲突的时候，如何平衡二者之间的关系给公务员带来了很大的心理压力，有可能会出现极端利己主义或绝对功利主义的价值观，在给工作和组织带来巨大伤害的同时，也成为导致个体职业倦怠的诱因之一。在关于探析教师职业价值观与职业倦怠关系的研究中，向祖强等认为，教师的职业价值观与职业倦怠具有显著的相关关系③；荆伟等指出，教师的职业价值观与职业倦怠具有正相关关系，职业价值观可在一定程度上影响和预测教师的职业倦怠程度。④ 皮丹丹、汪瑛等在探讨教师的工作价值观与辞职倾向的关系一文中指出，教师的工作价值观可以通过工作满意度间接地影响辞职倾向，也可以直接对教师的辞职倾向产生影响。⑤ 陈东健、陈敏华在讨论外企核心员工的工作价值观对辞职倾向的影响时，指出个体的工作价值观会显著影响其辞职倾向。⑥

由此提出研究假设H3：社会心态中的社会价值观能够调节职业倦怠与辞职倾向的关系。

---

① 杨宜音：《社会心理领域的价值观研究述要》，《中国社会科学》1998年第2期。
② 任晓利：《基层社会治理的理性认知与实践路径分析》，《智库时代》2020年第6期。
③ 向祖强、刘鸣、何伯锋：《中小学教师职业价值观与职业倦怠关系探析》，《教育研究与实验》2010年第2期。
④ 荆伟、耿文侠：《教师职业价值观对其职业倦怠的影响》，《河北师范大学学报》（教育科学版）2011年第6期。
⑤ 皮丹丹、汪瑛、张建人等：《新生代中学教师工作价值观、工作满意度与离职倾向的关系》，《中国临床心理学杂志》2018年第2期。
⑥ 陈东健、陈敏华：《工作价值观、组织支持感对外企核心员工离职倾向的影响——以苏州地区为例》，《经济管理》2009年第11期。

（三） 数据分析与假设验证

1. 变量操作化定义

在社会科学的研究中，描述概念测量的"操作"叫作概念的操作化定义（operational definition），它的目的在于说明如何测量某个概念。[①]

第一，职业倦怠。

职业倦怠为本部分的自变量。职业倦怠被认为是一种最容易在服务行业或者助人行业产生的情绪消极的症状。基层公务员产生职业倦怠后会有深层或表层的精神表现以及行为表现，这些症状的表现最终会带来许多不良反应，给组织造成不良影响。在此背景下，本部分将"职业倦怠"变量按照 Maslach 职业倦怠量表划分为"情绪耗竭""人格分裂"与"成就感低落"三个维度，并采用李克特量表五分制，根据程度和频率的逐步加重，设置"从不、偶尔、经常、频繁、每天"五个答案。

第二，辞职倾向。

辞职倾向为本部分的因变量。辞职倾向是个体对现有的工作环境及工作条件不满意，想要寻求新的发展空间，因此而产生的个体离开工作前的一种心理倾向性。关于辞职倾向的测量，Mobley 编制的《辞职意愿量表》被普遍认为是测量辞职倾向的信度及效度较高的量表。由于本部分仅需对基层公务员的辞职意愿进行简单统计，因此只设立了"您是否理解公务员辞职现象"和"您是否有辞职或跳槽的想法"这两个问题，用于直接测量基层公务员的辞职意愿。数据显示，高达 94.1% 的被调查者能够理解公务员的辞职现象，但有辞职或跳槽想法的人，仅占 38.4%，这说明对于辞职问题，基层公务员持有的还是比较理性的态度。

第三，社会认知与社会价值观。

[①] ［美］艾尔·巴比：《社会研究方法》（上），邱泽奇译，华夏出版社 2000 年版，第 155、160、162 页。

社会认知与社会价值观为本部分的调节变量。如果变量 Y 与变量 X 的关系是变量 M 的函数,称 M 为调节变量。① 也就是说,Y 与 X 的关系受到第三个变量 M 的影响。调节变量既可以是定性的(如性别),也可以是定量的(如年龄),它影响因变量和自变量之间关系的方向(正或负)和强弱。

在社会心理学中,社会认知(social cognition)是一个有着特定含义的概念。各种社会心理学教科书关于社会认知的定义是基本一致的,一般是指"个人对他人、对他人的社会行为及其规律的感知与认识"。社会认知可从自我认知、他人认知等角度去衡量。问卷中,值越高,社会认知越正面。

社会价值观是社会成员用来评价行为、事物以及从各种可能的目标中选择自己合意目标的准则。在中国,由于特殊的政治经济格局,使得价值观的表现具有很大的曲折性和隐晦性。本部分主要从关系本位、金钱本位、结果本位三个维度来设立问题,研究基层公务员的基本价值观趋向。问卷中,值越高,社会价值观越正面。

2. 描述性分析

第一,职业倦怠量表。根据表 7—1 职业倦怠量可知,KMO 值为 0.9026,在此基础上进行 Barlett's 检验,p = 0.0000,通过检验。KMO 和 Barlett's 检验均通过,可以做因子分析。职业倦怠量表测量的内容可分为三方面。其中,第一方面包含三个指标(V1—V3),即情绪耗竭维度,反映了个体因工作任务过重而过度工作后在生理和心理方面产生的一种耗竭症状;第二方面包含三个指标(V4—V6),即人格分裂维度,反映了个体在工作时开始产生怀疑情绪等工作态度的转变;第三方面包含两个指标(V7—V8),即成就感低落维度,反映了个体对当前工作的价值和工作态度等方面的评价,将这三方内容合并成一个公因子"职业倦怠"。表 7—1 为职业倦怠公因子与原始变量之间的相关系数,绝对

---

① 温忠麟、侯杰泰、张雷:《调节效应与中介效应的比较和应用》,《心理学报》2005 年第 2 期。

值越大，说明关系越密切。由表可知，F1 职业倦怠因子和 8 个变量都正相关。且 $F1_{V5} = 0.8585$，为最高值，因此，变量 V5 与 F1 职业倦怠因子的关系最密切。

表 7—1　　　　　　　　　　职业倦怠量表因子

	F1 职业倦怠因子	特征性
V1 我的工作让我焦虑	0.7754	0.3987
V2 下班时我觉得筋疲力尽	0.7659	0.4134
V3 早上起床想到工作就觉得累	0.8452	0.2856
V4 我感觉工作压力较大	0.7687	0.4092
V5 我对这份工作越来越不感兴趣	0.8585	0.2630
V6 我对这份工作没有以前热心了	0.8513	0.2753
V7 我怀疑自己工作的意义	0.7862	0.3819
V8 我越来越不关心自己在工作中的贡献	0.7536	0.4321

第二，社会认知量表。根据表 7—2 职业倦怠量表 KMO 检验可知，KMO 值为 0.761，在此基础上进行 Barlett's 检验，$p = 0.0000$，通过检验。KMO 和 Barlett's 检验均通过，可以做因子分析。社会认知量表也可分为三方面的内容。其中，第一方面内容包含三个指标（V1—V3），即公平认知维度，反映了个体对社会现实以及社会公平的认知情况；第二方面内容包含一个指标（V4），即自我认知维度，反映了个体对自身或自身所在行业的认知情况；第三方面内容包含一个指标（V5），即人际认知维度，反映了个体对与他人人际关系以及如何处理人际关系的认知情况。将这三方面内容合并成一个公因子"社会认知因子"。表 7—2 为社会认知公因子与原始变量之间的相关系数，绝对值越大，说明关系越密切。由表可知，F1 社会认知因子与变量 V1、V2、V3、V4、V5 都具有正相关性。且 $F1_{V2} = 0.8567$，为最高值，因此，变量 V2 与 F1 社会认知因子的关系最密切。

表 7—2　　　　　　　　　　　社会认知量表因子

	F1 社会认知因子	特征性
V1 我对基层公务员的前途充满信心	0.7837	0.3568
V2 我对当下的社会现实保持积极乐观的心态	0.8567	0.2661
V3 我相信"一分耕耘，一分收获"	0.8236	0.3217
V4 我认为应加强基层公务员的职业道德建设	0.7346	0.4604
V5 社会上的大多数人是值得信任的	0.6422	0.5876

第三，社会价值观量表。由表 7—3 可知，社会价值观量表的 KMO 值为 0.6938。在此基础上，进行 Barlett's 检验，p = 0.0000，通过检验。KMO 和 Barlett's 检验均通过，可以做因子分析。社会价值观量表分为四方面内容。其中，第一方面内容包含一个指标（V1），即"关系本位"价值观，反映了个体认为在当代社会，关系强于能力的价值观取向；第二方面内容包含一个指标（V2），即"金钱本位"价值观，反映了个体认为在社会生活中，只有金钱是最重要的，以金钱为第一位的价值观取向；第三方面内容包含一个指标（V3），即"仇富心理"，认为社会上的有钱人大都是通过不光彩手段发财的；第四方面内容包含一个指标（V4），即"结果本位"价值观，反映了个体认为最重要的是结果，譬如"一夜暴富"或者"一夜成名"，忽视奋斗过程的价值观取向。将这四方面内容合并成一个公因子"社会价值观"表 7—3 为社会价值观因子与原始变量之间的相关系数，绝对值越大，说明关系越密切。由表可得，F1 社会价值观因子与变量 V1、V2、V3、V4 都具有正相关性。且 $F1_{V2} = 0.7811$，为最高值，因此，变量 V2 与 F1 社会价值观因子的关系最密切。

表 7—3　社会价值观量表因子

	F1 社会价值观因子	特征性
V1 在当下办事，关系比能力更重要	0.6758	0.5433
V2 金钱是衡量一个人成功与否的重要标志	0.7811	0.3898
V3 社会上的有钱人大都是通过不光彩手段发财的	0.7549	0.4301
V4 我羡慕别人"一夜成名"或"一夜暴富"	0.7090	0.4973

3. 假设验证

以离职倾向为因变量，职业倦怠为自变量，社会认知与社会心态为调节变量，利用 Stata 软件，进行线性回归分析。为控制个人背景因素对研究结果的影响，本部分选择性别、民族、政治面貌、年龄、文化程度、年收入、工作部门、在本岗位工作时间、生活满意度、进入公务员队伍的动机作为控制变量，回归结果如表 7—4 所示。

表 7—4　假设验证量表

自变量	社会认知		社会价值观	
	模型 1	模型 2	模型 3	模型 4
职业倦怠	0.905*** (0.107)	0.955*** (0.101)	1.003*** (0.100)	1.040*** (0.099)
社会认知	-0.586*** (0.100)	-0.610*** (0.099)		
社会价值观			-0.155** (0.064)	-0.185** (0.084)
职业倦怠×社会认知		-0.220** (0.101)		
职业倦怠×社会价值观				-0.217*** (0.076)
性别（参考组=女）	-0.102 (0.178)	-0.081 (0.158)	0.160 (0.172)	0.162 (0.182)

续表

自变量	社会认知		社会价值观	
	模型1	模型2	模型3	模型4
民族（参考组＝少数民族）	0.186 (0.165)	0.187 (0.155)	0.190 (0.160)	0.193 (0.180)
党员（参考组＝群众）	0.155 (0.209)	0.123 (0.219)	0.135 (0.204)	0.136 (0.234)
31—45岁（参考组＝18—30岁）	－0.292 (0.269)	－0.331 (0.296)	－0.217 (0.262)	－0.206 (0.267)
46—60岁（参考组＝18—30岁）	－0.849** (0.393)	－0.877** (0.397)	－0.954** (0.400)	－0.952** (0.401)
本科（参考组＝专科及以下）	0.596*** (0.232)	0.587** (0.229)	0.527** (0.229)	0.529** (0.237)
研究生（参考组＝专科及以下）	0.680** (0.331)	0.611** (0.291)	0.553* (0.324)	0.543* (0.326)
年收入（参考组＝低收入）	0.005 (0.150)	0.006 (0.152)	－0.069 (0.151)	－0.069 (0.151)
县直部门（参考组＝乡镇政府）	0.298 (0.292)	0.297 (0.282)	0.279 (0.273)	0.280 (0.263)
街道办事处（参考组＝乡镇政府）	0.199 (0.304)	0.195 (0.314)	0.089 (0.286)	0.133 (0.277)
其他（参考组＝乡镇政府）	0.053 (0.342)	0.054 (0.332)	0.034 (0.982)	0.034 (0.992)
在本岗位时间（参考组＝较短）	0.019 (0.101)	0.021 (0.131)	0.048 (0.096)	0.053 (0.099)
生活满意度（参考组＝不满意）	0.035 (0.086)	0.042 (0.096)	－0.064 (0.082)	－0.062 (0.087)
父母期望（参考组＝生活需要）	0.064 (0.290)	0.054 (0.281)	－0.034 (0.270)	－0.045 (0.258)

续表

自变量	社会认知		社会价值观	
	模型 1	模型 2	模型 3	模型 4
实现人生价值（参考组＝生活需要）	-0.403** (0.174)	-0.405** (0.174)	-0.541*** (0.168)	-0.535*** (0.154)
常数	-0.941*** (0.332)	-0.903*** (0.335)	-0.751** (0.334)	-0.698** (0.299)
观察值	1.347	1.347	1.347	1.347
Pseudo R^2	0.2361	0.2403	0.2111	0.2234
H-L 检验	0.4369	0.9312	0.1856	0.6562

注：*$p<0.1$，**$p<0.05$，***$p<0.01$，括号里是稳健性标准差。

从表7—4可知，模型1、模型3检验引入控制变量、自变量的主效应，模型2和模型4给出引入调节变量后的作用值。由模型1可知，职业倦怠与辞职倾向在0.010水平上显著正相关，$\beta_{职业倦怠1}=0.905$；由模型2可知，职业倦怠与辞职倾向在0.010水平上显著正相关，$\beta_{职业倦怠2}=0.955$；由模型3可知，职业倦怠与辞职倾向在0.010水平上显著正相关，$\beta_{职业倦怠3}=1.003$；由模型4可知，职业倦怠与辞职倾向在0.010水平上显著正相关，$\beta_{职业倦怠4}=1.040$。因此，职业倦怠与辞职倾向具有显著正相关关系，假设H1正确；且$\beta_2>\beta_1$，$\beta_4>\beta_3$，由此可得，当考虑社会认知和社会价值观时，职业倦怠与辞职倾向的正相关关系更显著，假设H2与假设H3正确。由模型2可知，社会认知与辞职倾向在0.010水平上显著负相关，$\beta_{社会认知}=-0.610$；由于$\beta_{交互1}=-0.220$，由上可得，在0.050水平上，当职业倦怠水平不断提高时，社会认知越合理，职业倦怠与辞职倾向的正相关关系的显著性会降低，也就是，社会认知对职业倦怠与辞职倾向的正相关关系具有负向的调节作用。由模型4可知，社会价值观与辞职倾向在0.050水平上显著负相关，$\beta_{社会价值观}=-0.185$，由于$\beta_{交互2}=-0.217$，由上可得，在0.010水平上，在职业倦怠水平不断提高的情况下，社会价值观越正确，职业倦怠与辞职倾向的正相关关系的显著性会降低，换言之，社会价值观对职业倦怠与辞职倾向的正相关关系具有负向的调节作用。表7—4的数据还显示，年龄、学历和工作动机对基层公务员的辞职倾向有明显的作用。其中，年龄越大的公务员，越不倾向于辞职；学历越高的公务员，越倾向于辞职；工作动机越纯正的公务员，越倾向于辞职。

为了更好地理解社会认知和社会价值观的调节作用，本部分进行简单斜率检测，并绘制调节效应图7—1。图7—1给出社会认知对职业倦怠与辞职倾向关系的调节作用，与社会认知低（-SD）的个体相比，社会认知高（+SD）的个体在出现职业倦怠心理时，其职业倦怠—辞职倾向曲线斜率越低，在0.050水平上显著。表明个体的社会认知越合理，其职业倦怠与辞职倾向的正相关关系越不显著，即社会认知对职业倦怠与辞职倾向的正相关关系具有负向的调节作用。

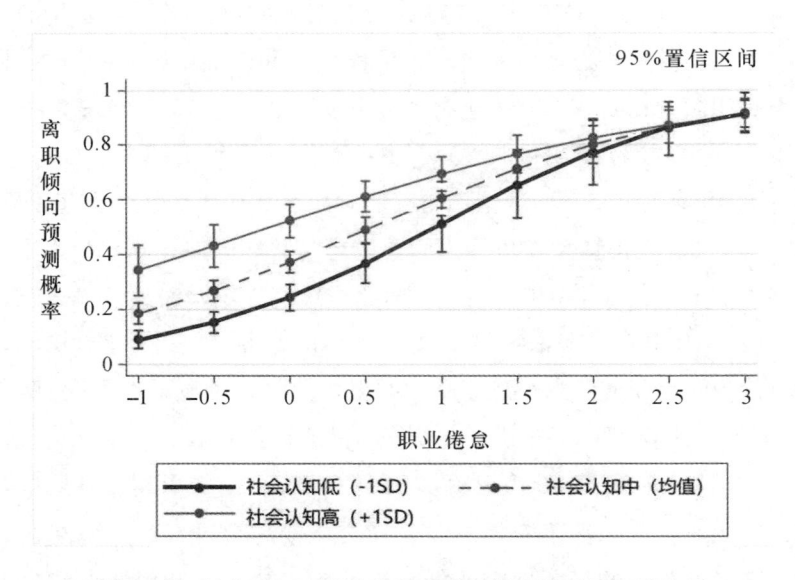

图7—1 社会认知对职业倦怠和辞职倾向关系的调节作用

图7—2给出社会价值观对职业倦怠与辞职倾向关系的调节作用，与社会价值观低（-SD）的个体相比，社会价值观正确（+SD）的个体在出现职业倦怠心理时，其职业倦怠—辞职倾向曲线斜率越低，在0.050水平上显著。表明个体的社会价值观越高，其职业倦怠与辞职倾向的正相关关系越不显著，即社会价值观对职业倦怠与辞职倾向的正相关关系具有负向的调节作用。

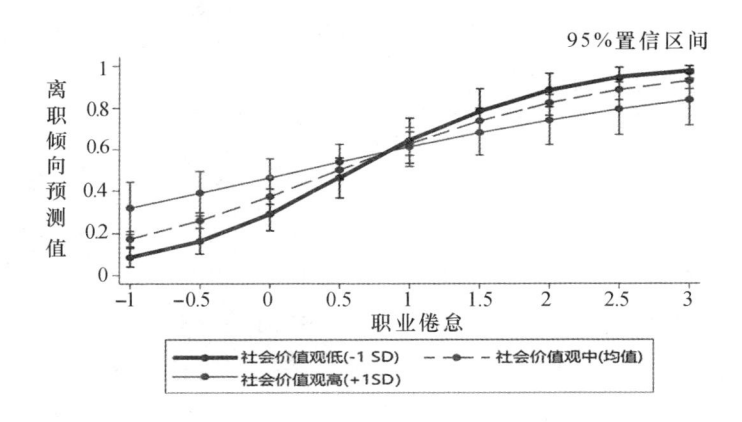

图7—2 社会价值观对职业倦怠和辞职倾向关系的调节作用

（四）案例分析

职业倦怠主要指的是对现有工作产生的不满情绪或工作不认真不积极的状态。基层公务员产生职业倦怠的因素有很多，任君红认为，可划分为个体、工作、组织三大层次，其中，个体因素指的是人口学变量性别、年龄等和人格变量自尊、自我效能等，工作因素包括工作负荷、角色模糊和角色冲突等，组织因素包括信息和控制感、组织支持和组织公平等。[①] 李文琪在分析基层公务员职业倦怠的成因时也指出，影响职业倦怠的因素主要分为社会层面、组织层面和个人层面，可细化为社会支持

---

① 任君红：《西部贫困地区基层公务员工作倦怠研究》，硕士学位论文，西北大学，2018年。

与社会期望之间的落差、社会转型时期的要求、组织结构的僵化、激励机制不合理、个人期望与现实产生的差异、角色悖论产生的困扰六个角度。① 而辞职倾向则指的是一种想要离开现有工作、寻求新工作的心理倾向。顾远东认为工作压力是通过职业倦怠这一中介变量来影响辞职倾向的，即职业倦怠对辞职倾向有直接影响。② 任君红指出，基层公务员的职业倦怠对辞职倾向具有正向预测作用，主要表现为人格分裂和成就感低落对辞职倾向具有正向预测作用。许春燕、安容瑾在分析青年基层公务员的辞职倾向时得出，青年基层公务员的职业倦怠与辞职倾向呈正相关关系。③ 那么，为何职业倦怠会影响辞职倾向呢？请看下面的案例分析。

该案例采集于 2017 年 8 月 5 日，案例对象来自 CQ 市某城建办副主任 G 某，男，35 岁，工作 6 年，为事业编制。当谈及对工作和生活的满意度时，他提到收入整体来说较低，与之前的同学相比更是觉得低。虽然现在的工作比较稳定，且他对当前的工作有期望并热爱这份工作，但是工作方面同岗不同酬，由于他属于事业编制，公务员的一些福利待遇与他无关，相应的一些福利政策也较慢，有的要晚公务员 2—3 年才有动静。晋升流程琐碎且麻烦，要到原挂靠中心当主任才行，现在属于混岗，所以其工作经历不被认可。除此之外，他还认为现在基层公务员的工作压力大，上级给的任务多，管的事情多，"一岗多责"责任过大，加强党的队伍建设是很有必要的，但在执行上有的还是流于形式，有点过了。他认为当前的基层政府工作，为工作人员减负越减越多，工作流程复杂，如报表要同时向多个部门报多次，应该精简这些工作流程，一步到位。政府亲民，现在给老百姓做工作，即使老百姓不领情，政府依然坚持到底。信访工作反映出来的问题应该制定相关法律法规由法律解决。网络舆情对政府的负面宣传有损政府形象，政府应该正确引导舆论。老百姓

---

① 李文琪：《基层公务员职业倦怠的成因及对策研究》，《现代经济信息》2019 年第 20 期。
② 顾远东：《工作压力如何影响员工离职？——基于 Maslach 职业倦怠模型的实证研究》，《经济管理》2010 年第 10 期。
③ 许春燕、安容瑾：《青年基层公务员的离职倾向》，《甘肃高师学报》2019 年第 1 期。

对政府越来越不信任，虽然会有个别基层政府出现越位行为，但只要有一例，老百姓就会夸大那件事的影响，政府做对了 99 件事，当只要做错 1 件，就会出现各种问题，政府应当引导老百姓端正心态，引导他们舆论，才能树立好政府形象，重造政府权威。

从上述案例可以看出，由于薪酬不高以及工作压力过大，G 某产生了一定的职业倦怠心理。顾远东分析工作压力对辞职倾向的影响的调查指出，工作压力对情绪耗竭和人格分裂具有正向的预测作用，对成就感低落具有负向的预测作用。具体表现：①工作本身、工作薪酬、工作与家庭的冲突、角色悖论、职业发展和人际关系对情绪耗竭维度具有正向的预测作用，工作本身的预测力最大；②角色悖论、工作与家庭的冲突、职业发展和人际关系对去人性化具有正向预测作用，工作与家庭的预测力最大；③工作本身对成就感低落具有负向预测作用。由此可以看出，工作压力过大会导致个体产生一定程度上的职业倦怠心理。大量学者的研究表明，职业倦怠与辞职倾向呈正相关关系。一般来说，大多数人在产生职业倦怠时的第一个想法就是改变自己的工作，角色冲突和工作任务繁重是导致职业倦怠情感衰竭的主要原因。与此同时，职业倦怠会降低个体的组织归属感，并进一步导致个体产生辞职的想法。若有一份薪酬更高并且工作压力小的职业供 G 某选择，想必 G 某会选择辞职。

（五）研究结论与建议

本部分得出如下研究结论：第一，基层公务员的职业倦怠与辞职倾向具有正相关关系。第二，社会认知与辞职倾向具有负相关关系，社会认知能够调节职业倦怠与辞职倾向的正相关关系，且为负向调节，社会认知越高，即越正面，职业倦怠与辞职倾向正相关关系的显著性越低。第三，社会价值观与辞职倾向具有负相关关系，社会价值观能够调节职业倦怠与辞职倾向的正相关关系，且为负向调节，社会价值观越高，即越正面，职业倦怠与辞职倾向正相关关系的显著性越低。

为此，建议如下：

第一,树立正确的社会认知和社会价值观。一是适当降低对职业的期望。个体在报考基层公务员岗位之前,应根据自己的性格、能力和特长来选择报考的岗位,并对自己即将面临的工作岗位的职责和环境进行详细的了解,知己知彼,百战不殆。适当降低自己对岗位的期望,做好充分的准备,这样才能端正心态,做到从容不迫地上岗,不仅提高了对未知工作环境的了解,也会大大降低产生职业倦怠心理的可能性。二是善于发现自身的优势和不足。基层公务员在工作时,尤其是工作遇到挫折时,要善于发现自身的价值,发挥自己的长处,多对自己给予积极肯定的正面评价,不能一味地否定自己,甚至对工作带有抵触和畏惧情绪,绝不能将消极情绪带到工作中,而是应该相信自己,积极应对工作上的困难和挫折,树立工作信心,稳定工作心态。但也不可过于自骄自大,要正视自己的不足并加以改进。不仅要认真做好自己的本职工作,还应该努力提升自己的文化修养,增强业务技能,完善自我,更好地应对工作中的难题。三是应树立正确的工作认知。调整好自己的心态。在选择自己的工作之前,做好思想准备,任何工作都会有枯燥乏味的一面,要想让自己对工作的兴趣和热情始终如一是不可能做到的事情,在某个特定时期尤其是当工作遇到困难时,难免会产生情绪疲惫的状态。端正工作态度。基层公务员由于晋升渠道狭窄而导致晋升岗位相对较难,但不是完全没有机会。要想晋升,从而实现个人的价值和理想抱负,应自己主动出击,不能将晋升机会少当作自己逃避现实的借口,应切实履行自己的工作职责,以饱满的热情和积极的工作心态投入基层工作中去。树立"工作没有高低贵贱之分"的观念。在政府部门内部存在领导与被领导关系,职位存在高低之分,但归根结底都是人民的公仆,其工作目标具有一致性,都是为人民服务,对人民负责的。因此,基层公务员应尽职尽责,消除对于岗位的不平衡感。

第二,合理进行压力宣泄。本部分研究发现,基层公务员面临巨大的工作压力,为降低职业倦怠情绪,基层公务员可从以下三方面来进行压力管理。一是进行适当的放松。当感觉自己身负压力过大、情绪上感觉极度疲惫时,可以通过听音乐、看电影、运动等舒缓身心的方式进行放松，也可在无人处大叫来宣泄压力。在生理机能感到十分疲惫无法继续工作时，可以通过在安静的地方睡一觉来放松身体。二是寻求朋友来倾诉或者进行心理咨询。人是社会性的高级群居动物，他人的认可和评价，适当与他人沟通对个体来说都是极为重要的。当自己负担的心理压力过大自己无法宣泄时，可以向自己的朋友或家人进行倾诉，听从他们的建议。十分严重时，可寻求心理医生的帮助，进行心理咨询，必要时可通过吃药来放松身心，缓解自己的压力。三是进行适当的时间管理。工作压力过大产生的原因之一是任务过于繁重，难以在规定时间内完成。基层公务员要学会将繁重的工作任务化整为零，合理利用碎片化时间，减轻自己的工作压力。

第三，积极开展对基层公务员的心理健康教育。一是基层政府和组织应充分发挥其作用，例如，在节假日组织一些集体活动，这样既可以在一定程度上减轻基层公务员的工作压力，缓解因长时间工作带来的疲倦感，还可以加强基层公务员之间的人际交流，增强集体凝聚力以及对于组织的归属感。二是建立心理咨询服务中心，举办心理讲座，对情绪不稳定的基层公务员给予积极的帮助治疗，调节他们的心理情绪。

二 基层公务员的追责心理对辞职的影响

随着我国"国考热"的持续升温，公务员成为很多青年的职业首选，每年竞争异常激烈。作为老一辈口口相传的"铁饭碗"，社会普遍认为公务员的限制少、起点高、福利好。然而随着我国一系列政策的实施和政府组织的不断完善和调整，公务员这一掌握着公共权力的特殊群体，近年来工作性质和工作内容都发生了很大的变化。随着"三大攻坚战"的打响，基层干部承担了大量琐碎的工作，"5+2""白加黑"加班加点的工作模式已成为常态化，所面对的压力越来越大，但福利收入却没有明显增加，这导致不少公务员有辞职倾向。

近年来由于安全事故被追究监管责任，给予党纪、政纪处分的基层公务员较多，有部分基层公务人员被指控犯渎职、玩忽职守、滥用职权罪的案例也时有发生，客观上可能对基层公务员的辞职倾向会产生一定的影响。基层公务员约占我国公务员总数的 60%，在我国地方治理中起着十分重要的作用。现阶段，我国基层公务员面临着薪酬偏低、压力较大、工作时间偏长等问题。尤其是，基层公务员面临职务晋升的"天花板"效应，职务级别常年处于停滞状态，这会严重打击基层公务员的工作积极性。再加上公务员责任追究的不合理，会对公务员的满意度产生影响，这些都会影响基层公务员的辞职倾向。

事实上，近几年来公务员辞职的新闻屡见诸报端，引发了社会热议。据 2018 年北京大学教育学院开展的"高校毕业生基层就业调查"显示，竟有 24.5% 的基层公务员表现出辞职意向，有 43.8% 的基层公务员是有计划脱离基层工作岗位。[①] 影响基层公务员辞职的因素较多，其内部作用机理也较为复杂。一些学者认为基层公务员的辞职倾向会对公务员队伍产生示范效应，辞职倾向是辞职行动的前因变量。因此，探索公务员辞职的心态因素，对于稳定基层公务员队伍，增进地方政府高效稳定运行，服务地方建设具有重要意义。

（一）提出问题

公务员责任追究制度最初起源于西方社会，因为发展时间相对较长，相关制度已相对完善，相关领域的学术研究也有很多，包括公务员行政责任的责源、主要内容、行政责任追究及实现机制等。卢梭在《社会契约论》中第一次指出了"天赋人权和主权在民思想"，这是现代公务员责任追究制度形成的最初奠基。弗兰克·J. 古德诺指出，政府需要承担一定责任，并了提出责任政府的理念与构建责任体制的理论构想。罗斯等人从代议制以及民主体制的研究视角出发，深刻分析政府问责制度及它的构建逻辑。

责任追究制度是指通过程序对没有履行好相应职责或因为贪污腐败的政府工作人员进行追究，使其承担相应的政治、道德或法律责任，接

[①] 许春燕、安容瑾：《青年基层公务员的离职倾向》，《甘肃高师学报》2019 年第 1 期。

受谴责、处罚等消极后果的办法、条例、规则等的总称。目前，学术界对公务员责任追究制度的理论基础、概念、模式和方法进行了较系统的研究。研究表明，行政问责的法律基础是人民主权理论、控制权力思想，行政机关及其公务员是问责的对象，但对问责主体的理解存在不同的观点，有的认为是政府官员，有的认为是公众。实际上，二者兼而有之。

早在20世纪初期，国外学者对辞职倾向的研究便开始了。关于辞职倾向的定义，最早提出辞职情绪概念的Simon认为辞职倾向是指个体产生辞去现有的工作，并意向在辞职后获得一份新工作的一种心理状态。Porter和Steers将辞职倾向认为是劳动者的一种畏缩行为，该倾向产生的是在工作中受到打击或对现在的工作不满意。Mobley等则认为辞职倾向是个人在产生对工作的不满情绪后会产生辞职的想法，并开始寻找工作机会的行为，它表明辞职倾向是辞职这一动作的综合表现。Carsten与Spector把辞职倾向解释为个体希望离开现工作并企图得到新工作的一种认知。国外学者通常用Mobley的辞职倾向量表，从个体对组织态度的变化、尝试寻求新工作的行为、辞职情绪的表达以及得到另一份工作机会四个方面来对辞职倾向进行测量。

根据我国公务员队伍的情况，国内学者对辞职倾向的影响因素也进行了深入探讨。辞职倾向是指公务员在未辞职时的心理倾向，公务员的心理状况对其工作状态有直接的影响，特别是基层公务员的倦怠心理更易使其产生辞职倾向。[1] 工作倦怠在自我价值感与辞职倾向的关系中起着中介作用，基层公务员自我价值感通过工作倦怠影响辞职倾向。[2] 关于辞职倾向的内涵界定，樊景立指出辞职倾向是员工想离开现在的组织而试图寻觅新机遇的心理状态。张勉认为个人对组织产生不满情绪是一个循序渐进的过程，因此辞职倾向不是突然产生的，而是长期形成的。关于

---

[1] 马爽等：《地税基层公务员工作压力与工作满意度、离职意向的关系：心理资本的调节作用》，《中国临床心理学杂志》2015年第2期。
[2] 李志、布润、李安然：《基层公务员职业认同特征及其对工作绩效与离职倾向的影响研究》，《重庆大学学报》（社会科学版）2020年第1期。

辞职倾向的度量，国内学者多选用樊景立等开发的 Farh 量表，它由 4 个题项组成，经大量实证研究检验了该量表的信度和效度。关于辞职倾向前因变量的探讨，学者刘永安指出个人因素、环境因素和组织因素均对辞职倾向有较大的影响。张淑华和刘兆延采用元分析方法探索出组织认同与辞职意向有负相关关系。肖贵蓉和赵衍俊基于领导行为视角对辞职倾向进行研究，研究结果表明在领导—成员交换作为中介变量的前提下，伦理型行为与辞职倾向有显著的负向关系。学者徐辉以青年公务员为调查对象，发现个体功利和理想型职业价值取向均对辞职倾向有显著的正向影响。

（二）研究假设

基层公务员问责的合理程度，与国家的问责体系和问责机制有关，但最根本的是基层公务员的工作表现难以量化。虽然从某种程度上说，基层政府本身可以被定义为一个大型组织，但这个组织输出的成品却无法用市场的交易机制来评估。也就是说，上级政府无法透过一系列系统性的社会过程，来评估员工的工作，这在基层公务员身上特别明显。因为当输出成品的构成要素是基层公务员所提供的服务时，或是基层公务员使用自由裁量权的有效性时，如果对提供服务的品质标准有所争议，要去监督或审查基层公务员所做的决定，就会变得非常困难。[①] 之所以会如此，其原因在于：首先，目标的模糊性会对基层公务员工作的评估产生阻碍；其次，受工作环境复杂性和工作回应非标准化的影响，要使评估可行，就应该把可能的变数都列入考量之内，但这实际上是强人所难；最后，基层公务员所拥有的自主权使他们的工作在很大程度上不受制于上级主管的控制，同时能获得民众的尊重。不管他们自由权的来源是什么，自由权本身就会造成评估上的困难。[②]

尽管基层公务员的绩效评估难以量化，但基层公务员组织还是设置

[①] ［美］李普斯基：《基层官僚：公职人员的困境》，苏文贤、江吟梓译，学富文化事业有限公司 2010 年版。

[②] ［美］李普斯基：《基层官僚：公职人员的困境》。

了一些衡量标准。例如，对于警察，要求逮捕一定数量的犯人；对于老师，要求教授一定数量的课程；对于社工人员，要求帮扶一定数量的弱势群体；对于法官，要求判决一定数量的案件。但是，此类标准与目标之间的关联性还是颇受争议的，因为用这些标准去衡量基层公务员的绩效，本身就没办法说清楚工作效率是高还是低、表现是好还是差。最明显的例子是警察的职能，警察逮捕的犯罪分子越多，似乎说明其绩效越高，但是，逮捕的人数越多，也表明治安犯罪率在上升。这说明，凭借单纯的数据来量化基层公务员的绩效是不科学的。尽管在衡量公务员的表现时有这么多的困难，但基层政府组织还是掌握了一些可以进行衡量的工作表现面向，这些面向包括：一是民众对基层公务员所在机构的要求及机构本身的工作职能；二是基层公务员收到的训练程度及经验范围；三是根据组织的特性，上级政府发展出一些衡量其间公务员表现的代用标准，如工作量、逮捕率、满意度等。使用这些标准时，组织机构不仅会注意公职人员上班时的工作情况，还会关注公职人员所产生的影响力和社会效益。尽管如此，对基层公务员的问责还是会存在"可计量任务驱逐不可计量任务、选择性执行和绩效悖论"等困境。此外，环境的复杂性、运动式治理方式以及冲突性的问责要求等不可控因素，也会使基层公务员的绩效问责充满不确定性。① 由此可以推测，责任追究合理与否，将会调节基层公务员工作心态对其辞职的影响，因此部分的研究假设是：责任追究对基层公务员辞职倾向有影响。

（三）假设验证

此部分的因变量是辞职倾向，自变量是责任追究。辞职倾向是基层公务员辞职的态度和意向，本章用"您是否理解基层公务员辞职现象"和"您是否有辞职或跳槽的想法"两道题来测量。责任追究拟用三个指标来测量责任追究的合理性及其原因，包括责任追究合理与否的判断、

---

① 颜海娜、聂勇浩：《基层公务员绩效问责的困境——基于"街头官僚"理论的分析》，《中国行政管理》2013年第8期。

责任追究以及责任追究不合理的原因。

关于责任追究合理与否的判断，55.2%认为不合理，44.8%认为合理，也即，超过半数的认为不合理。而不合理的原因，排在第一位的是权责利不对等，占33.2%；排在第二位的是追责的范围不合理，占33.5%；排在第三位的是基层公务员责任承担过大，占30%。这与基层公务员被追责的原因不同，排在第一位、第二位和第三位的分别是贪污腐败、滥用职权和不作为，分别有34.6%、27.3%和21.3%的被调查者选择至。

接下来，分别以基层公务员的责任追究为自变量，以基层公务员的辞职倾向为因变量进行线性回归，其结果如表7—5所示。从表7—5可知，在没加入调节变量"责任追究"之前，党的十八大以后持积极心态的基层公务员，其辞职倾向显著地减少了31.3%，这与本章第四部分的结论是一致的，即工作心态对基层公务员的辞职倾向是显著的负相关。加入责任追究这一调节变量以后，数据显示，基层公务员的辞职倾向显著地下降了12.4%，这说明责任追究对辞职倾向有显著的影响，假设到验证，即基层公务员认为责任追究越合理，辞职倾向就会显著下降。

表7—5　责任追究在工作心态与辞职倾向关系中的调节作用

	模型1	模型2
	辞职倾向	辞职倾向
工作心态（0＝消极　1＝积极）	-0.313***	-0.234***
	(0.053)	(0.053)
责任追究（0＝不合理　1＝合理）		-0.124***
		(0.015)
常量	0.987***	1.097***
	(0.103)	(0.103)
N	1361	1310
R^2	0.025	0.074

注：***$p<0.001$，括号里是稳健标准差。

为何问责合理与否可以影响基层公务员的辞职倾向？因为，无法提供有效的供给、及时的回应和令人满意的服务。近年来，基层政府及扶贫干部权小责大、有责无权已成为共识。究其原因，基层公务员的资源实在有限，绩效难以考核，具体表现为：一是与要完成的任务相比，他们尤其是挂职扶贫干部所拥有的人力资源与物力资源极度匮乏；二是随着时间的推移和政策的演进，贫困户对脱贫的需求会不断增加，扶贫干部的工作压力随之增大；三是扶贫干部工作目标虽然清楚，但工作内容是繁杂琐碎、杂乱且模糊的，工作成效无法用市场机制来评估；四是由于服务对象没有选择性，而部分贫困户文化水平低下、思想观念落后、认知模式有偏差，故扶贫干部的工作无法在短期内取得可持续的成效。正所谓"官僚机构无法透过一系列系统性的社会过程，来评估员工的工作。"[①] 这在扶贫干部身上特别明显，因此，面对要求短期内贫困户全部脱贫的事实与脱贫行为本身是一个长期过程的矛盾，扶贫工作别无选择，只能通过层层加码的方式来强化责任，以便更快地达成目标。当下，基层政府"责权利"不匹配现象比较突出，为了应付上级的督导检查，一些乡镇政府往往只能选择将"程序"做到无懈可击、不出漏洞，而不是实质性地把工作做到位，这导致了形式主义在基层治理中的泛滥。在职责不相符的环境下，多级政府共同管理的事项过多，近乎苛刻的考核机制与上层政府的职责下压致使扶贫干部工作难为，辞职想法便会产生。

（四）研究结论

通过上述数据分析，本部分得出以下结论：基层公务员责任追究的不合理会导致辞职倾向的显著增加，即呈现显著的正相关关系；基层公务员责任追究制度越合理，辞职倾向显著降低，即呈现显著负相关关系，

---

① ［美］李普斯基：《基层官僚：公职人员的困境》，苏文贤、江吟梓译，学富文化事业有限公司2010年版。

责任追究与辞职倾向存在着显著的相关关系。

因此,要降低基层公务员的辞职倾向,提高责任追究的合理性,完善责任追究制度有着很重要的意义。这就需要细化公务员责任追究制度,加强类型化处理,明确不同主体直接的权责,使责任追究更为合理,才能提高基层公务员满意度,降低基层公务员辞职倾向。明确责任的主体,避免"锅锅相承":个别部门为政府特别是地方保护主义背锅;下级为上级背锅;个人为集体背锅,减轻基层公务员的压力。同时,建立健全激励机制与问责机制,畅通职位晋升渠道。赫兹伯格作为著名的激励理论的代表人,曾提出过双因素理论,其中,薪酬福利是重要的"保健因素"之一,职位晋升是重要"激励因素"之一。双因素理论的观点认为,组织给予的保健因素只能防止人们产生不满情绪,只有给予一定的激励因素,才能真正起到调动人积极性、激发人潜能的作用。

首先,应该构建合理的薪酬体系。在访谈中了解到,基层公务员反映薪酬水平和福利待遇低,并且存在同岗不同酬现象等。因此,薪酬体系的构建需要从以下三个方面入手:一是提升基层公务员的基本工资待遇。二是将薪酬待遇与绩效考核挂钩。明确基层公务员的岗位职责,并建立有效的奖惩制度。这样既能提高基层公务员的工作效能,也能达到基层政府培养人、留住人的目的。三是完善基层公务员在住房、医疗以及子女受教育方面的保障,减轻其后顾之忧。

其次,应该畅通基层公务员的职位晋升渠道。第一,拓宽纵向晋升渠道。道·科宁曾提出双重职业途径,用来解决组织中那些受过专业技术培训,且不希望通过正式晋升程序调到管理部门的人员。在整个公务员系统中,应区分开行政人员与专业技术人员的晋升渠道,赋予他们不同的责任、权利与义务。在此基础上,在考察行政人员时,应重点考核其工作执行力、工作职责以及其承担的决策风险等,将这些条件作为晋升的主要考核目标;而对于专业技术人员,应重点考核其专业素养的优劣以及技术操作能力的高低。第二,引入横向晋升渠道。在案例分析中有提及基层单位之间存在着"混岗"现象,但是,这种"混岗"的工作经验是不被认可的。针对此种现象,基层政府可以出台新规定,在基层岗位工作3—5年的且考核优秀的人员,可以在本单位系统内部或者政府部门内部进行流动。"借调"交流也可作为今后基层公务员职位晋升的考量依据之一。以便有效激发基层公务员的工作热情和工作的积极性。

三 基层公务员的满意度对辞职的影响

(一)提出问题

作为一种期望离开现有工作单位或组织的心理倾向,对于基层公务员来说,有辞职倾向并不意味着一定会辞职,但是辞职倾向明显的话会产生消极怠工的影响。党的十八大以来,习近平总书记对基层公务员心态变化高度重视,尽管如此,基层公务员基数大,任务重、压力大,经常加班,待遇低,付出与收获的心理落差大产生的困惑常常无法自我消化,又由于责任追究的机制不健全,以致负责安全、维稳、保卫等领域的基层公务员经常被问责。以安全工作为例,其偶然性大,突发性强,无论尽多大的努力,安全问题仍有发生。面对追责问题的泛滥,基层干部戏称"一靠党组,二靠佛祖",实在是无可奈何得自我嘲讽,充满着浓烈的悲剧色彩。因此,此部分的假设是:基层公务员的满意度越低,由此带来的辞职倾向也会越明显。以往国外对公务员满意度的研究多指工作满意度,"工作满意度"一词源自西方管理学。1912年,泰罗开始实施"科学化管理",提出要关注工作人员对工作本身的感受和态度。"霍桑实验"表明了工作满意度与员工的投入显著相关。美国的Hoppock在1935年首次提出了工作满意度的概念。从此以后,学术界开始了大规模对工作满意度的研究,研究内容与研究范围日益深入。Hoppock认为,工作满意度是主要反映个体在心理、生理两个方面对工作环境因素的满足程度。而美国学者波特和劳勒认为,工作满意度是指劳动者实际获得的报酬与其得报酬相比的一种内心感知程度。洛克、赫灵顿、弗兰茨等人则认为工作满意度是多因素影响的,是对工作的各种要素，包含薪酬、压力、稳定性、人际关系、自我实现等不同方面的评价和情感反应。

（二）研究假设

公务员工作满意度是指公务员对自己的职业生涯、工作条件和工作条件的整体和情感感受和看法；是对公务员工作特点的认知评价，是对公务员对各方面是否满意的态度和感受的体验包括工作本身、组织因素、工作环境、福利待遇等。作为政府工作的行政主体，其工作满意度已成为衡量政府绩效的"晴雨表"。为了提高政府的执政能力和形象以及充分发挥公务员的积极性，非常有必要对公务员工作满意度的影响因素进行研究。[1] 公务员满意度受很多条件影响，研究显示，工作压力对工作满意度有显著的负向预测作用，其中心理资本起着负向调节作用，即心理资本较高的公务员，在工作压力增加的情况下，工作满意度的下降更为显著。[2] 当前我国公务员具有较高的公共服务动机，但总体而言工作满意度不高。工作价值观会直接影响工作满意度，也可以通过公共服务动机来影响工作满意度。

对于部分基层公务员而言，在选择就业时，对工作的稳定性抱有很大的期望。但入职后往往发现，基层公务员所涉及的社会事务繁多，包含民政、卫生和残联等方面的工作，这些工作看似不起眼，但多且杂，稍有不慎便容易涉及责任追究。而在行政问责中，责任追究范围有限主要表现在以下三点：一是重视基层公务员履职过程中的错误过失而忽视不作，有许多公务员抱着少做少错的消极心态，国家对于行政不作为的问责还没有很明确；二是重视公务员执行行为的问责而忽视对决策行为的问责，被追究责任的往往是作为执行者的基层公务员而不是决策者；三是重视公务员岗位问责而忽视了道德问责。由于公务员辞职倾向对公

---

[1] 蒋承、陈琳：《基层公务员流失原因分析与对策建议》，《领导科学》2018年第11期。
[2] 李志、布润、李安然：《基层公务员职业认同特征及其对工作绩效与离职倾向的影响研究》，《重庆大学学报》（社会科学版）2020年第1期。

务员队伍稳定有很大的影响,当前国内外相关的研究比较多。随工作压力增加,高心理资本基层公务员工作满意度下降幅度更大,辞职意向增加幅度更大。由于基层公务员作为我国公务员团队"金字塔"的底层,会因为在执行决策的时候,任务和责任由上至下通过层层开会来传递到基层,由基层一级负责落实,造成基层公务员权力与责任的不对等而影响基层公务员的工作满意度,长此以往还会造成基层公务员产生辞职倾向。因此,此部分的研究假设是:基层公务员的满意度与基层公务员的辞职倾向呈负相关。

(三)假设验证

此部分采用 Schriesheim 和 Tsui 编制的满意度问卷中文版,共 6 题。采用 Likert 5 点计分,1 表示非常不同意,5 表示非常同意,分数越高表示对工作的满意程度越高,主要从住房状况、收入水平、事业状态、家庭情况、子女教育、身体状况、知识素养、社会交往等方面,对基层公务员的满意度进行测量。整体而言,基层公务员对工作的满意度为62.5%,从表7—6可知,基层公务员对家庭情况的满意度较高,接近比较满意的状态;基层公务员对自身的知识素养、社会交往、子女教育的满意度也相对较高,均在3.4以上,也接近比较满意的状态;基层公务员对住房状况、事业状态和身体状况的满意度相对较低,接近一般满意的状态;基层公务员对收入的满意度最低,均值为2.75,属于不满意的范畴。关于报酬偏不满意的问题,基层公务员是这样认为的:79.5%的被调查者选择其收入在10万元以下,20万元以上的仅占1%。故有99.4%的被调查者认为,他们的收入一般或偏低;尽管党的十八大以来压力增大、检查增多、工作更苦,但仍有26.5%的表示党的十八大以来的工资收入有所降低,44.1%表示没变。这说明,与其工作付出相比,基层公务员的工资偏低。

表7—6　　　　　　　　　基层公务员的满意度

	住房状况	收入水平	事业状态	家庭情况	子女教育	身体状况	知识素养	社会交往
N	1437	1439	1439	1437	1352	1433	1435	1435
均值	3.17	2.75	3.19	3.91	3.47	3.34	3.46	3.46
标准差	1.094	1.015	0.954	1.019	1.031	1.072	0.912	0.89

接下来，以基层公务员的满意度为自变量，以其辞职倾向为因变量进行线性回归，其结果如表7—7所示。从表7—7可知，R^2为14.1%，P值为0，说明整体而言，自变量能解释因变量的14.1%的变化，也即基层公务员的满意度会显著地降低他们的辞职倾向。而起显著作用的，是基层公务员对自身身体状况、事业状态和家庭情况的满意度，他们的降低率分别在2.6%、14.4%和5%。

表7—7　　　　　基层公务员满意度对辞职倾向的影响

模型		非标准化系数		标准系数	t	Sig.
		B	标准误差	试用版		
1	（常量）	1.077	0.062		17.263	0.000
	住房状况	-0.026	0.014	-0.060	-1.878	0.061
	事业状态	-0.144	0.017	-0.286	-8.603	0.000
	家庭情况	-0.002	0.015	-0.004	-0.120	0.905
	子女教育	0.024	0.016	0.051	1.512	0.131
	身体状况	-0.050	0.016	-0.109	-3.076	0.002
	社会交往	-0.016	0.022	-0.030	-0.730	0.466
	知识素养	0.000	0.022	0.001	0.019	0.985

（四）研究结论

本部分的研究显示，责任追究越合理会导致满意度向显著增加，即呈现显著正相关关系；责任追究越不合理会导致满意度显著降低，即呈现显著负相关关系，责任追究与满意度存在显著相关关系。基层公务员满意度越高，基层公务员的辞职倾向越低，即存在显著负相关关系；基层公务员满意度在责任追究和辞职倾向之间发挥着中介作用。

自党的十八大以来，基层公务员福利明显降低，进入体制的基层公务员对收入的期望过高，导致对收入的不满意。建议倾听基层公务员诉求，提高基层公务员的满意度。要让基层公务员和基层公务员队伍充分感受到我国政府的人文关怀，领导人应倾听基层诉求与需求，丰富基层公务员的工作情感以期提高基层公务员的满意度。通过建全激励机制，提高基层公务员的待遇水平，满足基层公务员的物质需求。此外，应完善基层公务员责任追究的操作技术，加大容错机制；避免因受到不可抗力而受到追责或产生引咎辞职的事件发生；营造一个宽容的工作环境，提高基层公务员的满意度。

四　基层公务员的工作心态对辞职的影响

根据 2016 年 5 月底人力资源和社会保障部的发布，全国 716.7 万名公务员中的 60%分布在县级及以下的机关及各级乡镇，他们被称作"基层公务员"。[1] 如果按照李普斯基的观点，将"拿国家财政工资"的所有人员如教师等都包括进来的话，这一比例会更大。[2] 作为国家行政体系最底层的工作人员，基层公务员一方面要不折不扣地贯彻落实党和国家的各项政策，肩负着深入群众、服务群众的重任；另一方面要接受多个上级部门的监督考核，饱含"权力有限责任无限"之心酸。由于大多数公民与政府接触的方式，并不是通过参与选举、向中央写信或直接上访，

---

[1] 人力资源和社会保障部：《2015 年度人力资源和社会保障事业发展统计公报》，2016 年 5 月，2019 年中华人民共和国人力资源和社会保障部官网：www.mohrss.gov.cn/SYrlzyhshbzb/dongtaixinwen/buneiyaowen/201605/t20160530_240967.html。

[2] ［美］李普斯基：《基层官僚：公职人员的困境》，苏文贤、江吟梓译，学富文化事业有限公司 2010 年版。

而是通过基层公务员。故此，甘培强指称，基层公务员是指县（区、县级市）、乡（镇）、街道的公务员，省（自治区、直辖市）政府执法部门的公务员和各级机关中直接面向群众的服务窗口的公务员以及参照管理人员①；谢治菊认为，基层公务员是在县级及其以下公共部门工作、依法履行公职、由国家财政供养的工作人员②；李普斯基强调，他是在工作中必须与民众直接互动，或是在执行公务方面具有实质裁量权的公职人员。③ 学界的定义虽不完全一致，但在以下两个问题上是达成共识的：一是基层公务员属于县、乡（镇）两级政府的公务员；二是在某一行政机关内，工作职级层次较低、以事务性工作为主的直接提供服务的一线岗位工作人员，也属于基层公务员。基于对已有研究的梳理，考虑到基层政府的具体实际，本部分所指的基层公务员，是指县级（区、县级市）及县级以下（乡、镇、街道），依法履行公职、纳入国家行政编制、由国家财政负担工资福利的工作人员，包括公务员编制、事业编制、编外人员三种类型。

（一）提出问题

虽然普遍认为基层公务员的工作主要是执行上级的决定和国家的政策，是低层级的工作人员，但事实上他们正是建构政府所提供服务的实际行动者。除此之外，若是把这些公共服务工作者的个别决策积累起来，甚至可以成为或者是等同于政策。④ 因此，不论是提供好处的政策，如分配社会福利，还是赋予当事人某种身份的政策，如将某些人归为犯罪者，基层公务员都具有一定的自由裁量权，此权利是很多基层公务员职务犯罪的根源。

---

① 甘培强：《现代政府运作过程中基层公务员的定位和功能》，《行政论坛》2004 年第 1 期。
② 谢治菊：《十八大以来基层公务员心态变化及调适》，《中共福建省委党校学报》2018 年第 5 期。
③ ［美］李普斯基：《基层官僚：公职人员的困境》，苏文贤、江吟梓译，学富文化事业有限公司 2010 年版。
④ ［美］李普斯基：《基层官僚：公职人员的困境》，苏文贤、江吟梓译，第 206 页。

据不完全数据统计，2014年辞职的公务员是9000人，占当年总人数的0.125%；2015年为12000人，约占当时公务员总数比例的0.2%。公务员辞职比较高的是云南省，该省2012—2014年的辞职人数分别为16人、184人和301人，辞职人数占公务员总人数的比例分别为0.6%、0.71%和1.16%，不仅逐年递增，也远远高于全国的平均水平。① 部分公务员辞职属于公务员队伍正常人才流动现象，有利于公务员系统增添新的力量，增强干部队伍活力。但从他们辞职的原因来看，任务重、压力大、待遇低、环境差、福利差、能力弱等是重点，但由此带来的心态失衡，才是关键。身为公共利益的提供者以及公共秩序的维护者，基层公务员常常成为政治论战的焦点。他们经常必须焦头烂额地处理各种矛盾，应付许多要求。比如，公共服务的受益者常常要求他们提升效率和反映的速度，而公民团体则要求他们改善政府服务的效能及效率。由于基层公务员的薪资在政府非国防性支出中占的比重较大，因此，民众对任何预算的质疑，便会转化为对公共服务人员的争端，而无论争端的结果如何，都会影响到他们的身份和地位。② 例如，近年来我国网络上对高校男教师"性骚扰"事件的报道，实际上影响的不只是民众对教师群体的看法，也让民众对其他拿国家财政工资的体制内工作人员的品德产生了怀疑。再如，上海的"钓鱼执法"事件、河南某公务员的"性奴"事件等，影响的也不仅仅是民众对公务员的看法，同样会滋生部分民众的"仇官""仇富""仇老师""仇医生"的不平衡心理。就此而言，基层公务员掌握着公民权利与义务的关键面向，代表了公民与政府法律关系中许多层面的中介者。③ 因此，他们的心态一旦失衡，辞职的想法必然会成为现实。

一般而言，级别越低的公务员拥有的资源越少，即使资源微薄，也

---

① Yongkang Li. *Analysis of Resignation Trend of Chinese Civil Servants*. 2nd International Conference on Social, Eduction and Management Engineering, 2016.

② ［美］李普斯基：《基层官僚：公职人员的困境》，苏文贤、江吟梓译，学富文化事业有限公司2010年版。

③ ［美］李普斯基：《基层官僚：公职人员的困境》。

是他们被上级牵着走的重要砝码。当然，有时候，上级还不得不利用少量的奖励来换取他们的顺从。然而，这并不代表管理者对下级完全没有控制力，他们可以利用自己掌握的自由裁量权来掌控下级，如升迁或调任的推荐，或者是轮班以及工作任务的轻重等。也就是说，上级政府可以使基层工作变得令人向往，也可以让人觉得避之不及。① 而问责合理与否，就成为影响基层工作令人向往且避之不及的关键因素之一。

但是，现有研究关于基层公务员心态方面的研究较多，这些研究主要集中在基层公务员的社会心态方面，如谢熠等认为，基层公务员幸福感总体较高，具有较高的自尊自信水平，同时也表现出压力感较大、阶层认知偏低、社会公平感、社会安全感部分维度较低等特征②；谢治菊和王曦指出，受党的十八大以来风清气正的政治环境影响，西南地区基层公务员的社会心态整体向好，其表现是社会认知理性、社会价值观正确和道德性社会行动积极，但也存在一些负面社会情绪和消极的工具性社会行动。③ 同时，现有关于基层公务员辞职的研究也比较频繁，例如，有学者指出，公务员辞职行为是基于对前景进行判断和分析权衡后的一种理性选择，前景的确定与否、反射效应、损失规避和参照依赖等命题解释了公务员辞职行为发生的心理过程④；有人通过研究后发现，造成公务员辞职意向的主要原因是工作过低，工作环境不理想，然后是事业前景、照顾家庭与其他原因。⑤ 至于基层公务员心态对辞职倾向的影响，现有研究还基本是一片空白。由此可知，尽管现有研究对本章有重要的启示，但现有研究主要聚焦基层公务员社会心态而非工作心态的

---

① ［美］李普斯基：《基层官僚：公职人员的困境》，苏文贤、江吟梓译，学富文化事业有限公司 2010 年版。
② 谢熠等：《基层公务员社会心态特征与优化策略——基于宜宾市的调查》，《辽宁行政学院学报》2019 年第 4 期。
③ 谢治菊、王曦：《西南地区基层公务员社会心态形成机理及调适》，《北京行政学院学报》2018 年第 5 期。
④ 杨芳、谭杰方：《公务员辞职行为的逻辑分析与应对之策》，《领导科学》2019 年第 16 期。
⑤ 唐慧：《地区公务员辞职意愿及其相关因素的实证研究》，硕士学位论文，西南交通大学，2013 年。

事实，以及忽视心态对基层公务员辞职倾向影响之缺陷，给本章带来了重要的契机。本章拟以 G 省大规模实证调查的数据为依据，就基层公务员工作心态对辞职倾向的影响，以及问责合理程度在这影响中的调节作用，进行系统的分析。

（二）研究假设

虽然现有研究关于公务员心态和辞职倾向的内容较少，但可以从工作压力、满意度和辞职关系的研究中窥见一斑。从工作压力与辞职的关系来看，现有研究显示，组织变革、对失业的恐惧、繁重的工作负担以及缺乏组织和同事支持等导致工作压力增加的事件，会导致工作满意度下降，进而引发员工的辞职倾向[①]；就满意度与辞职的关系而言，已有研究表明，由报酬和成本价值构成的工作满意度与辞职的负相关，即满意度越高，辞职的人越少。[②] 例如，赵青华对 IT 行业员工的研究显示，员工的工作压力对于他的辞职意向有显著的正影响，但起中介效应的是个人与组织匹配度而非满意度。[③] 另有研究表明，基层公务员的工作压力对其工作满意度是负向预测，对辞职意向是正向预测，这其中心理资本不仅能够显著的正向预测其工作满意度，而且能够显著的负向预测其辞职意向，并且随着工作压力的增加，高心理资本的基层公务员的工作满意度的下降幅度也会更大，其辞职意向的增加幅度也会更大。[④] 由于心态包括工作心态、社会心态和生活心态，无论哪种心态，与其工作压

---

① Denton M, Zeytinoglu I U, Davies S, et al. , *Job stress and job dissatisfaction of home care workers in the context of health care restructuring* . International Journal of Health Services Planning Administration Evaluation, 2002.

② Farrell D, Rusbult C E. *Exchange variables as predictors of job satisfaction, job commitment, and turnover: The impact of rewards, costs, alternatives, and investments.* Organizational Behavior & Human Performance, 1981.

③ 赵青华：《IT 员工工作压力——工作满意度与离职倾向关系研究》，硕士学位论文，中国海洋大学，2015 年。

④ 马爽等：《地税基层公务员工作压力与工作满意度——离职意向的关系：心理资本的调节作用》，《中国临床心理学杂志》2015 年第 2 期。

力、工作满意度紧密相关,既可能是结果也可能是原因。① 而工作心态是其中基层公务员最重要的心态,因此,特提出以下研究假设:基层公务员工作心态与辞职倾向负相关关系,即工作心态越积极,辞职倾向越小。

(三) 假设验证

党的十九大报告指出,全面建设小康社会与实现农村振兴,已成为党和政府关注施政焦点。但是,全面建设小康社会,实现农村振兴的"主战场"在基层,基层公务员是全面建设小康社会、实现农村振兴的基础性力量。基层公务员与民众的互动是相当密切而直接的,这会对人民的生活产生极大的影响。首先,基层公务员所传达或执行的政策,通常与民众的利益密切相关;其次,基层公务员常常要当场做出决定,故而其个人的综合素养对这样的决定有重要的影响;再次,基层公务员所做出的决策,大都与重新分配以及资源配置有关,例如,决定哪些公民有获得福利的资格,哪些公民有获得服务的权利,即使决策失误,相应的代价也由纳税人或其他部门来承担。另外,在传达或执行公共政策时,基层公务员所做出的决策,将会影响到人们的生活机会;最后,鉴于工作的要求,基层公务员要及时处理民众对政策执行的反应。当民众认为政策执行不公平时,无论这样的不公平是认知上还是事实上的,他们都会大发雷霆或心里不舒服。面对这样的情境,有的人会主动迎合基层公务员的偏好,希望他们做出有利于自己的裁决;有的人则对基层公务员的决策表现出或感激或愤怒或冷漠的态度来回应。然而,面对部门整体的忽视和不公平,民众是可以忍受的。但是,一旦和他们谈话的基层公务员有官僚主义作风或傲慢的态度,民众会立马觉得无法忍受。因此,基层公务员的工作心态、工作能力和工作素养对民众对政府的整体认识、对民众的社会公平感培育有重要的意义。站在这个

---

① Happell B, Dares G, Russell A, et al. *The Relationships between Attitudes toward Seclusion and Levels of Burnout, Staff Satisfaction, and Therapeutic Optimism in a District Health Service.* Mental Health Nursing, 2012, pp. 329 – 336.

角度，密切关注基层公务员的工作心态与辞职倾向，具有明显的价值。

1. 变量操作化

工作心态是基层公务员在工作中所持有的心理状态的总和，包括工作满意度、工作态度、工作动机、工作理念、工作付出和心态变化等内容，他们的具体测量指标如表7—8所示。

表7—8　　　　　　　基层公务员工作心态变化

党的十八大以来的工作满意度	1. 降低（16.2%）	2. 不变（24.7%）	3. 提高（59%）
党的十八大以来的工作积极性	1. 降低（16.2%）	2. 不变（22.8%）	3. 提高（61%）
党的十八大以来的工作责任心	1. 降低（8.7%）	2. 不变（20%）	3. 提高（71.3%）
党的十八大以来的工作压力	1. 降低（3.3%）	2. 不变（9.9%）	3. 提高（86.8%）
党的十八大以来的各类检查	1. 减少（9%）	2. 不变（11.8%）	3. 增多（79.2%）

辞职倾向是基层公务员辞职的态度和意向，本章用"您是否理解基层公务员辞职现象"和"您是否有辞职或跳槽的想法"两道题来测量。

个体背景变量对基层公务员辞职倾向也有重要的影响，本章用性别、民族、政治面貌、年龄、文化程度、年收入、职位、婚姻状况、工作部门和工作年限共10个指标来测量。

2. 描述性统计

就工作心态而言，62.5%的被调查者对工作是满意的，不满意或无所谓的占37.5%；95%的被调查者认为自己在积极、努力地工作，这凸显出绝大部分人的工作态度比较端正；77.1%的人认为在工作中的付出是值得的，这说明超过3/4的人工作心态比较理性；51.2%被调查者的工作动机是实现人生价值，40.2%是为了就业生存，这显示超过半数的人工作动机比较高尚；69.1%的被调查者选择工作理念是"效率优先，兼顾公平"，这彰显超过2/3的基层公务员工作价值观是合理的；78.8%的被调查者认为职位晋升最重要的是能力和人品，而关系、运气和其他合计占21.2%，这意味着4/5左右的被调查者工作晋升认知符合主流逻辑。这些数据说明，整体而言，基层公务员的工作心态是积极、健康、向上、阳光的。

但是，党的十八大以来，尤其是实施"八项规定"以后，基层公务员的工作心态是否发生了变化呢？数据显示，93.4%的被调查者指出，"八项规定"对基层工作的影响是积极的，这一比例是认为消极的14.2倍，这透露出大部分基层公务员对"八项规定"的认知是正面的，其中，分别有4.8%、26.9%和21%的被调查者对指出，"八项规定"对基层公务员的首要影响是各类应酬减少，其次是让社会风气变好，最后是让"三公经费"降低。进一步调查发现，分别有59%、61%、71.3%的被调查者认为，党的十八大以来的工作满意度、积极性和责任性是提高了，但同时增加的还有各类检查和工作压力，分别有79.2%、86.8%的被调查者选择，同时有高达70.6%的被调查者认为相应的报酬没有增加。这说明，尽管多数被调查者认为党的十八大以来的工作压力和各项检查增多了，99.4%被调查者认为偏低的报酬却没有增加，70%左右的人每天和每周都有加班行为，但基层公务员的工作心态并没有变得消极，反而有大约2/3的被调查者选择满意度提高、积极性上升、责任心增强。这意味着，党的十八大以来基层公务员的工作心态变得更加积极。

3. 假设验证

由于基层公务员是劳力密集型工作，他们的业务是通过人力来为民众服务，而这些公共机构的运作成本，则反映出他们相当依赖领取薪资的公职人员的事实。因此，如果说数量庞大、薪资占公共支出的比例较大、人数增长较多是对基层公务员重要性的描述，那么，公共服务范围的扩展对认定基层公务员的关键性角色也会做出较大的贡献。例如，私人部门一度在健康、慈善、安全、幼儿照顾等领域承担有相当大的责任，但现在，民众对公共安全的期待日益提升，扶贫干部"保姆式"地照顾贫困户的生活，政府对民众的健康关照也肩负着越来越重要的责任。事实上，公共安全、公共教育、公共健康、公共卫生等早在一个世纪以前就转为了政府的责任，这导致一些民众认为享受政府的公共责任是一种新的财产权利，此种权利应该被当成一种公民权利而受到保护。在公民的这些权利中，基层公务员要么因直接为民众服务而扮演关键性的角色，要么在民众的新权利之间扮演中介者的角色。贫困人群对基层公务员的关键性角色体会更为深刻。"事实上，基层公务员与贫困的关系之深，甚至可以说他们是贫困情景中的一部分。"① 基层公务员不仅能够决定贫困者是否能成为贫困者，还能决定贫困者得到政府救助的范围、质量和程度。

也即，基层公务员占据了大部分公共资源，被整个社会寄予厚望，人们希望他们在提供公共服务和负担公共支出之间寻找到一个平衡点。因此，即使基层公务员早就认识到上级对基层工作的投入有限，庞大而繁杂的工作量也会限制基层人员的回应速度，但作为个体，基层公务员还是既代表了人民的希望，也希望从上级政府那里得到更公平、有效的待遇。就此而言，基层公务员的工作心态会对其辞职与否产生重要的影响。

为探讨这一影响，本部分以变化中的基层公务员工作心态为自变量，以基层公务员的辞职倾向即"您会跳槽或辞职吗"为因变量，进行线性回归。归回之前，先要对基层公务员变化中的心态进行降维——因子分析，结果如表7—9所示。从旋转结果来看，其巴特尔球形系数为2388.455，两个因子可以解释72.255%的方差，说明旋转的效果较好。根据指标的意义，我们将第一个公因子F1命名为心态积极变化因子，第二个公因子F2命名为心态消极变化因子。

---

① [美]李普斯基：《基层官僚：公职人员的困境》，苏文贤、江吟梓译，学富文化事业有限公司2010年版。

表 7—9　　　　　　十八大以来基层公务员心态变化因子分析

	成分		共量
	F1 心态积极变化因子	F2 心态消极变化因子	
党的十八大以来的工作满意度	0.368	-0.021	0.748
党的十八大以来的工作积极性	0.395	-0.012	0.859
党的十八大以来的工作责任心	0.368	0.058	0.735
党的十八大以来的工作压力	0.035	0.595	0.715
党的十八大以来的各类检查	-0.009	0.588	0.706
特征根值	2.346	1.417	3.493
方差	46.916	22.339	72.255

提取方法：主成分。

旋转法：具有 Kaiser 标准化的正交旋转法。

然后，为检验工作心态对基层公务员辞职倾向影响的稳定性，依次将旋转过的两个基层公务员心态变化因子、基层公务员的实际心态和个体背景变量控制变量，以基层公务员辞职倾向为因变量，分别进行三次回归，回归结果如表 7—10 所示。从表 7—10 可知，无论如何控制变量，无论是基层公务员的实际心态还是心态变化，都对其辞职倾向有负向的显著性影响，即基层公务员的心态及其变化越积极，基层公务员辞职的倾向越小，这验证了假设。而从个体背景变量来看，在控制其他变量的情况下，只有年龄、文化程度和工作部门与辞职倾向是负相关，即年龄越大的人越不会辞职，文化程度越高的人越不会辞职，工作离基层越远的人越不会辞职。这说明，无论是否有控制变量，基层公务员工作心态对辞职的影响都是稳健的。

表7—10　基层公务员工作心态对辞职倾向的影响

	模型1 辞职倾向	模型2 辞职倾向	模型3 辞职倾向
积极心态变化因子	-0.163***(0.012)	-0.099***(0.014)	-0.097***(0.021)
消极心态变化因子	0.033**(0.012)	0.023*(0.012)	0.020(0.018)
工作状态(1=不满意　2=满意)		-0.018***(0.018)	-0.047*(0.027)
工作态度(1=消极工作　2=积极工作)		-0.042**(0.064)	-0.153*(0.085)
工作付出(1=不值得　2=值得)		-0.204***(0.035)	-0.184***(0.053)
工作动机(1=就业生存　2=父母期望　3=人生价值)		-0.030**(0.013)	-0.029(0.021)
工作理念(1=公平优先　2=效率优先　3=二者兼具)		-0.045***(0.015)	-0.035(0.023)
晋升认知(1=关系,运气和其他　2=能力和人品)		-0.042*(0.031)	-0.058**(0.046)
性别(1=女　2=男)			-0.029(0.040)
民族(1=少数民族　2=汉族)			-0.023(0.040)
政治面貌(1=群众　2=党员)			0.012(0.047)
年龄(1=18—30岁　2=31—45岁　3=46—60岁)			-0.090**(0.046)
文化程度(1=大专及以下　2=本科　3=研究生)			-0.096**(0.038)

续表

	模型1 辞职倾向	模型2 辞职倾向	模型3 辞职倾向
年收入（1=0—5万元　2=5—10万元　3=10—15万元　4=15—20万元　5=20万元以上）			-0.018(0.045)
职位（1=办事员　2=股级　3=科级　4=处级）			0.018(0.023)
婚姻状况（1=未婚　2=已婚　3=离异）			0.012(0.049)
工作部门（1=乡镇和街道　2=县级部门）			-0.083**(0.041)
工作年限（1=1—5年　2=6—10年　3=11—15年　4=16年以上）			-0.009(0.027)
常量	0.382***(0.012)	1.271***(0.137)	1.549***(0.230)
R^2	0.117	0.194	0.235

注：*$p<0.10$，**$p<0.05$，***$p<0.01$，括号里是稳健标准差。

(四) 研究结论

由于基层公务员代表政府来进行社会控制，因而他们在各种冲突的调节中，扮演了相当重要的角色。在处理毒贩、小偷等因经济状况不佳而犯法的人们时，法庭、警察及监狱工作人员扮演了重要的角色；在教导人们应该遵守社会秩序和抓住机会时，学校扮演了重要的角色；为缓解失业带来的冲击，降低民众的不满情绪，就业管理部门可以建议扩大公共支出，拓展就业新领域。由于基层公务员的社会服务和社会控制角色存在冲突，所以某些人认为基层公务员提供的是社会服务，另一些人却认为是在尽力延伸社会控制的范围。故此，基层公务员成为争议的焦点。基层公务员被公共争议的另一个焦点，则放在适应社会控制的种类上。社会控制有经济控制、思想控制、法律控制和教育控制，有积极控制和消极控制，有内在控制和外在控制，不管哪种控制，都反映民众对控制严厉程度的争议。例如，在教育工作方面，是采取自由放任的教育政策和更为弹性的教学方式，还是采用严苛的纪律奖惩以及死板的教学方式，民众的观点不一。正因为如此，无论采取哪种手段，都必将让一部分人有争议。正因为如此，基层公务员的工作心态才具有重要的意义。研究发现：

第一，党的十八大以来，大多数被调查基层公务员的工作心态是积极、向上的，大多数对工作的态度、动机、理念、认知等都比较理性，大多数认为党的十八大以来基层公务员的满意度、积极性和责任心均有所提高，但同时也发现，党的十八大以来的各类检查和工作压力也随之增加。

第二，无论是基层公务员的工作态度、动机、理念还是认知，都对基层公务员的辞职倾向有稳健的影响。其中，影响比较明显的是党的十八大以后基层公务员的心态变化，在控制其他变量的情况下，党的十八大以后工作心态积极的公务员，其辞职倾向会减少 31.3%。

第三，在控制其他变量的情况下，个体背景变量中的年龄、文化程度和工作部门与辞职倾向是负相关，即年龄越大的人越不会辞职，文化程度越高的人越不会辞职，工作离基层越远的人越不会辞职，他们的辞职倾向分别会下降9.0%、9.6%和8.3%。

这说明，要减少基层公务员的辞职倾向，应从工作心态的培育和责任追究合理化角度入手，以精准扶贫为例，具体要做到以下几点：第一，构建权责一致的职责体系。这要从责任体系的重构与推进地方政府行政职能改革两方面分析。从责任的内涵与外延来看，要消解扶贫责任的异化，就要求政府建立责任主体、责任事项和追责情形"三位一体"的责任体系，做到权责同位，使得扶贫干部以更强的灵活性开展精准扶贫工作[①]；在行政职能改革上，应进一步理顺条块之间的职能分配，在中央统一领导的基础上，依据地方特征与地方所需设立部门，实现行政高效化、公共服务优质化。[②] 第二，将责任类型化，根据不同的责任类型采取不同的承担形式。对无劳动力家庭、重度残疾人、智障家庭、大病重病家庭、受重灾家庭等无脱贫能力的家庭，采取无限责任兜底的方式，保障他们的基本生活权；对于有脱贫能力的贫困户，着重建立外部扶贫机制，通过间接性的制度力量来帮扶他们脱贫，因而需要承担的是有限责任。[③] 第三，构建科学合理的成效考评体系。采用技术手段减少误判，有效甄别贫困户的满意度；探索多元考核机制，鼓励经验丰富的扶贫干部和高校专家团队共同参与到扶贫考核中，减少因考评人员缺乏一线经验而形成的误判；摒弃扶贫中的形式主义与官僚主义，切实减轻基层工作负担，减少层层加码的责任承担，建立分类考评的权责体系，实施权责统一的项目准入机制。第四，明确帮扶干部的责任边界，科学评价扶贫干部。明确帮扶干部的责任边界，将私人领域与公共领域区分开，不能让帮扶干部在流汗的同时，还用私人资源来"讨好"贫困户，实施"保姆式"帮扶；在选派帮扶人员时，应尽量考虑结合干部的精力、能

[①] 袁维海、姚玫玫：《有权必有责　晒权要晒责——安徽省探索行政权力、责任清单制度》，《安徽行政学院学报》2015年第1期。

[②] 徐双敏、张巍：《职责异构：地方政府机构改革的理论逻辑和现实路径》，《晋阳学刊》2015年第1期。

[③] 杨成、邵毅超：《基于治理能力建设的政府精准扶贫责任研究》，《昆明理工大学学报》（社会科学版）2018年第4期。

力与意愿,选派有责任心的干部参与扶贫;采取物质和精神双重激励的方式,科学评价帮扶干部的绩效,激发帮扶干部的内在积极性;发挥村干部在帮扶干部与贫困户之间的信息枢纽作用,降低扶贫的成本,提高扶贫的效率。

另外,也要慎用基层工作中的"一票否决制"。"一票否决制"在党政部门考核体系中应用广泛,其意思是只要此类现象一旦发生,考核结果就会受到影响。在政府的各类考核中,常见的一票否决制有信访维稳、安全生产、计划生育、环境保护、党风廉政和精准扶贫等事项。一票否决制有助于推进工作、保证政令畅通,但如果滥用,不仅导致基层工作压力繁重,还可能造成考核的效果受影响,导致基层管理中的激励扭曲与干部责任推卸等问题。[1] "一票否决制"歪曲了考核机制原本的意义,降低了考核效率,在一定程度上阻碍了相关规章制度的正常实施,将上级主体应承担的责任转移到下级主体,造成基层干部责任错位异位。将"一票否决制"引入扶贫工作,有两种表现:一是与年度绩效考核相联系,对考核结果位次靠后的帮扶单位与相关领导问责;二是扶贫工作中的部分考核结果直接影响到财政专项扶贫资金绩效考评,较为常见的另一体现为将建档立卡"回头看"的结果与贫困县党政领导班子和领导考核评估相联系,对工作中产生的不良后果、不负责任行为进行通报,对相关责任人进行问责。[2] 扶贫中的"一票否决制",确实可以给扶贫干部较大的压力,但这种压力能否转化为动力,还不得而知。按照一票否决制的要求,扶贫干部有"不脱贫不脱钩""不脱贫不晋升"之说。也就是说,如果精准扶贫效果不理想,扶贫干部轻者被诫勉谈话,重则被处分、记过甚至开出党纪,这严重影响扶贫干部的职业生涯和政治前途。但是,脱贫攻坚是一个系统工程,其成效与政府政策、社会力量、扶贫干部和贫困户都有关系,若因扶贫干部责任之外的原因如政府政策的偏差、贫困户内生动力不足等影响其考核,"一票否决制"就会否定

---

[1] 马雪松:《如何拿捏好"一票否决"的分寸》,《人民论坛》2019年第27期。
[2] 陈斌华:《江西对扶贫建档立卡"回头看"实行一票否决制》,《江西日报》2015年11月15日第A02版。

扶贫干部的心血,削弱扶贫干部的工作积极性与工作热情。扶贫干部因考核导向形成的短期化、功利化行为,必将带来扶贫责任的异化。此外,即使有这把悬在扶贫干部头上的一票否决"利剑",也不一定能让他们很好地去履行职责。因为,扶贫干部属于外派干部,任期有限,工作安排须与本地村干部协商,且有时候要服从本地村干部,故仅有扶贫政策的部分执行权,连李普斯基笔下的"自由裁量权"也受到限制,即便发现政策有偏差,也只能按部就班地执行政策,并接受派出单位、上级政府、组织部门和群众的监督,这不利于发挥他们的主观能动性。因此,正是由于扶贫中有"一票否决制",扶贫干部才利用私人资源去讨好"贫困户",以获得贫困户给扶贫"两率一度"的较高评价,进而就会产生责任异化。

  减少基层公务员的辞职倾向还得考虑基层公务员与上级公务员之间的关系。基层公务员与上层管理者之间的关系,首先在本质上是有所冲突。基层公务员的角色目标,是快速处理当事人的事务,而其角色定位,就是尽可能扩张自己的自主权;而管理者的角色目标,却是做好员工管理,以增加业务单位的整体成效,而其角色定位,则尽可能减少员工的自主权。基层公务员与上层管理者之间的另一层关系,是相互依赖关系,因为在基层公务员体系中,哪怕层级较低的公务员,也拥有比其他领域工作人员更多的资源,故而会相互依赖。正因为相互依赖,即使管理者对基层公务员的工作不满意,他们也会尊重基层公务员的选择。[①]基层公务员与上层管理者之间既有冲突性又有依赖性的关系,与政策制定者和执行者之间的关系不太一样,后者的假设是权威的影响力是从高层流向低层,二者的目标是一致的,即使有冲突,下层也会服从上层,或者共同服从组织目标。但由于基层公务员拥有足够的资源来抵抗组织的压力,与管理者是既冲突又依赖的关系,故而要让他们服从上层或组织的目标,就变得更为复杂。

[①] [美]李普斯基:《基层官僚:公职人员的困境》,苏文贤、江吟梓译,学富文化事业有限公司2010年版。

社会学家麦肯尼克认为，在正确的情境之下，专门的知识与技术、对某件事情抱有兴趣且付出努力、个人的吸引力和魅力等特质是提高底层公职人员权力影响力的重要因素。[1] 基层公务员在政策领域之内掌握某种专门的技能与知识，会让当事人对他们表现出某种程度的服从。但真正影响管理者对下级依赖程度的，还是他们所拥有的裁量权以及他们身为政策制定者的地位。由于基层公务员所拥有的自由裁量权是由上级所批准的，这意味着，为展现自己的能力，管理层不得不依赖下属，也因此使管理层无法去干预基层公务员在执行任务时所使用的方法和手段。正因为管理者与基层公务员有这样的逻辑关系，对于不喜欢的上级，基层公务员还能以不合时宜的态度来对待他们，如拒绝某种类型的工作、做好分内的最低工作要求或者刻意严格执法以败坏上级的名声。

---

[1] Mechanic D. "Sources of Power of Lower Participants in Complex Organizations", *Administrative Science Quarterly*, 1962, pp. 349–364.

第八章

大数据对基层公务员心态的影响

　　有大数据显示,基层公务员面临三大风险:一是结构性失衡。基层公务员的岗位分为综合管理、专业技术和行政执法类三种,但现实生活中综合管理类岗位的基层公务员居多,专业技术类严重不足。以全国食品药品监督管理局为例,有综合管理岗5.68万人,专业技术队伍仅3.6万人,拥有GMP、GSP等专检员资质的不足1.5万人。二是职位晋升难度大。有研究表明,在中国,从科员到县处级的晋升比例为4.4%,从县级到厅级的升迁比例为1%,从厅级到省部级的升迁比例为万分之四。三是职业倦怠明显。调查显示,八成基层公务员有不同程度的职业倦怠,人手少、压力大是最主要的原因。理论上,加上所有的工作人员,乡镇和街道的基层公务员往往不会超过100名,管辖的人口平均是1.5万人。实际上,大部分乡镇工作人员在60名左右,管辖的人口也大大超过1.5万人,"一岗多职""一员多能"的情况到处存在,基层公务员有焦虑、劳累、消极的情绪在所难免。① 这说明,大数据对我们了解基层公务员的现实和生存情况很有帮助。但是,大数据会对基层公务员的心态产生什么影响呢?目前没有这方面的直接研究,可从大数据对心态的影响和大数据对心理学的影响来探知。关于大数据对心态的影响,高文珺认为,大数据可以让使用主体从整体宏观上把握社会心态的特征,动态掌握社

---

① 胡颖、廉叶岚:《大数据解读真实基层公务员》,《决策探索》2014年第11期。

会心态的变化规律，准确预测社会心态的未来走向。① 这说明，大数据能让社会心态的研究从静态转向动态。至于大数据对心理学的影响，有人认为是样本不再局限，描述更加客观，推论更加精确，干预更加有效②；也有人认为可以改变传统心理学研究的数据收集方式，提供更加精准化的心理咨询服务，增强研究的科学性和可靠性③；当然，在利用大数据驱动心理学变革的过程中，既要体现大数据"价值理性"的功能诉求，又要谨防"差异化""个性化"心理服务的伦理风险。④ 由于心态是心理学的研究范畴，故而大数据对心理学的影响也在很大程度上对心态有借鉴。虽然这些研究对本章有借鉴，却没有涉及基层公务员的心态，因此，要把握大数据对基层公务员心态的影响，得先从大数据的概念和特征谈起。

一 大数据的概念与特征

在信息化时代，数据无处不在，在过去许多无法或者难以被量化的信息都能够转化为数据进行存储和处理，并且可以通过对过去和现在的数据对比分析发现其存在的规律以及发展的趋势，开始影响人们的生活和学习方式，大数据对于人类社会的影响逐渐深入。⑤ 何为大数据？大数据又称 Big Data，是一个比较抽象的概念，至今仍无确切的定义，大致的意思是：大数据是需要新处理模式才能具有更强的决策力、洞察发现力和流程优化能力的海量、高增长率和多样化的信息资产。⑥ 也即大数据不能靠传统的处理软件在短时间内完成数据集合，也超过了任何一个计算

---

① 高文珺：《大数据视野下的社会心态研究——基于复杂性理论与计算模型的探讨》，《新视野》2017 年第 1 期。
② 陈炎秋：《大数据时代的特征及其对心理学的影响》，《西北成人教育学院学报》2016 年第 4 期。
③ 李雨秦：《大数据为心理学研究带来机遇和挑战》，《中国社会科学报》2017 年 6 月 16 日第 7 版。
④ 李飞、葛鲁嘉：《基于"大数据"研究的心理建设新思路》，《学术交流》2016 年第 7 期。
⑤ 杜宝更、李俭华、郑会京：《大数据时代领导干部学习能力提高的路径》，《胜利油田党校学报》2016 年第 1 期。
⑥ 张蕾：《大数据时代面临的信息安全机遇和挑战》，《信息系统工程》2017 年第 9 期。

机的处理量,具有数据量大、类型多、处理速度快、价值密度低等特点。美国互联网中心将大数据定义为通过高速捕捉、发现、分析,从大容量数据中寻求获取价值的一种技术架构。① 因为大数据具有很大的利用价值,并且在很多领域都有利用的潜力,这也是目前各领域所普遍运用大数据的原因之一。大数据的价值在于能够合理运用海量数据,以低成本创造高价值。大数据是继云计算、物联网等新技术后的又一次技术变革,正在日益深刻地影响和改变着人们的思维观念和生活方式。正如英国数据科学家维克托·迈尔-舍恩伯格在他的著作中《大数据时代》一书中前瞻性地指出,大数据将为人类生活创造前所未有的可量化的维度,开启一次重大的时代转型。②《华尔街日报》将大数据时代、智能化生产和无线网络革命称为引领未来繁荣的三大技术变革。③ 著名经济学家路德维希·冯·米塞斯也曾提醒过:"就今日言,有很多人忙碌于资料之无益累积,以致对问题之说明与解决,丧失了其对特殊的经济意义的了解。"这确实是需要警惕的。也就是说,大数据是指信息爆炸时代所产生的海量、多源而复杂的数据,包括对其进行采集、存储、分析、整合、控制以及相关的技术发展和创新。大数据一方面具备高端、前沿的技术特征,是未来人力资源管理技术革新的发展方向;另一方面因为其容量大、类型多样、价值密度低,只有通过碎片化的、巨量的数据进行科学有效的提取和分析,发现和应用其中蕴含的管理智慧和价值,才能顺应时代变化。④ 在国内外案例中,有使用大数据及时解析故障、问题和缺陷的根源,每年可以节省企业数十亿美元;有根据大数据为成千上万的快递车辆规划实时交通路线,躲避拥堵;有使用点击流分析和数据挖掘来规避欺诈行为等。因此,在基层公务员心态建设方面,可以运用大数据对基

---

① 张燕南、赵中建:《大数据时代思维方式对教育的启示》,《教育发展研究》2013 年第 21、33 期。
② [英] 维克托-迈尔·舍恩伯格、肯尼思·库克耶:《大数据时代》,周涛等译,浙江人民出版社 2013 年版,第 10 页。
③ 邬贺铨:《大数据时代的机遇与挑战》,《求是》2013 年第 4 期。
④ 谭诗赏、陈捷:《基层公务员队伍管理创新的路径研究——基于大数据的视角》,《哈尔滨市委党校学报》2015 年第 6 期。

层公务员的心态进行实时监控,通过所得数据进行对比分析以规避风险,并且可以运用大数据对基层公务员的心态进行科学预测,及时控制并调整基层公务员心态,使基层公务员能够积极投身于社会建设中。

大数据具有以下几个特点:其一,容量大。大数据的计量单位至少是 P(1000 个 T)、E(100 万个 T)或者 Z(10 亿个 T),由此体现出大数据是以大容量为前提,对数据的存储和分析。其二,数据类型多样化,即多样性。数据类型多种多样,种类繁多,如网络杂志、视频、图片、地理位置等信息,原来不能量化的数据现在可以通过大数据对这类数据进行量化存储分析,体现其价值。其三,快速,即处理速度快,各种数据基本上可以做到实时、在线,并能做到快速的处理、传送和存储,能够用数据来全面反映当前社会的现状并能够提出具体的处理措施。① 其四,价值,即应用价值高,大数据之大,并不在于数据之大,更重要的是大数据有极高的利用价值,它能够发现新的知识,创造出新的价值,带来大知识、大科技、大利润和大发展,对于当今社会有极其重要的作用,在政治、经济、文化等方面都有极大的作用。②

二 大数据时代心态研究面临的挑战与契机

(一)传统心态研究面临的挑战

囿于自身特点的限制,传统的研究方法如问卷法、访谈法、实验法等难以动态把握心态变化的过程及趋势,对于心态"宏观性、动态性和涌现性"的特点也建构不到位,至少面临三个方面的挑战。

第一,尽管有多种干预举措,但传统的抽样方法、均值分析和李克特量表在描述个体的宏观心态时,并不准确和科学。例如,对于中国人的价值观调查,利用李克特量表的均值发现,人们普遍的社会心态是权

---

① 张燕南、赵中建:《大数据时代思维方式对教育的启示》,《教育发展研究》2013 年第 21 期。
② 杜宝更、李俭华、郑会京:《大数据时代领导干部学习能力提高的路径》,《胜利油田党校学报》2016 年第 1 期。

力平等、友好相处，但实际询问发现，社会上大多数人持有的是权力等级分化明显、人际信任堪忧的价值观，这说明理想中的价值观和实际持有的不一致。① 这当中固然要受到被调查者态度真实与否的影响，但更多是由问题设计和统计方法的科学性造成的，这意味着现有的社会心态统计方法面临挑战。

第二，现有方法样本容量有限，统计分析存在较大的误差，难以捕捉心态的动态变化，从而无法实现准确的预测。按照传统的研究方法，要对心态进行准确的预测，需追踪大量的数据，雇用大量的人手，采用复杂的模型，往往耗时长、成本高、难度大。同时，由于社会变化的加快，即便预测的数据出炉，也可能有一定的滞后性。再加上传统方法采用的大都是抽样调查，尽管有代表性但并不全面，这就限制了心态预测的研究。此外，现在的个体心态并不稳定，往往受突发事件的影响较大，这使得心态的变化呈现出非线性特点，因而用传统的数据模型难以有效预测。

第三，传统的心态研究是先提出假设再验证假设，一旦假设得不到验证，投入的各种资源就算打了水漂。而大数据驱动的心态研究是直接获取信息，得出结论，这不仅可以节省资源，还对结论的科学性有更高的保障。这些挑战限制了人们对心态的深入研究，不利于发挥心态在社会治理和社会建设中的作用，大数据的出现恰恰解决了这些问题。

（二）大数据时代心态研究的契机

作为一种全新的形态，大数据为社会科学研究带来了前有未有的机遇。在决策领域，大数据能够优化政府决策，通过对数据的收集、整理、挖掘与利用形成数字化平台，利用数字化平台的丰富信息优化和纠偏决策方案，同时对决策过程进行监督，进而推动决策问题构建的民主化、决策方案制定的科学化、决策方案执行的有效性与决策效果评估的规范

---

① 高文珺：《"应然"与"实然"：社会文化价值特点与影响》，《学术交流》2015年第7期。

化。① 在扶贫领域，大数据对贫困人口的识别更准确、对贫困人口的需求更了解、对致贫原因的分析更到位、对扶贫资源的整合更合理。② 在公共服务领域，大数据让公共服务的供给更加精准化、个性化和差异化。③ 在治理现代化领域，大数据可以实现决策的科学化、目标的精准化、手段的协同化，进而推进国家治理的现代化。④ 在社会交往领域，大数据将人们的交往过程、行为生活悉数记录下来，让研究者有机会去动态分析社会关系网络中每个人的角色与互动。在社会科学领域，大数据的应用使其研究正经历从定性、定量、仿真研究向大数据研究的第四研究范式的转型，这种转型突破了传统研究目标弱化、学科学派对立、有限数据质量和统计偏误等局限性，为重建社会科学的预测功能、推动社会科学宏观理论发展、实现社会科学知识体系多元集合等提供了保障。⑤ 这说明，大数据已成为社会科学研究的新工具，为心态的研究至少带来三大契机。

第一，可以从整体上宏观把握某一群体的心态特征。与传统调查不同，大数据不会将个体从整体心态中剥离出来，而是通过观测嵌于结构中，用人与人之间的相互影响来推测心态的整体特征。例如，淘宝网可根据购买记录、购买偏好、购买时长和购买情绪，对顾客的购买心态进行类型化分析，从而有目的地推送成交率更大的商品。再如，2014年楼市新政出台后，在国庆长假期间，在百度上搜过两个关键词"楼市"和"房价"，两词整体搜索指数系7417，同比上涨76%，环比增长19%；关键词"抄底"，同比增长20%，环比增长仅3%；关键词"首套房贷款政策"，整体搜索指数528，同比上涨184%，环比上涨29%；相关关键词"房贷新政策""房贷新政""最新房贷政策"分别有831%、782%、

---

① 谢治菊：《大数据优化政府决策的机理、风险及规避》，《行政论坛》2018年第1期。
② 谢治菊：《农村精准扶贫中的大数据困境及应用策略》，《中共福建省委党校学报》2017年第8期。
③ 薛晓东等：《大数据下公共服务的特点及趋势》，《电子科技大学学报》（社会科学版）2015年第6期。
④ 梁芷铭：《大数据治理：国家治理能力现代化的应有之义》，《吉首大学学报》2015年第2期。
⑤ 米加宁等：《第四研究范式：大数据驱动的社会科学转型研究》，《学海》2018年第2期。

421%的检索环比增长,这说明,楼市新政后人们的观望心态仍在继续。①这意味着,大数据时代重点关注的不再是人的平均行为,而是挖掘每个人的个体行为,再通过数据分析将分散的个体行为集中处理,进而捕捉群体行为。② 这种群体行为就是一种宏观的整体心态。

第二,大数据可以动态监控心态的变化过程,及时对不良心态进行纠偏,对心态趋势进行预测。大量的事实证明,在公共管理、经济金融和环境气象领域,大数据的预测功能越来越成功。虽然大数据无法改变变量之间的因果关系,但可根据数据的规律和变化发现不良心态的存在,从而采取有针对性的举措进行纠偏。同时还可以根据要求,量身定做一组或多组大数据,以服务心态研究的需要。

第三,大数据拒绝假设,扩大了心态研究的样本,保证了数据的真实性与科学性。大数据用事实说话,直接将数据作为驱动的核心要素,避免传统逻辑假设带来的偏差问题。同时,大数据扩大了总体样本,从人与人的交往互动中探求人们的真实心态,比抽样的调查更能窥知全貌,保证了结论的可靠性。此外,大数据能够超越特定时间段内的心态描述,实时记录数据的动态变化,保证数据的真实性。例如,从2017年年度热搜榜中的十大网络流行事件、十大社会表情、十大现象人群中,可以窥知网民价值观,使网民社会心态的整体图谱变得生动、有效。③

由此,在大数据时代,只要建立相应的平台,保持数据的采集,无论是个体心态还是群体心态,是社会心态还是工作心态,都将得到更加客观、真实、准确、动态的描述、监控和纠偏,这为心态的把控提供了极大的便利。

---

① 宋磊:《大数据下的买房逻辑:观望心态尚未终结》,《经济观察报》2014年12月13日第39版。
② 沈浩、黄晓兰:《大数据助力社会科学研究:挑战与创新》,《现代传播》2013年第8期。
③ 张志安:《大数据中的网民心态与媒体舆论引导》,《新闻战线》2018年第3期。

三 大数据对基层公务员心态的影响

研究发现,大数据首先会对行政人员的行政思维产生影响,因为提供更加精准化和个性化的公共服务,大数据要求行政人员要先对服务的信息进行预先控制,因此"大数据技术对人精神世界的颠覆性更可能在于对认知图景、思维方式的改变"①。同时,大数据可以优化基层公务员的考核体系,完善考核指标,对考核过程实现动态监控,防范和控制基层公务员的道德风险。② 这说明,大数据对基层公务员的思维塑造及管理创新具有重要的意义。一般而言,按照政府的基本职能,基层公务员的工作主要体现为决策、执行、监督和考核。当然,应然状态中的基层公务员似乎只有执行功能,即"所谓基层公务员,主要指执行上级决策、位于行政管理体制末端的工作人员"。但是,根据李普斯基的描述,街头官僚不仅执行政策,还是决策的制定者,他们所做出的决策,通常大都与重新分配和资源配置有关,例如,他们可以决定哪些公民拥有一些福利的享受资格,也可以减少或增加低收入人群获得福利的机会,也即街头官僚暗中掌控了重新分配福利的力度,而相应的代价则由纳税人或较为富裕的部门来承担。③ 这说明,基层公务员哪怕是乡镇基层公务员的决策职能也比较明显。正是基于这样的逻辑假设,本章将大数据对基层公务员心态的影响分为对决策心态的影响、监管心态的影响和考核心态的影响三个方面。

(一)大数据让基层公务员拥有更科学的决策心态

大数据是大决策的来源和基础。大数据包含的信息量巨大、类型繁

---

① 唐永、张明:《大数据技术对社会心理的异化渗透与重构》,《理论月刊》2017年第10期。
② 程淑琴、倪东辉:《大数据视野下的公务员考核研究》,《淮南师范学院学报》2016年第2期。
③ [美]李普斯基:《基层官僚:公职人员的困境》,苏文贤、江吟梓译,学富文化事业有限公司2010年版,第10—11页。

多，如果能从海量的信息中挖掘出关键的因素，找出各数据之间的关联性，就能够为决策带来有价值的信息，进而改善决策问题的建构、优化决策方案的制定、监控决策方案的执行、完善决策效果的评估。① 同时，通过从"小数据""小样本"到"大数据""全样本"，从结果分析走向过程分析，从因果分析走向相关分析，从历时性分析走向实时性分析，能够实现从经验决策走向数据驱动的决策。此外，大数据背景下，政府决策依据再也不是个人经验和长官意志，而是通过系统采集客观数据和科学分析，政府能更好地把握决策方向、优化决策过程、跟踪决策设施，不断增强决策的精准性、预见性和公平性。② 在大数据决策方面，贵州率先从交通、环保、防汛以及工业等方面进行了实践探索。在交通方面，贵州智能交通平台包含了从基础设施建设到路网监控的所有动静态数据，这些海量的交通数据为交通部门的决策提供了依据。例如，安顺市的智能公交信息管理平台，通过实时监控与智能调度，解决了乱停乱靠、随意上下的问题，2015年的扒窃作案比2014年下降80%；2015年1月4日"车辆被土石方掩埋"事件，也是运用大数据"全数据研判，精细化筛选"的特征，迅速锁定受灾车辆，保证了抢救的及时性和精准性。在环保领域，贵州利用环保云的方式让民众积极参与环境监督、查询、投诉等活动，真正实现"一键反映""一查到底""一体监控"的环境管理模式。在灾害预测方面，通过对大数据的挖掘利用贵州大大提高了灾害信息采集的精度和传输时效性，改变了传统的决策模式。在工业政策方面，贵州利用"工业云"平台重点将其打造为政府的好帮手、企业的云超市和工业的互联网，为工业决策提供了丰富的资源。在食品安全方面，贵州通过"食品安全云"实现了食品质量追溯和标志的信息化，这为公众的个性化服务提供了参考，也帮助政府部门预测食品安全敏感信息，及

---

① 谢治菊：《大数据优化政府决策的机理、风险及规避》，《行政论坛》2018年第1期。
② 孟庆国：《云上贵州——贵州省大数据发展探索与实践》，清华大学出版社2016年版，第86页。

时发现周期性、趋势性食品的安全重点问题，实现食品领域的科学决策。① 可见，大数据应用于决策有利于揭示公共事务的内在关联性，利用数据融合、数学模型、仿真技术等大数据技术可以提高政府决策对信息的占有与分析能力，为科学决策提供数据支持，从而大大推动政府决策的科学性。当然，大数据即"大样本"，它避免了样本的随机性，能够获得和使用更全面、更系统的数据资源，能够通过海量的数据信息分析现实世界的发展规律，为决策者决策提供重要数据基础和决策支撑，从而降低公共决策偏差概率，提高政府决策与治理的精细化和科学化。

既然大数据能够优化政府决策，就必将对基层公务员的决策心态带来影响。决策心态又称决策心理，是行政主体在决策过程中的心理活动与心理过程。一般而言，智力水平、个人情感、意志活动、气质类型等因素都会对决策心理产生影响。② 大数据能有效弥补上述因素的不足，能弥补决策主体因智力不足所带来的认识局限，能克服决策主体因情感偏颇所引发的结果不公，能纠正决策主体因意志不定而出现的目标偏差，能调整决策主体因脾气暴躁所展示的消极心态。也即，大数据主要通过决策主体的思维从点向面、从静态向动态、从保守向开放、从拍脑袋向科学化的转变，进而达到提升基层公务员的素养、培育基层公务员积极心态之目的。例如，对于公共服务的分配，基层公务员的自由裁量权有时候不能公正地发挥作用。究其原因，除恶意为之外，很大程度在于他们行使自由裁量权的信息不对称，即对于公共服务对象的个人信息及他人信息不能全盘掌握，以致在不简化行政规则的情况下，公共服务的改革是有限度的。③ 但是，通过大数据建构各关系中的链接与共享各开放平台，实现各部门之间的协调，能有效解决基层公务员因信息不对称而引发的自由裁量权滥用问题。这表明，大数据能让基层公务员拥有更科学

---

① 孟庆国：《云上贵州——贵州省大数据发展探索与实践》，清华大学出版社2016年版，第87—96页。
② 郑雅之：《试论行政决策心理的优化》，《湛江师范学院学报》2002年第5期。
③ Ray S., "Curbing the Misuse of Discretionary Power in Public Service: Case of Building Plan Approvals Using Simple Checklists", *International Conference on Information Society*, IEEE, 2010.

的决策心态。

（二）大数据让基层公务员拥有更透明的监管心态

由于基层公务员既是监管的主体，又是被监管的对象。因此，大数据对基层公务员监管心态的影响，就体现在两个方面：一方面，作为监管的主体，大数据通过探求各种现象发生小概率事件的关联性分析，可以有效增强风险预警能力、降低公共危机发生的不确定性，实施事前控制、现场反馈、事后处置，为基层公务员对公共事务的动态监管提供及时、准确的信息，帮助实现公共事务监管的精细化和科学化。① 第一，通过风险管控培育基层公务员在公共事务监管中的预防心态。公共管理者可以在对定位数据、搜索数据进行深度挖掘的基础上，参考相关历史数据，预测人口流量及其空间分布，再结合地理空间实景模拟，找出可能发生的风险源和风险点，从而为预防事故发生、强化应急管理提供强有力的决策支撑。通过对大数据进行恰当的管理、建模、分享和转化，能够使"不可能"变为"可能"、使"不可控"变为"可控"，培育基层公务员的预防心态。第二，通过实时报告培育基层公务员在公共事务监管中的科学化心态。通过利用短信、微博、微信和搜索引擎，监控热点事件，挖掘网络舆情，能够更好地开展实时监管、流动性治理和网络化治理。通过对人口流动的时空大数据分析，能够有针对性地对基层社会进行有效管理和动态监控，从而更好地开展流动性管理。面对流动性、弱结构性、碎片化的社会结构，基层公务员能够通过大数据准确预测社会需求、预判社会问题、提升其社会治理能力，培育科学化监管的心态。第三，通过动态预测培育基层公务员在公共事务监管中的精细化心态。利用大数据手段构建经济运行指数，不仅能精确反映实时经济运行情况，还能提前预测经济发展趋势，对经济社会的运行规律也有较直观的呈现，这将为社会管理的科学化和精细化奠定坚实基础。利用大数据跟踪分析社会热点、海量社交数据，能增强对关联事件的研究，加强政

---

① 陈潭：《大数据驱动国家治理的未来图景》，《光明日报》2016年4月9日第11版。

府、公众、社会的协同治理,有效减少对社会危机预判的不确定性,增强风险预警能力,降低社会危机带来的危害,培育基层公务员的精细化监管心态。

另一方面,作为被监管的对象,大数据构建的"数据铁笼"能有效克服基层公务员的投机、侥幸心态。所谓"数据铁笼",是通过建立"用数据说话、用数据决策、用数据管理和用数据创新"的创新机制,通过对政府管理与执法运行过程中产生的数据记录进行融合分析,挖掘异常、及时发现和控制可能存在的风险,最终实现把权力关进制度笼子的目标。① 贵阳市在这方面的做法就走在全国前列。2015 年以来,贵阳市通过对权力运行中的数据进行全方位记录、留痕、追踪和分析,深入挖掘公权力行使过程中的不作为、乱作为、贪污腐败等行为,变事后监督为过程监督、人工监督为数据监督、个体监督为整体监督,特别对领导干部的履职轨迹留痕留印,对提高领导干部的责任意识、克服侥幸心态构筑了数字墙。② 例如,为配合"数据铁笼"的信息收集,贵阳市交管局首次引入包括数据记录、风险预警、效益分析和诚信评价 4 个模块在内的个人诚信档案理念,要求每名机关民警将每天的工作情况、外出执勤的音视频材料上传至系统,系统再借助大数据平台自动对执法热点、违法热点、执法排名、执法趋势等进行分析,如果民警不上传或忘记上传,系统会第一时间向本人发送预警信息,提醒民警将信息发送至监管部门(见图 8—1)。③ 2016 年以来,"数据铁笼"实施成效显著,仅贵阳市交管局受理违法违纪案件就比 2015 年下降 50%。这说明,"数据铁笼"是规范行政行为的重要利器,是行政监督的"第四只"眼睛,是克服行政权力泛化的"防火墙",是服务民生的新平台,是行政权力规范化、法治

---

① 佚名:《"人在干、数在转、云在算"——数据铁笼建设实践》,《中国建设信息化》2018 年第 3 期。
② 中国领导决策案例研究中心:《大数据反腐样本:贵阳"数据铁笼"全覆盖》,《领导决策信息》2016 年第 42 期。
③ 赵静:《"数据铁笼"构筑权力监管"防火墙"》,《人民日报》2016 年 5 月 25 日第 13 版。

化运行的"催化剂"。① "数据铁笼"对基层公务员心态的影响在于：让公务员的权力在阳光下运行，杜绝公务员滥用权力的侥幸心态和以权谋私的投机心态，让基层公务员以光明磊落的心态面对组织的监管。也就是说，用数据说话，可以让权力的每一次运行都有迹可循，让权力的监管更加科学、精准，这为基层公务员建立科学的考核评价机制、便捷的社会监督力量、规范的权力运行机制、公正的权力行使心态提供了有力的保障。

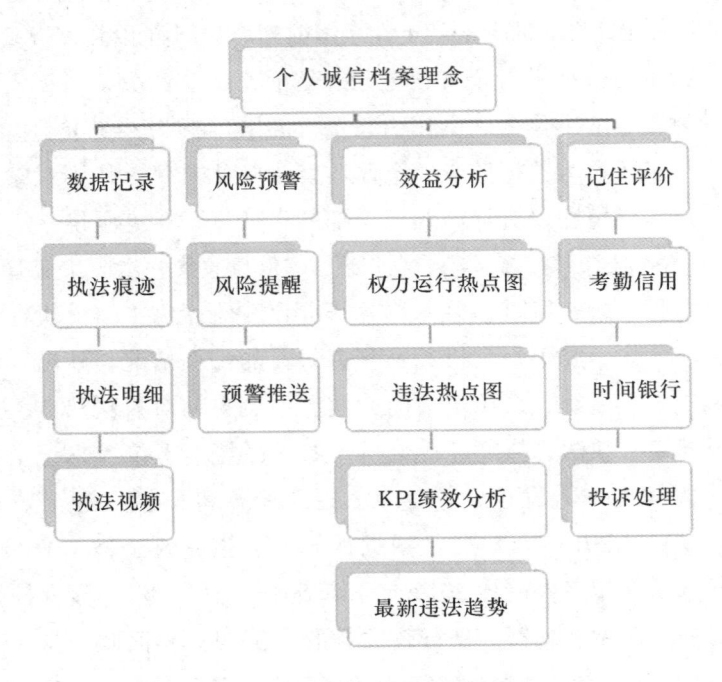

图8—1　交警个人诚信档案理念

（三）大数据让基层公务员拥有更公正的考核心态

所谓基层公务员考核，是指相关主体根据法定的权限和规范性文件，对基层公务员的德、能、勤、绩、廉进行考察和评价的活动。与私人部

---

① 叶春阳等：《"数据铁笼"彰显贵阳治理能力的提升》，《贵阳日报》2015年7月14日第7版。

门相比，基层公务员的考核具有主体和依据的法定性、标准的多样性、过程的参与性和结果的公开性等特征。① 在"小数据"时代，我国基层公务员的绩效考核存在"主体单一、标准模、内容抽象、难以量化、主观性强"等问题，由此带来被考核对象对考核主体的"迎合心态""讨好心态""献媚心态"比比皆是，被考核对象对考核的"害怕心理""忐忑心理"也比较明显，谁让"小数据"时代的考核具有明显的主观性和情感倾向呢。但在大数据时代，基层公务员的绩效考核将更加科学、客观、公正、透明。首先，大数据信息管理系统让基层公务员的平时工作留有痕迹，能够真实获取基层公务员平时的工作数据，并进行动态更新，由此构成的基础考核数据库为年终的客观考核提供了重要的依据。其次，大数据可将以往的德能勤绩廉指标进一步细化，并运用计算模型自动计算相应的权重，改变以往互填测评表的烦琐程序，最大限度地排除主观的人为干扰，彰显考核的公正性与权威性。此外，大数据技术可针对不同岗位的基层公务员设置不同的指标体系，主管部门只需设定考核标准，数据就可以自动归类，实现"智慧考核"模式。最后，大数据考核可以预防道德风险，通过行使公权力过程中所形成的数据链，评判基层公务员的道德品质和行为倾向，尤其在廉政风险领域，大数据通过对基层公务员资产、消费及经济活动的分析，发现可能存在的廉政风险，并对有腐败倾向的基层公务员进行预警，增加考核的合理性与透明度。尽管大数据对基层公务员的考核能带来如此多的积极影响，但由于使用成本高、专业人才缺乏、个人隐私容易暴露等问题，目前使用大数据对基层公务员进行考核的部门并不多，贵州黔南州开发的干部工作电子纪实报告系统就是比较典型的一种。2015年1月14日，黔南州开发了"黔南州州管干部工作电子纪实报告系统"及其手机客户端，以"电子文档纪实，手机平台查阅"方式对全州在职在岗的州管干部实行工作每周一报、半年一晒、一年一评，通过电子记实绩、授权查实绩、公示晒实绩、评议比

---

① 姜晓萍、马凯利：《中国公务员绩效考核的困境及其对策分析》，《社会科学研究》2005年第1期。

实绩。据了解，州领导、干部监督管理等相关部门能够通过计算机和手机随时查阅所有州管干部的工作纪实情况，并可进行评价和"点赞"；州管干部之间根据授阅权限互相查阅，便于互相了解掌握工作情况、互相监督履职。通过这个系统，一方面，通过授权查实绩、公示晒实绩，每个州管干部每天的工作置于大众的目光之下、监督之中。让全州干部接受群众监督，既拓宽了群众监督的渠道，又鞭策干部要积极进取，全身心投入干事创业中去；另一方面，将干部的工作实绩作为考核干部的标准，有助于干部任用更加科学、公平、公正。可见，大数据最大限度地破除了考核中的主观因素，让基层公务员面对考核时的心态更加阳光和积极，更加相信考核结果的公正性、科学性和权威性，这对于行政效率的提升是极有帮助的。

第九章

基层公务员心态调适的逻辑

基层公务员与民众的互动是相当密切且直接的,这会对人民的生活产生极大的影响。首先,基层公务员所传达或执行的政策,通常与民众的利益密切相关。其次,基层公务员常常要当场做出决定,故而其个人的综合素养对这样的决定有重要的影响。再次,基层公务员所做出的决策,大都与重新分配以及资源配置有关,例如,决定哪些公民有获得福利的资格,哪些公民有获得服务的权利,即使决策失误,相应的代价也由纳税人或其他部门来承担。另外,在传达或执行公共政策时,基层公务员所做出的决策,将会影响到人们的生活机会。贫困人群对基层公务员的这一角色体会更为深刻。"事实上,基层公务员与贫困的关系之深,甚至可以说他们是贫困情境中的一部分。"① 基层公务员不仅能够决定贫困者是否能成为贫困者,还能决定贫困者得到政府救助的范围、质量和程度。正因为基层公务员如此重要,要调适新时代背景下他们的心态,就要抓住几个关键变量。首先,调适的前提是降低职业倦怠感,提升自我效能;其次,调适的关键是通过提升参与水平来培育其责任意识;最后,调适的核心是强化其公平认知,增强其获得感。下面,通过实证调查的数据和 SPSS 中的回归分析,对上述逻辑假设进行阐释和验证(见图9—1)。

---

① [美]李普斯基:《基层官僚:公职人员的困境》,苏文贤、江吟梓译,学富文化事业有限公司2010年版,第5页。

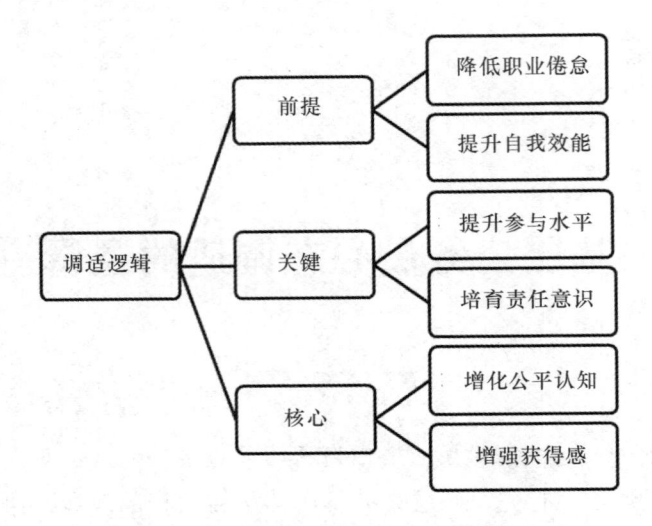

```
调适逻辑 ─┬─ 前提 ─┬─ 降低职业倦怠
         │       └─ 提升自我效能
         ├─ 关键 ─┬─ 提升参与水平
         │       └─ 培育责任意识
         └─ 核心 ─┬─ 增化公平认知
                 └─ 增强获得感
```

图9—1 基层公务员心态调适逻辑

一 前提：降低职业倦怠与提升自我效能

职业倦怠是由心理学家Freudenberger在1974年提出的，那时学界对职业倦怠的研究主要锁定在医生、护士和教师等群体；乃至20世纪90年代，扩展至银行职员、校长、运动员等多个群体；2000年以后，公务员尤其是基层公务员的职业倦怠问题引起了学界的关注。中国人力资源网2004年的调查显示，公务员是职业倦怠比例最高的行业，倦怠比例高达54.88%。[①] 2007年心理健康网CEO徐培基对温州市龙湾区公务员的调查显示，50%的被调查者认为工作机械化程度严重，40%的被调查者职业倦怠明显。[②] 2015年，郑建君通过对10省2482名基层公务员的大规模实证调查发现，高达86.2%的被调查者有轻度或重度的职业倦怠问题。[③] 难

---

① 《中国"工作倦怠指数"网上调查报告》，人民网2004年12月9日。
② 李晓静：《面向基层公务员职业倦怠的激励机制研究》，硕士学位论文，福州大学，2014年。
③ 郑建君：《基层公务员角色压力与工作倦怠的心理健康调节作用》，《哈尔滨工业大学学报》（社会科学版）2015年第1期。

怪网上一篇帖子《对不起,公务员我不嫁》被炒得沸沸扬扬。该文指出,公务员尤其是基层公务员,加薪靠运气、加班是必须、升职没机会,既没钱也没时间,职业倦怠感高,不能满足个体婚姻的要求。① 此文不是学术论文,观点的权威性、科学性和严谨性值得商榷,但即使大部分人进入基层公务员队伍的原因是他们认为基层公共组织能够提供符合他们偏好的组织承诺,事实却是这群人处于中国压力型体制的"末端",压力较大、责任较重、资源有限、报酬偏低,其所面临的职业倦怠会成倍地增加。这说明,基层公务员的职业倦怠问题不容忽视。为此,在基层工作压力、工作报酬、工作时间、工作内容等不能从客观上改善的情况下,从提升自我效能感的主观角度探讨基层公务员职业倦怠的表征及影响因素,有重要的价值与意义。本章可能的创新在于:以西南地区基层公务员为例,对党的十八大以来基层公务员的自我效能感、职业倦怠及其影响因素进行系统调查与反思,对党的十八大前后基层公务员自我效能感和职业倦怠情况进行对比分析,通过党的十八大以来基层公务员心态的变化深入探讨新时代基层公务员职业倦怠的成因。

(一) 基层公务员职业倦怠反思

所谓职业倦怠,意指工作者因能力或资源的不足而导致的工作失败、精力衰竭或身心枯竭。② 职业倦怠是资源过度需求状况下的生理疲劳、情绪衰竭和认知厌倦,此种厌倦会带来工作上的疏离感、无成就感和无规范感,从而进一步诱发个体以负向的态度和行为面对工作。③ 这一点,在基层公务员队伍中更为明显。之所以这么认为,是因为基层公务员的职业倦怠具有情绪低落、身心疲惫、安全感缺失、行为失序、效率低下等特征。④ 由此带来的工作拖沓、利益抉择偏颇、不愿承担责任等问题深深

---

① 《对不起,公务员我不嫁》,2016 年 2 月 22 日,http://www.sohu.com/a/223497929_540673。
② Frendenberger H. J., "Staff Bern-Out", *Journal of Social Issues*, Vol. 30, No. 1, 1974.
③ Shirom A., "Job-Related Burnout: A Review. In Quick J. C, Tetrick L. E. (Eds)", *Handbook of Occupational Health Psychology*, 2003.
④ 周矩:《公务员职业倦怠与压力管理》,《探索》2007 年第 3 期。

地困扰着人们。

基层公务员为何会产生职业倦怠？有工作匹配论、社会胜任论、努力—回报不平衡论、资源保存论之说。工作匹配论认为，职业倦怠产生于个体能力与工作要求之间的不匹配，不匹配程度越高，职业倦怠越强。[1] 这里的不匹配，有可能是不胜任，也有可能是过度胜任导致的无成就感。社会胜任论认为，职业倦怠与社会胜任感有关，胜任感越弱，倦怠越明显。[2] 努力—回报不平衡论认为，职业倦怠产生于工作投入与产出的不均衡状态，当长期的努力付出换不来相应的回报时，职业倦怠就会产生。[3] 资源保存论则指出，职业倦怠来源于资源的不足。[4] 当然，也有研究者从人格因素、组织因素、社会因素、个体因素、工作压力因素等角度探讨基层公务员的职业倦怠成因。例如，孙连荣、王晶的研究发现，基层公务员的职业倦怠有明显的性别和工龄差异，与不同的人格特质类型存在或正或负的关系[5]；郑丽梅、张凤军通过实证调查，将基层公务员职业倦怠的原因归结为工作压力、能力不足和自主性限制[6]；何小师等将基层公务员职业倦怠的影响因素从大到小依次分为：体制因素、岗位因素、人际因素、职业发展因素、角色冲突因素、工作环境因素。[7] 魏楠认为职业倦怠产生的原因主要是经济社会环境急剧的变迁、压力型体制、公共人事制度、组织文化以及基层公务员个体因素[8]；苗俊玲认为公务员出现职业倦怠的原因有角色担当带来的冲突和压力、科层制的制约、激

---

[1] Maslash C., Jackson S. E., "The Measurement of Experienced Burnout", *Journal of Occupational Behavior*, Vol. 2, No. 2, 1981.

[2] Cherniss C., *Staff Burnout: Job Stress in the Human Servic*, California: Sage Publications, 1980, pp. 197–201.

[3] Harden R. M., "Stress, Pressure and Burnout in Teachers: Is the Swan Exhausted?" *Medical Teacher*, Vol. 21, No. 3, 1999.

[4] Hobfoll S. E., Freedy J., *Conservation of Resources: A General Stress Theory Applied to Burnout*.

[5] 孙连荣、王晶：《国家公务员职业倦怠的人格因素研究——基于浙江省舟山市的调查》，《宁波大学学报》（教育科学版）2009年第2期。

[6] 郑丽梅、张凤军：《基于JDCS压力模型的中国公务员职业倦怠研究》，《经营管理者》2009年第9期。

[7] 何小师等：《公务员工作压力源的调查与思考》，《职业时空》2005年第12期。

[8] 魏楠：《中国基层公务员职业倦怠原因探析》，《南方论刊》2011年第10期。

励机制不足等①；成锡锋则另辟蹊径，认为"官场潜规则"才是导致公务员职业倦怠的主要原因。② 这与《人民论坛》2010 年的调查一致，这次调查发现，64.65% 的被调查者认为"官场潜规则对个人政治前途的影响"是基层公务员面临的最大压力，也是他们职业倦怠的主要原因。③ 这些研究说明，受职业特殊性和身份双重性的影响，基层公务员职业倦怠的成因更为复杂和多元。

至于基层公务员职业倦怠的测量，常用的是 MBI 量表。MBI 量表是 Maslash 编制的，大部分职业倦怠的研究成果都使用的是该量表。几经修改和实践，该量表又分为 MBI-SS、MBI-ES、MBI-GS 三种类型，其中，MBI-SS（Service Survey）和 MBI-ES（Educators Survey）是专门针对教师、护士等人群的职业倦怠量表，MBI-GS（General Survey）是普通人群的量表，测量基层公务员的职业倦怠用普通量表。按照 Freudenberger 的观点，职业倦怠总结为工作时间长、压力大、强度高所带来的情感消耗、成就感低下和非人性化态度④；根据 Maslash 的描述，职业倦怠主要用情感衰竭、去个性化、成就感低落三个指标来测量。鉴于 Freudenberger 和 Maslash 对职业倦怠研究的特殊贡献，后来者常常将情感消耗或情绪衰竭、去个性化、成就感低下作为测量职业倦怠的三个维度，但中国的学者常常将"去个性化"用"玩世不恭"来代替，所谓玩世不恭，指与同事及工作对象刻意保持一定的距离，对工作比较被动，投入不够，吊儿郎当。⑤"玩世不恭"虽比较形象，但缺乏学术穿透力，故本章用"情绪衰竭、人格解体、成就感低落"三个维度来测量基层公务员的职业倦怠。情绪衰竭指基层公务员工作热情不高、活力不够，情绪烦躁、焦虑，逃避现实；人格解体指基层公务员因工作压力过大而产生的消极、刻意与周边保持距离的状态；成就感低落指基层公务员对自身工作意义和价值

---

① 苗俊玲：《中国公务员职业倦怠的成因及对策探析》，《领导科学》2012 年第 3 期。
② 成锡锋：《公务员职业倦怠的成因》，《决策》2008 年第 5 期。
③ 黄苇町：《潜规则下的"异类"官员》，《人民论坛》2010 年第 25 期。
④ Freudenberger H. J.，" Staff Bern-Out"，*Journal of Social Issues*，Vol. 30，No. 1，1974.
⑤ 《中国"工作倦怠指数"网上调查报告》，人民网，2004 年 12 月 9 日。

的评价下降。① 根据学界的测量指标，结合西南地区基层公务员的实际，本章用表9—1所示的9个指标来测量基层公务员的职业倦怠感，其中，第1—4个指标测量基层公务员的情绪衰竭问题，第5—6个指标测量基层公务员的人格解体问题，第7—9个指标测量成就感低落问题，9个指标的巴特尔球形系数为0.918，信度Alpha系数为0.926，信度和效度均比较高，这说明，这9个指标在很大程度上能代表基层公务员的职业倦怠感。

表9—1　　　　　　　基层公务员职业倦怠情况统计　　　　　　　单位:%

	各种感受与体会	从不	偶尔	经常	频繁	每天	均值	标准差
情绪衰竭	我的工作让我焦虑	9.0	46.4	28.0	11.0	5.6	2.58	0.994
	下班时我觉得精疲力竭	7.3	33.7	33.7	13.2	12.1	2.89	1.109
	早上起床想到工作就觉得累	17.5	39.1	23.9	9.8	9.7	2.55	1.172
	我感觉工作压力较大	8.4	38.0	28.2	14.4	11.1	2.82	1.125
人格解体	我对这份工作越来越不感兴趣	31.3	40.9	16.5	5.5	5.5	2.13	1.092
	我对这份工作没有以前热衷了	31.6	41.6	15.9	5.5	5.3	2.12	1.080
成就感低落	我怀疑自己工作的意义	42.7	33.5	14.4	5.1	4.3	1.95	1.076
	我越来越不关心自己在工作中的贡献	47.0	32.7	12.1	4.6	3.7	1.85	1.038
	我在工作中越来越没有成就感	33.7	40.0	15.0	6.0	5.4	2.10	1.099

从表9—1可知，基层公务员职业倦怠的总均值为2.33，处于偶尔倦怠与经常倦怠之间。仔细分析发现，三个维度的职业倦怠感有明显的差

---

① 缪国书、许慧慧：《公务员职业倦怠现象探析——基于双因素理论的视角》，《中国行政管理》2012年第5期。

异，其中，情绪衰竭比较明显，均值为 2.71；人格解体次之，均值为 2.13；成就感低落不明显，均值为 1.97。也即，在情绪衰竭方面，仅有 9% 的被调查者从未感受到工作焦虑，7.3% 从未觉得精疲力竭，17.5% 的从未想到工作就累，8.4% 的从未觉得工作压力大。这说明，90% 左右的被调查者在情绪方面的倦怠感是比较明显的，其中，工作累和压力大引发的倦怠感是最明显的，均值分别为 2.55、2.82，经常、频繁和每天有这些感觉的被调查者合计分别占 43.4% 和 53.7%，这说明基层公务员在这两个问题上有极度的倦怠感。至于人格解体问题，31.3% 的被调查者否认自己对工作不感兴趣，高达 40.9% 的被调查者认为自己偶尔感觉这份工作没有兴趣，仅有 27.8% 的被调查者表示自己对工作的兴趣越来越淡；同时，高达 72.2% 的被调查者认为党的十八大以来自己对工作的热情几乎没有减弱。这说明，尽管党的十八大以来基层公务员面临的政治环境、工作内容和治理对象发生了较大的变化，但由于该项工作是"铁饭碗"，有一定的社会地位，基层公务员的工作热情基本没有减少；相反，第一部分的数据表明，超过半数的被调查者表示党的十八大以来的工作积极性反而有所增加。这一点，也可从基层公务员职业倦怠的第三个维度——成就感低落来探知。如表 9—1 所示，对于成就感低落的三个描述，被调查者认同的比例最高才 26.3%，也就是说，超过 2/3 的被调查者并没有成就感低落的感受；相反，当问及"您是否对基层公务员的前途充满信心"时，高达 68.1% 的被调查者选择了对基层公务员的前途充满信心。此次的调查结论与他人的研究有差距，但大方向基本吻合。例如，于刚强等通过对珠三角地区 318 份问卷调查显示，基层公务员职业倦怠总均值是 2.22，其中，情绪衰竭均值为 2.22，人格解体均值为 1.91，成就感低落均值为 2.53，总均值和三个维度的均值与本章的结论比较接近。[①] 张婷、温子嫣对西安市阎良区 165 名基层公务员的问卷调查表明，基层公务员情绪耗竭均值为 2.2，人格解体均值为 1.88，成就感低

---

① 于刚强等：《政治新常态下基层公务员职业倦怠实证研究——基于珠三角 3 市的问卷调查》，《学术研究》2017 年第 5 期。

落的均值为 3.6，总均值为 2.56，基层公务员成就感低落感受比较明显。① 这说明，无论是哪个区域和领域的基层公务员，职业倦怠问题都是存在的，只是由于调查的方法、抽取的样本和使用的指标不完全一致，以致调查的结论有些不同。

（二）基层公务员自我效能感调查

自我效能感是社会认知领域的一个概念，该概念是心理学家班杜拉1977 年提出的，当时意指个体基于自身技能而完成工作的自信程度。② 后来，这一概念的内涵和外延不断拓展，有人格论、心态论和行动论之说。人格论认为，自我效能感是个体能与外界有效打交道的一种人格特质③；心态论指出，自我效能感是个体对特定环境下的特定事项做出反应的一种心态和感受④；行为论则坚持自我效能感是个体对自身行为能力的推测或判断，它意味着个体对自身能否成功实施某一行为的肯定。⑤ 这些界定虽不相同，但都涉及个体对自身能力的评价，是自我意识的一种心理认知。基于此，本部分将基层公务员的自我效能感界定为：基层公务员在行使公共权力、提供公共服务的过程中对自身行为和自身能力所做的评价和所拥有的自信心，也即，基层公务员在多大程度上相信自己能够干好公共服务工作。

自我效能感会影响个体的坚持性和情感倾向，影响人们的行为态度和行为策略的运用，主要由掌握性经验、替代性经验、社会说服、情感

---

① 张婷、温子嫣：《基于 Maslash 职业倦怠理论的基层公务员职业倦怠调查分析——以西安市阎良区为例》，《经济与统计论坛》2012 年第 10 期。
② Bandura A.，"Toward a Unifying Theory of Behavior Change"，*Psychological Review*，No. 84，1977.
③ Bandura A.，"Self-Efficacy Mechanism in Human Agency"，*American Psychologist*，Vol. 37，No. 2，1982.
④ Bandura A.，"Self-Efficacy in Changing Societies"，*Journal of Cognitive Psychotherapy*，Vol. 4，No. 2，1999.
⑤ 周国韬、戚立夫：《人类行为的控制与调节——班杜拉的自我效能感理论述评》，《东北师范大学学报》（教育科学版）1994 年第 3 期。

的唤起、环境的信息五种信息源构成。① 由于自我效能感的核心变量是"个体是否能够达成目标"以及"个体是否具有达成目标的行为",因此往往用强度、水平和广大三个维度衡量自我效能感的变化。强度代表个体对实现特定目标的确信程度,水平代表个体完成特定目标的困难程度,广度指个体拥有的不同领域的自我效能感的强弱以及相互间的影响程度。分析现有文献发现,大部分研究重点测量个体的自我效能感强度,即个体对实现特定目标的确信程度,本章也主要采用的是这一指标维度。

自我效能感的测量方法较多,应用最广的是德国心理学家 Schwarze 编制的 *The General Self-Efficacy Scale*(GSES)。② 乃至后来,人们发现用单一的李克特量表也能有效测量自我效能感,其具体要求是被试者就某一问题的陈述情况做出判断。至于测量的指标,人际效能、认知效能、创新效能和身体效能四个维度的指标已被应用于中国江苏、宁夏地区正处级以下基层公务员中。③ 考虑到此次调查的主要是党的十八大以来西南地区基层公务员效能感的变化,且主要考察的是其工作效能的变化,故而本部分用岗位效能和人际效能两个维度来测量。所谓岗位效能,是指基层公务员对履行岗位职责的自信心;所谓人际效能,是基层公务员对自身人际交往情况的判断与认定,拟用"我能胜任自己的工作、我感觉自己对单位做了较大的贡献、我能有效解决工作中出现的问题、我的工作是卓有成效的、我勇于担当工作中的责任"五个指标来测量基层公务员的岗位效能,拟用"我善于协调工作中的各种关系、我在工作中能与同事和谐相处、我在工作中能正确评价别人"来测量基层公务员的关系效能,并分别设置"完全不同意、不太同意、有点同意、比较同意、完全同意"五个答案,赋值"1—5 分",让被调查者

---

① Bandura A., "Self-Efficacy: The Exercise of Control", *Journal of Cognitive Psychotherapy*, Vol. 13, No. 2, 2005.

② Schwarzer R. & Born, A., *Optimistic Self-beliefs: Assessment of General Perceived Self-efficacy in Thirteen Cultures*, 1997.

③ 伍婷:《基层公务员自我效能感实证调查》,硕士学位论文,苏州大学,2006 年。

做选择。

考虑到后面的回归需要,应先对基层公务员的自我效能感作降维处理——因子分析。运用 SPSS 工具分析发现,此八个变量的效度—巴特利特球形系数为 0.843,显著性为 0.000,近似卡方值为 2988.529,效度较好;信度 Alpha 系数为 0.795,信度较高,适合做因子分析。经过最大方差法的旋转,特征根值大于 1 的公因子有 2 个,其中,变量"B1—B5"在第一个因子上有较高的荷载,指标内容正好与"岗位效能"相匹配,因此将其命名为"岗位效能因子";变量"B6—B8"在第二个因子上有较高的荷载,指标内容正好与"人际效能"相匹配,因此将其命名为"人际效能因子",两个公因子累计可解释 65.171% 的变量,超过 60%"相当理想"的标准。这意味着,这些变量对"基层公务员自我效能感"有较强的解释力。

如表 9—2 所示,西南地区基层公务员的自我效能感均值为 3.98,折算成百分制为 79.6 分,比伍婷 2005 年的调查分值高。2005 年,伍婷对江苏和甘肃的调查显示,基层公务员自我效能感的均值为 64 分。[①] 同样的情况也发生在赵凯的研究中,他通过对 2013 年山东省 H 县的调查发现,基层公务员的自我效能感均值为 3.95,略低于本次调查。[②] 这表明,党的十八大以来,基层公务员的自我效能感在逐渐增加。至于增加的原因,66.1% 的被调查者表示党的十八大以来的各项禁令让基层公务员的工作应酬大大减少,社会风气变好,这使国家的三公经费大幅度下降,使他们的工作环境更加风清气正。故此,当问及党的十八大以来基层公务员心态有何变化时,55.8% 的人表示满意度提高,57.1% 的人表示工作积极性增加,68.5% 的人表示工作责任心有所增强。

[①] 伍婷:《基层公务员自我效能感实证调查》,硕士学位论文,苏州大学,2006 年。
[②] 张传琦:《基层公务员自我效能感、组织支持感与职业倦怠关系的研究——以山东省县公务员为例》,硕士学位论文,南京师范大学,2013 年。

表 9—2　　　最大方差旋转后的基层公务员自我效能感因子

	主成分因子		共量	均值	标准差
	岗位效能感	关系效能感			
B1 我能胜任自己的工作	0.812	−0.019	0.660	4.26	0.890
B2 我感觉自己对单位做了较大的贡献	0.793	0.358	0.758	3.62	1.035
B3 我能有效解决工作中出现的问题	0.741	0.421	0.727	3.96	0.851
B4 我的工作是卓有成效的	0.797	0.257	0.701	3.69	0.959
B5 我勇于担当工作中的责任	0.571	0.086	0.333	4.19	0.832
B6 我善于协调工作中的各种关系	0.414	0.762	0.752	3.81	0.921
B7 我在工作中能与同事和谐相处	0.043	0.813	0.663	4.26	0.777
B8 我在工作中能正确评价别人	0.166	0.770	0.621	4.06	0.872
方差贡献率（%）	37.505	27.606	65.171		
特征根值	3.978	1.236	5.214		

仔细分析发现，基层公务员的自我效能感也有一定的细微差异，在"我能胜任自己的工作"和"我在工作中能与同事和谐相处"的效能感中，均值都为4.26，说明基层公务员总体的岗位效能感和人际效能感较好。但是，具体分析两类效能的均值发现，人际效能的均值为4.04，略高于岗位效能3.94的水平，这说明基层公务员在人际交往中的自信心略大于履行岗位职责，这与党的十八大以来基层公务员的乐观心态和高满意度有关。调查显示，党的十八大以来，基层公务员的工作满意度为60.7%，生活满意度为55.1%，超过半数的基层公务员对基层工作和生活均比较满意；同时，64.2%的基层公务员感觉生活是幸福的，面对挫折勇往直前的比例也高达70.8%，持乐观生活态度的基层公务员占比为68.3%。这说明，良好的工作心态和生活心态为基层公务员带来了较高的自我效能感。同时，良好的心态能够带来更和谐的人际关系，故而被调查基层公务员人际效能感略大于岗位效能感。

(三) 基层公务员职业倦怠与自我效能的关系

个体的自我效能感能有效预测职业倦怠程度，因此二者的关联性研究较多，这些研究中还常常加入满意度、工作绩效、社会支持、个体背景、工作压力等其他变量，比较一致的结论是个体效能感与职业倦怠之间的关系是负向的，即个体的效能感越高，职业倦怠程度越低；个体的自我效能感越低，职业倦怠程度越高，这一结论适用于教师、医护人员、公务员、警察等多种群体。对教师群体，有研究发现，低教学效能感的教师职业倦怠的水平更高[1]；另一项研究表明，自我效能感是教师面临压力的有效反馈机制，可以帮助教师降低职业倦怠的影响。[2] 对医护群体，顾玉春等的调查显示，护理人员自我效能感对职业倦怠的影响达到显著水平。[3] 对公务员群体，一些研究发现，自我效能感是影响基层公务员职业倦怠核心的整合性变量，拥有高自我效能感的公务员抗压能力较强[4]；同时，自我效能感低的公务员会长期处于职业紧张状态，进而产生工作倦怠感，工作倦怠感有明显的负溢出效应，进而影响公务员的家庭和生活。[5] 可见，个体自我效能感与职业倦怠的负相关关系基本已在学界达成共识，这一共识在注重个性化、多元化、差异化和精准化的新时代，在基层公务员面临八项规定、精准扶贫、严厉反腐、严格规制等新常态下，是否还成立？另外，虽然自我效能感与职业倦怠的负相关关系已达成共识，但自我效能感对职业倦怠三个维度的影响是否都是负相关关系，学界有不同的看法。例如，Brouwers A. 的研究发现，教师效能感对人格解

---

[1] Chwalisz K., Altmaier E. M., Russell D. W., "Causal Attributions, Self-Efficacy Cognitions, and Coping with Stress", *Journal of Social & Clinical Psychology*, Vol. 11, No. 4, 1992.

[2] Schwarzer R. Hallum S., "Perceived Teacher Self - Efficacy as a Predictor of Job Stress and Burnout: Mediation Analyses", *Applied Psychology*, Vol. 57, No. s1, 2008.

[3] 顾玉春、徐学华、宋彦：《实习护理生的一般自我效能感与职业倦怠关系》，《中国健康心理学杂志》2007 年第 3 期。

[4] Leiter M. P., "Burn-out as a Crisis in Self-Efficacy: Conceptual and Practical Implications", *Work & Stress An International Journal of Work Health & Organisations*, Vol. 6, No. 2, 1992.

[5] 朱燕：《对公务员职业倦怠、自我效能感和工作绩效及其关系的研究——来自昆明市的报告》，《经济论坛》2007 年第 8 期。

体、成就感低下有显著的预测,但情感耗竭却反作用于教师效能,即对教师效能有剥离的作用①;Leiter 的分析显示,基层公务员自我效能感与职业倦怠中的情感耗竭、人格解体是负相关关系,与成就感低落是正相关关系。② 李琳则指出,自我效能感对人格解题、成就感低落有显著的预测作用,但对情绪衰竭的作用不明显。③ 由于调查目的、调查方式、调查对象和分析工具不同,无法评价哪位研究者的研究结论更有权威性,但至少可得出"自我效能感对职业倦怠三个维度的影响有可能不一致"的结论。考虑到前文用岗位效能感和人际效能感两个变量来测量基层公务员的自我效能感,用情绪衰竭、人格解体和成就感低落三个变量来测量基层公务员的职业倦怠,两个变量之间的关系如图 9—2 所示。为此,特提出以下假设:

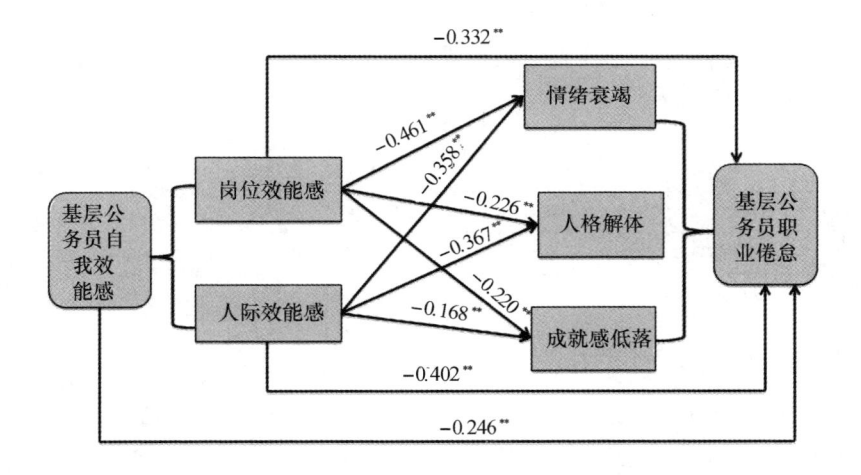

图 9—2 研究假设图与逻辑关系

注:* $p<0.05$,** $p<0.01$。

---

① Leiter M. P., "Burn-out as a Crisis in Self-Efficacy: Conceptual and Practical Implications", *Work & Stress An International Journal of Work Health & Organisations*, Vol. 6, No. 2, 1992.

② Brouwers A., Tomic W., "A Longitudinal Study of Tteacher Burnout and Perceived Self-Efficacy in Classroom Management", *Teaching & Teacher Education*, Vol. 16, No. 2, 2000.

③ 李琳:《警察职业倦怠与自我效能感的相关研究——以河南省警察为例》,西南大学,硕士学位论文,2011 年。

假设1：基层公务员自我效能感与职业倦怠是负相关关系，且人际效能感对职业倦怠的影响比岗位效能感更大；

假设2：基层公务员自我效能感对职业倦怠三个维度的影响不一致，有正向的影响，也有负向的影响；

假设3：基层公务员职业倦怠受个体背景因素的影响较大，年龄、工作年限、职位、收入等变量与公务员的职业倦怠有显著关联。

下面，以降维后的两个自我效能感因子为自变量，分别以基层公务员的职业倦怠感及其三个测量维度为因变量，逐次进行多元线性回归，回归结果如表9—3所示。

表9—3　基层公务员自我效能感对职业倦怠影响之多元线性回归方程

因变量	自变量	未标准化系数 B	标准误差	标准化系数 Beta	t	显著性	相关说明
方程1 职业倦怠	（常量）	2.321	0.018		127.406	0.000	$R^2 = 0.201$，调整后的 $R^2 = 0.200$，$F = 225.804$， 显著性为0.000
	岗位效能感	-0.201	0.018	-0.232	-11.008	0.000	
	人际效能感	-0.331	0.018	-0.385	-18.217	0.000	
方程2 情绪衰竭	（常量）	2.336	0.017		135.067	0.000	$R^2 = 0.217$，调整后的 $R^2 = 0.216$，$F = 265.734$， 显著性为0.000
	岗位效能感	-0.394	0.017	-0.461	-22.810	0.000	
	人际效能感	-0.348	0.021	-0.358	-16.678	0.000	
方程3 人格解体	（常量）	2.108	0.022		95.477	0.000	$R^2 = 0.185$，调整后的 $R^2 = 0.184$，$F = 203.777$， 显著性为0.000
	岗位效能感	-0.234	0.022	-0.226	-10.581	0.000	
	人际效能感	-0.380	0.022	-0.367	-17.231	0.000	
方程4 成就感 低落	（常量）	1.952	0.021		93.300	0.000	$R^2 = 0.176$，调整后的 $R^2 = 0.175$，$F = 190.903$， 显著性为0.000
	岗位效能感	-0.215	0.021	-0.220	-10.240	0.000	
	人际效能感	-0.058	0.017	-0.068	-3.358	0.001	

从表9—3可知，方程1、方程2、方程3、方程4调整后的R^2分别为0.201、0.217、0.185和0.176，说明自变量与因变量的拟合度较好，自变量分别可以解释因变量20.1%、21.7%、18.5%、17.6%的变化；方程1的系数B为负数，说明基层公务员自我效能感与职业倦怠之间是负

相关关系，且根据标准化系数 Beta 绝对值的大小来判断，人际效能感对职业倦怠的影响大于岗位效能感，它们的绝对值分别为 0.385 和 0.232，验证了假设 1；方程 2、方程 3、方程 4 的系数 B 均为负数，说明基层公务员自我效能感对职业倦怠三个维度的影响均是负向的，假设 2 不成立。

这里有三个问题需要解释：一是基层公务员自我效能感与职业倦怠为何是负向关系？简言之，这是因为自我效能感越强的人越有自信心，此种自信会让其对自身的能力、影响力进行更加积极的判断，进而有强的工作成就感，职业倦怠就不明显。具体来说，自我效能感影响职业倦怠的主要调节机制是个体的情绪控制、认知过程和行为动机。[①] 此次的调查数据可佐证这一观点。基层公务员经常加班，此次被调查者每天加班比例为 66.1%、每周加班的比例为 55%；工作任务重、压力大，此次调查有高达 95% 的人表示完全理解基层公务员的辞职现象，有 38.1% 的人有辞职的想法；报酬低，此次调查有 47.3% 的人认为表示报酬偏低，有 51.7% 的人表示报酬一般，二者合计 99%。长期处于这种状况，会对基层公务员的心理和身体产生影响，进而引发他们情绪上的不满与抱怨。情绪会影响认知过程，认知会影响行动，行动的达成又往往取决于动机，因此，经常加班的基层公务员认为自己在工作过程中情绪消耗过度，不愿更多的付出，进而会对工作感到疲惫和厌倦。二是为何基层公务员人际效能感对职业倦怠的影响大于岗位效能？此次调查显示，西南地区基层公务员的自我效能感尤其是人际效能感比较高，呈增长态势，说明这些公务员从事该项工作的热情度和职业抱负较高，这自然会降低其职业倦怠水平。三是为何基层公务员自我效能感对职业倦怠三个维度的影响是一致的，且都是负向的？自我效能感反映了个体对自身能力的一种信心和判断，与其他因素相比，自我效能感对职业倦怠的影响更加明显。由于基层服务存在工作量巨大、服务人数多、资源不足以及处理方式的不确定性和当事人的不可预测性等问题，这让部分基层公职人员的志向

---

① 谢俊荣、胡小军：《高校辅导员的职业倦怠及其自我效能感培养》，《湖南医科大学学报》（社会科学版）2009 年第 5 期。

与抱负就此搁浅。① 这说明，如果高效能的期望在一定程度上得不到满足，就会导致情绪上的压抑和心理上的失落，情绪衰竭、人格解体和成就感低落自然存在，这就是为何基层公务员自我效能感对职业倦怠三个维度的影响都是负向的原因。

至于基层公务员职业倦怠感的个体影响因素，用双变量相关分析和平均值比较得到表9—4的结果。如表9—4所示，年龄、职位、工作年限、工作部门、年收入和婚姻状况都在0.000或0.005上呈显著性，它们的皮尔逊系数分别为 -0.117**、-0.106**、-0.150**、-0.114**、-0.074**、-0.076**，这说明，这些变量与基层公务员职业倦怠都是负相关。其中，年龄越大、职位越高、工作年限越长、年收入越高的基层公务员职业倦怠感越弱；乡镇公务员职业倦怠感大于县级公务员，县级公务员职业倦怠感大于街道办事处；已婚或离异的被调查者职业倦怠感低于未婚的，验证了假设4。

表9—4　　　　基层公务员个体变量与职业倦怠感均值比较

		职业倦怠感均值（1—5分）				皮尔逊相关系数	显著性
		总倦怠感	情绪衰竭	人格解体	成就感低落		
性别	女	2.3728	2.7203	2.1751	2.0392	-0.040	0.074
	男	2.3027	2.6984	2.0896	1.9175		
民族	少数民族	2.3134	2.7150	2.0967	1.9217	0.018	0.413
	汉族	2.3440	2.6987	2.1491	2.0018		
年龄	16—30岁	2.4488	2.7752	2.2792	2.1279	-0.117**	0.000
	31—45岁	2.3116	2.7182	2.0863	1.9185		
	46—60岁	2.1532	2.5439	1.9216	1.7845		
文化程度	大专及以下	2.2830	2.6181	2.0827	1.9702	0.029	0.019
	本科	2.3378	2.7209	2.1357	1.9617		
	研究生	2.3739	2.7654	2.1528	1.9985		

---

① ［美］李普斯基：《基层官僚：公职人员的困境》，苏文贤、江吟梓译，学富文化事业有限公司2010年版，"序言"二。

续表

		职业倦怠感均值（1—5分）				皮尔逊相关系数	显著性
		总倦怠感	情绪衰竭	人格解体	成就感低落		
职位	普通办事员	2.4103	2.7424	2.2177	2.0930	−0.106**	0.000
	科级干部	2.2765	2.7053	2.0526	1.8583		
	处级干部	2.1504	2.5806	1.9245	1.7238		
工作年限	5年以下	2.4767	2.8207	2.2974	2.1330	−0.150**	0.000
	6—10年	2.3660	2.6866	2.2194	2.0442		
	7—20年	2.2603	2.6901	2.0088	1.8538		
	20年以上	2.1470	2.5634	1.9118	1.7476		
政治面貌	群众	2.3197	2.6432	2.1480	2.0018	0.006	0.800
	党员	2.3306	2.7271	2.1119	1.9486		
工作部门	乡镇政府	2.4372	2.8298	2.2287	2.0526	−0.114**	0.000
	县直部门	2.2903	2.6416	2.0958	1.9510		
	街道办事处	2.1196	2.4878	1.9351	1.7532		
年收入	5万元以下	2.8531	3.2115	2.7115	2.4615	−0.074**	0.001
	5万—10万元	2.3393	2.7270	2.1229	1.9679		
	7万—15万元	2.2638	2.6061	2.0909	1.9222		
	15万元以上	2.2453	2.4943	2.0909	2.0152		
婚姻状况	未婚	2.4606	2.7824	2.3136	2.1262	−0.076**	0.001
	已婚	2.3627	2.6751	2.2246	2.0435		
	离异	2.2825	2.6835	2.0504	1.9027		

注：*$p<0.1$，**$p<0.05$。

仔细思考，表9—4的数据呈现出两个特点：一是职位是影响基层公务员职业倦怠感的核心个体变量，工作年限、年龄和收入都是职位高低的表征。为什么职位是影响公务员职业倦怠的核心变量呢？按照美国功能主义学者罗伯特·莫顿的观点，程序化、标准化的科层制控制着组织内部各级公务员的行为，这种行为有一种仪式感，此种仪式感会让组织中的人不惜一切代价固守规则，根本不能感受到创新带来的成就感，从而以一种去人格化的态度在组织中消极应对。由于科层制中的工作具有较强的同质性，长期从事就会带来情绪衰竭，当低层公务员发现组织中的大部分权力都掌握在高层手里,而自己却只能重复机械劳动。时间、空间和主动权的被剥夺感会让他们在心理上产生不同程度的负面情绪。再加上基层公务员的职位升迁渠道狭窄,因政治敏感性引发的组织内部成员之间信任感低下,以及因工作需要而出现的缺乏情感的沟通,职位越高的人可支配的资源越多,沟通中的主动性越强,被科层制规训和监控的可能性越小,故而职业倦怠感较低。[①] 二是基层公务员的工作内容和工作对象也会对其职业倦怠感产生影响,工作对象素质越高、理解力越强,工作内容越简单,公务员的工作效率就越高,职业倦怠感越弱,这就是为何乡镇政府公务员的职业倦怠感最强的原因。之所以会出现这样的情况,因为高成就动机的公务员对工作的投入越高、承担的工作越多,越希望获得更大的成效,一旦期望破灭,倦怠感就容易出现。[②] 由于工作性质的特殊性和工作内容的复杂性,基层公务员作为"公共人"的角色和作为"公民"的角色发生冲突的可能性更大,如果该冲突不被及时、妥善地处理,压力就会产生,职业倦怠问题随之而来。

(四)降低基层公务员职业倦怠的策略

为提升基层公务员的自我效能感,降低其职业倦怠水平,就应做到以下几点:一是重视基层公务员心理健康,进行适当的心理疏导。可通过专业指导、学习培训减轻工作压力、降低工作负担、增强自我调节能力,提高工作积极性。二是完善基层公务员培训制度,提高培训的针对性、精准性和灵活性,转变公务员的观念和思维,提高个人能力,降低情绪耗竭。三是建立科学的绩效评估机制,设置合理的绩效评估内容。有人指出,公务员考核指标的分类设置、量化设置和综合设置,则是使指标体系更趋科学合理所必须注意的事项。[③] 为此,应科学设置基层公务

[①] 张鹏、孙国光:《公务员职业倦怠成因及干预对策》,《中国行政管理》2008 年第 10 期。

[②] Pines, A. M., *Changing Organizations: Is a Work Environment without Burnout an Impossible Goal? In W. S. Paine (Ed.), Job Stress and Burnout*, Beverly Hills, CA: Sage. Scaros, Barbara C., 1981.

[③] 刘福元:《公务员考核规范中的指标体系研究——迈向公务员行为的实质评价》,《理论与改革》2015 年第 5 期。

员德能勤绩廉的内容和权重，本着效率与公平兼顾的原则，既体现人文关怀又体现竞争意识，合理引导基层公务员积极向上。四是强化基层公务员激励机制，重视参与，增强其责任感，拓宽职位晋升渠道，增加公务员公平晋升和合理流动的机会。美国学者卡茨等人研究发现，员工工作时间的长短会对其工作满意度产生影响，一旦超过临界点，员工的工作满意度会发生系统的变化。① 这说明，设置科学的机制让员工合理流动十分必要。故此，可通过建立合理的内部轮岗和外部交流机制，激发员工的工作潜能，保持其工作活力，缓解其职业倦怠。② 五是强化基层公务员的组织支持力度。研究发现，自我效能感较高的个体，组织支持力度对职业倦怠的中介作用不明显，但自我效能感较低的个体，组织支持不足更容易产生职业倦怠感。③ 这意味着，组织支持对降低基层公务员的职业倦怠感有重要的作用。为此，应强化组织承诺，完善薪酬设计体系，提升基层公务员薪酬待遇；应营造良好的组织氛围与和谐的组织环境，激发基层提高基层公务员的内生动力，提高其工作效能。

二 关键：提升参与水平与培育责任意识

简单地说，公共参与就是参与公共事务的过程。近年来，国内外学界对民众公共参与进行了大量的研究，并指出民众公共参与是解决社会事务多元化和复杂性、实现政府决策科学化和民主化的有效方式。当然，也有人指出，公共参与也许会影响效率和效能，会"导致拖延，是基于短视目标基础上的多余限制"④，因此是一个颇有争议的话题。为应对这些争议，

---

① 张婷、温子嫣：《基于Maslash职业倦怠理论的基层公务员职业倦怠调查分析——以西安市阎良区为例》，《经济与统计论坛》2012年第10期。
② 高冬东等：《党政干部工作倦怠与组织公民行为相关研究》，《中国健康心理学杂志》2007年第1期。
③ 张传琦：《基层公务员自我效能感、组织支持感与职业倦怠关系的研究——以山东省县公务员为例》，硕士学位论文，南京师范大学，2013年。
④ Nelkin, D., "Science and Technology Policy and the Democratic Process", In James C. Petersen (Ed.), *Citizen Participation in Science Policy Amherst*, M. A.: University of Massachusetts Press, 1984, pp. 18 – 39.

诞生了新公共参与理论，该理论与传统公共参与最大的不同在于：认为公民公共参与不仅是为了分享政府权力、向政府施加压力、进行权力制衡，公民参与也是分担政府责任的一种方式，是建立责任共享、利益共担的一种机制。① 也就是说，新公共参与理论认为，公共参与的目的不再局限于权力之控，同时也是承担责任的一种方式。那么，公共参与是如何培育责任的呢？国内外学界鲜有研究。而且，在大量的研究中，对行政人员参与公共事务的研究几乎是一片空白。本来，参与公共事务是行政人员的义务，但这只是行政人员公共参与的应然状态，行政人员公共参与的实然状态是什么呢？他们是否比公众有更高的公共参与热情和参与意识？行政人员的这种参与热情和参与意识是否能培养他们的责任意识呢？如果能，又是如何培养的？带着这些问题，课题组利用到各地党校系统培训班开讲座的机会，对贵州省各地培训班的学员进行了问卷调查。调查共获取有效问卷370份，经过逻辑筛查，剔除不合格问卷8份，最终获取有效问卷362份，其中，贵州省问卷数量最多，有217份，占59.9%；接下来依次是海南省，70份，占19.3%；广东省40份，占11.1%；江西省35份，占9.7%。本次调查的公务员为县处级以下的科级干部、股级干部或普通公务员，具有丰富的基层工作经验。从调查对象的个体变量来看，在调查的公务员中，家庭出身为农村的公务员居多，占58.1%，城市的占41.9%；从性别来看，女性居多，占66.7%，男性为33.3%；从民族来看，汉族公务员居多，占68.3%，少数民族公务员占31.7%；从政治面貌来看，中共党员居多，占75.4%，一般群众占23.4%，民族党派成员占1.1%；从年龄来看，31—45岁的公务员略超过一半，为50.3%，18—30岁的为39.5%，46—60岁的为10.2%；从学历来看，学历为本科的公务员居多，占74.1%，是大专及以下学历的3.9倍、硕士研究生及以上学历公务员的10.4倍；从职位来看，职位以科局级干部及乡镇长为主，占56.5%，一般办事员占41.5%，处级干部占2%；从月收入来看，有18.8%的月收入为2000元以下，有52.4%

---

① Denhardt, JV Denhardt: "The New Public Service: Serving Rather than Steering", *Public Administration Review*, Vol. 60, 2000.

的月收入为2001—4000元，有24.2%的月收入为4001—6000元，月收入在6000元以上的公务员比例较少，为4.6%；从单位性质来看，来自执行机关的公务员超过半数，为50.8%，来自决策机关、监察机关、决策参谋机关、信息机关以及其他部门的公务员分别占8%、5.5%、12.5%、5.5%和17.7%。由个体变量数据可知，无论从年龄、性别、民族、收入、政治面貌和所属单位性质来看，被调查的基层公务员都具有较好的代表性。

（一）基层公务员公共参与的现实图景

近年来，随着公众对政府信任度的下降，社会公众对行政人员的责任意识需求越来越强烈。行政人员也逐渐意识到，脱离公众参与的行政决策往往是无效的。正如Thomas所言："新型的公民参与使公共管理人员的职责内容发生了变化……公众参与将成为更多管理者要面对的事实。"[①] 可见，公民对公共事务的参与对行政人员管理职责的转变有重要的作用。那么，行政人员的公共参与对其责任的承担又有何影响呢？

一般认为，公共参与有多种类型。根据参与的渠道，可将公共参与分为直接参与和间接参与；根据参与的方式，可分为个人参与和集体参与；根据参与主体的态度，可分为主动参与和被动参与；根据利益的取向，可分为公共事务参与和私人网络参与。由于积极参与公共事务是行政人员的义务，本研究测量的又是个体行政人员，因而用直接参与和间接参与更能概括行政人员的参与情况。为了使测量更为直观、形象，用表9—5所示的10个指标测量行政人员的公共参与情况。为了便于分析，给每个测量指标设定"很不同意、不同意、一般、同意、十分同意"5个答案，并分别赋值"1—5分"。考虑到后面的分析需要简化行政人员公共参与变量，首先要对行政人员公共参与变量进行降维处理——因子分析。而在因子分析之前，应先对原始量表进行信度测试，结果显示其Aphla信度系数0.899，信度较好。同时，我们又对样本进行了KMO值检测，其值为0.891（Sig. = 0.000 < 0.01），巴特尔球形系数为1944.541，

[①] 王巍、牛美丽：《公民参与》，中国人民大学出版社2009年版，第52页。

且相关矩阵中均存在大量显著相关关系,适合做因子分析。经过最大方差法的旋转,我们发现特征根值大于 1 的公因子有两个。其中,变量"C1—C5"在第一个公因子上有较高的荷载,可将其命名为"直接参与"因子;变量"C6—C10"在第二个公因子上有较高的荷载,可将其命名为"间接参与"因子,两个因子累计可解释 67.041% 的变量。这意味着,这些变量对"行政人员公共参与"有较强的解释力。

表 9—5　　　　　最大方差法旋转后的行政人员公共参与因子

变量	均值	主成分因子		共量
		直接参与因子（F1）	间接参与因子（F2）	
C1 我每天都关心国家大事	4.16	0.880	0.204	0.817
C2 我经常看报纸上的新闻	3.97	0.830	0.205	0.730
C3 我经常看电视中的实政要闻	4.07	0.888	0.176	0.819
C4 我乐意与周围的人谈论国家大事	3.71	0.584	0.520	0.612
C5 我积极关注政府的各项重大举措	3.88	0.634	0.511	0.663
C6 我会为当地的发展献言献策	3.06	0.233	0.775	0.653
C7 我关心时事的程度越高越能促进社会民主化	3.14	0.232	0.745	0.609
C8 我的意见可能会对政府决策产生一定的影响	2.57	0.056	0.851	0.727
C9 我乐意积极参与公益活动	3.68	0.474	0.578	0.558
C10 民主选举比较重要,因而我愿意参加选举投票	3.59	0.391	0.602	0.516
方差贡献率（%）		34.834	32.207	67.041
特征根值		5.400	1.304	6.704

直接参与意味着行政人员直接参与到公共事务中,对公共事务直接发表意见和观点,或者直接采取行动影响公共事务的发展进程;间接参与则表示行政人员没有直接表达自己的心声,而是通过台前幕后的助推工作推动公共事务的发展。如表 9—5 所示,就被调查者所选答案的均值

而言，行政人员直接参与（表9—5中的C1—C5）的均值为3.96，间接参与（表9—5中的C6—C10）的均值为3.21，二者相差0.75。从上述可知，行政人员直接参与公共事务的程度更高。这与一般公众的公共参与形成鲜明的对比。在现实生活中，由于力量单薄、渠道不畅、能力不足和制度短缺，普通公众直接参与公共事务的机会较少、程度较低，大都是通过大众媒体、社会组织和社会团体等间接提出自己的诉求和主张，因而普通公众的公共参与大都是间接参与。

就具体的百分比而言，行政人员对"我每天都关心国家大事"这一说法不同意（含很不同意和不同意，下同）、一般和同意（含很同意和十分同意，下同）的比例分别是3.7%、14.2%和82.1%；对"我经常看报纸上的新闻"这一说法不同意、一般和同意的比例分别是4.8%、21.6%和73.6%；对"我经常看电视中的实政要闻"这一说法不同意、一般和同意的比例分别是3.4%、18.1%和78.5%；对"我乐意与周围的人谈论国家大事"这一说法不同意、一般和同意的比例分别是8.8%、31.8%和59.4%；对"我积极关注政府的各项重大举措"这一说法不同意、一般和同意的比例分别是7.2%、22%和70.8%；对"我会为当地的发展献言献策"这一说法不同意、一般和同意的比例分别是29.3%、37.9%和32.8%；对"我关心时事的程度越高越能促进社会民主化"这一说法不同意、一般和同意的比例分别是27.5%、34.7%和37.8%；对"我的意见可能会对政府的决策产生一定的影响"这一说法不同意、一般和同意的比例分别是50.8%、27.8%和21.4%；对"我乐意积极参与公益活动"这一说法不同意、一般和同意的比例分别是8.4%、31.6%和60%；对"民主选举比较重要，因而我愿意参加选举投票"这一说法不同意、一般和同意的比例分别是3.6%、14.2%和82.1%。

从上述数据可以看出，无论是直接参与还是间接参与，行政人员参与选举投票、关注时政要闻、谏言社会发展、参与公益活动、关注政府改革、谈论国家大事的积极性都比较高，这一方面是由行政人员整体素质高决定的，另一方面与公共参与是行政人员应尽的义务这一规则决定的。正因为参与公共事务是行政人员应尽的义务，所以行政人员参与公共事务的渠道是畅通的，手段是多样的，方式是灵活的，影响也是巨大的。

尽管如此，上述数据仍然对基层行政人员群体参与公共事务提出了一些风险警示：例如，行政人员认为他们的意见对政府决策不会产生太大的影响，这一题项的均值最低，为2.57，不同意此说法的行政人员比例高达50.8%。这说明，哪怕在行政机关内部，基层行政人员影响政府决策的能力也不够。反过来思考，这也说明我国政府决策过程的开放性和民主性不够，以致政府决策参与无论从形式还是实质上来看都存在一些问题。当然，这与本次调查仅有8%的决策机关行政人员也有一定的关系。再如，有27.5%的被调查行政人员认为他们关心时事的程度与社会民主化程度不成正比。这说明，行政人员认为他们的民主意识和民主行为对我国民主发展程度的影响不大，因而哪怕是主动参与了，也不一定能促进社会的民主化发展。

综上所述，行政人员在实际生活中直接和间接参与公共事务的积极性较高，且直接参与公共事务的积极性大大高于间接参与公共事务的积极性，这对行政人员责任意识的培育是极为有利的。但是，基层行政人员的参与状态也凸显出我国的民主建设不到位、民主化程度不高、民主制度不健全、社会开放性不够等问题，这些问题也将在一定程度上离间行政人员对行政责任的承担。

（二）基层公务员责任意识现状调查

特里·L.库珀指出："责任是构建行政伦理学的关键。"① 弗雷德里克·莫舍也曾经说："在公共行政和私人部门行政的所有词汇中，责任一词是最为重要的。"② 在这里，他们将责任分为客观责任和主观责任。客观责任与从外部强加的可能事物相关，源于法律、官僚组织和社会公众对行政人员的期望和需求；主观责任则与那些我们认为应该与之负责的

---

① ［美］特里·L.库珀：《行政伦理学：实现行政责任的途径》，张秀琴译，中国人民大学出版社2001年版，第62页。
② ［美］特里·L.库珀：《行政伦理学：实现行政责任的途径》，张秀琴译，第62页。

事物相关，来自行政人员对责任的主观感受，更多地形成于行政人员的伦理自主性。① 库珀指出，在实践生活中，主观责任与客观责任经常发生冲突，这些冲突常常来源于公务员应对组织负责还是对公民负责、对上级负责还是对下级负责、对制度负责还是对良知负责的价值徘徊。② 不仅如此，库珀还指出，当发生冲突的时候，行政人员更倾向于对客观责任而非主观责任负责，更愿意对制度和上级官员而非下级和民众负责。

在库珀看来，公务员的客观责任主要是对四种人负责：上级、下级、民选官员和公民。其中，对民选官员负责又包括两类：一类是对自身的职位负责，即"客观责任并不是你自己考虑该如何做而做出的一系列决定的产物，而是源于他人处于你这样的行政职位考虑该如何做而做出的约束，你一旦接受了行政人员职位就等于接受了这些期望和约束"；另一类是对法律负责，因为公务员所在的组织和自己的行为都要在法律管制的范围之内进行，这是客观责任的一种形式。③ 因此，客观责任的负责对象应该有五种：上级、下级、职务本身、法律或制度、公民。主观责任的负责对象则包括价值观和良知。为此，可通过表9—6所示的7道题来测试公务员的责任意识。为了更加真实地表达，首先就公务员的责任意识进行描述，设置了"很不同意、不太同意、一般、比较同意和十分同意"5个答案，并分别赋值"1—5"分，让被调查公务员对其做选择。

如表9—6所示，在执行公务的过程中，被调查公务员的责任意识较强，认为应对上述7种对象负责，因为所有题目的均值都在3分以上。只是，他们认为对不同对象所负的责任程度有所不同，这些不同凸显出四个特征：第一，整体而言，被调查公务员更愿意对客观责任负责。主观责任（题6—7）的均值为4.47分，客观责任（题1—5）均值为4.51

---

① ［美］特里·L. 库珀：《行政伦理学：实现行政责任的途径》，张秀琴译，中国人民大学出版社2001年版，第63页。

② 谢治菊：《论公共行政伦理责任的理性建构和社会建构》，《广东行政学院学报》2011年第3期。

③ ［美］特里·L. 库珀：《行政伦理学：实现行政责任的途径》，张秀琴译，中国人民大学出版社2001年版，第66页。

分,客观责任均值比主观责任均值略高 0.04 分。第二,在客观责任中,被调查公务员更愿意对上级而非下级负责,他们的均值分别为 4.61 分和 4.37 分,二者相差 0.24 分。第三,在客观责任中,被调查公务员更倾向于对职位本身、国家法律或制度而非民众负责,他们的均值分别为 4.58 分、4.57 分和 4.44 分。第四,在主观责任中,公务员更愿意对自己的良知而非价值观负责,二者分别相差 0.07 分。也就是说,从调查的情况来看,公务员更愿意承担客观责任,更愿意对上级、法律或官僚制度负责,这与库珀的责任冲突理论完全吻合。

表 9—6　　　　　　　　基层公务员责任意识调查

	很不同意(%)	不太同意(%)	一般同意(%)	比较同意(%)	十分同意(%)	分值(分)
1. 我应对我的职责(职位)负责	1.1	0.6	3.7	28.2	66.4	4.58
2. 我应对我的上级负责	1.1	0.8	4.5	23.2	70.3	4.61
3. 我应对我的下级负责	1.7	0.9	9.7	34.4	53.4	4.37
4. 我应对选举我的民众负责	1.7	1.1	8.0	29.3	59.8	4.44
5. 我会对国家的法律或制度负责	1.1	0.3	6.5	24.7	67.3	4.57
6. 我做事要对得起我的良心道德(良知)	1.4	1.1	7.4	26.1	63.9	4.50
7. 我不能做背离我人生观、价值观的事	1.7	1.4	6.6	33.0	57.2	4.43

Cronbach's Alpha = 0.907,KMO 值 = 0.917,Bartlett 球形系数 = 2480.466

显然,这里有两个问题需要解释:第一,为什么被调查公务员更倾向于承担客观责任而不是主观责任?这与我国基层公务员的工作性质和压力型体制分不开。就理论而言,公务员行使的是公共权力、维护的是公共利益、承担的是公共责任。为了使公共利益最大化、公共权力更少滥用,应然状态下的公务员忠诚于自己的良知和价值观似乎比忠诚于上级和制度更重要。但是，公务员是理性经济人，有实现个人利益最大化的冲动，实然状态下的公务员之所以更愿意承担客观责任是因为客观责任有利于他们实现个人利益的最大化。客观责任是可纳入绩效考核范畴的、可测定的一种责任形式，是一种法律条文规定的硬性指标，在我国的压力型体制下，这种责任的承担能够给公务员带来实际的收益（金钱和官位），上级机关对公务员的考核和评价对其升迁奖惩起着关键的作用。因此，在实际生活中，基层公务员的主观责任逐渐被忽视，以致这些公务员在执行行政决策的过程中慢慢冷却了自己的良知，更愿意承担能带来明显收益的客观责任，进而使理论与实践存在一定的冲突。

第二，为什么基层公务员群体更愿意对上级、制度或法律而非下级和民众负责？这一问题除与基层公务员群体是理性经济人有关以外，还与我国整体的伦理氛围缺失和基层公务员素质低下有关，更与基层公务员工作环境的特殊性有关。这一点，李普斯基的解释比较精辟。在李普斯基的眼中，处于基层同时也是最前线的直接和公民打交道的政府工作人员是"街头官僚"，他们的工作环境至少有两方面的特殊性：一是在基层事务中享有较大的自由裁量权，而由于资源短缺、供需不一、目标模糊、绩效评估困难，正式制度与社会公众难以对他们的自由裁量权进行有效监督，他们更愿意承担什么样的责任完全取决于自身的价值偏好。[①] 二是"街头官僚"服务的顾客大都是"非自愿性顾客"，即使他们没有很好地满足这些顾客的要求，也不会有任何损失。因为哪怕顾客对于"街头官僚"机构的服务不满意，但由于"街头官僚"为他们提供的服务或福利是垄断性的，这种"非自愿的顾客"也不能自由地退出他们与街头官僚的关系。[②] 在此种情况下，"街头官僚"就可以随便地对待他们的顾客，包括忽略他们的需要、滥用职权、不尊重下层的公民等。[③] 也就是

[①] 谢治菊：《关于流动商贩的治理》，《城市问题》2011年第11期。
[②] 马骏、叶丽娟：《西方公共行政学理论前沿》，中国社会科学出版社2004年版，第93—94页。
[③] 马骏、叶丽娟：《西方公共行政学理论前沿》，第95页。

说,"街头官僚"的自身偏好在他们与所服务的顾客关系中享有优先选择权,再加上缺乏外部监督,因而他们会更倾向于用更简单、省事的办法来进行执法,进而更倾向于能给自身带来直接好处或决定自身前途命运的上级、法律而非下级、民众负责。

可见,基层公务员群体的主观责任和客观责任意识均较强,但在实际生活中,一旦发生责任冲突,他们更愿意承担客观责任,更愿意对上级、官僚制度和法律负责。那么,这种较强的责任意识和独特的责任冲突形式与基层公务员参与公共事务的状况有关吗?

(三) 基层公务员公共参与对其责任意识影响的实证分析

新公共参与理论认为,公共参与既分担了政府的责任,又提升了政府的合法性认同,还可以给社会更多的公平与民主,也是给政府治理中利益所损的补偿或救济的有效渠道。① 也就是说,民众的公共参与对其责任意识的塑造有重要的促进作用。那么,基层公务员的公共参与对其责任意识也有促进吗？如果有,有多大的促进？又是如何促进的？

为了深入探讨上述问题,要用线性回归和 Logistic 回归的方法来分析。为此,首先要对基层行政人员公共参与的两个因子 F1、F2 与基层行政人员公共责任意识的简单均值进行 Person（理由同 Logistic）相关分析,结果发现 F1 直接参与因子与公共责任意识的相关系数 R 值为 0.502** ($p=0.000$), F2 间接参与因子与公共责任意识的相关系数 R 值为 0.220** ($p=0.000$),均在 0.01（双尾）上呈统计显著性。接下来,继续以基层行政人员公共参与的两个因子 F1、F2 为自变量、以基层行政人员公共责任意识 7 个变量（见表 9—6）的简单均值为因变量,进行线性回归,得出了如表 9—7 所示的线性回归模型。由表 9—7 可知,第一,模型全体样本的确定系数 R^2 为 0.300,说明就全体样本而言,基层行政人员

---

① 顾丽梅：《挑战、批判与反思：解读当代西方的新公共参与理论》,《浙江学刊》2009 年第 6 期。

公共参与对公共责任意识的形成有较强的影响，模型的拟合度为30%。仔细分析不难发现，直接参与因子和间接参与因子的非标准化系数 B 均为正值，这表明基层行政人员公共参与水平越高，他们的公共责任意识就越强，二者是正相关关系。第二，从自变量对因变量影响最大的指标"标准化回归系数 Beta 值"来看，基层行政人员直接参与公共事务对其责任意识的培育影响最大，间接参与公共事务的影响次之，他们的 Beta 值分别为 0.502 和 0.220。以上数据表明，整体而言，基层行政人员参与公共事务对其责任意识的培育有正向的促进作用，但这种促进因参与方式的不同而有所差异，直接参与的影响较大，间接参与的影响较小。

表9—7 基层行政人员公共参与对其公共责任意识培育之线性回归模型

自变量	回归系数		标准化回归系数 Beta	t	Sig.	相关说明
	系数 B	系数标准误				
（常量）	4.422	0.029		152.639	0.000	复相关系数 R = 0.549，R^2 = 0.300，调整后的确定系数 R^2 = 0.296，F 值 = 71.855　Sig. = 0.000 < 0.01
直接参与因子	0.318	0.029	0.502	10.978	0.000	
间接参与因子	0.140	0.029	0.220	4.816	0.000	

既然基层行政人员公共参与对责任意识的培育有如此重要的影响，那么，影响基层行政人员公共责任意识的背景变量因素又有哪些呢？为此，要进行 Logistic 回归，其具体做法是先将基层行政人员公共责任意识进行重新赋值，将低于均值4.4的称为"低责任意识"，编码为"0"，将等于或高于均值4.4的视为"高责任意识"，编码为"1"；然后，以基层行政人员的个人变量为自变量，以基层行政人员的责任意识为因变量进行 Logistic 回归。如表9—8所示，模型卡方值（Chi‑square）为41.241，p = 0.005，在0.01水平上具有统计学上的显著性。 - 2Log likelihood 对数值为383.362，Cox & Snell R^2 为0.124，而由 Nagelkerke R^2 可知，全部

自变量可以解释因变量的 16.7%，解释力一般。选择统计显著性水平为 0.01，基层行政人员的家庭出身和所在机关的性质的 Wald 检验的概率 p 值都有显著性，这表明在所有自变量中，这两个变量对基层行政人员的责任意识的影响具有统计学显著性。从 Exp（B）值即发生比率 OR 值可以看出，家庭出身为城市的基层行政人员高责任意识的发生比是家庭出身为农村的基层行政人员的 0.563 倍，即来自农村的基层行政人员责任意识更强；来自执行机关、监督机关、决策参谋机关、信息机关和其他机关的基层行政人员高责任意识的发生比分别是来自决策机关的基层行政人员的 0.330、0.224、0.425、0.920 和 0.167 倍，即决策机关行政人员的责任意识更强。

表9—8　基层行政人员个体变量对其责任意识影响之 Logistic 回归模型

个体变量	系数	标准误	Wald 值	自由度	显著性水平	Exp（B）
性别[a]	−0.071	0.290	0.060	1	0.806	0.931
民族[b]	−0.120	0.300	0.159	1	0.690	0.887
家庭出身[c]	−0.575	0.271	4.505	1	0.034	0.563
政治面貌[d]			4.746	2	0.093	
中共党员	0.587	0.341	2.966	1	0.085	1.799
民主党派成员	−1.404	1.417	0.982	1	0.322	0.245
年龄[e]			2.363	2	0.307	
31—45 岁	−0.131	0.374	0.122	1	0.727	0.878
46—60 岁	0.645	0.607	1.126	1	0.289	1.905
文化程度[f]			1.045	2	0.593	
本科	−0.079	0.345	0.053	1	0.818	0.924
硕士研究生	−0.563	0.579	0.944	1	0.331	0.570
职位[g]			0.821	2	0.663	
科级（正副）	−0.324	0.391	0.688	1	0.407	0.723
处级（正副）	0.236	1.595	0.022	1	0.883	1.266
月收入[h]			6.979	5	0.222	
2001—4000 元	0.022	0.413	0.003	1	0.957	1.023

续表

个体变量	系数	标准误	Wald 值	自由度	显著性水平	Exp（B）
4001—6000 元	-0.484	0.506	0.913	1	0.339	0.616
6001—8000 元	-2.832	1.265	5.014	1	0.025	0.059
8001—10000 元	-1.152	1.511	0.582	1	0.446	0.316
10000 元以上	20.746	40192.970	0.000	1	1.000	1.023
单位性质[i]			13.062	5	0.023	
执行机关	-1.107	0.566	3.834	1	0.050	0.330
监察机关	-1.496	0.730	4.206	1	0.040	0.224
决策参谋机关	-0.856	0.641	1.784	1	0.182	0.425
信息机关	-0.084	0.797	0.011	1	0.916	0.920
其他机关	-1.792	0.623	8.271	1	0.004	0.167
常量	1.834	0.766	5.742	1	0.017	6.262

注：①Chi-square = 41.241，p = 0.005，-2Log likelihood = 383.362，Cox & Snell R^2 = 0.124，Nagelkerke R^2 = 0.167。

②a. 参照变量为女性；b. 参照变量为少数民族；c. 参照变量为农村；d. 参照变量为一般群众；e. 的参照变量为 18—30 岁；f. 的参照变量为大专及以下；g. 参照变量为办事员；h. 参照变量为 2000 元以下；i. 的参照变量为决策机关。

（四）研究结论与建议

基层公务员对公共事务的参与可分为直接参与和间接参与，而无论是直接参与还是间接参与，调查的数据都显示其参与水平较高。在此背景下，基层公务员的责任意识也较强，但他们更愿意对客观责任而非主观责任负责，更愿意对上级、制度和法律而非下级和民众负责。多元线性回归显示，公务员的这种责任意识与他们的公共参与水平有正相关关系，即公共参与水平越高责任意识越强，且直接参与比间接参与更能促进基层公务员的责任意识。Logistic 回归分析结果表明，农村出生的基层公务员、决策机关的基层公务员更有公共责任感，这些发现对培育公务员的责任意识有重要的帮助。

显然，这里有三个问题需要解释：第一，为什么基层行政人员的公共参与能培育他们的责任意识呢？一般而言，参与对责任意识的影响有两种：促进或离间。如果参与后发现参与的意义明显、价值较大、作用重要，这种参与就会促进责任意识；反之，则会离间责任意识。也就是说，基层行政人员的公共参与如果成功，则会给政府带来实质性的好处和利益，包括更有效的公共政策、更舒心的工作环境、更有激情的工作状态、更高的责任意识和更坚固的民主。但是，如果参与不成功，甚至参与经常失败，反而会引发基层行政人员的愤怒和强烈不满，甚至影响行政效率和政策执行。而此处的调查数据表明基层行政人员的参与基本是成功的，因而能培养更多的责任意识。第二，为什么家庭出身为农村的行政人员高责任意识的发生比高于家庭出身为城市的行政人员。一般认为，在中国，来自农村家庭的基层行政人员大都童年时生活清贫且兄弟姐妹多，这样的环境培育了他们从小就能吃苦、会谦让、懂节俭、担责任、勇批评的精神，他们比城市出生的行政人员更勇于承担责任也就不足为奇。第三，为什么决策机关的行政人员有更高的责任意识？这是因为决策机关是承担决策任务、行使决策权力的机关。决策机关所做决策的成败会直接影响到民族的命运和国家的沉浮，因此决策机关在所有行政机构中的重要性也就不言而喻。根据权责利相一致的原则，行政机关及其工作人员所承担的责任应与其所拥有的权力和获得的利益相一致。而在所有的行政机关中，决策机关的权力最大，相应地，他们承担的责任也最大。

既然基层行政人员的公共参与对其责任意识的培育有明显的促进作用，呈正相关关系，那么，又该如何通过公共参与来培育基层行政人员的责任意识呢？为此，应从以下六方面入手：第一，提升行政人员的整体素质和业务道德，使行政人员发自内心地将参与公共事务作为其必须履行的义务，积极、主动、有序地参与。第二，推行民主，广开言路，营造更加开放、包容的参与环境，打消行政人员的参与顾虑，让基层行政人员以更加热情、饱满的姿态直接参与到公共事务活动中。第三，完善法律法规，促进行政人员的法制化参与，为基层行政人员参与公共事务提供更明确的制度保障。第四，建立基层行政人员参与激励机制，对理性参与公共事务的基层行政人员，尤其是积极献计献策、提出的意见被采纳的基层行政人员予以精神和物质奖励。第五，完善行政人员参与问责机制，对该参与的不参与、不该参与的却参与等参与不足或参与过度的行政人员实行问责，倡导行政人员的适度参与。第六，激发行政人员的道德自主性。这就要求重新树立不同于以往社会治理体系的人性观和哲学观，强化行政人员的责任心和道德感，并通过文化感召与民主建设去激发和唤醒他们善的一面[1]；同时，还应通过物质和精神补偿对行政人员进行道德激励，使其遵循道德规范，促进良好社会道德环境的生成。此外，还应加强行政道德立法，培育行政道德文化，进行行政道德教育，让基层行政人员在良好的道德环境中实现对道德意识的自我建构。

三 核心：强化公平认知与增强获得感

"获得感"一词是 2015 年 2 月 27 日习近平总书记在中央全面深化改革领导小组第十次会议上提出来的概念。此后，该词不仅成为政界会议和文件的热门词汇，也成了学界和媒体追逐的对象，甚至是政府政策制定的标尺和衡量人民幸福与否的核心指标。例如，康来云指出，要将人民实实在在的获得感作为改革成效的评价标准[2]；何鼎鼎认为，人民自身的获得感是评价基层政府工作真正给力的政策红包。[3] 之所以有这些论断，是因为虽然自改革开放以来社会的物质财富在不断增加、民众的物质生活在不断富足，但人民的幸福感和满足感并没有同步提升，反而呈现出"钝化式增长"的困境。[4] 为何物质财富的增加并没有给人民提升以幸福感和满足感为核心的获得感，反而让获得感出现了边际效用递减的"餍足效应"？[5] 原因在于改革的供给与民众的需求之间有距离，加上民众

---

[1] 谢治菊：《服务型社会治理模式中的行政伦理建设研究》，《广西社会科学》2011 年第 6 期。
[2] 康来云：《获得感：人民幸福的核心坐标》，《学习论坛》2016 年第 12 期。
[3] 何鼎鼎：《获得感是衡量政策的重要标尺》，《领导科学》2017 年第 36 期。
[4] 何立新、潘春阳：《破解中国"Easterlin 悖论"：收入差距、机会不均与居民幸福感》，《管理世界》2011 年第 8 期。
[5] 杨伟荣、张方玉：《"获得感"的价值彰显》，《重庆社会科学》2016 年第 11 期。

对改革期待和改革结果的认知不一致,此距离容易让民众产生相对剥夺感,其表现是"端起碗吃肉,放下筷子骂娘"。① 这说明,提升获得感以增强民众对政府的信任是新时代各级政府面临的核心议题。事实上,自2015年以来,学界已对此问题进行了强烈的关注,此关注主要集中在以下两大方面:一是对获得感的理论内涵、当代价值及国外经验进行了阐释。例如,张品认为,获得感是因物质和精神层面的获得而产生的满足感,这种满足感是实现人的全面发展和增强民族自信的源泉②;曹现强指出,发展是获得感的前提,民生是获得感的重点,国外的包容性发展和参与式改革是可以为我国研究获得感提供有力的借鉴。③ 二是对民众的获得感及其影响因素进行了测量。石晶2017年通过10224份网络问卷调查发现,发达地区的人群、更愿意给予的人群、拥有积极心态的人群、能抓住机会的人群,获得感更高。④ 虽然获得感受个人条件、社会环境、经济水平等多方面因素的影响,但社会公平才是增进获得感的催化剂。其中,机会公平是快速产生获得感的重要因素,分配公平是中底层群体产生获得感的重要途径。⑤ 这意味着,个体的公平感会对获得感产生影响。至于影响有多大,学界鲜有这方面的研究。尽管如此,现有成果还是为本章提供了重要的思路与借鉴。值得一提的是,现有成果仅仅研究的是普通个体的获得感,对于基层公务员群体的探讨几乎是一片空白。所谓基层公务员,指在公共服务部门中的工作人员,主要包括基层政府工作人员、法律服务机构人员、社会福利部门人员以及其他机构人员。⑥ 这群人处于中国压力型体制的"末端",压力较大、责任较多、任务较重、资

---

① Gurr T. R. , *Why Men Rebel. Princeton*, N. J.: Princeton University Press, 1970.
② 张品:《"获得感"的理论内涵及当代价值》,《河南理工大学学报》(社会科学版) 2016年第4期。
③ 曹现强:《获得感的时代内涵与国外经验借鉴》,《人民论坛》(学术前沿) 2017年第1期。
④ 石晶:《新的美好生活,新的感受期盼——当前公众获得感幸福感安全感状况及影响因素调查报告》,《国家治理》2017年第44期。
⑤ 石晶:《新的美好生活,新的感受期盼——当前公众获得感幸福感安全感状况及影响因素调查报告》,《国家治理》2017年第44期。
⑥ [美]李普斯基:《基层官僚:公职人员的困境》,苏文贤、江吟梓译,学富文化事业有限公司2010年版,"序言"。

源有限、报酬偏低，对他们获得感的调查有利于了解其真实生存状况和工作心态。在精准扶贫的大背景下，这样的调查对提升精准扶贫成效、激发基层公务员工作积极性、完善基层公务员激励与考核机制有重要的帮助。

（一）公平认知与获得感关联之理论假设

公平认知是认知主体对社会公平的主观评价。从认知层面探讨公平问题，是国内外公平研究领域的新趋势，已有学者进行实验和开展调查。在国外，2010 年，Baumert 等人通过三个系列的对比研究发现，个体公正敏感性会对其加工不公平信息的过程产生影响。[1] 这说明，在加工不公平信息中存在个体差异，此种差异会对个体行为和认知产生影响。进一步的研究表明，由于日常行为中的不公平信息被保留在记忆中，个体在面对不公平的情景时会被激活，这会影响个体的认知过程。[2] 当然，国内也有一些学者对人们的社会公平认知情况及影响因素进行了调查。例如，麻宝斌、杜平通过对 2425 份问卷的调查显示，民众对社会总体的公平性是认可的，但也对城乡和部门间的不公平持……态度[3]；怀默霆提出要从动态即民众社会地位流动预期的角度研究公平认知，如果公民的社会地位预期上升，则更能容忍更大程度的不公平[4]；郑畅与孙浩通过 2010 年、2013 年 CGSS 数据的分析表明，乐观向上的社会地位流动预期、较高的相对收入评价能显著提高民众的公平认知[5]；麻宝斌等人的调查发现，性别、年龄、教育程度、收入水平、经济社会地位等都会影响人们对教育公平认知的看法。[6] 既然公平认知受个人条件及背景变量的影响比较明

---

[1] Baumert, A. Gollwitzer, M., Staubach, M. & Schmitt, M., "Justice Sensitivity and the Processing of Justice-Related Information", *European Journal of Personality*, 2010.
[2] 钟毅平等：《公正世界信念对记忆偏差的影响》，《心理科学》2012 年第 6、35 期。
[3] 麻宝斌、杜平：《关于社会公平正义认知状况的调研》，《理论探索》2017 年第 6 期。
[4] 怀默霆：《中国民众如何看待当前的社会不平等》，《社会学研究》2009 年第 1 期。
[5] 郑畅、孙浩：《收入、社会地位流动预期与民众社会公平认知——采用 CGSS（2010、2013）数据的实证检验》，《西部论坛》2017 年第 5 期。
[6] 麻宝斌等：《中国民众教育政策公平认知状况的影响因素分析》，《公共管理与政策评论》2017 年第 6 期。

显,身份特殊的基层公务员公平认知情况如何呢?这种认知会对基层公务员的获得感产生多大的影响呢?

所谓基层公务员的获得感,指基层公务人员因物质和精神层面的获得而产生的满足感。既然获得感有物质和精神两个层面的含义,物质层面的获得感就可以用收入感来衡量,精神层面的获得感用幸福感和满意度来测量。由于研究个体幸福感和满意度的成果较多,此处对它们的概念就不一一列举,需要解释收入感。所谓收入感,指基层公务员对自己收入状况的主观评价。受多种因素的影响,个体的收入感并不等于收入本身,而是在与他人的纵横比较中,在与个体的付出对比后得出的主观认知,这种认知一方面会对公平感产生影响,另一方面是获得感的重要构成。

与普通个体一样,基层公务员的获得感受多种因素的综合影响,但公平认知却是比较明显的影响因素。研究发现,个体与他人的横向比较、与自我的纵向比较均会对其公平认知产生影响。一般而言,如果与比自己更好的群体横向比较,容易激发其对自身不利地位的主观认知,催生被剥夺的感觉[1];如果与自己的过去纵向比较,现在比过去好,且现在的好是通过自身努力获得的,就会认为社会比较公平。[2] 个体一旦发现自己现在比过去过得更差,且在与他人的横向比较中占劣势时,被剥夺感也会成倍地增加。[3] 这意味着,个体的比较认知框架会对其获得感产生影响,而社会分配公平与否是人们保持获得感的重要基础,一旦厘清公平认知影响获得感的作用机理,对于提升基层公务员的工作积极性和工作成效具有极大的作用。

那么,公平认知为何会对个体的获得感产生诱导效应呢?研究发现,公平认知会影响个体对社会分配体系的价值判断,当个体认为社会分配

---

[1] Walker L., Smith, H. J., *Relative Deprivation: Specification, Development, and Integration*, New York: Cambridge University Press, 2002.

[2] 徐建斌、刘华:《社会公平认知、流动性预期与居民再分配偏好——基于 CGSS 数据的实证研究》,《云南财经大学学报》2013 年第 2 期。

[3] Runciman, W. G., *Relative Deprivation and Social Justice*, London: Routledge, 1966.

体系越公平，越会认可现有的分配结果。① 其实，收入并不是个体拥有获得感的充分条件，仅是必要条件，公平认知对获得感的生成反而有更大的促进。② 在 Pettigrew 看来，此种促进表现为：公开透明的结果可以提升弱势群体的程序公正感，进而降低其相对剥夺感。③ 而相对剥夺感是个体是否拥有获得感的前提，这说明公平认知对个体获得感有直接的影响。

公平认知影响获得感的另一表现是公平认知对个体幸福感、满意度的促进。已有的研究表明，公平感与幸福感是呈相关的，这类研究主要集中在收入公平或分配公平与幸福感的关系方面。例如，Dinener 等的实证分析发现，高收入公平感群体情感体验更为积极和向上④；Bies 等对不同国家调查后提出，收入与主观幸福感呈相关⑤；Robert B. 将幸福感的机能归结为收入，并指出收入可通过满足个体的需求而提升幸福感⑥；张学志通过实证发现，收入对个体的主观幸福感有决定性作用⑦；徐宁等认为，薪酬及福利公平与员工的幸福感呈正相关，绩效评估公平也会对员工的幸福感产生正面影响⑧；袁正等的分析则表明，分配不公对主观幸福感有显著的负面影响。⑨ 这说明，公务员的公平感知尤其是分配公平感对其主观幸福感有重要的影响。至于公务员公平感与满意度的关系，有调查显示，组织公平感与工作满意度呈显著正相关，且前者对后者有显著

---

① 徐建斌、刘华：《社会公平认知、流动性预期与居民再分配偏好——基于 CGSS 数据的实证研究》，《云南财经大学学报》2013 年第 2 期。

② 黄艳敏等：《实际获得、公平认知与居民获得感》，《现代经济探讨》2017 年第 11 期。

③ Pettigrew, T. F., Christ O., Wagner U., Meertens, R. W., van Dick, R. & Zick, "A. Relative Deprivation and Intergroup prejudice", *Journal of Social Issues*, Vol. 64, No. 2, 2008.

④ Dinener, Shigehiro, Oishi, Richard E., Lucas, "Personality, Culture and Subjective Well-being: Emotional and Cognitive Evaluation of Life", *Auu. Rev. Psychology*, No. 54, 2003.

⑤ Bies, R. J., Shapiro, D. L., "Voice and Justification: Their Influence on Procedural Fairness Judgments", *Academy of Management Journal*, No. 1, 1987.

⑥ Diener, E., Robert B., "Will Money Increase Subjective Well-being?" *Socail Indicatore Research*, Vol. 57, No. 2, 2002.

⑦ 张学志、才国伟：《收入、价值观与居民幸福感——来自广东成人调查数据的经验证据》，《管理世界》2011 年第 9 期。

⑧ 徐宁、李普亮：《人力资源管理与员工工作幸福感：理论与实证分析》，《科技管理研究》2013 年第 7 期。

⑨ 袁正等：《收入水平、分配公平与幸福感》，《当代财经》2013 年第 11 期。

的正预测作用①；例如，Folger & Konovsky 的研究发现，程序公平比分配公平对员工的组织承诺更有解释力，满足报酬比程序公平对员工满意度的提升更明显；Greenberg 调查发现，员工对组织的满意度评价取决于程序公平，对分配结果的满意度取决于分配公平；Colquit 指出，无论是程序公平、分配公平还是互动公平，都会对员工的满意度产生正向的促进，其中，互动公平对组织层面的满意度如工作满意度、组织承诺满意度影响较大，分配公平对薪酬满意度的影响比较明显，互动公平与员工的整体满意度呈正相关。② 这说明，员工的公平感知能有效促进其对组织、对工作、对薪酬的满意度。这一结论也同样适用公务员队伍。有研究发现，分配公平、程序公平、评估公平与互动公平对公务员的工作满意度有明显的正向促进，不同的是，分配公平和程序公平促进的是以对外服务为主的外在满意度，互动公平和评估公平促进的是以晋升和激励为主的内在满意度。③ 可见，公务员的公平感知对其幸福感和满意度都有正向的影响，幸福感和满意度与个体的收入有莫大的关系，又是个体精神获得感的核心内容，由此可以推断，公平感对公务员的物质获得感和精神获得感都有较大的影响。

鉴于个体的公平认知受宏观与微观环境的双重影响，故此将基层公务员的公平认知分为宏观认知和微观认知，宏观认知是指基层公务员对社会整体公平性的主观感知，微观认知是指基层公务员通过努力后对自身所获地位的微观评价，他们与获得感的关系如图 9—3 所示，由此衍生出以下假设：

假设 1：基层公务员的公平认知与获得感是正相关关系，公平认知能促进基层公务员的获得感；

假设 2：基层公务员的获得感有明显的个体差异。

---

① 赵维良：《公务员组织公平感对工作满意度及关联绩效的作用》，《科技与管理》2011 年第 4 期。

② 李婷婷：《公务员绩效评估公平感与工作满意度关系的实证研究》，硕士学位论文，河北经贸大学，2001 年。

③ 李婷婷：《公务员绩效评估公平感与工作满意度关系的实证研究》，硕士学位论文，河北经贸大学，2001 年。

下面,将通过实证调查的数据来验证上述假设是否成立。

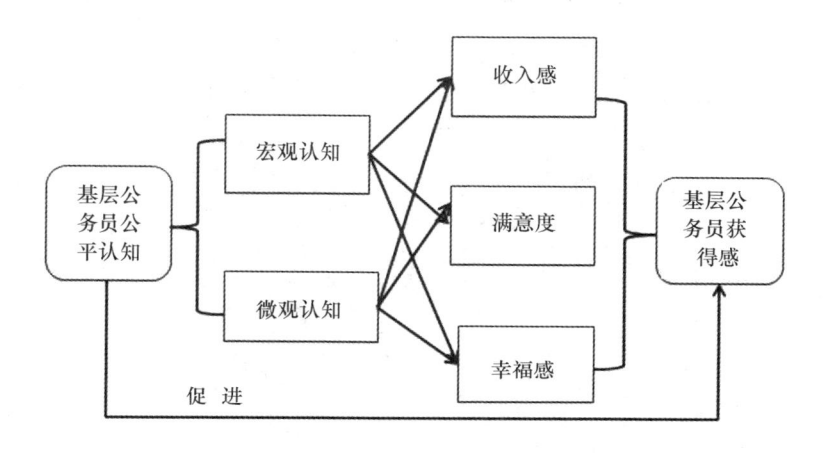

图 9—3 研究假设

(二) 基层公务员公平认知及其对获得感的影响

1. 基层公务员公平认知调查

长期以来,公务员的公平认知有"一维公平""二维公平""三维公平""四维公平"之说。其中,"一维公平"指分配公平,"二维公平"即分配公平与程序公平,"三维公平"即分配公平、程序公平与互动公平,"四维公平"即分配公平、程序公平、领导公平、信息公平或结果公平、程序公平、人际公平及信息公平,"三维公平"发展比较成熟,认可的学者也比较多(见表9—9)。① 但是,受公共组织政治性、公共性和服务性的影响,基层公务员不仅要关注组织内部的公平感知,还应对社会的整体公平有理性的认识,否则会对其行政行为产生负面的影响。基于此,学界将基层公务员的公平认知界定为"对宏观环境和微观行为公平性的主观评价",宏观公平认知常常用"整体而言,您认为社会是否公平"之类的表述来测试;微观公平认知与个人努力程度和所处社会地位

---

① 王晓晖等:《公务员职务晋升公平感对其工作绩效的影响研究》,《南方经济》2013年第1期。

有关联,常常用"成功的关键是什么"或"个人成就的最大影响因素是努力"等之类的表述来评价。① 故此,本部分用"您如何看待社会公平"来测量基层公务员的宏观公平认知,并设计"不公平、一般、公平"三个答案,分别赋值"1、2、3";用"您认为基层干部职务晋升的关键因素是什么"来测量基层公务员的微观公平认知,设计"能力、关系、人品、运气、服从"5个答案,分别赋值"1、2、3、4、5"。

表9—9　　　　　　　　　公务员公平感的结构维度

年份	学者	内容
1896	Folger & Greenberg	分配公平　程序公平
1985	Bies & Moag	分配公平　程序公平　互动公平
1987	Greenberg	程序—内容公平　回应—主动公平
1987	Alexander & Ruderman	参与公平　程序公平　绩效评估公平　薪酬公平
1990	Greenberg	分配公平　形式公平　互动公平
1991	Moorman	分配公平　程序公平　互动公平
1992	Sheppard et al.	分配公平　程序公平　制度公平

调查显示,整体而言,基层公务员的公平认知较好。从宏观的角度,认为社会公平的被调查者占63.9%,是认为不公平的2.7倍;就微观而言,52.6%的被调查者认为职务晋升中最关键的要素是能力,24.4%认为靠人品(见表9—10)。也就是说,高达77%的被调查者认为基层公务员的职务晋升是比较公平的,主要靠个人的能力和人品。这说明,近年来各级政府采取"公选""竞聘"等方式而带来的透明的用人选人制度得到了大部分基层公务员的认可。作为一种关系,个体信任的关键影响因素是公平认知,与利他偏好、亲社会性、混合偏好及规则偏好无关。② 更有研究表明,基层公务员的公平感可以影响其行为和满意度,进而影响

---

① 黄艳敏等:《实际获得、公平认知与居民获得感》,《现代经济探讨》2017年第11期。
② 闫佳等:《信任的起源:一项基于公平认知与规则偏好的实验研究》,《经济学》2017年第1期。

组织绩效。① 这意味着，基层公务员的公平认知尤其是职务晋升公平认知对其工作绩效有影响。只不过，国外的研究表明，职务晋升中的程序公平比结果公平对公务员工作绩效的影响更大。② 中国的研究结果则恰恰相反，受职业特点、传统思想及生活压力的影响，基层公务员对职务晋升中结果公平的关注则更多。③

表 9—10　　　　　基层公务员公平认知调查

怎样看待社会公平	1. 不公平（23.6%）　　2. 一般（12.5%）　　3. 公平（63.9%）
怎样看待职务晋升中的关键要素	1. 能力和人品（77%）　　2. 关系（15.4%） 3. 运气（2.5%）　　　　　4. 服从（5.1%）

2. 基层公务员获得感分析

获得感是个体对实际获得的主观感受，因此实际获得是个体获得感产生的基础。但实际获得并不催生必然的获得感，因为实际获得并不一定产生满足感和幸福感，这就是有些高收入群体获得感反而低于部分低收入群体的原因。在实践中，获得感常常受"应得未得""付出与收益不成正比"等负面心理感受的影响。由此推知，获得感应建立在个体能力和个体期待的基础上，相对剥夺感是降低获得感的重要因素。为此，有学者用"个体的实际收入、个体对公平收入的期待和个体的幸福感程度"作为获得感的评价指标。④ 这些指标对本章有借鉴。本章在借鉴这些指标的基础上，用"基层公务员的实际收入及其对收入的评价"两个指标来测量其物质上的获得感——收入感，用"基层公务员对工作、生活的满意度以及幸福感"来测量其精神上的获得。

---

① Viiswesvaran C., "Examing the Construct of Organizational Justice with Work Attitudes and Behaviors", *Journal of Business Ethics*, 2002.
② Colquitt J. A., Conlon D. E., Wesson M. J., et al., "Justice at the Millennium: a Meta-Analytic Review of 25 Years of Organizational Justice Research", *Journal of Applied Psychology*, Vol. 86, No. 3, 2001.
③ 王晓晖等：《公务员职务晋升公平感对其工作绩效的影响研究》，《南方经济》2013 年第 1 期。
④ 黄艳敏等：《实际获得、公平认知与居民获得感》，《现代经济探讨》2017 年第 11 期。

如表9—11所示，对于物质上的获得感，基层公务员普遍认为比较低下。高达73.4%的被调查者年收入在5万—10万元。即使是县处级干部，年收入在15万元以上的也仅占11.2%；哪怕工龄在20年以上，年收入在15万元以上的也仅占5.1%。难怪被调查者对自己的收入评价很低，认为其收入"偏低"的占47.3%，接近一半，认为其收入"一般"的占51.7%，二者合计占99%。访谈时发现，一个工作15年左右的科员，其工资每月往往只有3000—4000元，之所以他们的年收入高于5万元，是因为年终考核过关后，他们还有一笔1万—3万元不等的绩效，少数财力好的地方发3万元，而西南地区大部分基层财力状况不佳，年终发1万元左右绩效的地方居多，更不要提职务晋升带来的100—200元的工资增长。再加上，随着国家对薪酬资源的管控，一些原本的福利少了，而基本工资并不见上涨，甚至出现了一些讨薪事件。即便如此，许多老百姓还对此不理解，《中国青年报》2016年的调查显示，67%的网民反对公务员加薪，基层公务员加薪也不例外。这说明，基层公务员的物质获得感不容乐观。至于精神层面的获得感，64.2%的被调查者认为自己的生活是幸福的，62.1%的被调查者整体满意度高。其中，55.1%的被调查者的生活满意度较好，60.7%的被调查者的工作满意度较高。从满意度和幸福感来看，约有2/3的被调查者持乐观态度。

表9—11　　　　　　　基层公务员获得感调查

年收入	1.5万元以下（2.7%）　2.5万—10万元（73.4%）　3.11万—15万元（21.6%）4.16万—20万元（1.5%）　5.20万元以上（0.9%）	
收入感	1. 偏低（47.3%）　2. 一般（51.7%）　3. 偏高（1%）	
工作满意度	1. 不满意（18.1%）　2. 一般（21.2%）　3. 满意（60.7%）	
生活满意度	1. 不满意（21.3%）　2. 一般（23.6%）　3. 满意（55.1%）	
幸福感	1. 不幸福（14.7%）　2. 一般（20.1%）　3. 幸福（64.2%）	

通过双变量相关和交叉分析发现，基层公务员的满意度存在明显的个体差异。以工作满意度为例，少数民族基层公务员的满意度比汉族高

9.9%；年龄越大的公务员满意度越高，45 岁以上公务员的满意度比 30 岁以下的公务员高 14.9%；年收入在 15 万元以上的公务员满意度是年收入 5 万元以下的 2.4 倍，处级干部的工作满意度比普通公务员高 18.5%；乡镇公务员的满意度最低，为 53.5%，比满意度最高的街道工作人员低 21.7%；工作年限越长满意度越高，其中工作 20 年以上的公务员满意度比工作 5 年以下的公务员高 18.9%；已婚基层公务员的满意度比未婚和离异的分别高 12.5% 和 4.7%。这些数据说明，第一，年轻、工作年限短、收入低、职位低的基层公务员，工作满意度低。第二，因加班多、收入低、压力大，乡镇公务员满意度最低，不满意的公务员竟高达 23.6%。第三，已婚公务员满意度高于未婚公务员。基层公务员生活满意度呈现的特征与此相同。如表 9—12 所示，尽管基层公务员生活满意度与各背景变量的皮尔逊相关系数和显著性不完全一致，但数据还是表明，少数民族、年龄越大、职位越高、工作年限越长、收入越高、已婚和街道办事处的基层公务员，生活满意度越高。

表 9—12　　　　　　　　　　基层公务员满意度调查

背景变量		工作满意度/生活满意度				
		不满意（%）	一般（%）	满意（%）	皮尔逊相关系数	显著性（双尾）
民族	少数民族	17.2/20.0	16.6/22.2	66.2/57.9	-0.074**/-0.044*	0.001/0.048
	汉族	18.9/22.4	24.8/24.6	56.3/53		
年龄	16—30 岁	23.6/26.0	20.2/21.7	56.1/52.4	0.116**/0.107**	0.000/0.000
	31—45 岁	16.9/21.3	23.0/25.7	60.1/53.0		
	46—60 岁	11.5/12.2	17.5/21.4	71.0/66.5		
职位	普通办事员	20.8/26	20.5/23.2	58.7/50.9	0.088**/0.142**	0.000/0.000
	科级干部	15.2/17.1	27.0/26.8	57.8/56		
	处级干部	15.4/12.0	7.5/16.5	77.2/71.5		
工作年限	5 年以下	24.9/28.7	24.1/25.2	51.0/46.1	0.178**/0.184**	0.000/0.000
	6—10 年	16.4/22.9	27.4/26.0	56.2/51.1		
	11—20 年	16.2/17.6	20.7/24.9	63.1/57.5		
	20 年以上	11.3/11.5	14.7/21.3	74.0/67.1		

续表

背景变量		工作满意度/生活满意度				
		不满意（%）	一般（%）	满意（%）	皮尔逊相关系数	显著性（双尾）
工作部门	乡镇政府	26.6/24.6	12.6/14.0	60.7/61.5	0.134**/0.057*	0.000/0.019
	县直部门	16.0/20.9	12.7/17.6	71.3/61.5		
	街道办事处	14.2/12.7	7.4/19.6	78.4/67.7		
年收入	5万元以下	17.6/32.7	54.9/46.9	27.5/20.4	0.050*/0.127**	0.027/0.000
	5万—10万元	18.6/23.3	21.1/24.5	60.3/52.2		
	7万—15万元	17.2/15.0	20.4/20.1	62.3/65.0		
	15万元以上	18.6/14.0	16.3/27.9	65.1/54.3		
婚姻状况	未婚	28.6/30.4	19.8/21.1	51.6/48.5	0.131**/0.095**	0.000/0.000
	离异	17.4/18.0	23.2/24.4	59.4/57.6		
	已婚	14.3/23.5	21.6/25.0	64.1/51.5		

注：*$p<0.1$，**$p<0.05$。

至于获得感的另一要素，基层公务员的幸福程度，年龄、职位、工作年限、工作部门、收入、婚姻状况与基层公务员的幸福感在0.000获0.005上有明显的相关关系。其中，年龄越大的公务员幸福感越高，45岁以上公务比30岁以下公务员高11.9%；职位越高的公务员，幸福感越高，处级干部的幸福感比普通办事员高16.9%；工作年限越长的公务员幸福感越高，工作20年以上的基层公务员幸福感比5年以下的高16.3%；街道办事处的公务员幸福感明显高于乡镇公务员，高11.8%；年收入在7万—15万元的基层公务员幸福感最高，达72.3%，比年收入5万元以下的高25.4%，比年收入15万元以上的略高6.4%，究其原因，主要是年收入15万元以上的基本都是处级干部，责任大、压力重，故而幸福感低；已婚基层公务员的幸福感高于未婚和离异的基层公务员，分别高13.1%和10.5%（见表9—13）。这些数据说明，影响公务员最核心的个体变量是职位、收入和婚姻，其中，职位和收入属于影响组织公平感的重要变量，也是组织内部可以采取手段解决的。这说明，拓宽职位晋升渠道、增加收入、完善激励机制是提高基层公务员幸福感、满意度的关键渠道。

表9—13　　　　　　　　　基层公务员幸福感调查

		幸福感（%）			皮尔逊相关系数	显著性（双尾）
		不幸福（%）	一般（%）	幸福（%）		
年龄	16—30岁	18.0	22.7	59.4	0.093**	0.000
	31—45岁	14.3	20.9	64.8		
	46—60岁	9.9	18.7	71.3		
职位	普通办事员	16.5	25.0	58.5	0.119**	0.000
	科级干部	14.1	17.0	68.9		
	处级干部	8.6	16.0	75.4		
工作年限	5年以下	20.4	23.1	56.5	0.144**	0.000
	6—10年	15.5	22.9	61.6		
	11—20年	12.5	19.2	68.3		
	20年以上	10.0	17.2	72.8		
工作部门	乡镇政府	17.9	20.2	61.9	0.078**	0.001
	县直部门	12.8	23.3	63.9		
	街道办事处	9.8	16.5	73.7		
年收入	5万元以下	30.6	22.4	46.9	0.097*	0.027
	5万—10万元	15.6	22.2	62.2		
	7万—15万元	10.6	17.1	72.3		
	15万以上	11.4	22.7	65.9		
婚姻状况	未婚	20.0	25.2	54.8	0.089**	0.000
	离异	22.1	20.6	57.4		
	已婚	12.6	19.5	67.9		

注：*$p<0.1$，**$p<0.05$。

3. 基层公务员公平认知对获得感的影响

为有效检验基层公务员公平认知对获得感的影响，考虑到此次调查对获得感的几个评价指标中均有"一般"这一中间态度，按逻辑斯蒂回归模型的要求，须将因变量处理为两个二维变量，其具体做法是：将基层公务员获得感的四个评价指标"收入感、工作和生活满意度、幸福感"的三个答案分别赋值"1、2、3",1表示收入低、不满意和不幸福,2表示一般,3表示收入高、满意和幸福;然后,将四个指标的值进行平均,平均值等于或低于1.5的,称为"低获得感",赋值为"0";平均值高于1.5的,称为"高获得感",赋值为"1"。最后,以基层公务员公平认知为自变量,以处理后的基层公务员获得感为因变量,进行逻辑斯蒂回归,回归结果如表9—14所示。模型的卡方值为45.502,p = 0.000,具有统计学意义。Nagelkerke R^2 为0.237,说明全部自变量可以解释因变量的23.7%,解释力较好。选择显著性水平为0.05,基层公务员的宏观公平认知与微观公平认知对其获得感的影响都具有统计学显著性。从Exp(B)值来看,认为社会公平程度一般和公平的基层公务员高获得感的发生比分别是认为不公平的1.081倍和1.478倍,认为社会公平的基层公务员获得感更高;认为职务晋升依运气、服从、人品和能力的基层公务员高获得感的发生比分别是认为靠关系的2.358倍、2.832倍、2.838和2.898倍,认为职务晋升更公平的公务员获得感更高,验证了假设1。

表9—14　　基层公务员公平认知对获得感影响之逻辑斯蒂回归模型

	B	标准误差	瓦尔德	显著性	Exp(B)
你如何看待社会公平[a]			6.684	0.035	
一般	0.078	0.224	0.119	0.730	1.081
公　平	0.391	0.162	5.819	0.016	1.478
职务晋升的关键因素[b]			43.799	0.000	
运气	0.858	0.456	3.541	0.060	2.358
服从	1.041	0.360	8.377	0.004	2.832
人品	1.043	0.205	25.858	0.000	2.838
能力	1.064	0.172	38.229	0.000	2.898
常量	0.945	0.176	28.950	0.000	2.574

注：a. 参考变量为不公平，b. 参考变量为关系。

Chi-square = 45.502，P = 0.000，−2Log likelihood = 1394.633，Cox & Snell R^2 = 0.164，Nagelkerke R^2 = 0.237。

基层公务员的公平认知为何会对其获得感产生影响？这得从基层公务员的工作动机和工作性质谈起。李普斯基的研究发现，大部分人之所以进入基层公务员队伍，是因为他们认为基层公共组织能够提供符合他们偏好的组织承诺，能为他们实现自己的理想提供保障，能为他们服务民众、做出贡献提供可能。但事实是，基层服务存在工作量巨大、服务人数多、资源不足以及处理方式的不确定性和当事人的不可预测性等问题，这让部分基层公职人员的志向与抱负就此搁浅。① 正如本次调查数据所示，48.3%的基层公务员选择这一职位的原因是实现人生价值，比工作动机是就业生存和父母期望的比例分别高5.7%和39.3%。这说明，在理想的状况下，基层公务员认为自身可以对民众提供个性化的服务，或者对不同的服务面向做出有特质的回应，所以他们对此职位有较高的认可度和高尚的动机。但事实是，基层工作的烦琐性、复杂性和不确定性只能让他们以整个群体为基础来处理民众问题，这带来的最好结果是基层公务员能总结出一套公平合理的良性运行模式来解决大众问题，最糟的结果是他们会变得寻死、偏袒、沉沦和抱有成见，甚至僵化死板。另外，基层组织的僵化和惯性会让基层公务员的公共服务理想遭到滥用或扭曲，面对上级的错误决定和组织强加的不合理意图，他们可以反抗，也可以妥协，但是这意味着他们必须进行一场战争，去对抗工作环境的现实状况。更糟糕的是，现有的体制让他们在战争还未开始时就已节节败退，眼睁睁地看着其持有的服务理念变成争夺个人利益的借口，如果继续抗争，即使不困难，也会给民众造成政府即将进行重大改革的假象，为公共利益着想，他们只好放弃所谓的抗争。② 简言之，基层公务员公平认知影响其获得感的逻辑机理在于：公平认知会对基层公务员的工作动机产生影响，高公平认知的基层公务员工作动机越纯正；同时，公平认知也会让基层公务员从主观意识中过滤掉工作环境中的消极因素，保存

---

① ［美］李普斯基：《基层官僚：公职人员的困境》，苏文贤、江吟梓译，学富文化事业有限公司2010年版，"序言"。
② ［美］李普斯基：《基层官僚：公职人员的困境》，苏文贤、江吟梓译，学富文化事业有限公司2010年版，"序言"。

为了公共利益而奋斗的决心；此外，公平认知还会使基层公务员放弃与现行体制的抗争，妥善处理体制设计中的矛盾冲突，乐观面对工作中的困难挫折，进而提高其工作满意度和幸福感，获得感由此提升（见图9—4）。

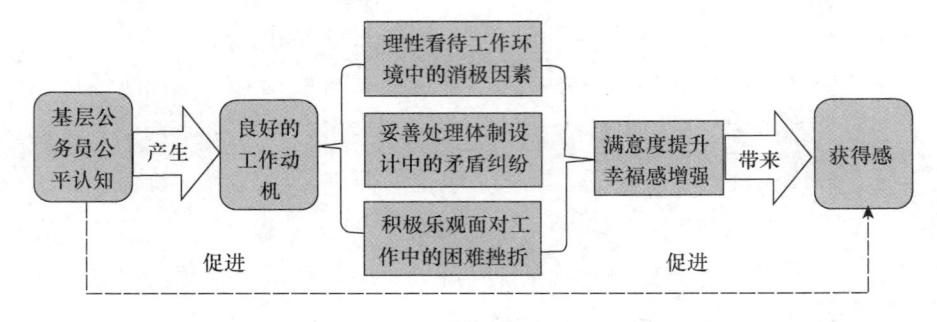

图9—4　逻辑机理

4. 基层公务员获得感之个体背景变量分析

现有研究表明，获得感有明显的个体差异。例如，对于普通居民的获得感，黄艳敏等通过均值比较和交叉分析发现，已婚、少数民族、收入高和年龄较大的居民，获得感加强[①]；对于城市居民公共服务的获得感，李斌通过双变量相关模型分析发现，年龄越大、主观地位认知越高、中共党员、收入越高者，公共服务的获得感越强。[②] 这说明，年龄、职位、收入、婚否是影响个体获得感的关键变量。基层公务员的获得感是否受这些因素的影响？影响有多大？将基层公务员的个体背景变量与获得感、满意度、幸福感、收入感进行双变量相关分析发现，民族、年龄、职位、工作年限、婚姻状况、收入、工作部门与基层公务员获得感及其三个测量维度都有显著的相关性。其中，少数民族基层公务员获得感和满意度均大于汉族基层公务员，他们的相关系数分别为 -0.072^{**}、-0.066^{**}，这折射出各民族融合共生、安定团结的现实基础；职位越

[①] 黄艳敏等：《实际获得、公平认知与居民获得感》，《现代经济探讨》2017年第1期。
[②] 李斌：《居住空间与公共服务差异化：城市居民公共服务获得感研究》，《理论学刊》2018年第1期。

高、工作年限越长、年龄越大的基层公务员获得感越强,满意度越高,幸福感和收入感也越强,他们获得感的相关系数分别为 0.133**、0.211**、0.131**,这不仅说明中青年基层公务员缺乏知足常乐的心态,还说明职位越高的公务员获得资源的能力越强;已婚基层公务员获得感、满意度、幸福感和收入感均大于未婚基层公务员,他们的相关系数分别为 0.153**、0.166**、0.072**、0.115**,这说明作为心灵的港湾,家庭可以为获得感提供精神食粮,充实获得感及其构成维度的基础;收入越高的基层公务员获得感越强、满意度越高,幸福感和收入感都有所增加,这说明收入是提升获得感及其构成维度的重要条件;县城工作的基层公务员获得感高于乡镇工作的基层公务员,他们的相关系数为 0.114**,这是因为乡镇工作的压力更大、报酬更低、加班更多(见表 9—15)。这些数据显示,拓宽基层公务员的职位晋升渠道、增加收入、完善激励机制是提高基层公务员获得感及其构成维度的重要渠道。

表 9—15 基层公务员个体背景变量与获得感影响之双变量相关模型

		获得感	满意度	幸福感	收入感
性别	皮尔逊相关性	-0.008	0.034	0.030	-0.022
	显著性(双尾)	0.705	0.123	0.170	0.336
民族	皮尔逊相关性	-0.072**	-0.066**	-0.004	0.005
	显著性(双尾)	0.001	0.003	0.851	0.814
年龄	皮尔逊相关性	0.131**	0.113**	0.091**	0.093**
	显著性(双尾)	0.000	0.000	0.000	0.000
文化程度	皮尔逊相关性	-0.005	0.020	0.026	-0.016
	显著性(双尾)	0.831	0.359	0.239	0.476
职位	皮尔逊相关性	0.133**	0.170**	0.164**	0.119**
	显著性(双尾)	0.000	0.000	0.000	0.000
工作年限	皮尔逊相关性	0.211**	0.191**	0.145**	0.144**
	显著性(双尾)	0.000	0.000	0.000	0.000
婚姻状况	皮尔逊相关性	0.153**	0.166**	0.072**	0.115**
	显著性(双尾)	0.000	0.000	0.001	0.000
政治面貌	皮尔逊相关性	0.015	0.063**	0.051*	0.031
	显著性(双尾)	0.495	0.005	0.022	0.167

续表

		获得感	满意度	幸福感	收入感
年收入	皮尔逊相关性	0.099**	0.101**	0.221**	0.097**
	显著性（双尾）	0.000	0.000	0.000	0.000
工作部门	皮尔逊相关性	0.114**	0.060*	0.072**	0.078**

注：*p<0.1，**p<0.05。

（三）基层公务员获得感提升路径

其实，无论从宏观数据还是微观案例来看，新时代我国基层公务员的获得感都有较大的提升空间，究其原因主要是现行工作压力下的情感耗竭、人格解体和成就感低下。情感耗竭指基层公务员的高强度工作导致个人过度疲劳而进入生活衰竭状态，人格解体指基层公务员因工作压力过大而产生的消极工作状态和不良人际关系，成就感低落指基层公务员工作获得感和满意度降低。① 在此背景下，基层公务员面临的工作压力、环境压力、心理压力和生活压力明显增加，普遍存在面临问责的担忧心理、沟通不畅的压抑心理、民众脱贫的紧张心理、耗时耗力的焦虑心理，调适基层公务员的消极心态以提升其获得感已刻不容缓。为此，应破除基层工作中的形式主义和官僚主义，信任基层，简化检查内容，减少对基层工作的检查频次；应重视基层干部的心态建设，健全基层干部利益表达机制，增强他们在基层工作的主动性；应重视基层公务员心理健康，将基层干部的心理保健纳入基本医疗范畴，让基层公务员拥有健康、开放、上进的心态；应建立基层工作容错纠错机制，将容错纠错机制与考核评价、奖优罚劣、民意支持等结合起来，鼓励基层公务员大胆创新，提升工作的积极性；应健全科学合理的激励机制，提高基层公务员的待遇，拓宽基层公务员的晋升空间，激发基层公务员的内生动力；应强化制度设计，完善基层公务员考核评价指标体系，规范考核评价流程，科学设定考核评价指标，增强考核评价的信息化、透明化、法制化，将评价结果与干部考核任免结合起来。

---

① 刘爱月：《基层公务员心理健康状况调研》，硕士学位论文，南京农业大学，2014年。

第十章

基层公务员心态调适的路径

作为公共产品与公共服务的提供者，基层公务员常常成为百姓茶余饭后的谈点。他们面对老百姓的许多诉求要尽量满足，上级限期完成的任务要迅速做出安排部署，作为社会中的普通一员要顾及家庭生活及子女教育等，面对如此复杂的角色承担者，往往不可避免地会产生角色冲突。角色冲突往往是基层公务员工作心态的"杀手"。基层公务员代表了老百姓与政府之间的桥梁，其工作心态对政府行政效率与政府公信力的作用不容小觑。[①] 基层公务员工作心态如此重要，基于此，对基层公务员工作心态进行了探讨。研究发现，党的十八大召开以来，受风清气正的行政外部环境影响，基层公务员工作心态较好。细心研究发现，基层公务员虽然工作心态普遍较高，但收入相比较而言较低，因工作压力增大、任务增多而导致的付出与回报不成正比的问题依然存在。生活工作心态与身体状况工作心态次之，访谈中得知，基层公务员扶贫压力大，常常要加班熬夜，没日没夜地赶材料，上级政府每来检查一次就要重新做一次材料，大多数基层公务员表示吃住都在办公室，已经数月没有回家。常常坐在办公室，各种"职业病"接踵而至，身体健康状况堪忧。还有扶贫干部打趣道："扶贫扶贫，富了百姓，搞垮了我们。"基于此，要提升基层公务员工作心态，激发他们的工作积极性、主动性与责任心。一方面要加强职业理想、服务理念、社会主义信仰等方面的教育，完善基

---

① ［美］李普斯基：《基层官僚：公职人员的困境》，苏文贤、江吟梓译，学富文化事业有限公司2010年版，第5页。

层公务员管理制度，提供基层公务员职业规划与个人价值实现有效结合的良好组织氛围；另一方面要加强基层公务员主观工作心态的建设。从目前调查结果来看，对基层公务员工作心态影响最大的收入、生活与身体状况三者，在影响因素及作用机制上还存在较大差别。收入工作心态可以有个衡量标准，但生活工作心态与身体状况工作心态却是比较主观的。为此，在具体的实践管理过程中，还需从以下三个方面予以重视和思考。一是要充分考虑基层公务员特殊性以及其工作生活环境恶劣的既有特点。绝大多数基层公务员处在我国现有公务员管理体系的最底层与祖国最偏远的地区，他们实际的工作付出与回报不成正比。收入工作心态低不仅会影响工作绩效，而且不良的情绪感受还有可能带入工作中，在社会公众领域造成负面影响。因此，完善薪酬设计体系，提升基层公务员薪酬待遇，营造良好的组织氛围与和谐的组织环境，提升其收入工作心态，以激发基层公务员工作动力。二是要充分承担基层公务员角色，尽量保证既能兼顾工作，也能兼顾家庭生活。大多数基层公务员表示有家难回，人作为复杂的社会生物，其工作心态是个体自身与家庭情境互动的结果。在安排工作时，尽量人性化考虑基层公务员生活因素，体现组织的人文关怀，也不失为一种组织文化的构建。只有这样，才有可能提高基层公务员生活工作心态，基层公务员也才能投入更饱满的工作热情。三是要关心基层公务员身体状况，重视基层公务员心理健康。完善基层公务员医疗保障服务，不定期邀请心理健康专家进行适当的心理疏导。可通过专业训练、学习培训等减轻心理压力、去掉思想包袱、增强心理健康自我调节能力，以提升基层公务员身体状况工作心态，进一步提高工作积极性。

一　平衡主客观责任，减少基层公务员角色冲突

党的十八大以来，中国的反腐被提上前所未有的政治高度。胡锦涛同志曾多次在不同场合指出"腐败问题解决不好就会导致亡党亡国"；习近平同志上台之后，也将反腐败作为新形势下重拾中国各级政府和中国

共产党公信力的重要举措，试图从制度、法律、道德等多种途径解决中国的腐败问题。事实上，在某种程度上可以说，腐败问题的根本是公权力滥用，而公权力滥用的实质是行政组织及其人员的责任意识和责任内容出现了异化和错位。诚如弗雷德里克·莫舍所言："在公共行政和私人部门行政的所有词汇中，责任一词是最为重要的。"① 特里·L. 库珀则在《行政伦理学：实现行政责任的途径》一书中进一步指出，行政责任包括主观和客观两种责任，且两种责任之间存在冲突。客观责任很大程度上与外在的制度强加有关，主观责任与人们的主观意识、主观认知和良心徘徊有关。并且，库珀还指出，行政人员的客观责任和主观责任会发生冲突，冲突的结果是客观责任优于主观责任，对制度和上级官员负责优于对下级和民众负责。

其实，任何责任都具有主观性和客观性，之所以这么认为，是因为责任首先是一种意识，是责任承担者愿意承担或不愿意承担的一种主观态度；其次是一种客观的社会规定，是人在摆脱动物状态过程中产生的一种理性力量，勇于承担责任尤其是道德责任是人与低级动物相区别的主要标志之一。正如约翰·马丁·费舍和马克·拉维扎所言："人与其他生物之间的一个重大区别在于：只有人才能对他们所做的事负起道德上的责任。当我们承认某人是一个负有道德责任的行为者时，这里所包含的意思常常不仅仅是对他抱有某种特殊的信念，还包含着愿意对那个人采纳某些态度，以及以某些方式对他做出某种行为。"② 正因为责任的主客观性对人类生活如此重要，因此，人才不能摆脱责任而实现抽象的个人自由。按照特里·L. 库珀的观点，行政责任也有客观责任和主观责任之分。客观责任主要是社会、法律或组织机构对行政人员的角色期待与角色认同，其最典型的表现是对上级、对民选官员、对制度以及对赋予行政人员权力形式合法性的法律的责任，这些责任既可以是集体责任也

---

① ［美］特里·L. 库珀：《行政伦理学：实现行政责任的途径》，张秀琴译，中国人民大学出版社2001年版，第62页。

② ［美］约翰·马丁·费舍、马克·拉维扎：《责任与控制———一种道德责任理论》，杨绍刚译，华夏出版社2003年版，第1页。

可以是个体责任，既可以是对事的责任也可以是对人的责任。客观责任更强调技术理性，技术理性则预示着机械主义、科学主义、技术主义和效率至上的世界观，此世界观支撑了人们对过去一百年公共行政世界的认知。至于主观责任，库珀的解释则是"根植于人们对忠诚、良知、信仰的内心认同与价值徘徊，与个人的价值观、人生观和道德观有密切的联系"。关于两种行政责任之间的关系，库珀则认为是相辅相成的，主观责任可以弥补客观责任过于冰冷、过于理性的不足，客观责任则可纠正行政人员在履行主观责任过程中的价值偏差及自由裁量权滥用。虽然行政主观责任与客观责任在理论上有如此紧密的契合，但在实践生活中，他们之间经常发生冲突，冲突的主要缘由在于：在理性官僚制时代，不断被强化的经济效率、结果导向以及科学技术取代了行政人员对伦理责任的重视，承担伦理责任通常被认为是干扰效率与生产的始作俑者。这种重经济效率忽视伦理责任的技术理性常常把公共行政带入伦理困境，让人们去判断那些与个人伦理责任相悖的组织义务的对错、好坏与善恶，这为激发以价值理性为基础的主观责任找到了契机。[1] 由于以价值理性为基础，行政人员对客观责任的承担是积极的、主动的，更多地考虑其执行的公务是事实上而不是形式上促进社会公正，具有极强的人文关怀色彩。但是，正是由于客观责任是理性的而主观责任是建构的，二者的属性不同，所以将两种责任放在同一行政人员身上，就会产生冲突，这些冲突主要包括权力冲突、角色冲突和利益冲突。

基层公务员重视客观责任忽视主观责任的做法，对基层公共事务的执行和满足民众的多元需求是极为不利的，常见的不良后果就是"形式主义""表面文章""政绩工程""面子工程"等。因此，如何做到主观责任和客观责任的统一，就成为全面提升基层公务员责任意识的关键。然而，从哲学的层面来思考，基层公务员的主客观伦理责任是辩证统一的：建立在道德基础上的主观责任以意志论为基础，认为人具有自我控

---

[1] 谢治菊：《论公共行政伦理责任的理性建构和社会建构》，《广东行政学院学报》2011年第3期。

制、自由选择的能力,因而如果违背主观责任,受到的必将是道义的惩罚;客观责任以法体现社会的价值观,是对违反社会规则的否定和惩罚。显然,解决主客观责任之间的冲突在于平衡二者之间的关系,因为单独强调客观责任就无法充分调动基层公务员的积极性,也无法保证自由裁量权的合理使用,过分依赖主观责任则会用道德标准取代法律标准,导致法律悬置和"人治"色彩浓厚。正因为二者是辩证统一的,因此没有客观责任约束的主观责任是虚化的,没有主观责任约束的客观责任是失去价值方向的。鉴于此,要实现基层公务员行政责任的统一,就必须结合内部和外部控制手段,对基层公务员的道德自主性和道德责任进行激发和培育,对其主观责任进行形塑,对其客观责任进行监督。

(一) 激发道德自主性,培育基层公务员的责任意识

近年来,基层公务员的道德自主性成为一个热门话题,学界在积极探求他们在获得道德自主性途径的同时,对道德自主性的历史前提、缺失现状及发生的原因进行思考。特别地,当人们把基层公务员的道德自主性作为矫正法律和权力不良运行的有效手段时,道德自主性对社会的修正作用也就不言而喻。那么,什么是道德自主性呢?"道德自主性是强制性与自主性的统一,一方面它体现了道德规范的强制性,另一方面它又是道德行为的自主性,道德的强制性是道德主体自觉接受的强制,是通过道德主体的内在的道德意识而实现的对道德主体自身所施加的强制性影响。"[①] 道德自主性是指道德主体通过内在的道德规范和道德意识对自身应遵循的道德原则和行为规范所施加的强制性影响。受官僚制和新公共管理运动的影响,基层公务员的道德自主性极度匮乏。其原因之一是官僚制是一个靠技术理性支配的"非人格化"体系,运转其内部的基层公务员只需按照相应的指令和组织规则行事,无须有过多的自主性。而新公共管理运动又主张效率优先,提倡市场化的改革路径,这对公共人员的道德自主性也是极大伤害。正因为如此,行政伦理才要求用基

---

① 张康之:《寻找公共行政的伦理视角》,中国人民大学出版社 2003 年版,第 246 页。

层公务员的道德自主性来矫正行政体系运行中的控制导向、机械性、被动性等问题,去防止公共行政对社会要求的"回应性"不足等问题。① 其实,失去了道德意志,公务人员就失去了拥有自主性的前提,这样一来,他们就成为行政执行的工具,这是公共行政发展的悲哀,更与法治和德治交融的治理目标大相径庭。

　　当然,作为理性经济人,基层公务员有一定的自利性是可以理解的。正因为有一定的自利性,就更应该唤起他们的道德自主性,使他们在追求个人利益最大化的同时,懂得道德选择的重要性。因此,要平衡基层公务员的主客观责任,应该有以行政伦理法为主的道德他律措施,培育良好的行政道德环境,强化基层公务员的道德责任感和公共精神;同时,还应以物质或精神的手段对基层公务员进行道德激励,对其遵守道德规范的成本进行补偿,促进社会良好道德环境的形成。此外,还应该加强行政道德立法,培育行政道德文化,进行行政道德教育,让基层公务员在良好的道德环境中实现对道德意识的自我建构。②

(二) 激活道德良知感,强化基层公务员的责任观念

　　上述指出,主观责任源于基层公务员内心的情感和良知,源于基层公务员对真善美的追求和所坚守的公共价值观,这种责任灵活性强、随机性大,没有统一的模式。其实,主观责任更多的是一种道德责任。"道德责任是一个行为者在道义上为他所选择或做出的行为,为这种行为的善恶是非、价值和后果所应承担的责任。"③ 斯特劳森关于道德责任的观点描述如下:某人在道德上是负有责任的,因为他是这些反应态度的一个适当人选。当然,如果把所有的情况都考虑在内,上述说法似乎是不合理的或者是不适当的。但是,因为个体是反应态度的一个适当人选,

---

　　① 张康之:《行政人员的道德自主性及其合作治理》,《中共福建省委党校学报》2006 年第 8 期。
　　② 谢治菊:《服务型社会治理模式中的行政伦理建设研究》,《广西社会科学》2011 年第 6 期。
　　③ [美] 约翰·马丁·费舍、马克·拉维扎:《责任与控制——一种道德责任理论》,杨绍刚译,华夏出版社 2003 年版,第 257 页。

他是负有道德责任的。就是说，按照斯特劳斯的观点，负有道德责任是反应态度的一个合适人选。一个负有道德责任的人在理性上易受反应态度的影响。① 其实，道德责任不仅包含愤怒、憎恨、责难等各种不好的情绪反应，也包含爱、表扬等一系列积极的情绪反应。因此，应采取更广泛的道德责任观，即不仅要将道德责任和诸如愤恨和谴责之类的消极反应联系起来，而且应和诸如感激、尊重和表扬这类比较积极的反应联系起来。② 换句话说，行为者只要选择了某种行为，无论他选择的是遵从还是规避，他就都要为这种选择和行为负相应的道德责任。

阿伦特在《责任与判断》一书中也比较关注当代的道德困境。根据阿伦特的分析，苏格拉底以来的整个西方思想传统把道德的根本奠基在思考活动之中，即奠基在我与自我进行的无声对话中，所以自我关涉乃是道德的精髓。苏格拉底之所以坚持"我，作为一，宁愿遭受不义也不愿行不义"，就是因为不义的行为将彻底破坏他所热爱的思考活动。但从词源上说，道德却是与风俗联系在一起的，而且人们通常也认为这首先关涉的是自我和他人之间的行为关系。内含于道德之中的这种冲突在20世纪西方的政治悲剧中充分显示出来，那么多"正派的"绅士一夜之间恭顺地服从了纳粹的邪恶事业，仿佛道德的确只不过是可以随意改变的行为习惯。尽管浩劫之后那套习惯又恢复如初，但在阿伦特看来，在这一反一覆之中，它已经没有什么光彩可言。阿伦特认为，传统的道德规则已经崩溃了，它们不再能指导人类的行动。但是，这并不意味着道德本身已经不可能的了，因为这个世界上总有一些人能够辨别是非善恶。阿伦特认为，虽然辨别是非善恶的标准丧失了，但是辨别是非善恶的能力总是存在于人类的心灵之中。这种辨别人类是非善恶的能力就是人类的判断力。因此，对人类判断力的分析能够为当代的道德困境指示

---

① ［美］约翰·马丁·费舍、马克·拉维扎：《责任与控制——一种道德责任理论》，杨绍刚译，华夏出版社2003年版，第5—6页。

② ［美］约翰·马丁·费舍、马克·拉维扎：《责任与控制——一种道德责任理论》，杨绍刚译，第6页。

出路。①

可见，道德责任，无论人们怎么对他理解，似乎都要求有某种控制。而且我们都自然而然地预先假设我们具有这种控制。在失去这种控制时，看起来我们就不得不放弃我们对我们自己和其他人的看法中的一些非常重要的特征。② 也就是说，道德责任理论的主题思想与控制有关，目前存在两种不同的控制：管理控制和指导控制。由于是一种自由行动的双重力量，管理控制包括可以替代的可能性。而指导控制，并不包括可以替代的可能性，其本质在于行为者对实际引起相关行为的那种机制的"所有权"和该机制的理性反应。③

（三）强化公共利益，缓解基层公务员的角色冲突

基层公务员的责任冲突更多的是角色冲突。角色冲突是指人们所体验到的特定角色的价值观是不相容的或者是相互排斥的。基层公务员常常有多重角色，这些不同角色的权利和义务要求是不一样的，他们是基层公务员，同时也是母亲、父亲。在这种情况下，基层公务员角色与组织工作之外的其他一种或多种角色之间就会发生冲突。④ 通常，角色冲突的原因有三种：一是不同客观责任之间的冲突，即权力来源的冲突；二是主客观责任在不同时间不同地点的表现不同，也即基层公务员在不同时空环境下的角色不同引发的冲突；三是主客观责任对同一件事情的价值判断标准不同而引发的冲突，这种冲突使基层公务员无所适从。面对角色冲突，基层公务员能做什么呢？巴纳德提出了几个可能的结果：一是一般的道德堕落，表现为灰心丧气和缺乏决策能力；二是责任感的消失，表现在我们的决策取决于偶发的、外部压力以及偶然的决定因素；

---

① ［美］汉娜·阿伦特：《责任与判断》，陈联营译，上海世纪出版集团2011年版，第234页。
② ［美］约翰·马丁·费舍、马克·拉维扎：《责任与控制———一种道德责任理论》，杨绍刚译，华夏出版社2003年版，第18页。
③ ［美］约翰·马丁·费舍、马克·拉维扎：《责任与控制———一种道德责任理论》，杨绍刚译，第230页。
④ ［美］特里·L.库珀：《行政伦理学：实现行政责任的途径》，张秀琴译，中国人民大学出版社2001年版，第91页。

三是退出积极的决策活动，如辞职、缺席和退休；四是绕开那些可能要求有不同解决方法的冲突，培养一种规避责任的能力；五是培养一种出台模棱两可的措施的能力，用来满足一种中庸的需要或尽量不违背任何法则。① 在巴纳德看来，前四种方案都忽视或牺牲了一种或多种法则，这不仅等于渎职也是品格的堕落，因而第五种方案比较适用，但是第五种方案仍然不能有效解决基层公务员角色带来的主客观责任之间的冲突，因而需要一种道德创造力来予以平衡。道德创造力需要基层公务员在面临角色冲突时将选择标准落实在公共利益上，并通过道德标准的重新设定来提升基层公务员的责任能力。正如库珀所言："无论是按照正式的就职宣誓、政治伦理法规，还是法令，最终，所有基层公务员的行为都要以是否符合公众的利益为标准来衡量是否是负责的行为。"② 因此，面对角色冲突，审查和重新界定基层公务员所供职的组织中的角色，并将其与公共利益挂起钩来就显得尤为重要。

当然，过分强调通过内部控制来激发基层公务员的主观责任会有一些风险，这些风险包括：社会多元价值观的对立让基层公务员难以选择正确的价值观，无法判定基层公务员是否会谋私利，社会上对抗性的价值观可能会引发冲突。因此，在强化基层公务员主观道德责任的同时，强化外部监督，为基层公务员承担伦理责任提供保障也刻不容缓。

（四）强化行政伦理立法，壮大公民社会以推动基层公务员责任的担当

良好的责任意识除了通过培育基层公务员的自主性来激发之外，还必须借助外部的强制性力量来监督，这种监督不仅为公共基层公务员使用自由裁量权时面临的伦理冲突与困境设置了限制，对那些超出由公民设立的权限范围而进行活动的基层公务员实行制裁，而且还可以法律的形式设置最低道德标准，防止人们的不良行为。正如芬纳所言，"尽管道

---

① ［美］特里·L.库珀：《行政伦理学：实现行政责任的途径》，张秀琴译，中国人民大学出版社2001年版，第102页。

② ［美］特里·L.库珀：《行政伦理学：实现行政责任的途径》，张秀琴译，第71页。

德规范、内心自律以及所有使他们发挥作用的办法,为行政管理具有创新性、灵活性以及富有成果提供了保障,但在现今还没有任何东西比基本的政治控制和政治责任更为重要。"① 显然,以行政伦理立法和外部监督为主的外部控制对基层公务员责任意识的强化尤为重要。因为行政伦理立法可将公共组织与公职人员的伦理责任和伦理义务制度化,保证行政组织的伦理水平。② 同时,应通过发展和壮大公民社会来制约公权力的支配性,推动基层公务员责任的担当。为此,应从以下入手:培育具有公共精神的公民。公共精神是公民社会的基本精神,也是沃尔多和弗雷德里克森举起新公共行政大旗的根本原因。公共精神包括公正、公平、参与、协作、担当、爱心等,要培养这些公共精神,基层公务员就应有更多的开放性、透明性、公正性与廉洁性,政府也应更多地为公民社会的发展壮大提供平台和保障,为基层公务员责任的担当营造良好的氛围。③

根据库珀的观点,要实现行政责任,强化基层公务员的伦理责任即主观责任更为重要。因为主观责任不仅长期被忽视,事实上也大量缺乏,而且主观责任能内化为基层公务员心中的价值观,产生更为负责任的和更具创新性的官僚制度,防止外部控制不规范时基层公务员采取偏颇的过激行为,使基层公务员合理使用自由裁量权。但是,在面对权力冲突时,库珀要求某些客观责任服从于其他客观责任。到底该哪些客观责任服从于另一些客观责任:是对上级负责服从于对制度负责?还是让对民众负责服从于对上级负责?抑或是让对下级负责服从于对上级负责?库珀提出的答案是暧昧且软弱的,因为他仅仅提出要通过强化主观责任培育符合道德的规范,由此来选择解决谁服从谁的问题。其实,让符合道德规范作为选择履行责任的首要立场和观点是有效的,因为"事实会告

---

① [美]特里·L.库珀:《行政伦理学:实现行政责任的途径》,张秀琴译,中国人民大学出版社2001年版,第126页。
② 谢治菊:《服务型社会治理模式中的行政伦理建设研究》,《广西社会科学》2011年第6期。
③ 谢治菊:《沃尔泽的复合平等理论及其对当代中国的启示》,《社会主义研究》2012年第5期。

诉你，符合道德规范的解决问题的办法并不能解决实际问题，它主要帮助你确定你的首要义务并为你向自己和其他人解释你的行为提供基础。"① 换句话说，这样的观点虽然只是提供了一种解决问题的观点和立场，但通过这种观点和立场进行符合道德规范的思考，可以培养基层公务员的职业道德、正直感以及负责精神。在当代中国，这种职业道德和负责精神是正确、有效履行岗位责任的保证，是行政组织和基层公务员高效性、权威性的重要手段，是"权责利一致"原则在公共行政领域中的典型体现，也是化解基层公务员面临的责任冲突的关键。

二 构建大数据平台，动态监管基层公务员行为

大数据思维和技术应用对政府的治理理念、治理范式、治理内容、治理手段带来深远的影响。工业时代的官僚制已经过时，从电子政务到大数据政务、云政务，信息通信技术和智能化平台进一步推动政府组织体制的变革，并逐步显示出网络化、扁平化、分布式、小型化、开放性以及自下而上等特征。同时，大数据技术迫切要求政府治理实现由封闭管理向开放治理转变、由单向管理向协同治理转变、由被动响应向主动服务转变、由定性管理向定量管理转变、由粗放管理向精准化管理转变、由运动式管理向常规性管理转变。② 此种转变必将对基层公务员的心态带来影响，为规避消极影响、巩固积极影响，需进一步利用大数据对基层公务员心态进行如下建设。

（一）建立基层公务员大数据信息管理平台

要调适基层公务员的心态，使其"不想腐、不愿腐、不敢腐"，就应该充分运用大数据思维和信息化手段，及时纠正公务员行为和思想上的偏差。为此，就应做到：第一，建立基层公务员大数据信息库。该数据

---

① ［美］特里·L．库珀：《行政伦理学：实现行政责任的途径》，张秀琴译，中国人民大学出版社 2001 年版，第 91 页。

② 陈刚：《运用大数据思维和手段提升政府治理能力》，《求是》2016 年第 3 期。

库包括元数据、学习能力数据、工作能力数据、发展潜力数据四个层次。其中，元数据是基层公务员数据化的个人信息如年龄、专业、学历、职务等，元数据能反映基层公务员的个人基本情况和成长历程，可以为基层公务员大数据管理提供基础材料。学习能力数据反映基层公务员与时俱进的情况，是对基层公务员学习培训情况的综合记录。工作能力数据是对基层公务员工作行为和工作效果的真实记录，是对公务员进行绩效考核的重要参考指标。发展潜力数据是在前三项数据的基础上，对基层公务员的未来发展潜力和可塑性进行预判，对他们的个人发展轨迹和成长空间进行预测。以上四个数据库的建设对于转变基层公务员的管理理念、提高工作效率具有重要的作用。为此，应开发基层公务员大数据信息管理平台，培育大数据专业人才，实现基层公务员信息的数据化管理。第二，建立基层干部监督大数据系统，把大数据用起来。通过整合干部个人有关事项报告系统、干部日常表现数据系统、纪检监察案件处理信息系统以及房管、民政、国土等部门数据，形成庞大的干部监督大数据系统。例如，江苏兴化市就通过联合纪检监察、公安、审计、信访、住建等多个部门，建立了涵盖考察信息、信访、经济责任审计、急难险重任务表现、党政纪处分、干部监督联席会议成员单位意见等多类监督信息的干部监督信息库，特别注重加强干部8小时外信息收集，将社区监督测评、个人诚信记录、网络舆情信息监测等渠道纳入监督信息收集范围。① 第三，不断更新数据和维护好大数据系统，使大数据大起来。大数据之所以大，不仅因为其数据量大，而且在于其对数据进行持续不断更新。只包含一些历史数据的系统，不利于干部监督管理部门做出准确、科学的决策，这就需要数据信息不断地更新和调整，以确保大数据系统为干部监督管理服好务。

（二）用大数据预防基层公务员的不良心态

基于大数据的危机数据系统，能够突破专业分工造成的信息壁垒，

---

① 金雷：《江苏兴化市：用大数据严管干部》，《先锋队》2017年第10期。

促进信息共享,提升源头治理、动态监控、应急处置能力。① 当今中国社会正处于伟大的变革时代,经济快速发展,文明程度逐步提升,法制建设越来越规范。伴随着形势的变化,基层公务员的精神面貌和素质也发生着深刻的变化。他们所面临的社会环境也发生着变化,社会形态多元化、群体多层化、价值多重化、诱惑多样化、问题的具体化,在面对和处理这些问题时,基层公务员既要保持公务员职业的特殊要求,又有着普通人的正常渴望,由此造成基层公务员心态的变化。② 其心态变化的主要原因在于党的十八大以来各项规章制度、各项禁令的颁布,给基层公务员的生活、学习以及工作造成很大的影响,从微观层面来说体现在报酬少、工作压力大、晋升难等,基层公务员由此产生负面情绪。大数据以容量大、数据多样性、处理快、应用价值高著称,可以通过对基层公务员数据的大量收集,挖掘分析并提炼出有价值的信息,做到对基层公务员心态的动态监管,科学预测基层公务员的心态类型,包括积极的心态或者消极的心态,从而有针对性地对基层公务员消极心态进行预防和处理,避免负面情绪的扩散以及对基层工作的影响。这就是所谓的"事前控制比事中控制好,事中控制比事后控制好,因为事后控制成本最高、危险最大"③。因此,通过对大数据多次利用,提高基层公务员心态预防,事前不忘,后事之师。同时也能够提高基层公务员心态变化的风险防范意识,掌控基层公务员的心态变化,以及时提出预防措施。

(三)以大数据监管基层公务员的心态变化

有人指出,社会心态的未来研究路径之一,就是在大数据的背景之下,以复杂性理论为指导,以复杂社会网络分析和 ABM 计算模型为方法支持,从整体视角分析社会心态的现状、形成和发展过程。④ 这意味着,

---

① 祝兴平:《以大数据提升危机预警管理水平》,《公关世界》2015 年第 10 期。
② 薛泽通:《当代基层公务员的心态建设》,中共中央党校出版社 2007 年版,"序言"。
③ 薛泽通:《当代基层公务员的心态建设》,第 45 页。
④ 高文珺:《大数据视野下的社会心态研究——基于复杂性理论与计算模型的探讨》,《新视野》2017 年第 1 期。

利用大数据对基层公务员的心态进行建构,要实现以下三个转变:一是对基层公务员的个体心态向整体心态的转变。大数据信息量大、类型丰富、价值多元,如果将基层公务员的心态置于大数据营造的关系网络中去考察,就可获得公务员心态形成的深层逻辑,解决理想与现实之间的差距。例如,描述基层公务员的网络心态时,可根据网络中的群体社会心态,结合公务员个体的性格特征,逐层递进,展现某个区域基层公务员的集体心态,实现个体心态向集体心态的结合。二是静态社会心态向动态社会心态的转变。大数据可以动态掌握基层公务员个人和他人互动关系的信息,可以捕捉到行政环境的变化对基层公务员的影响,可以模拟基层公务员与民众之间的互动过程,构建心态的演化模型,进而实现预测。目前,公务员的心态预测尚无研究成果,但个体社会心态的预测成果已逐渐显现。例如,有人利用 Twitter 为研究平台,以天、周和季节为单位,分析 Twitter 上不同时间段个体的情绪变化,揭示情绪变化与时间的关系,分析个体情绪变化对心态变化的影响。[①] 另外,利用大数据分析网络舆情的传播模式,由此提炼社会心态的形成路径。例如,利用人们对网络新闻的点击率、点击偏好、点击时间,分析网络心态的形成过程和形成机理。三是小数据向小数据与大数据结合的转变。大数据解决的是基层公务员心态的整体性、动态性和涌向性问题,但传统的小数据亦有重要作用,可以利用情境设置的方法,帮助解决基层公务员心态研究的精细化、个性化和差异化,尤其对实验研究中的因果关系推断优势明显。[②] 因此,在基层公务员心态研究中,要坚持大数据与小数据的融合,一方面,可提高实验研究的精细化和模型研究的准确性;另一方面,可发现更多的潜在因果关系,实现研究的针对性和科学性。例如,可利用大数据与传统调查方法的结合,探讨不平等地区经济收入与基层公务员行为的关联,由此佐证环境公平性对心态的影响。当然,这样的探讨

---

① Golder S. A., Macy M. W., "Diurnal and Seasonal Mood Vary with Work, Sleep, and Daylength Across Diverse Cultures", *Science*, 2011.

② 唐文方:《大数据与小数据:社会科学研究方法的探讨》,《中山大学学报》(社会科学版) 2015 年第 6 期。

也可在模拟的场景下进行。可利用计算机模拟建设两个公务员群，对不同的群给予不同的资源，让群中的个体自由地互动，观察个体互动的结果是否受环境公平性的影响，进而发现不平等状况下基层公务员的心态特点与趋势。

三　建构政策限度，积极调适扶贫干部心态

精准扶贫是习近平总书记2013年11月到湖南湘西考察时提出的重要思想，核心要义是针对不同的贫困环境、贫困人群、贫困状况、贫困成因，坚持分类施策、因人施策、因地施策、因贫困原因施策、因贫困类型施策，做到精准识别、精准帮扶、精准监管和精准脱贫。2014年3月，习总书记在"两会"上，再次对精准扶贫的理念进行了阐释，并在2017年党的十九大报告中提出了2020年"贫困全摘帽"的伟大蓝图。其间，学界对此进行了大量探讨，形成了精准扶贫研究的中国话语体系。在这话语体系中，精准扶贫理论、机制、难点、策略、成效评估是贯穿始终的逻辑主线，鲜有关注扶贫主体心态的研究。心态决定心情，心情决定状态。作为国家公职人员，精准扶贫中基层公务员心态直接决定扶贫的成效。但无论从宏观数据还是微观案例来看，目前我国基层公务员的心态都不容乐观，究其原因，主要是精准扶贫压力下的情感耗竭、人格解体和成就感低下。情感耗竭指基层公务员的高强度工作导致个人过度疲劳而进入生活衰竭状态，人格解体指基层公务员因工作压力过大而产生的消极工作状态和不良人际关系，成就感低落指基层公务员工作获得感和满意度降低。[1] 精准扶贫背景下，基层公务员情感耗竭、人格解体和成就感低下更为明显。之所以这么认为，一方面，精准扶贫不仅意味着基层公务员加班时间增多、工作量增大，还由于形式主义和官僚主义仍然存在，这些增加的工作量大部分被用在了填表上，因此有人将精准扶贫

---

[1] 刘爱月：《基层公务员心理健康状况调研》，硕士学位论文，南京农业大学，2014年。

戏称为"精准填表",认为填各种表格成了扶贫工作的最大负担。① 另一方面,精准扶贫中贫困户的脱贫指标以及贫困户对扶贫工作的满意度也成为压死他们的最后两根稻草。与之前相比,基层公务员面临的工作压力、环境压力、心理压力和生活压力明显增加,普遍存在面临问责的担忧心理、沟通不畅的压抑心理、民众脱贫的紧张心理、耗时耗力的焦虑心理,调适精准扶贫中基层公务员的消极心态已刻不容缓。

(一)减少检查,破除扶贫中的形式主义

除精准填表外,扶贫中的形式主义还表现在两个方面,一是做面子工程。检查组进村,一般通过看表格、看照片和入户看三条途径了解扶贫干部的工作有无痕迹,容易滋生痕迹主义。而为了迎接检查,有些村会花费几万元制作大型的标识牌,有些扶贫干部花钱把贫困户的房屋重新粉刷,并买上新被子,博取检查组的眼球。更有某地级市,花200万元将扶贫工作经验总结会开到了北京某五星级酒店,扶贫中的面子工程可见一斑。二是打卡留人。打卡出勤是部分地区考核扶贫干部的重要手段,其本义是对驻村干部进行监督和约束,有的地方甚至还用 GPS 定位、App 签到等方式确保扶贫干部待在村里,这样的形式过于僵化,不利于扶贫干部开展工作。且不说扶贫干部最重要的任务是跑项目、找资金,即使干部待在村里,只顾填表而不去访问贫困户,这样的签到和定位又有何意义? 更何况,部分干部扶贫的村寨路途遥远,从县城过去要1—2 小时的车程,签到不合格的还会被通报和处分,严重影响了扶贫干部的积极性。难怪有扶贫干部抱怨,政府用大数据规范扶贫干部,实际是一种监控,此种监控反映了组织对扶贫干部的不信任,是形式主义的变形。事实上,早在2016年10月,为惩治部分地区精准扶贫中的形式主义,"国务院扶贫办"早就下发通知要求各地要统筹规划、减少检查,要加强扶贫工作的信息化管理、减少纸质材料,要减少扶贫中高档

---

① 《部分县精准扶贫成"精准填表",形式主义怪圈怎么破》,《人民日报》2017 年 12 月 18 日。

展板和材料的制作、节约花销。但是，由于各级政府扶贫压力大，投入的人力、物力、财力较多，对扶贫成效的期待也自然较高，相应的检查和评估自然而然就多了起来。为此，应首先减少检查的频次，利用信息化水平统一检查的表格形式，让扶贫远离填表的烦恼。上级政府应在认真调研的基础上，设计科学的表格形式，设计好的表格要相对固定，不随意更改，让扶贫干部从烦琐的填表中解脱出来，专心致力于贫困户个人的发展和能力的提升；应顺其自然，让扶贫避免扰民之嫌；应信任基层，简化检查内容，让扶贫走出迎检怪圈，把精力投入贫困户产业发展之中。最后，建议建立省级数据库，设立市县镇村各级管理员，村级管理员负责对贫困户基础数据进行采集、整理、加工和上传，乡级管理员对贫困数据进行核实和加工，县市级管理员主要对数据进行管理，这样才能够对贫困户数据进行动态管理和调整。但是，调查中发现，像贵州这样大数据扶贫走在全国前列的省份，"扶贫云"数据系统的使用都存在严重的碎片化问题。某乡镇干部告诉我们，对于贵州"扶贫云"上的基础数据，基层干部并不能随时上传和更新，往往要等到县市级主管部门开通，但开通的时间并不固定，这就导致需修正的扶贫信息得不到及时修正，需上传的新信息得不到及时上传，一段时间后，部分扶贫干部因工作多、压力大而忘记更新，部分扶贫干部因记不清当时的具体情况而随意更新，这会导致基础数据失真。因此，为减少重复填表的问题，扶贫管理部门不仅应随时向扶贫干部开放其所负责的贫困户信息，还应给扶贫干部导出数据库的权限，减少扶贫干部案头工作。当然，还得增强扶贫干部尤其是村干部的信息化意识，提升其信息化水平，否则，即使有现代信息技术，部分干部也不会使用，扶贫中的形式主义难以破除。

（二）注重心理，激发扶贫干部的内生动力

习近平总书记多次在深度贫困地区脱贫攻坚座谈会上强调，激发内生动力，解决好贫困户的思想问题、认知问题和知识问题，变贫困户被动的"要我脱贫"为主动的"我要脱贫"是深度贫困地区脱贫致富的关键。① 与之相应，新时代，只有尽快把各级公务员的政治思想、科学文化素质都提升起来了，将各级公务员的工作本领和工作能力都提高了，国家治理体系才能更加有效运转。② 虽然部分学者将贫困成因归结为资源不足、机会缺乏、社会不公、环境恶劣等外在因素，近年来的行为经济学家却认为，贫困主体的心理特征及其行为选择才是其收入持续低下的重要原因。正如《2015年世界发展报告》所指出，贫困的原因不仅仅是物质匮乏，最关键是贫困主体主观思维和心理。③ 贫困人群大都比较消极、封闭、自卑，对社会不满、失望，对社会负面事件和不利因素过分夸大，对自己的行为不能客观评价，自我效能感极其低下。④ 这给扶贫干部带来的负面影响是：部分贫困户缺乏感恩心态，认为政府的给予是理所当然，认为扶贫是政府和干部的事，与自己无关；部分贫困户思想观念落后，安于现状，没有发展动力，国家诸多的优惠扶贫政策和大量的社会捐赠让他们产生了不劳而获的思想，内生动力严重不足，被动参与扶贫。在此背景下，一些干部也缺乏谋求发展的动力，将精准扶贫流于形式，呈现出整体的贫困思维。如果不改变这种思维，贫困户依靠项目、资金等外力推动可以短期脱贫，但稍后又会回到原点。为此，随着扶贫攻坚的深入开展，改变扶贫者的思维，关注扶贫者的心理就显得尤为重要。因此，要做好以下两点：首先，重视扶贫者的感受和需要，健全扶贫者利益和需求表达机制，增强他们在贫困治理中的积极性与主动性。其次，重视基层公务员心理健康。加大对扶贫者心理健康的关注，将基层干部的心理保健纳入基本医疗范畴，定期开展心理健康咨询，邀请专家开展心理辅导，鼓励社会工作者开展心理服务。通过多种举措，让扶贫者拥有健康、开放、上进的心态，从根本上激发他们干好扶贫工作的内生动力。

---

① 谢治菊：《认知科学与贫困治理》，《探索》2017年第6期。
② 邓金霞：《多重转型社会公务员通用能力新增长点探索》，《行政论坛》2016年第3期。
③ 高考、年旻：《融入贫困人群心理特征的精准扶贫研究》，《光明日报》2016年4月6日第15版。
④ 刘学军、王爽：《精准扶贫的根本在于"心理扶贫"》，《丹东日报》2017年6月5日第4版。

(三) 赏罚分明，建立扶贫责任容错纠错机制

扶贫中的容错机制是指为提高扶贫效率，对扶贫干部用改革创新的方式开展扶贫而产生的失误或错误进行科学认识，允许试错，以鼓励扶贫干部勇于尝试、大胆创新。扶贫中的纠错机制是指因改革创新导致扶贫出现偏差或者失误时，及时采取措施予以纠正，以避免或减少损失。[①]容错纠错机制是鼓励干部大胆改革、锐意进取的重要举措，其目的不仅仅让干部在改革创新中止步于试错，而在于总结经验基础上的纠错。科学的容错纠错机制必将为干部的创新和作为保驾护航。然而，事实是，在精准扶贫领域，针对基层干部的容错纠错机制还未真正建立。正因为精准扶贫背景下基层公务员压力大、责任重，又没有容错纠错机制，调查时发现，高达94.8%的基层公务员完全理解"公务员辞职现象"，有38%的被调查者辞职的想法，报酬低、压力大、责任重成为他们有辞职想法的主要原因，分别占37.3%、36.3%和16.1%。这说明，在精准扶贫领域建立赏罚分明的激励机制和容错纠错机制尤为必要。为此，应建立科学合理的激励机制，给予扶贫干部更多的关爱。基层干部头绪多、任务重、压力大、强度高、待遇低、上升通道狭窄，在精准扶贫的背景下，若再不给予更多的关爱，必将引发严重的职业倦怠。同时，应从精神和物质两个层面对基层公务员的扶贫工作予以肯定。精神层面的肯定主要通过评优评奖和授予荣誉称号来完成，物质层面的肯定可通过提高基层扶贫干部的待遇，给予基层干部扶贫专项绩效来实现。只有这样，基层公务员在扶贫中的权责利才能实现对等，激励扶贫干部以科学的方法和高度的责任心将扶贫真正做到根上。此外，建立容错纠错机制，区别对待脱贫问题。对于因客观原因、政策调整、贫困户内生动力不足而引发的不脱贫，只要扶贫干部已经尽力，就不应追究扶贫干部的责任。当然，建立扶贫容错纠错机制并不是简单地包容和承认错误，必须建立

---

① 刘雅静：《容错纠错机制：概念厘定、价值意蕴与实践路径》，《知行铜仁》2017年第2期。

与之相配套的事前防错机制和事后纠错机制,事前防错机制的核心是科学化、民主化、法治化的决策机制,事后纠错机制,则涵盖错误预警、错误识别、错误应急反应、错误认定、纠错效果检验等内容。[1] 当扶贫出现偏差,应及时纠正,使其朝着正确的方向前进。为使容错纠错机制更科学、合理,应用好精准扶贫考核评价的指挥棒,强化正向激励与负向激励,将扶贫容错纠错机制与考核评价、奖优罚劣、民意支持等结合起来,助推精准扶贫尽快实现目标。

(四)科学规划,优化精准扶贫第三方评估体系

适当对精准扶贫开展评估,有利于及时了解帮扶动态,制定科学的帮扶方案。目前,我国针对精准扶贫的评估分为三类:一是精准扶贫过程的动态评估,目的是监督扶贫资源是否被有效利用;二是对帮扶干部的工作考核,目的是了解帮扶干部的工作成效;三是贫困户脱贫的第三方评估,目的是评价贫困户是否可以脱贫。[2] 在这些评估中,第三方评估是最重要的评估,具有评估主体独立与专业、评估过程客观和高效、评估结果权威和公正等特点,能够推进政府治理体系现代化,强化社会监督,表达群众利益诉求,但也存在资金依赖、制度规范缺失、评估专业化和评估结果应用等问题[3],给基层公务员的心态带来了一定的负面影响,为此,应科学规划,优化第三方评估体系。第一,完善制度设计,强化评估机制的信息化、透明化和法制化,夯实第三方评估的法律基础,做到评估内容公开、过程公开和结果公开,将评估结果与干部考核任免结合起来,增强第三方评估的权威性。[4] 第二,加强能力建设和评估培

---

[1] 贺海峰:《构建容错纠错机制激励干部干事创业》,《光明日报》2016年11月14日第11版。

[2] 陈辉:《社会工作参与精准扶贫的路径选择》,《中共福建省委党校学报》2017年第3期。

[3] 汪三贵、曾小溪、殷浩栋:《中国扶贫开发绩效第三方评估简论——基于中国人民大学反贫困问题研究中心的实践》,《湖南农业大学学报》(社会科学版)2016年第3、17期。

[4] 孟志华、李晓冬:《精准扶贫绩效的第三方评估:理论溯源、作用机理与优化路径》,《当代经济管理》2017年第11期。

训，合理设计评估内容，确保第三方评估的科学性、专业化和接地气。第三，规范评估流程，科学设定评估指标，合理搭建评估平台，典型选取评估对象，恰当使用评估工具，确保评估的客观性和高效性。第四，完善第三方评估指标体系。贫困人口识别准确率、退出准确率和帮扶工作群众满意度即"两率一度"是第三方考核基层干部扶贫工作的重要指标。但是，无论是哪种评估，"两率一度"固然重要，最重要的是评估贫困户个人的发展能力是否得到提升。其实，新时代的贫困户之所以贫困，除老、弱、病、残等客观原因之外，最大的原因在于贫困户自身发展能力不足。自身发展能力又称作可行能力，阿玛蒂亚·森对其论述比较精辟。他指出，人类反贫困的根本目标在于提高贫困户机会选择及获取资源的能力，即可行能力，这一能力决定人的成就及幸福程度。[1] 调查显示，农户的发展能力对农业收入和非农收入的确有正向的促进。然而，现实是，现在的贫困户基本上自身发展能力都不足，这在异地搬迁贫困户中尤为明显。一些贫困户搬迁后，不仅生计的可持续性不同程度受到影响，还卷入赌博、打架斗殴的泥潭。因此，要实现贫困户收入的可持续增长，就应该想办法提升他们的发展能力，这对第三方评估提出了新的要求，要求第三方评估体系应着眼于贫困户可持续发展能力的测量。只有这样，评估的内容和指标体系才会更加科学和优化。

四 健全体制机制，有力保障基层公务员权益

（一）营造良好氛围，强化基层公务员的行为

美国行为科学家亚当斯的公平理论认为，人们总是习惯地将自己的报酬和他人的报酬进行比较，人能否得到激励，不但由他们所得多少而定，还要由于别人所得比较是否公平而定。员工不仅关心自己所得报酬的绝对量而且关心相对量，根据比较的结构里确定自己所获报酬是否合

---

[1] Alkie S., *Valuing Freedoms: Sen's Capability Approach and Poverty Reduction*, New York: Oxford University Press, 2005, p. 119.

理，从而决定其薪酬满意度。基层公务员的工资除了基本工资，还有一部分是各级财政根据各个地方的经济发展程度发放的绩效工资。基本工资只有职位的差距，职位越高，基本工资越高。基层公务员工资差距最大的是绩效工资，各个地方分配有差异，即使同一个省不同的市县差异也很大。比较差异越大，基层公务员公平感越低。可见，中央是否可以考虑至少在省一级实行统一的基层公务员工资水平。绩效工资的发放也存在一定的问题，有的单位领导不想激化分配的矛盾，实行平均分配。这种看似公平的做法，却导致了不公平。因为不同部门、不同岗位、不同的人工作量、工作绩效是不一样，这种平均分很有一种吃"大锅饭"的味道，产生了新的不公平。

也有研究表明，良好的工作氛围，如人际关系融洽、组织公平等因素比加薪对增强个人绩效作用更佳。同样，基层公务员作为"公共人"，不仅是为领到维持生计的工资而工作，而更多的是对他人有用，为社会创造价值，实现自己的人生价值而工作。因此，并非简单加薪就能培育基层公务员工作心态，营造良好的工作氛围才是效果更佳的途径。应该营造什么样的工作氛围呢？一是实现组织公平。组织公平与工作绩效正相关关系不再赘述。主要可以从提拔晋升公平、工资分配公平、领导行事要公平等方面入手；二是营造积极干事创业的工作氛围。通过强化工作不是为了维持生存，还应该为他人做贡献。强化基层公务员"利他"而非"利己"的行事原则。还可以通过树立勤政、廉政的典型，倡导基层公务员向先进典型看齐，见贤思齐，见不贤而内自省也。

（二）提高薪酬待遇，温暖基层公务员的心理

在谈到"调整心态策略"时，我们设置了：加强职业道德建设、健全激励机制、提高基层公务员工资待遇、提升公务员理论修养、规范责任追究范围、强化基层公务员身份认同等12个选项，被调查者选择第一位要解决的是"提高基层公务员工资待遇"（30.4%），选择第二位要解决的还是"健全激励机制"（23.1%），比"提高基层公务员工资待遇"只高出0.6%。更有趣的是，选择第三位要解决的仍然是"提高基层公务

员工资待遇"（14.7%）。这与我们前面调查的基层公务员收入满意度（47.3%的选择"偏低"）是吻合的。可见，工资待遇低是基层公务员普遍关心的问题，中央、各级地方政府需要引起重视。基层公务员绩效工资分配制度有待进一步完善，绩效考核由上一级对下一级考核，绩效工作总量根据考核的结果由上一级打包发给下一级（县一级发给各个部门、机关、乡镇的是按照考核结果人均发放），最后由基层各个部门、机关、乡镇根据本单位的绩效考核情况再进行绩效分配。绩效总量到了各个部门、机关、乡镇，这可就为难各部门、机关、乡镇领导了。绩效考核严格来说肯定是有差异的，不同岗位工作不同，工作绩效自然不同；即使同一岗位不同的人能力有差异，工作绩效也有不同。如果严格按照绩效考核差异来分配，应该制定一个什么样的绩效考核方案才能兼顾到所有岗位和所有人呢？什么样的方案最终能够执行呢？这是一个难题。会不会因绩效考核分配不同，引起矛盾纠纷，从而影响到领导的个人仕途呢？这也是一个问题。既然问题重重，且难以找到合适的方法解决，所以很多基层的单位实行的是平均分，这自然起不到激励员工在单位积极工作、燃烧青春、奉献自己的作用。反而起到反作用，反正干多干少一个样，干与不干一个样，为何我要这么卖命呢？因绩效考核分配不能落到实处，导致少部分基层公务员多少有这种工作心态。

（三）加强教育培训，转变基层公务员的思维

公务员不是一个普通的职业，作为"公共人"，这个群体决定着整个国家的发展方向，且他们手中拥有的权利使用得当则造福群众，如果使用不当，则成为祸害。同时我国沿袭了传统的精英政治，公务员则是这一批治理国家的精英，他们的素质高低，能力高低不仅影响的是整个国家的治理能力，更对社会有一个示范效应。国家公务员一心为公，不为私利，则整个社会风气正，反之将带坏整个社会的风气。因此很有必要不断加强公务员这一群体的教育和培训。

培训内容可以是道德培训、公共精神培训、业务培训、综合素质的培训。加强基层公务员工作心态建设，首先要从思想建设着手，因思想

是行动的先导，加强公共精神的培育和道德建设，使其内化于心、外化于行，从思想根源上塑造公务员的公共服务动机，树立正确的三观，特别是价值观。其次要加强业务能力的培训和综合素质的培训。有研究表明，业务能力强的公务员工作绩效比较高，工作心态比较健康。因为业务能力强，能够增强其工作成就感、工作积极性和工作满意度，从而工作心态也比较积极和健康。最后要加强基层公务员综合素质的培训。基层公务员是政策执行的主体，且基层工作非常复杂，作为一名基层公务员需要有良好的人际交往的能力，才能更好地与干部、群众交流，以便工作顺利开展；还需要有处理复杂情况的能力，比如信访维稳、征地拆迁，处理得当则小事化了，处理不当则可能引发更大的矛盾。

培训方式方法有多种，可以结合当地、当时的实际来进行。比如，可以通过树立道德典型来正面教育，也可以通过反面典型加强基层公务员的警示教育，起到预防的作用。可以定期或不定期参加党校、行政学校加强公共服务意识和工作能力提升的培训。还可以出国培训，如到发达国家或地区，去学习这些国家或地区好的经验和做法。在我国《公务员法》中明确了各级政府要根据公务员职责的要求和提高公务员素质的需求，对公务员定期进行分级分类培训。通过学习和培训，除了强化基层公务员业务能力，同时还能够培育基层公务员积极健康的心态，也有助于提升基层公务员战胜自我，提升基层工作的适应能力。党的十八大以来，随着各项禁令的下发，我国的政治生态逐渐好转。总体来说，我国基层公务员心态呈积极、正面的变化，但基层公务员仍存在因八项规定等禁令而导致的隐秘性收入和福利减少，以及公务员体制内晋升难的情绪化反应。这样的负面情绪对于基层工作有很大的影响。因此，要完善基层公务员培训机制，使基层公务员能够调节和控制情绪，时刻保持良好心态，掌握应对挫折失败的基本本领，提高挫折失败的承受能力。[①]同时，加强基层公务员职业道德建设是政府机关精神文明和政治文明建设的重要标志，也是建设高效服务性政府的重要途径。广泛深入引导公

---

① 宋萍：《如何提高公务员心理调试能力》，《科技信息》2012 年第 24 期。

务员认真履职，牢固树立公共服务理念，忧民之所忧，急民之所急，以人民公仆的行为标准来规范和约束自己的行为。① 这就有利于基层公务员塑造积极健康的心态。

（四）完善问责机制，厘清基层公务员的逻辑

健全的问责机制，首先，要梳理各级、各部门、各个工作岗位的权利清单。有权必有责，权利滥用必追责。近几年各级政府在积极推进三个清单制度——权力清单、责任清单、负面清单，但成效甚微。为何会这样，主要是因为各级政府、各个部门、各个岗位的权利是不同的，责任自然不同。因此中央、地方没有固定的标准，整齐划一去推行。需要各个岗位、各个部门、各级政府，自己查找自己有哪些权力，自己交出自己手中的权力，这是一个难题。其次，是谁来追责。责任追求除了纪委派驻的纪检委员、群众举报、巡视等这些方法，部门监督、上下级监督、党内监督等机制有待健全，所起的作用也不明显。再次，谁来问责，怎么问责。在基层公务员看来，现在的问责机制有些不合理，认为不合理的第一个原因是"权责利"不对等，第二个原因是责任追究范围不合理，第三个原因是责任承担压力过大。现实中的确存在越到基层权利越小、责任越大，在责任追究过程中，很多时候一把手说了算，容易因主观臆断，追责不合理。最后，基层公务员责任追究过程中，存在这样的现象，事件影响大，如在网上声讨声音大，则重判，出于保护干部的想法，影响小则轻判。可见，在追责时很容易受主观因素和客观事件发展的影响，容易扩大追究的范围和追究的程度。应当借全面深化改革契机，加快制定权力清单和责任清单，进一步厘清基层公务员的权责边界，倒逼权责对等，激发基层公务员干事创业的激情。一方面，要扩大基层政府的服务管理权限，按照中央提出的权力下放原则和权力与责任的一致性，除法律法规外，县级以上政府和其他行政管理部门必须行使的行政

---

① 黎雅婷、李玲：《服务型政府视角下公务员激励机制的缺失与完善》，《福州大学学报》（哲学社会科学版）2010 年第 2、24 期。

强制、行政处罚和行政许可事项外，对基层面向群众、量大面广、基层服务管理更加便捷有效的各类事务，应依法下放到基层政府。另一方面，明确基层政府的职能，优化组织结构，理顺权责关系，确保权责均衡，并以法制形式确定；创新行政管理办法，规范行政程序，保障阳光，依法加强管理，不搞层层叠加下方。从源头上确保平等的权利和责任，有效解决由于不同权力和责任造成的无作为难作为现象。加强基层领导干部的教育培训，不断提高基层领导干部的各项素质，增强抵御责任风险的能力，逐步解决基层公务员职业倦怠问题。

（五）健全激励机制，增强行政文化的张力

国家治理的基础在于基层政府对基层的治理，基层公务员则是基层政府的主力军，是推动基层工作的主导力量，是上级开展各项涉及民生工作所不可或缺的重要环节。因此，基层公务员的心态就显得尤为重要。基层公务员的激励机制不健全是导致基层公务员心态变化的重要原因，因此健全基层公务员的激励机制迫在眉睫。首先，提高基层公务员职务晋升机会，使基层公务员在基层工作中有盼头。基层公务员的工作多且复杂，涉及精准扶贫、生态保护、新农村建设、生态移民搬迁、农村集体经济发展等，在众多基层工作中要把工作做好且对仅有的几个晋升职位进行竞争，显得尤为困难。因此，职务职级并行制度的施行在很大程度上解决了这一问题。其次，提高基层公务员的工资待遇。基层公务员作为基层工作的主体，承担着大量的工作，中央到地方政策的落实几乎都是由基层公务员完成，然而基层公务员的工资收入却很低。由此造成付出与报酬不成正比，进而产生心态偏差。所以网络上报道公务员辞职热现象严重正是由此引发，因为他们认为公务员工作稳定、体面，但是工资报酬是很低的，在体制外付出同样的努力能够获得更高的收入，从经济学中成本与收益的关系可以得出结论。再次，提高基层公务员的福利水平。随着党的十八大以来，国家相继提出精准扶贫和乡村振兴战略，使得国家的战略中心放到农村，工作任务逐渐转化为工作压力，工作压力又逐渐演化为对工作的情绪化反应，加之公务员福利低，很多基层公

务员更没有了工作的盼头。通过对 WA 县基层干部的走访，有基层干部表示基层工作任务重，报酬少，福利低，在精准扶贫攻坚期，基层干部几乎每天都在基层，工作量远远超过国家所规定的工作量，几乎没有周末可言，报酬少、福利低是最真实的写照，同时还要承担相应的责任。因此，通过提高福利水平，能够有效缓解基层公务员这种厌倦、浮躁的工作心态，避免职业倦怠发生以及缓解负面情绪。

（六）完善绩效考核机制，确保沟通畅通

基层公务员考核机制存在考核过程流于形式、考核结果平均主义和考核激励作用不足等问题，为完善绩效考核机制，激发基层公务员潜能，缓解职业倦怠，可以从几个方面完善绩效考核机制。首先，重构绩效考核机制。根据《公务员法》和中组部印发《关于改进地方党政领导班子和领导干部政绩考核工作的通知》等法律和文件，结合本地基层实际制定切实有效可行的绩效考核方案，按照不同层级、不同岗位的特征进行绩效考核机制的细化和量化。其次，重视绩效考核过程。完善绩效考核工作流程，由专人负责绩效考核工作，引入征求服务对象意见和民主评议、同事互评等环节，提高基层公务员的积极性与能动性，并以文件的形式固定下来，使绩效考核工作规范化。最后，重视评估结果的使用，避免体制内的平等主义，建立健全考核结果奖惩机制。由于考核结果对基层公务员没有多大实质性的影响。否则，考核结果对基层公务员没有实质性作用，难免会陷入绩效考核平均主义"大锅饭"的困境，应该将日常考核与年终考核结合起来，考核结果与基层公务员工资待遇、评奖评优、职务晋升等关乎自身利益的指标结合起来，对于考核为"优秀"的基层公务员给予实质性的奖励，记入档案并在单位宣传栏进行宣传。通过完善基层公务员绩效考核机制，打破平均主义"大锅饭"，可以激发基层公务员积极性，消除职业倦怠感。通过绩效考核认清不足，明确工作的努力方向。[①]

---

① 熊振华：《基层公务员职业倦怠问题的研究》，硕士学位论文，南昌大学，2015 年。

此外，确保沟通机制畅通有利于基层公务员及时化解负面情绪，建立良好的人际关系，预防和缓和职业倦怠。首先，健全上下级沟通机制。积极引导组织内部建设，促进上下级良性沟通。[①] 领导可以定期到各部门调研走访，轮流到每个部门开民主生活会，开畅所欲言的民主座谈会，让每名基层公务员没有思想包袱地进行交流，甚至"吐槽"，上下级及时有效的沟通有利于了解基层公务员真实心态，方便及时调整工作状态与激发士气。鼓励和放开基层公务员通过民主决策、信息公开、意见反馈等公开渠道和匿名信箱等渠道表达合理诉求。其次，搭建同事间沟通机制。单位不定期举行小型团建活动，为同事间提供交流的平台与机会，减少单位内部同事间的误解和隔阂，建立和谐的人际交往关系，新老同志建立"帮扶"机制，帮助新同志快速掌握工作方法与心理自我调适，增强组织凝聚力与战斗力。再次，探索基层公务员与群众的交流机制。基层政府可以通过下村走访、加强与村民代表联系、新媒体手段（QQ群）等方式丰富与群众的交流沟通渠道，密切联系群众，了解群众需求，真正做到情为民所系、权为民所用、利为民所谋，消除群众对基层公务员的部分误解。最后，扩大对外沟通。通过党校学习、岗位交流、讲座培训、专家授课等方式，扩大基层公务员对外的沟通了解，在拓展视野、开阔思路、提升素质、增长才干的同时，也能认清工作的价值，增强成就感和自豪感，预防职业倦怠。

五 树立正确的价值观，调整公务员的角色期待

（一）树立正确的职业价值观

首先，贵州省基层大多处于偏远山区，工作条件艰苦，基层公务员这一群体长期与群众面对面打交道，工作内容单一烦琐，一旦选择成为一名基层公务员就要做好为群众为人民服务服务的价值理念，深入群众

[①] 于刚强、虞志红、叶阳澍：《政治新常态下基层公务员职业倦怠实证研究——基于珠三角3市的问卷调查》，《学术研究》2017年第5期。

密切联系群众，始终全心全意为群众服务，真正做到情为民所系、权为民所用、利为民所谋。做好服务基层、发展基层、留在基层的心理准备。其次，对自己人格特征进行客观全面的评价，充分了解自己，在工作岗位上既不刚愎自用也不妄自菲薄，以后天的努力来弥补天生的性格缺陷，规避劣势发掘优势做一名自己满意、人民夸赞的基层公务员，"金杯银杯不如老百姓的口碑，金奖银奖不如老百姓的夸奖"，通过自身的不懈努力赢得工作上的成就感。再次，加强自身学习。当今时代是资讯大爆炸的时代，基层公务员作为直接服务群众的主体，应当跟上时代步伐，树立终身学习的理念，通过不断加强学习历练服务群众的本领。一方面是加强职业素养学习，不断提升在基层处理各种复杂问题的能力，以使自己能够在工作中游刃有余更好的服务群众，提升工作成就感。另一方面是加强理论修养，深刻学习马克思主义经典著作以坚定信仰，深入学习习近平新时代中国特色社会主义思想以指导基层实践，通过学习提升自我思想境界以补足精神之钙。最后，培养兴趣爱好，提高挫折商（AQ）。培养健康的兴趣爱好和提高挫折商是缓和基层公务员职业倦怠的有效途径之一。当基层公务员职业倦怠症状时，可以劳逸结合，将在工作中负面情绪通过兴趣爱好来转移，以高挫折商来自我治愈职业倦怠，以饱满的精神状态投入到工作中去。

（二）科学设计职业生涯规划

设计编制科学且合乎实际的职业生涯规划不仅有利于实现人生目标，也可以有效化解来自职业生涯各个时期的工作困惑和工作危机，有助于预防与缓和职业倦怠，张永辉[1]、霍冲[2]、刘伟平[3]、卞树扬[4]等学者的研究结论证实了这一观点。基层公务员应制定科学合乎实际的职业生涯规

---

[1] 张永辉：《成都市政府公务员职业倦怠调查研究》，硕士学位论文，电子科技大学，2016年。
[2] 霍冲：《W县乡镇公务员职业倦怠问题研究》，硕士学位论文，中国地质大学（北京），2017年。
[3] 刘伟平：《济南市S县乡镇公务员职业倦怠研究》，硕士学位论文，云南财经大学，2017年。
[4] 卞树扬：《扬州市基层公务员职业倦怠现状与对策研究》，硕士学位论文，扬州大学，2016年。

划。本研究的调查数据显示，年龄在 18—45 岁、工作年限在 5 年以下、学历为本科的未婚男性基层公务员是职业倦怠的高发群体，这部分基层公务员应该紧密结合自己的外部与内部环境，设计编制符合自身的职业生涯规划。一方面，基层公务员管理部门要重视对初入体制基层公务员的关爱，加强职业生涯规划学习与重视，建立长效的职业管理机制，引导、协助设计编制科学合乎实际的职业生涯规划并进行跟踪管理，每隔三年或五年让每位基层公务员有个对照，方便及时反思或调整职业生涯规划。另一方面，基层公务员个人在制订职业生涯规划之前对照检查自己，要对自身有个客观准确的认识，可以引入 SWOT 分析法对自己进行全面评估，要对自己的优势、劣势、机会和威胁有清晰地认识，对自己的职业发展环境进行科学的评估。明确所在单位的编制设置情况和相应的岗位需求，结合自身状况合理制订职业生涯发展规划。此外，要不断进行阶段性总结和评价，根据外界环境变化适时调整自己的发展规划。这样既有利于实现自身价值，也有利于保持积极向上的心态，避免因职业生涯规划不清晰而陷入职业倦怠。

（三）调整职业期望与角色冲突

无论是省市直机关还是基层公务员，都是凡进必考，能够进入公务员队伍的人都经过严格地层层选拔，最后脱颖而出，他们对自己有很高的期望值，希望得到提拔重用一展抱负。初入职场他们热情高涨、工作积极主动，主动承担起单位大部分工作任务，有的甚至承包了单位的卫生打扫、打开水等苦力活，只为了能够有更多的机会去表现自己，给领导留个好印象，希望能在提拔时给自己加分，但基层单位领导职位有限，难免会导致期望落空，基层公务员就很容易陷入消极情绪，从而采取消极态度来应付工作，难免诱发职业倦怠。因此，引导基层公务员建立合理的职业期望，并在工作过程中不断调整个人期望值显得极为重要。首先，要充分认识自己并结合岗位特点适时调整个人期望。其次，对单位的其他同事有客观的认识，高标准严要求鞭策自己，虚心学习，以缩小与优秀同事的差距。树立合理的个人期望有利于缓解基层公务员职业倦怠。此外,基层公务员要正确认识到自己的"角色冲突",除了有作为"社会人"的私人利益外,更重要的是还担负着履行政府职能实现公共利益的"公共人"角色,划清私人利益与公共利益的界线,一旦私人利益与公众利益产生冲突时,切勿以公徇私,要始终把关乎群众的公共利益放在首位,这样不但能赢得群众的一致好评,用工作上的成就感驱赶职业倦怠的困扰。此外,基层政府应引导媒体正面宣传基层公务员,让人民群众了解和理解基层公务员,基层公务员除了是人民公仆,也还是享有公民权利的普通独立个体。不能用圣人的要求来苛责他们,戴着有色眼镜看他们,要知道他们光鲜表面背后的工作压力与社会责任,尤其要区别看待基层公务员的行为,对于公务行为可以用严格的标准评判,对于非公事行为,应以平常心对待。在工作中给予配合、理解、支持与关怀,建立对基层公务员合理的社会预期,营造一种宽松、包容的社会环境,将有利于他们保持健康心态,消除职业倦怠,提升自我效能感。

六 建立社会支持体系,科学减轻工作负担

(一)建立社会支持体系

基层公务员存在群众对基层公务员误解、心理健康关注不够、工作与家庭矛盾凸显等社会支持淡化问题,加强社会支持,是缓解基层公务员职业倦怠的必要条件。首先,引导群众舆论。党和国家重拳反腐揪出"蛀虫"只是极少部分,大部分国家公务人员还是能够经受考验、实实在在为人民办实事谋福利的人民公仆。社交媒体应建立积极健康的舆论导向,正确引导社会舆论,树立公务员正面形象。其次,呼吁有关部门和专业人员关注基层公务员的心理健康。基层公务员工作负荷重,对自己生理、心理健康状况不清楚、不重视,应该优化组织管理,建立公务员心理健康教育平台,培养心理健康意识,组织相关人员为这一特殊群体

提供心理健康咨询和干预培训。① 最后,搭建困难同时帮扶平台。由于基层公务员工作的特殊性,家人难免会有一些情绪抱怨,基层政府应当适当给予关怀,争取基层公务员家人的支持,实地关心重视他们的工作情况和状态,支持他们尽可能的表达内心的想法和感受,认可他们的价值,提高职业自豪感,有效预防和缓解基层公务员的职业倦怠。

(二) 充实工作资源供给

李普斯基认为,街头官僚所提供的服务越好越多时,外部需求性就越大,资源不足的窘境仍得不到改善,所以街头官僚在面对外部资源不足时,通常会采用一些策略去除多余或是一些没有必要性的服务种类,以缓解资源不足。② 而此种方式却不适用于中国,基层公务员代表党和政府全心全意为人民服务,解决人民群众难题,不惜一切代价达成公共利益,基层政府会增加资源供给以回应群众需求。此外,基层公务员工作条件艰苦和工作资源不足,改善基层公务员工作条件和资源不足有助于缓解职业倦怠问题。首先,增加基层政府财务预算。请专门的清洁人员维持办公场所的卫生,布置绿色植被以美化办公环境,使基层公务员保持身心愉快。其次,完善基础配套措施。有条件的基层政府可以筹建体育运动场地,鼓励基层公务员参与运动,适当的运动量有助于宣泄心理负担,缓和消极情绪,有益身心健康。最后,还要解决基层公务员就餐和生活等问题,避免他们分散更多的精力在解决生活问题上,以至于工作上不能够集中精力。改善工作条件和工作资源不足是有效缓解基层公务员职业倦怠的措施。

(三) 科学减轻工作负荷

基层公务员职务职级不高,但责任压力不小。他们往往处于各种利

---

① 王颖、倪超、刘秋燕:《中国公务员职业倦怠的产生过程:社会支持与应对方式的调节效应》,《中国行政管理》2015年第4期。
② [美]李普斯基:《基层官僚:公职人员的困境》,苏文贤、江吟梓译,学富文化事业有限公司2010年版,第67—68页。

益与矛盾多发的旋涡之中，作为群众切身利益的守夜人与维护者，时常处于社会舆论焦点聚光灯下。"5+2，白加黑"，"女的当男生用，男的当牲口用"是他们长期超负荷工作的真实写照。2019年3月12日，中共中央办公厅近日发出《关于解决形式主义突出问题为基层减负的通知》（以下简称《通知》），明确提出将2019年作为"基层减负年"，《通知》全文第三条明确指出，加强计划管理和监督实施，着力解决督查检查考核过多过频、过度留痕的问题，要求严格控制"一票否决制"事项，不能动辄签"责任状"。这为所有奋战在基层一线的干部通知传来了福音。科学减轻基层公务员工作负荷，能有效降低他们的职业倦怠感。首先，修订基层岗位说明书，按照工作实际合理分配工作资源，按照个人情况平等安排工作任务，明确规范基层公务员的职责与权限，从而明确基层公务员工作角色定位。其次，充分发挥现代先进信息科学技术，在基层公务员程序化工作中引入电子政府以提高行政效率，降低工作负荷。再次，严格对照"八项规定""六项禁令"和中共中央办公厅印发《通知》要求，基层政府大幅度精简文件和会议，强调少开会、开短会，开管用的会，防止层层开会，把公务员从文山会海中解脱出来。此外，严格控制接待活动，把基层公务员从迎来送往中解脱出来，把主要精力集中在为人民群众服务的大事上。

参考文献

一 专著

[美] 艾尔·巴比:《社会研究方法》（上），邱泽奇译，华夏出版社2000年版。

[英] 鲍桑葵:《关于国家的哲学理论》，汪淑钧译，商务印书馆2006年版。

[波兰] 彼得·什托姆普卡:《信任：一种社会学理论》，程胜利译，中华书局2005年版。

蔡曙山、江铭虎:《人类的心智与认知——当代认知科学重大理论与应用研究》，人民出版社2016年版。

[美] 查尔斯·蒂利:《信任与统治》，胡位钧译，上海人民出版社2010年版。

[美] 戴维·H.罗森布鲁姆等:《公共行政学：管理、政治和法律的途径》，张成福译，中国人民大学出版社2002年版。

[法] E.迪尔卡姆:《社会学方法的准则》，狄玉明译，商务印书馆2006年版。

高宣扬:《当代法国思想五十年》，中国人民大学出版社2005年版。

[英] 格雷厄姆·沃拉斯:《政治中的人性》，朱曾汶译，商务印书馆1995年版。

[法] 古斯塔夫·勒庞:《乌合之众——大众心理研究》，冯克利译，广西师范大学出版社2008年版。

[古希腊] 柏拉图:《理想国》，郭斌和、张竹明译，商务印书馆2002年版。

［美］汉娜·阿伦特：《责任与判断》，陈联营译，上海世纪出版集团 2011 年版。

侯钧生：《西方社会学理论教程》，南开大学出版社 2001 年版。

［英］克里斯托弗·胡德：《国家的艺术：文化、修辞与公共管理》，彭勃等译，上海人民出版社 2004 年版。

［美］李普斯基：《基层官僚：公职人员的困境》，苏文贤、江吟梓译，学富文化事业有限公司 2010 年版。

［法］马克·布洛赫：《封建社会》上卷，张绪山译，商务印书馆 2005 年版。

［美］马克·E. 沃伦：《民主与信任》，吴辉译，华夏出版社 2004 年版。

［美］迈克尔·沃尔泽：《阐释和社会批判》，任辉献、段鸣玉译，江苏人民出版社 2010 年版。

孟庆国：《云上贵州——贵州省大数据发展探索与实践》，清华大学出版社 2016 年版。

［英］米切尔·黑尧：《现代国家的政策过程》，赵成根译，中国青年出版社 2004 年版。

［法］莫里斯·迪韦尔热：《政治社会学——政治学要素》，杨祖功、王大东译，东方出版社 2007 年版。

［美］乔治·H. 米德：《心灵、自我与社会》，赵月瑟译，上海世纪出版集团 2005 年版。

［美］全钟燮：《公共行政的社会建构：解释与批判》，孙柏瑛等译，北京大学出版社 2008 年版。

［美］特里·L. 库珀：《行政伦理学：实现行政责任的途径》，张秀琴译，中国人民大学出版社 2001 年版。

［英］托马斯·库恩：《科学革命的结构》，金吾伦等译，北京大学出版社 2003 年版。

王巍、牛美丽：《公民参与》，中国人民大学出版社 2009 年版。

［英］维克托·迈尔-舍恩伯格、肯尼思·库克耶：《大数据时代》，周涛等译，浙江人民出版社 2013 年版。

薛泽通：《当代基层公务员的心态变化及调适》，中共中央党校出版社

2007年版。

薛泽通：《当代基层公务员的心态建设》，中共中央党校出版社2007年版。

［美］约翰·马丁·费舍、马克·拉维扎：《责任与控制——一种道德责任理论》，杨绍刚译，华夏出版社2003年版。

张康之：《寻找公共行政的伦理视角》，中国人民大学出版社2003年版。

郑建君：《基层公务员心理状况实证研究》，中国社会科学出版社2013年版。

二 期刊

蔡曙山：《论人类认知的五个层级》，《学术界》2015年第12期。

曹现强：《获得感的时代内涵与国外经验借鉴》，《人民论坛》（学术前沿）2017年第1期。

曹雪彦：《初任基层公务员的困惑及解决路径》，《领导科学》2012年第32期。

陈刚：《运用大数据思维和手段提升政府治理能力》，《求是》2016年第3期。

陈钢、刘祖云：《论公共行政客观责任的类型与作用》，《南京社会科学》2007年第3期。

陈辉：《社会工作参与精准扶贫的路径选择》，《中共福建省委党校学报》2017年第3期。

陈巍：《具身认知运动的批判性审思与清理》，《南京师范大学学报》2017年第4期。

陈炎秋：《大数据时代的特征及其对心理学的影响》，《西北成人教育学院学报》2016年第4期。

成锡锋：《公务员职业倦怠的成因》，《决策》2008年第4期。

程淑琴、倪东辉：《大数据视野下的公务员考核研究》，《淮南师范学院学报》2016年第2期。

侈庆才：《帕森斯及其社会行动理论》，《国外社会科学》1980年第

10 期。

戴玉:《"公务员辞职潮"来了吗?》,《南风窗》2015 年第 8 期。

[美] 道格拉斯·诺斯:《经济学和认知科学》,《北京大学学报》(哲学社会科学版) 2004 年第 6 期。

邓金霞:《多重转型社会公务员通用能力新增长点探索》,《行政论坛》2016 年第 3 期。

丁水木:《社会心态研究的理论意义及其启示》,《上海社会科学院学术季刊》1996 年第 1 期。

杜宝更、李俭华、郑会京:《大数据时代领导干部学习能力提高的路径》,《胜利油田党校学报》2016 年第 1 期。

封丹珺、石林:《公务员工作压力源问卷的初步编制》,《中国心理卫生杂志》2005 年第 5 期。

高冬东等:《党政干部工作倦怠与组织公民行为相关研究》,《中国健康心理学杂志》2007 年第 1 期。

高文珺:《大数据视野下的社会心态研究——基于复杂性理论与计算模型的探讨》,《新视野》2017 年第 1 期。

高文珺:《"应然"与"实然":社会文化价值特点与影响》,《学术交流》2015 年第 7 期。

龚云:《十八大以来公务员心态有何变化》,《人民论坛》2017 年第 8 期。

顾玉春、徐学华、宋彦:《实习护理生的一般自我效能感与职业倦怠关系》,《中国健康心理学杂志》2007 年第 3 期。

国务院发展研究中心人力资源研究培训中心课题组:《公务员压力与心理健康现状调查》,《西部大开发》2012 年第 8 期。

韩锐、李景平、张记国:《公务员薪酬公平感对职场偏差行为的影响机制——基于个体—情境交互视角》,《经济体制改革》2014 年第 2 期。

韩志明:《街头官僚的时间政治——以基层执法人员的工作时间为例》,《甘肃行政学院学报》2017 年第 2 期。

韩志明:《街头官僚的行动逻辑与责任控制》,《公共管理学报》2008 年第 1 期。

何鼎鼎：《获得感是衡量政策的重要标尺》，《领导科学》2017 年第 36 期。

何立新、潘春阳：《破解中国"Easterlin 悖论"：收入差距、机会不均与居民幸福感》，《管理世界》2011 年第 8 期。

何小师等：《公务员工作压力源的调查与思考》，《职业时空》2005 年第 12 期。

胡荣等：《农民上访与政治信任的流失》，《社会学研究》2007 年第 3 期。

胡荣等：《社会资本、政府绩效与城市居民对政府的信任》，《社会学研究》2011 年第 1 期。

胡颖、廉叶岚：《大数据解读真实基层公务员》，《决策探索》2014 年第 11 期。

怀默霆：《中国民众如何看待当前的社会不平等》，《社会学研究》2009 年第 1 期。

黄杰、王培智：《"八项规定"后江苏基层公务员思想状况调查》，《学海》2015 年第 6 期。

黄苇町：《潜规则下的"异类"官员》，《人民论坛》2010 年第 25 期。

黄艳敏等：《实际获得、公平认知与居民获得感》，《现代经济探讨》2017 年第 11 期。

姜国兵：《服务型政府中的人性假设：公共人》，《行政论坛》2008 年第 4 期。

姜晓萍、马凯利：《我国公务员绩效考核的困境及其对策分析》，《社会科学研究》2005 年第 1 期。

揭扬：《转型期的社会心态问题及其有效疏导》，《中共浙江省委党校学报》1997 年第 5 期。

金雷：《江苏兴化市：用大数据严管干部》，《先锋队》2017 年第 10 期。

景怀斌：《公共管理的认知科学研究：范式挑战与核心议题》，《武汉大学学报》（哲学社会科学版）2016 年第 6 期。

康来云：《获得感：人民幸福的核心坐标》，《学习论坛》2016 年第 12 期。

黎雅婷、李玲：《服务型政府视角下公务员激励机制的缺失与完善》，《福州大学学报》（哲学社会科学版）2010 年第 2、24 期。

李斌：《居住空间与公共服务差异化：城市居民公共服务获得感研究》，《理论学刊》2018 年第 1 期。

李春成、钱怡青：《执法机关公务员职业伦理困境研究——以 S 机关为例》，《福建行政学院学报》2017 年第 2 期。

李飞、葛鲁嘉：《基于"大数据"研究的心理建设新思路》，《学术交流》2016 年第 7 期。

李景平、鲁洋、李佳瑛：《公务员工作压力对职业倦怠的影响研究——以 X 市 Y 区为例》，《西北大学学报》（哲学社会科学版）2012 年第 1 期。

李小华、董军：《公务员公共服务动机对个体绩效的影响研究》，《公共行政评论》2012 年第 1 期。

李宇：《中国人社会认知研究的沿革、趋势与理论建构》，《心理科学进展》2014 年第 1 期。

梁永：《贫困地区乡镇公务员消极工作心态探析》，《中共山西省委党校学报》2010 年第 2 期。

梁芷铭：《大数据治理：国家治理能力现代化的应有之义》，《吉首大学学报》2015 年第 2 期。

刘福元：《公务员考核规范中的指标体系研究——迈向公务员行为的实质评价》，《理论与改革》2015 年第 5 期。

刘天俐等：《近年来我国城乡居民社会心态的调查分析》，《人口与发展》2018 年第 1 期。

刘学敏、李强：《国家精准扶贫工作成效第三方评估的几个问题》，《信息化》2017 年第 8 期。

刘雅静：《容错纠错机制：概念厘定、价值意蕴与实践路径》，《知行铜仁》2017 年第 2 期。

卢威、赵维良：《组织公平感对公务员关联绩效影响研究》，《统计与信息论坛》2010 年第 12 期。

［美］罗纳德·英格尔哈特：《中国尚未进入后物质主义价值观阶段》，《人民论坛》2013 年第 27 期。

麻宝斌等：《中国民众教育政策公平认知状况的影响因素分析》，《公共管理与政策评论》2017年第6期。

麻宝斌、杜平：《关于社会公平正义认知状况的调研》，《理论探索》2017年第6期。

马得勇：《政治信任及其起源——对亚洲8个国家和地区的比较研究》，《经济社会体制比较》2007年第5期。

马广海：《论社会心态：概念辨析及其操作化》，《社会科学研究》2008年第10期。

孟志华、李晓冬：《精准扶贫绩效的第三方评估：理论溯源、作用机理与优化路径》，《当代经济管理》2017年第11期。

米加宁等：《第四研究范式：大数据驱动的社会科学转型研究》，《学海》2018年第2期。

苗俊玲：《我国公务员职业倦怠的成因及对策探析》，《领导科学》2012年第3期。

缪国书、许慧慧：《公务员职业倦怠现象探析——基于双因素理论的视角》，《中国行政管理》2012年第5期。

庞丽娟、田瑞清：《儿童社会认知发展的特点》，《心理科学》2002年第2期。

彭琳、彭翔：《我国公务员情绪管理研究述评》，《内蒙古农业大学学报》（社会科学版）2015年第1期。

商磊、张家云：《乡镇公务员工作压力成因及应对策略》，《中国行政管理》2009年第6期。

沈浩、黄晓兰：《大数据助力社会科学研究：挑战与创新》，《现代传播》2013年第8期。

石晶：《新的美好生活，新的感受期盼——当前公众获得感幸福感安全感状况及影响因素调查报告》，《国家治理》2017年第44期。

宋丽红：《转型时期我国基层公务员心理健康问题的主要表现》，《哈尔滨师范大学社会科学学报》2012年第1期。

宋萍：《如何提高公务员心理调试能力》，《科技信息》2012年第24期。

孙爱东、胡锦武：《禁令之下公务员心态调查》，《决策探索》2014 年第 2 期。

孙国峰、郑亚瑜：《精准扶贫下农村反贫困末端治理的可持续性研究》，《理论与改革》2017 年第 3 期。

孙连荣、王晶：《国家公务员职业倦怠的人格因素研究——基于浙江省舟山市的调查》，《宁波大学学报》（教育科学版）2009 年第 2 期。

孙萌：《精准扶贫要杜绝四种不良心态》，《领导科学》2017 年第 27 期。

谭诗赏、陈捷：《基层公务员队伍管理创新的路径研究——基于大数据的视角》，《哈尔滨市委党校学报》2015 年第 6 期。

唐文方：《大数据与小数据：社会科学研究方法的探讨》，《中山大学学报》（社会科学版）2015 年第 6 期。

唐永、张明：《大数据技术对社会心理的异化渗透与重构》，《理论月刊》2017 年第 10 期。

汪三贵、曾小溪、殷浩栋：《中国扶贫开发绩效第三方评估简论——基于中国人民大学反贫困问题研究中心的实践》，《湖南农业大学学报》（社会科学版）2016 年第 3、17 期。

王俊秀：《不同主观社会阶层的社会心态》，《江苏社会科学》2018 年第 1 期。

王晓晖等：《公务员职务晋升公平感对其工作绩效的影响研究》，《南方经济》2013 年第 11 期。

魏楠：《我国基层公务员职业倦怠原因探析》，《南方论刊》2011 年第 10 期。

邬贺铨：《大数据时代的机遇与挑战》，《求是》2013 年第 4 期。

肖唐镖：《"民心"何以得或失——影响农民政治信任的因素分析：五省（市）60 村调查（1999—2008）》，《中国农村观察》2011 年第 6 期。

谢俊荣、胡小军：《高校辅导员的职业倦怠及其自我效能感培养》，《湖南医科大学学报》2009 年第 5 期。

徐建斌、刘华：《社会公平认知、流动性预期与居民再分配偏好——基于 CGSS 数据的实证研究》，《云南财经大学学报》2013 年第 2 期。

徐宁、李普亮：《人力资源管理与员工工作幸福感：理论与实证分析》，《科技管理研究》2013年第7期。

薛晓东等：《大数据下公共服务的特点及趋势》，《电子科技大学学报》（社会科学版）2015年第6期。

闫佳等：《信任的起源：一项基于公平认知与规则偏好的实验研究》，《经济学》2017年第1期。

杨伟荣、张方玉：《"获得感"的价值彰显》，《重庆社会科学》2016年第11期。

杨宜音：《个体与宏观社会的心理关系：社会心态概念的界定》，《社会学研究》2006年第4期。

叶贵仁：《论行政领导的客观责任与主观责任的冲突与统一》，《中山大学研究生学刊》2005年第3期。

衣新发、蔡曙山：《认知科学、聚合科技与教育创新》，《创新人才教育》2016年第3期。

佚名：《"人在干、数在转、云在算"——数据铁笼建设实践》，《中国建设信息化》2018年第3期。

于刚强等：《政治新常态下基层公务员职业倦怠实证研究——基于珠三角3市的问卷调查》，《学术研究》2017年第5期。

袁正等：《收入水平、分配公平与幸福感》，《当代财经》2013年第11期。

张广科：《津补贴、薪酬差距与行政机关公务员薪酬公平——基于中部三省公务员与企业薪酬数据的实证分析》，《经济管理》2012年第7期。

张金华：《失常抑或平和——社会心态建构中的政府责任》，《福建行政学院学报》2013年第6期。

张静、谢新水：《行政心态：理论基础及概念考察》，《学术论坛》2011年第8期。

张康之：《行政人员的道德自主性及其合作治理》，《中共福建省委党校学报》2006年第8期。

张来春、姚勤华：《公务员工资的公平性困境及若干思考》，《中国人力资源开发》2006年第11期。

张蕾：《大数据时代面临的信息安全机遇和挑战》，《信息系统工程》2017年第9期。

张鹏、孙国光：《公务员职业倦怠成因及干预对策》，《中国行政管理》2008年第10期。

张品：《"获得感"的理论内涵及当代价值》，《河南理工大学学报》（社会科学版）2016年第4期。

张树旺等：《论组织支持感对基层公务员敢于担当行为的影响——基于珠三角地区的调查数据》，《华南理工大学学报》2017年第4期。

张婷、温子嫣：《基于Maslash职业倦怠理论的基层公务员职业倦怠调查分析——以西安市阎良区为例》，《经济与统计论坛》2012年第10期。

张学志、才国伟：《收入、价值观与居民幸福感——来自广东成人调查数据的经验证据》，《管理世界》2011年第9期。

张燕南、赵中建：《大数据时代思维方式对教育的启示》，《教育发展研究》2013年第21、33期。

张志安：《大数据中的网民心态与媒体舆论引导》，《新闻战线》2018年第3期。

赵理彦：《免征农业税后乡镇基层政府面临的问题及解决对策》，《中国市场》2007年第13期。

赵蒙成、王会亭：《具身认知：理论缘起、逻辑假设与未来路向》，《现代远程教育研究》2017年第2期。

赵维良：《公务员组织公平感对工作满意度及关联绩效的作用》，《科技与管理》2011年第4期。

郑畅、孙浩：《收入、社会地位流动预期与民众社会公平认知——采用CGSS（2010、2013）数据的实证检验》，《西部论坛》2017年第5期。

郑建君：《基层公务员角色压力与工作倦怠的心理健康调节作用》，《哈尔滨工业大学学报》（社会科学版）2015年第1期。

郑丽梅、张凤军：《基于JDCS压力模型的我国公务员职业倦怠研究》，《经营管理者》2009年第9期。

郑楠、周恩毅：《我国基层公务员的公共服务动机对职业幸福感影响》，《中国行政管理》2017 年第 3 期。

郑雅之：《试论行政决策心理的优化》，《湛江师范学院学报》2002 年第 5 期。

中国领导决策案例研究中心：《大数据反腐样本：贵阳"数据铁笼"全覆盖》，《领导决策信息》2016 年第 42 期。

钟毅平等：《公正世界信念对记忆偏差的影响》，《心理科学》2012 年第 6、35 期。

钟涨宝、李飞：《插花贫困地区村庄的不同主体在精准扶贫中的心态分析》，《西北农林科技大学学报》（社会科学版）2017 年第 2 期。

周国韬、戚立夫：《人类行为的控制与调节——班杜拉的自我效能感理论述评》，《东北师范大学学报》（教育科学版）1994 年第 3 期。

周矩：《公务员职业倦怠与压力管理》，《探索》2007 年第 3 期。

周蓬安：《作为基层公务员，我因"八项规定"而受益》，法制网。

［美］J. S. 朱恩：《行政管理的新视维：解释和批判理论》，《北京行政学院学报》1999 年第 3 期。

朱光楠、李敏、严敏：《公务员公共服务动机对工作投入的影响研究》，《公共行政评论》2012 年第 1 期。

朱燕：《对公务员职业倦怠、自我效能感和工作绩效及其关系的研究——来自昆明市的报告》，《经济论坛》2007 年第 8 期。

祝兴平：《以大数据提升危机预警管理水平》，《公关世界》2015 年第 10 期。

三　学位论文

董伟玮：《秩序视角下的街头官僚行动研究》，博士学位论文，吉林大学，2007 年。

李琳：《警察职业倦怠与自我效能感的相关研究——以河南省警察为例》，硕士学位论文，西南大学，2011 年。

李婷婷：《公务员绩效评估公平感与工作满意度关系的实证研究》，硕士学位论文，河北经贸大学，2001 年。

李晓静：《面向基层公务员职业倦怠的激励机制研究》，硕士学位论文，福州大学，2014年。

刘爱月：《基层公务员心理健康状况调研》，硕士学位论文，南京农业大学，2014年。

齐燕：《中国政府公务员满意度问题研究——以三门峡市政府公务员为例》，硕士学位论文，西北大学，2008年。

伍婷：《基层公务员自我效能感实证调查》，硕士学位论文，苏州大学，2006年。

张传琦：《基层公务员自我效能感、组织支持感与职业倦怠关系的研究——以山东省县公务员为例》，硕士学位论文，南京师范大学，2013年。

四 报纸

陈潭：《大数据驱动国家治理的未来图景》，《光明日报》2016年4月9日第11版。

《从早到晚忙材料，扶贫岂能靠填表？》，《人民日报》2017年6月1日第17版。

邓建国：《呼唤新的范式出现？》，《社会科学报》2012年7月1日第5版。

范思翔：《让基层公务员有更多获得感》，《北京日报》2016年1月24日第12版。

符向军：《公务员社会责任感考察应成新常态》，《民主与法制时报》2015年2月3日第2版。

高考、年旻：《融入贫困人群心理特征的精准扶贫研究》，《光明日报》2016年4月6日第15版。

《公务员福利待遇：八项规定后福利全取消》，《现代快报》2015年1月18日第6版。

海峰：《构建容错纠错机制激励干部干事创业》，《光明日报》2016年7月14日第11版。

李雨秦：《大数据为心理学研究带来机遇和挑战》，《中国社会科学报》

2017年6月16日第7版。

刘学军、王爽:《精准扶贫的根本在于"心理扶贫"》,《丹东日报》2017年6月5日第4版。

陆娅楠:《2017年我国农村贫困人口去年再减1289万》,《人民日报》2016年2月7日。

吕金平:《产业扶贫要"个性"不要跟风》,《人民政协报》2017年12月4日。

孟令国:《新常态下基层公务员的心理特质及调适策略》,《绍兴日报》2015年4月12日第3版。

屈金轶:《公务员社会责任感需动态考核》,《长沙晚报》2015年1月30日第F2版。

田雯雯:《部分县精准扶贫成"精准填表",形式主义怪圈怎么破?》,《人民日报》2017年12月18日。

王俊秀:《当前社会心态的新变化》,《北京日报》2015年7月30日第19版。

叶春阳等:《"数据铁笼"彰显贵阳治理能力的提升》,《贵阳日报》2015年7月14日第7版。

赵静:《"数据铁笼"构筑权力监管"防火墙"》,《人民日报》2016年5月25日第13版。

赵晓明:《应考虑对基层公务员"精准扶贫"》,《中国社会报》2016年7月4日第8版。

郑莉莉:《有的地方精准扶贫变精准填表用坏3台打印机》,《中国纪检监察报》2017年7月5日。

五 网络资料

龚云:《十八大以来公务员心态有何变化》,人民网,2017年4月11日。

李彤、蒋琪:《扶贫产业要尊重市场规律,切忌盲目跟风同质化》,人民网,2017年1月13日。

《基层公务员为什么压力那么大,他们有什么心理问题吗?》,https://

www.zhihu.com/question/267635896。

程世杰:《"全国两会江西朋友圈":建议提高基层公务员和村干部待遇》,2016年3月6日,http://news.eastday.com/eastday/13news/auto/news/china/20160306/u7ai5370551.html。

周蓬安:《作为基层公务员,我因"八项规定"而受益》,2013年12月19日,法制网 http://news.eastday.com/eastday/13news/auto/news/society/u7ai382389_K4.html。

《八项规定以来公务员生存现状》,2014年7月5日,https://www.liuxue86.com/a/2307673.html。

《精准扶贫中的基层扶贫干部》,2016年3月28日,https://wenku.baidu.com/view/6756ab2c974bcf84b9d528ea81c758f5f61f291e.html。

《大数据解读基层公务员群体工作状态忙并焦虑着》,http://roll.sohu.com/20140416/n398333232.shtml。

《截至2016年底全国共有公务员719万人》,edu.sina.com.cn/official/2017-06-05/doc-ifyfuzny3141547.shtml。

《莫让精准扶贫陷入"精准填表"泥潭》,2017年6月5日,中国青年网 http://news.youth.cn/jsxw/201706/t20170605_9967998.htm,2017-06-05。

《乡镇为什么憋屈,乡镇干部为什么委屈?》,2015年1月1日,http://www.360doc.com/content/15/0701/00/964300_481823076.shtml。

《对不起,公务员我不嫁》,2016年2月22日,http://www.sohu.com/a/223497929_540673。

《杨文明9名被处分干部容错免责这一制度意味着什么?》,2016年1月31日,搜狐网 http://www.sohu.com/a/219975699_119562。

《中国"工作倦怠指数"网上调查报告》,人民网,2004年12月9日。

六 外文文献

Anderson, M. L., Richardson, M. J., Chemero A., "Eroding the boundaries of cognition: implications of embodiment (1)", *Topics in Cognitive*

Science, Vol. 4, No. 4, 2012.

Alkie S., *Valuing Freedoms: Sen's Capability Approach and Poverty Reduction*, New York: Oxford University Press, 2005, p. 119.

Bies, R. J., Shapiro, D. L., "Voice and Justification: Their Influence on Procedural Fairness Judgments", *Academy of Management Journal*, No. 1, 1987.

Baumert, A., Gollwitzer, M., Staubach, M. & Schmitt, M., "Justice Sensitivity and the Processing of Justice-Related. Information", *European Journal of Personality*, Vol. 25, No. 5, 2010.

Bandura, "Toward a Unifying Theory of Behavior Change", *Psychological Review*, 1977.

Bandura, A., "Self-Efficacy Mechanism in Human Agency", *American Psychologist*, Vol. 37, No. 2, 1982.

Bandura, A., "Self-Efficacy in Changing Societies", *Journal of Cognitive Psychotherapy*, Vol. 4, No. 2, 1999.

Bandura, "Self-Efficacy: The Exercise of Control", *Journal of Cognitive Psychotherapy*, Vol. 13, No. 2, 2005.

Brouwers A., Tomic W., "A Longitudinal Study of Teacher Burnout and Perceived Self-Efficacy in Classroom Management", *Teaching & Teacher Education*, Vol. 16, No. 2, 2000.

Cumming E., "Systems of Social Regulation", *Social Service Review*, Vol. 48, No. 1, 1968.

Chwalisz K., Altmaier E. M., Russell D. W., "Causal Attributions, Self-Efficacy Cognitions, and Coping with Stress", *Journal of Social & Clinical Psychology*, Vol. 11, No. 4, 1992.

Cherniss C., *Staff Burnout: Job Stress in the Human Service*, California: Sage Publications, 1980, pp. 197–201.

Colquitt J A, Conlon D E, Wesson M J, et al., "Justice at the Millennium: a Meta-Analytic Review of 25 Years of Organizational Justice Research",

Journal of Applied Psychology, Vol. 86, No. 3, 2001.

Diener, E., Robert B., "Will Money Increase Subjective Well-being?" *Socail Indicatore Research*, Vol. 57, No. 2, 2002.

Dinener, Shigehiro Oishi & Richard E. Lucas., "Personality, Culture and Subjective Well-being: Emotional and Cognitive Evaluation of Life", *Auu. Rev. Psychology*, 2003.

Eliot Freidson, *Profession of Medicine*, New York: Dodd, Mead, 1974.

Foglia L., Wilson R. A., "Embodied cognition", *Wiley Interdisciplinary Reviews Cognitive Science*, Vol. 4, No. 3, 2013.

Frendenberger, H. J., "Staff Bern-Out", *Journal of Social Issues*, Vol. 30, No. 1, 1974.

Golder S. A, Macy M. W., "Diurnal and Seasonal Mood Vary with Work, Sleep, and Daylength across Diverse Cultures", *Science*, 2011.

Ginsborg P., "The Politics of Everyday Life : Making Choices, Changing Lives / P. Ginsborg", *Australian Council for Educational Research*, Vol. 15, No. 2, 2006.

Golembiewski R. T., Thompson V. A., "Modern Organization: A General Theory", *Midwest Journal of Political Science*, 1962.

Goldman A. L., "A Moderate Approach to Embodied Cognitive Science", *Review of Philosophy & Psychology*, Vol. 3, No. 1, 2012.

Goldman A., De. V. F., "Is social cognition embodied?", *Trends in Cognitive Sciences*, Vol. 13, No. 4, 2009.

Gurr T. R., *Why Men Rebel*, Princeton, NJ: Princeton University Press, 1970.

Harden R. M., "Stress, Pressure and Burnout in Teachers: Is the Swan Exhausted?" *Medical Teacher*, Vo2l. 3, No. 4, 1999.

Hobfoll S. E., Freedy J., *Conservation of Resources: A General Stress Theory Applied to Burnout.*

Hawley W. D, Rogers D., *Improving the Quality of Urban Management & Im-*

proving the Quality of Urban Management. Sage Publications, 1974.

James Q., Wilson., "The Bureaucracy Problem", *The Public Interest*, No. 4, 1967.

Katznelson L., *Black Men, White Cities: Race, Politics, and Migration in the United States, 1900 – 1930, and Britain, 1946 – 1968*, University of Chicago Press, 1976.

King, Cheryl S., Camilla Stivers, *Citizens and Administrators: Roles and Relationships, In Government Is Us*, edited by Cheryl S. King and Camilla Stivers, 47-62. Thousand Oaks, CA: Sage Publications. 1998.

Kasser T., Ryan R. M. "Further examining the American dream: Differential correlates of intrinsic and extrinsic goals", *Personality and Social Psychology Bulletin*, 1996.

Keith-Lucas A., Lewin T. F., "Decisions About People in Need", *American Journal of Sociology*, 1959.

LazarusR. S., "Psychological stress and the coping process", *Science*, 1966.

LeiterM. P., "Burn-out as a crisis in self-efficacy: Conceptual and practical implications", *Work & Stress An International Journal of Work Health & Organisations*, Vol. 6, No. 2, 1992.

Levi M., "A state of trust.", *Trust & Governance*, 1996.

LipskyM., *Street-level Bureaucracy: Dilemmas of the Individual in Public Service*, NY: Russell Sage Foundation, 2010.

Maslash C. &Jackson S. E., "The Measurement of Experienced Burnout", *Journal of Occupational Behavior*, Vol. 2, No. 2, 1981.

Pines, A. M., *Changing Organizations: Is a Work Environment without Burnout an Impossible Goal? In W. S. Paine (Ed.), Job Stress and Burnout*, Beverly Hills, CA: Sage. Scaros, Barbara C. (1981).

MechanicD., "Sources of Power of Lower Participants in Complex Organizations", *Administrative Science Quarterly*, Vol. 7, No. 3, 1962.

PerryJ. L., "Measuring Public Service Motivation: An Assessment of Construct

Reliability and Validity", *Journal of Public Administration Research & Theory*, Vol. 6, No. 1, 1996.

Pettigrew, T. F., Christ, O., Wagner, U., Meertens, R. W., van Dick, R. & Zick, A., "Relative Deprivation and Intergroup prejudice", *Journal of Social Issues*, Vol. 64, No. 2, 2008.

Prottas J. M., "The Power of the Street-Level Bureaucrat in Public Service Bureaucracies", *Urban Affairs Review*, Vol. 13, No. 3, 1978.

Rainey H. G., Steinbauer P., "Galloping Elephants: Developing Elements of a Theory of Effective Government Organizations", *Journal of Public Administration Research & Theory*, Vol. 9, No. 1, 1999.

Ryan R. M., Deci E. L., "Self-Determination Theory and the Facilitation of Intrinsic Motivation, Social Development, and Well-Being", *American Psychologist*, 2000.

Runciman, W. G., *Relative Deprivation and Social Justice*, London: Routledge, 1966.

SmallJ., "Political EthicsA View of the Leadership", *American Behavioral Scientist*, Vol. 19, No. 5, 1976.

Sparks D., HammondJ., "Managing Teacher Stress and Burnout", Vol. 27, No. 2, 1981.

SmallJ., "Political Ethics: A View of the Leadership", *American Behavioral Scientist*, Vol. 19, No. 5, 1976.

Shirom A., "Job-Related Burnout: A Review. In Quick J. C, Tetrick L . E. (Eds)", *Handbook of Occupational Health Psychology*, 2003.

Schwarzer, R. &Born, A., *Optimistic Self-beliefs: Assessment of General Perceived Self-efficacy in Thirteen Cultures*, 1997.

Schwarzer R., Hallum S., "Perceived Teacher Self - Efficacy as a Predictor of Job Stress and Burnout: Mediation Analyses", *Applied Psychology*, Vol. 57, No. s1, 2008.

Thompson V. A., Thompson V. A., "Modern Organization", *American Jour-*

nal of Sociology, 2015.

Toynbee P., Naughton L., "Political persuasion", *Community Practitioner the Journal of the Community Practitioners & Health Visitors Association*, Vol. 87, No. 6, 2014.

RotterJ. B., "Generalized Expectancies for Interpersonal Trust", *American Psychologist*, Vol. 26, No. 5, 1971.

Cummings L. L., Bromiley P., "The Organizational Trust Inventory (OTI): Development and validation", *Nj & Trust*, 1996.

Viiswesvaran C., "Examing the Construct of Organizational Justice with Work Attitudes and Behaviors", *Journal of Business Ethics*, 2002.

Vandenabeele W., "Towards a Theory of Public Service Motivation: an Institutional Approach", 2006.

Walker L., Smith, H. J., *Relative Deprivation: Specification, Development, and Integration*. New York: Cambridge University Press, 2002.

WilliamGalston, *Liberal Purposes: Goods, Virtues, and Duties in the Liberal State*, Cambridge University Press, 1991, p. 32.

Ray S., "Curbing the Misuse of Discretionary Power in Public Service: Case of Building Plan Approvals Using Simple Checklists", *International Conference on Information Society*, IEEE, 2010.

Sharkansky L., *The routines of politics*, Van Nostrand-Reinhold, 1970.

附件 1

基层公务员心态调查问卷

亲爱的基层公务员朋友：

您好！为全面了解党的十八大以来基层公务员心态情况，我们制作了一份调查表。根据国家的《统计法》，您的所有回答我们只用作统计分析，不会有其他用途，请您放心地、真实地在下面写出您的看法。每道题我们都给出了相应的答案，请您根据自己的实际情况，在每道题对应的答案下打"√"。如无特殊说明，每道题下面只有一个答案。

非常感谢您的配合，祝您一切顺利、万事如意！

《基层公务员心态调查研究》课题组

第一部分　个人基本情况

A1. 您的性别：　　1. 女　　　　　2. 男

A2. 您的民族：　　1. 少数民族　　2. 汉族

A3. 您的政治面貌：1. 群众　　　　2. 党员

A4. 您的年龄：1. 16—30 岁　　2. 31—45 岁　　3. 46—60 岁

A5. 您的文化程度：1. 大专及以下　　2. 本科　3. 研究生

A6. 您的年收入：

1. 5 万元以下　2. 5 万—10 万元　3. 7 万—15 万元　4. 15 万元以上

A7. 您的级别是：1. 普通办事员　2. 科级干部　3. 处级干部

A8. 您的婚姻状况：1. 未婚　2. 已婚

A9. 您的工作年限：

1. 5 年以下　2. 6—10 年　3. 7—20 年　4. 20 年以上

A10. 您在本岗位的时间：

1. 5 年以下　2. 6—10 年　3. 7—20 年　4. 20 年以上

A11. 您的工作部门：1. 乡镇政府　2. 县直部门　3. 街道办事处

第二部分　公务员的工作心态

B1. 您如何评价您的工作状态：1. 不满意　2. 满意　3. 一般

B2. 您每周的工作时间通常是：1. 1—5 天　2. 6 天　3. 7 天

B3. 您每天的工作时间通常是：

1. 8 小时以内　2. 6—12 小时　3. 12 小时以上

B4. 您怎么看待您的工作报酬：1. 偏低　2. 一般　3. 偏高

B5. 您认为您工作的态度是：

1. 消极工作　2. 积极工作　3. 努力工作

B6. 您如何看待您在工作中的付出：1. 不值得　2. 值得　3. 一般

B7. 您进入公务员队伍的动机是：

1. 就业生存　2. 父母期望　3. 实现人生价值

B8. 在处理事务的过程中，您认为哪种理念更重要：

1. 公平优先　2. 效率优先　3. 都重要

B9. 在基层干部职务晋升中，您认为哪方面更重要：

1. 能力和人品　2. 关系　3. 运气　4. 服从

B10. 在基层工作中，您认为哪方面的能力更重要：

1. 实践经验　2. 理论水平　3. 实践与理论相结合

B11. 在处理基层社会矛盾和纠纷时，您常常采用哪种方式来调解：

1. 法律手段　2. 道德教育　3. 传统权威　4. 熟人劝解

5. 威胁恐吓

B12. 您面对上级或同事的不伦理行为时常常会：

1. 当场指出　2. 向相关部门举报　3. 不闻不问　4. 事后再谈

5. 其他：＿＿＿

B13. 大多数时候，在行使权力的过程中，您认为哪种利益最重要：

1. 群众利益　2. 个人利益　3. 本单位利益　4. 政府利益
5. 公共利益

B14. 总体而言，中央八项规定等各项禁令对基层公务员的影响是：

1. 消极的　　2. 积极的

B15. 请对中央八项规定等各项禁令对基层公务员的影响排序，第一：＿＿；第二：＿＿；第三：＿＿；

1. 各类应酬减少　　2. 公务员收入减少　　3. 社会风气变好
4. 离职公务员增加　5. "三公"经费降低　6. 行政效率更高
7. 人际关系冷漠　　8. 责任多、激励少

B16. 党的十八大以来，基层公务员心态有何变化？请在相应的答案下打"√"。

	降低	不变	提高		减少	不变	增加
工作满意度				工作报酬			
工作积极性				工作压力			
工作责任心				各类检查			

B17. 请对党的十八大以来基层公务员心态变化原因排序，第一：＿＿；第二：＿＿；第三：＿＿；

1. 既打老虎又拍苍蝇　2. 社会风气的变化　3. 中央的各项禁令
4. 网络事件的影响　　5. 责任容错机制不健全　6. 激励机制不完善
7. 基层信息闭塞　　8. 晋升空间有限

B18. 请对党的十八大以来基层工作的难点排序，第一：＿＿；第二：＿＿；第三：＿＿；

1. 农村扶贫攻坚　　2. 化解矛盾纠纷　3. 拆迁安置补偿
4. 返乡农民工创业　5. 信访维稳工作　6. 社会风气整治
7. 应付上级检查　　8. 其他：＿＿

B19. 结合当地实际，整体而言，您如何评价以下基层工作的成效？请在答案下打"√"。

	低	一般	高		低	一般	高		低	一般	高
精准扶贫				新农村建设				失地农民养老			
生态保护				生态移民搬迁				村集体经济发展			

B20. 您如何看待上级对基层公务员的责任追究：

1. 不合理　　2. 合理　　3. 一般

B21. 请对基层公务员责任追究的原因进行排序，第一：＿＿＿；第二：＿＿＿；第三：＿＿＿；

1. 决策失误　2. 安全事故　3. 贪污腐败　4. 滥用职权

5. 维稳事件　6. 其他：＿＿＿

B22. 请对基层公务员责任追究不合理的原因排序，第一：＿＿＿；第二：＿＿＿；第三：＿＿＿；

1. "权责利"不对等　　　2. 责任追究范围不合理

3. 信访维稳"一票否决制"　4. 责任追究形式简单

5. 责任承担压力过大　　　6. 其他：＿＿＿

B23. 您如何看待信访维稳"一票否决制"：

1. 不合理　2. 合理　3. 一般

B24. 请对基层信访工作的重点进行排序：第一：＿＿＿；第二：＿＿＿；第三：＿＿＿；

1. 退伍军人维权　2. 拆迁安置补偿　3. 失地农民养老

4. 计划生育工作　5. 涉案涉诉事件　6. 土地流转矛盾

7. 山林田土纠纷　8. 其他：＿＿＿

B25. 您如何看待党的十八大以来公务员的辞职现象：

1. 不能理解　　2. 可以理解

B26. 您是否有辞职或跳槽的想法（回答"有"请继续回答 B27 题）：

1. 没有　　2. 有

B27. 如果您有辞职的想法，排在第一位的原因是什么：

1. 工作压力大　2. 工作报酬低　3. 工作时间不规律　4. 工作责任重

B28. 以下是有些人的看法或感受,请结合自身的实际情况,判断以下状况发生在自己身上的频率,请在相应的答案下打"√"。

各种感受与体会	从不	偶尔（一年几次）	经常（一个月几次）	频繁（一周几次）	每天
1. 我的工作让我焦虑					
2. 下班时我觉得筋疲力尽					
3. 早上起床想到工作就觉得累					
4. 我感觉工作压力较大					
5. 我对这份工作越来越不感兴趣					
6. 我对这份工作没有以前热心了					
7. 我怀疑自己工作的意义					
8. 我越来越不关心自己在工作中的贡献					
9. 我在工作中越来越没有成就感					

B29. 对于以下说法,有些人是同意的,有些人是不同意的,您是怎么看待的:请在答案下打"√"。

	不同意	不太同意	有点同意	比较同意	完全同意
1. 我能胜任自己的工作					
2. 我感觉自己对单位做了较大的贡献					
3. 我能有效解决工作中出现的问题					
4. 我善于协调工作中的各种关系					
5. 我在工作中能与同事和谐相处					
6. 我在工作中能正确评价别人					
7. 我的工作是卓有成效的					
8. 我勇于担当工作中的责任					

第三部分　公务员的社会心态

C1. 您怎样看待社会公平：1. 不公平　2. 一般　3. 公平

C2. 您是否在乎别人对您的评价：1. 不在乎　2. 一般　3. 在乎

C3. 您如何评价您的生活状态：1. 不幸福　2. 一般　3. 幸福

C4. 您上网的频率是：1. 从不上网　2. 偶尔上网　3. 经常上网

C5. 您感觉您的压力主要来自：

1. 工作　2. 经济状况　3. 家庭生活　4. 社会交往

C6. 您对网络焦点事件的关注：

1. 从不关注　　2. 偶尔关注　3. 经常关注

C7. 您认为目前的网络焦点事件对社会的影响：

1. 以消极影响为主　2. 以积极影响为主

C8. 您更关注哪些人的网络事件，请排序：第一：____；第二：____；第三：____；

1. 官员　2. 明星　3. 弱势群体　4. 企业　5. 民众

6. 普通公务员　7. 特殊人群

C9. 请对您关注的网络事件进行排序，第一：____　；第二：____；第三：____；

1. 贪污腐败　2. 收入分配　3. 环境污染　4. 明星事件

5. 社会风气　6. 食品安全　7. 伦理道德　8. 其他：____

C10. 您如何看待能力不及您的人得到提拔重用：

1. 心生怨恨　2. 平常看待　3. 积极反思

C11. 对于以下说法，有些人是同意的，有些人是不同意的，您是怎么看待的？请在答案下打"√"。

各种说法	很不同意	不太同意	一般同意	比较同意	十分同意
1. 我对基层公务员的前途充满信心					
2. 我对当下的社会现实保持积极乐观的心态					
3. 我相信"一分耕耘，一分收获"					

续表

各种说法	很不同意	不太同意	一般同意	比较同意	十分同意
4. 我认为应加强基层公务员的职业道德建设					
5. 在当下办事，关系比能力更重要					
6. 社会上的大多数人是值得信任的					
7. 金钱是衡量一个人成功与否的重要标志					
8. 国家兴亡，匹夫有责					
9. 社会上的有钱人大都是通过不光彩手段发财的					
10. 我羡慕别人"一夜成名"或"一夜暴富"					
11. 当遇到冲突和纠纷时，应该通过法律手段来解决					
12. 违法是一件很丢脸的事					
13. 遇到有人做出有损民族气节、有损公平正义之事，我会检举或制止他们					
14. 职业没有高低贵贱之分，都对社会有贡献					

第四部分　公务员的生活心态

D1. 您如何评价您的生活状态：1. 不满意　2. 一般　3. 满意

D2. 您如何评价您的生活态度：1. 悲观　　2. 一般　3. 满意

D3. 您面临困难挫折时的态度：1. 退缩　　2. 一般　3. 勇往直前

D4. 对于以下说法，有些人是满意的，有些人是不满意的，请问您是怎么看待的？请在答案下打"√"。

	很不满意	不太满意	一般满意	比较满意	十分满意		很不满意	不太满意	一般满意	比较满意	十分满意
住房状况						子女教育					
收入水平						身体状况					
事业状态						知识素养					
家庭情况						社会交往					

D5. 请对调整基层公务员心态的策略进行排序：第一：____；第二：____；第三：____；

1. 加强职业道德建设　　　　2. 健全激励机制
3. 提高基层公务员工资待遇　4. 提升公务员理论修养
5. 规范责任追究范围　　　　6. 强化基层公务员身份认同
7. 建立责任容错机制　　　　8. 净化社会风气
9. 取消信访维稳"一票否决制"　10. 强化社会公平
11. 缩小贫富差距　　　　　　12. 其他：____

D6. 您对调整基层公务员心态有何建议？
_____
_____
_____

附件 2

基层公务员信任问题调查问卷

亲爱的公务员朋友：

您好！为了全面了解公务员的信任问题，提高政府的行政效率、降低行政成本、构建和谐的政府内部关系，我制作了一份关于"公务员信任问题"的调查表，需要您的配合。根据国家的《统计法》，您的所有回答我们只用作统计分析，不会有其他用途，请您放心地、真实地在下面写出您的看法。每道题我们都给出了相应的答案，请您根据自己的实际情况，在每道题对应的答案下打"√"。如无特殊说明，每道题下面只有一个答案。非常感谢您的配合，祝您一切顺利、万事如意！

第一部分 公务员对普通民众的信任

A1. 对于以下说法，有些人是同意的，有些人是不同意的，请问您是怎么看待的？请在答案下打"√"。

各种说法	很不同意	不太同意	一般	比较同意	十分同意
1. 大多数民众是诚实的					
2. 大多数民众是良民					
3. 大多数民众对政府是友善的					
4. 大多数民众是值得信任的					
5. 大多数民众是勤劳的、进取的					
6. 我信任民众，民众也会信任我					
7. 大多数民众是敢于承担责任的					

A2. 对于以下说法，有些人是同意的，有些人是不同意的，请问您是

怎么看待的？请在答案下打"√"。

各种说法	很不同意	不太同意	一般同意	比较同意	十分同意
1. 民众对社区公共事务的参与是积极的					
2. 民众大多数时候是维护政府形象的					
3. 当国家利益和民众利益发生冲突时，民众会舍弃自己的利益					
4. 大多数民众是不会欺骗政府的					
5. 拆迁中政府和民众的冲突主要责任在政府					
6. 大多数时候，民众对政府的行为是支持的					
7. 民众大多数时候是服从政府的安排的					
8. 民众相信政府是为他们谋利的					
9. 只有民众的利益受到损害，他们才会奋起反抗					
10. 大多数时候，民众是理智的					
11. 大多数时候，民众是依赖政府的					
12. 大多数时候，民众是理解政府的难处的					

A3. 整体而言，如果您不信任民众，原因是什么（<u>多选题，如果您信任民众，可以不做此题，跳过</u>）

1. 不配合政府工作　　　　2. 胆小怕事、没有责任心
3. 把自身的利益看得过重　4. 不理性，常常与政府发生冲突
5. 素质较低，沟通有困难　6. 对公共事务比较冷淡
7. 不服从政府的安排　　　8. 民众也不信任我们
9. 其他：＿＿＿

第二部分　公务员的社会信任

B1. 下面列举的这几种人，您认为您在多大程度上信任他们？请在相应态度下打"√"。

各种对象	很不信任	不太信任	一般信任	比较信任	十分信任
1. 家庭成员					
2. 直系亲属					
3. 其他亲属					
4. 密友					
5. 一般朋友					
6. 同事					
7. 同学					
8. 陌生人					

B2. 对于以下说法，有些人是同意的，有些人是不同意的，请问您是怎么看待的？请在答案下打"√"。

各种说法	很不同意	不太同意	一般同意	比较同意	十分同意
1. 大多数人基本是诚实的					
2. 大多数人基本是好人					
3. 大多数人是值得信任的					
4. 受人信任时大多数人也将信任对方					
5. 受信任时大多数人将做出相应回报					
6. 我相信大多数人					
7. 大多数人都相信他人					
8. 在这个社会中，一个人没有必要经常担心被骗					
9. 人通常会关心他人的利益而不是自己的利益					

B3. 对于以下说法，有些人是同意的，有些人是不同意的，请问您是怎么看待的？请在答案下打"√"。

各种说法	很不同意	不太同意	一般同意	比较同意	十分同意
1. 大多数人都是不可信的，我只相信我熟悉的人					
2. 大多数时候，与熟人合作比与陌生人合作能带来更多的安全感					
3. 当您需要的时候，与您有长期交往关系的人更乐于帮助您					
4. 我更信任的人是那些与我有长期持续交往的人					
5. 如果我买二手货，熟人介绍比陌生人介绍更可靠					
6. 当我与一个陌生人交往时，有熟人的介绍是至关重要的					
7. 如果有熟人介绍，医生能更认真地对待病人					
8. 去政府或事业单位办事，有熟人介绍更容易办成					

第三部分　公务员对政府或制度的信任

C1. 您对以下媒体或政府部门的整体信任程度如何，请在相应态度下打"√"。

各种对象	很不信任	不太信任	一般信任	比较信任	十分信任
1. 统计局					
2. 地震局					
3. 公安局					
4. 纪委					
5. 人事局					
6. 税务局					
7. 财政局					
8. 教育局					
9. 物价局					
10. 社保局					
11. 电视					
12. 广播					

续表

各种对象	很不信任	不太信任	一般信任	比较信任	十分信任
13. 报纸					
14. 杂志					
15. 网络					
16. 决策部门					
17. 执行部门					
18. 监督部门					
19. 信息部门					
20. 决策咨询部门					

C2. 对于以下说法，有些人是同意的，有些人是不同意的，请问您是怎么看待的？请在答案下打"√"。

各种说法	很不同意	不太同意	一般同意	比较同意	十分同意
1. 人大代表大会大多数时候代表了人民的利益					
2. 党员代表大会大多数时候能代表党员的利益					
3. 检察院与法院大多数时候能公正地进行司法判决					
4. 共产党的形象符合执政党的要求					
5. 人民军队是我们的坚强后盾					
6. 乡镇政府及大多数官员是可以信赖的					
7. 县市政府及大多数官员是可以信赖的					
8. 省级和中央政府及大多数官员是值得信赖的					
9. 政府的工作大多是为民众办实事的					
10. 政府大多数时候能保障我们的福利					
11. 政府大多数时候能增进我们的权利					
12. 中央政府制定的政策大部分是合理的					
13. 地方政府执行好了大部分政策					

C3. 对于以下说法，有些人是同意的，有些人是不同意的，请问您是怎么看待的？请在答案下打"√"。

各种说法	很不同意	不太同意	一般同意	比较同意	十分同意
1. 社会主义制度是优越的					
2. 中国共产党领导的多党合作制是有效的					
3. 健全人民代表大会制度是我国实现真正民主的重要举措					
4. 依照我国的选举制度选出的人才基本是合格的					
5. 我国的职务晋升制度基本是合理的					
6. 我国公务员的绩效工资制度改革基本是有效的					
7. 行政领导负责制能够让领导切实地担负起责任					
8. 我们的医保制度改革是成功的					
9. 我们的教育制度是公平的					
10. 我们的户籍制度是正义的					
11. 社会主义市场经济的完善是强国富民的正确道路					
12. 整个社会主义建设时期都必须坚持党的领导					

C4. 您对以下组织的整体信任程度如何，请在相应态度下打"√"。

各种对象	很不信任	不太信任	一般信任	比较信任	十分信任
1. 党委					
2. 人大					
3. 政府					
4. 政协					
5. 检察院或法院					
6. 人民军队					

C5. 整体而言，如果您不信任政府，原因是什么（<u>多选题，如果您信任政府，可以不做此题，跳过</u>）

1. 贪污腐败　　　　2. 滥用权力　　　3. 没有公平正义
4. 基本没实现公共利益　5. 不讲诚信　　　6. 经济绩效不高
7. 贫富差距扩大　　8. 政策朝令夕改　9. 社会不太稳定
10. 行政效率低下　　11. 行政成本较高　12. 其他：＿＿

C6. 整体而言，如果您不信任一些制度，原因是什么（<u>多选题</u>，如果<u>您信任制度，可以不做此题，跳过</u>）

1. 制度内容不合理　2. 制度有悖公平正义　3. 制度实施比较困难
4. 制度没有延续性　5. 制度违宪　6. 其他：＿＿

第四部分　公务员与公务员之间的信任

D1. 对于以下说法，有些人是同意的，有些人是不同意的，请问您是怎么看待的？请在答案下打"√"。

各种说法	很不同意	不太同意	一般同意	比较同意	十分同意
1. 公务员中的大多数人基本是诚实的					
2. 公务员中的大多数人基本是廉洁的					
3. 公务员中的大多数人基本是勤政的					
4. 公务员中的大多数人基本是公正的					
5. 公务员中的大多数人基本是值得信任的					
6. 公务员大多数时候能把国家和人民的利益放在首位					
7. 我常常向同事倾诉我工作上的烦恼					
8. 我信任我的大多数同事					
9. 我会对关系较好的同事倾诉我对上级领导或熟人的不满					
10. 我会让关系较好的同事帮我办一些工作中的重要事情					

D2. 对于以下说法，有些人是同意的，有些人是不同意的，请问您是怎么看待的？

请在相应态度下打"√"。（如果您不是领导，而是一般工作人员，该题可以跳过不填）

各种说法	很不同意	不太同意	一般信任	比较同意	十分同意
1. 我常常放心地分派任务给我的下属					
2. 我的大多数下属是有能力胜任他们的工作的					
3. 当我在工作中遇到困难时，我会让我的下属知道					
4. 我会向我的下属倾诉我内心或工作上的烦恼					
5. 大多数时候，我的下属为人是正派的					
6. 大多数时候，我的下属是勤恳工作的					
7. 大多数时候，我的下属是热爱这份工作的					
8. 大多数时候，我的下属是愿意服从我的领导的					
9. 大多数时候，我的下属办事是公正的					
10. 大多数时候，我的下属是值得信任的					

D3. 您对以下对象的整体信任程度如何，请在相应态度下打"√"。

各种对象	很不信任	不太信任	一般信任	比较信任	十分信任
1. 直接上级领导					
2. 间接上级领导					
3. 关系较好的下属					
4. 关系较好的同事					
5. 一般下属					
6. 一般同事					
7. 大多数公务员					
8. 大多数专家					

D4. 对于以下说法，有些人是同意的，有些人是不同意的，请问您是怎么看待的？请在答案下打"√"。

各种说法	很不同意	不太同意	一般同意	比较同意	十分同意
1. 我的上级能合理地分派任务给我					
2. 我会对我的上级倾诉一些烦恼					
3. 我的上级有能力胜任他的工作					
4. 从内心里来说，我佩服我的上级					
5. 大多数时候，我的上级是公正地行使权力的					
6. 大多数时候，我的上级为人是正派的					
7. 大多数时候，我的上级是有人格魅力的					
8. 大多数时候，我的上级做出的决策是正确的					
9. 大多数时候，我的上级是勇于承担责任的					
10. 当我在工作上遇到困难时，我会向我的上级领导寻求帮助					
11. 大多数时候，我的上级是值得信任的					

D5. 如果您不信任您的同事，原因是什么（<u>多选题</u>，如果<u>您信任您的同事，可以不做此题，跳过</u>）

1. 工作能力不强　2. 与我有竞争关系　3. 常常不配合我的工作　4. 滥用权力　5. 贪污腐败　6. 为人不正派　7. 工作懒惰　8. 有时打我的小报告　9. 比较自私，没有大局观　10. 不积极参与单位的活动　11. 有时（经常）和我对着干　12. 其他：＿＿＿

D6. 如果您不信任您的上级，原因是什么（<u>多选题</u>，如果<u>您信任您的上级，可以不做此题，跳过</u>）

1. 工作能力不强　2. 在工作上常常挑我的毛病　3. 批评我时不注意方法，经常责骂　4. 滥用权力　5. 贪污腐败　6. 为人不正派　7. 没有责任心　8. 常常决策失误　9. 私心较重，没有大局观　10. 常在背后说我的坏话　11. 不体谅下属，对下属要求严苛　12. 其他：＿＿＿

D7. 如果您不信任您的下级，原因是什么（<u>多选题</u>，如果<u>您信任您的下级，可以不做此题，跳过</u>）

1. 工作能力不强　2. 不服从我的领导　3. 常在背后说我的坏话

4. 工作懒惰   5. 贪污腐败   6. 为人不正派   7. 没有责任心   8. 常常不参与我组织的活动   9. 私心较重，没有大局观   10. 不能领会我的意图   11. 工作上有时候会擅自作主张   12. 其他：____

第五部分 个人基本情况

E1. 您的性别：1. 女   2. 男

E2. 您的民族：1. 少数民族   2. 汉族

E3. 您的家庭出身：1. 农村   2. 城市

E4. 您的政治面貌：1. 一般群众   2. 中共党员   3. 民主党派成员

E5. 您的年龄：1. 16—30 岁   2. 31—45 岁   3. 46—60 岁   4. 60 岁以上

E6. 您的文化程度：

1. 大专及以下   2. 本科   3. 硕士研究生   4. 博士研究生（含博士后）

E7. 您的职位是：

1. 一般办事员   2. 科级（含正副）   3. 处级（含正副）

4. 厅级（含正副）

E8. 您任该职位的时间：

1. 5 年以下   2. 6—10 年   3. 7—15 年   4. 16 年以上

E9. 您的月收入：1. 2000 元以下   2. 2001—4000 元   3. 4001—6000 元   4. 6001—8000 元   5. 8001—10000 元   6. 10000 元以上

E10. 您所在的单位归属于：1. 乡镇政府   2. 县（县级市、区）政府   3. 市（州）政府   4. 省级及中央政府

E11. 您所在的工作部门是：1. 决策机关   2. 执行机关   3. 监察机关   4. 决策参谋机关   5. 信息机关   6. 其他：____

E12. 您对改善公务员的信任问题有何建议？

_____

_____

_____

附 件 3

访谈对象一览表

序号	访谈日期	姓名	性别	民族	年龄（岁）	文化程度	政治面貌	身份	访谈人	访谈时长（分钟）
1	2017－7－28	HHL	男	彝族	38	本科	党员	县委宣传部人员	谢治菊	54:23:00
2	2017－8－2	LKJ	男	侗族	36	本科	党员	区大数据局人员	谢治菊	47:05:12
3	2017－8－3	DMC	男	布依	35	本科	党员	副乡长	朱绍豪	85:23:45
4	2017－8－4	DHC	女	汉	53	高中	群众	街道工作人员	李小勇	45:34:12
5	2017－8－5	DPJ	男	汉	52	大专	群众	街道城管人员	朱绍豪	56:32:56
6	2017－8－7	DX	男	汉	44	大专	群众	街道政法委书记	李小勇	53:45:34
7	2017－8－8	QX	女	汉	38	本科	党员	镇党委副书记	谢治菊	48:12:00
8	2017－8－9	WDS	男	汉	42	本科	党员	镇党委书记	朱绍豪	75:10:03
9	2017－8－10	ZDM	女	汉	45	大专	党员	区公务员局科长	谢治菊	56:12:04
10	2017－8－10	LQQ	男	汉	54	大专	党员	街道综治办主任	朱绍豪	48:32:09
11	2017－8－12	SDD	女	汉	39	本科	党员	街道综治办主任	李小勇	49:32:01
11	2017－8－12	LDC	女	汉	50	大专	党员	街道团委书记	李小勇	49:32:01
12	2017－8－14	XYY	女	汉	38	本科	党员	街道民政副主任	朱绍豪	41:02:03
13	2017－8－15	DY	男	汉	50	大专	党员	镇人大主席	朱绍豪	34:45:02
14	2018－11－8	LMM	男	彝	35	本科	群众	三变办主任	谢治菊	56:34:00
15	2018－12－0	HH	男	彝	38	本科	党员	副乡长	谢治菊	95:12:00

续表

序号	访谈日期	姓名	性别	民族	年龄（岁）	文化程度	政治面貌	身份	访谈人	访谈时长（分钟）
16	2018-3-22	HMH等	—	—	—	—	—	乡长、副乡长（集体座谈）	谢治菊	86:31:00
17	2018-6-5	ZJ	男	汉	47	硕士	党员	教育局局长	谢治菊	79:46:00
18	2018-6-5	FP	女	汉	49	硕士	党员	扶干部	谢治菊 李科生 李本东	38:44:00
		CQH	女	汉	43	硕士	党员			
		LHJ	男	汉	42	本科	群众			
19	2018-9-6	WMX	男	不详	不	本科	不详	德育主任	谢治菊	65:21:00
20	2018-11-23	LKJ	男	侗	38	本科	群众	办事员	谢治菊	67:56:00
21	2018-11-23	JYP	女	汉	53	博士	党员	大数据局副局长	谢治菊	45:12:00
22	2018-11-24	ZM	男	汉	36	硕士	党员	公务员局副局长	谢治菊	75:45:00
23	2019-2-14	ZFX	男	汉	53	初中	党员	村主任	夏雍	44:56:00
24	2019-2-14	WX	男	穿青	37	本科	党员	人大主席	谢治菊	140:15:00
		WZX	男	汉	53	本科	党员	第一书记		
25	2019-2-15	ZGG	男	穿青	48	初中	党员	村支书	谢治菊	50:48:00
26	2019-2-15	JLG	男	仡佬	48	大专	党员	村支书	谢治菊	51:05:00
27	2019-2-15	XSH	男	穿青	53	高中	群众	主任助理	夏雍	36:19:00
28	2019-2-15	ZYG	男	穿青	62	初中	党员	村主任	夏雍	36:39:00
29	2019-2-16	KDJ	男	穿青	55	高中	党员	村支书	夏雍	60:06:00
30	2019-2-17	WY	男	彝	40	本科	党员	第一书记	谢治菊 兰英	75:04:00
		WXY	男	彝	52	本科	党员	第一书记		
		WJ	女	彝	34	硕士	党员	镇长助理		

续表

序号	访谈日期	姓名	性别	民族	年龄（岁）	文化程度	政治面貌	身份	访谈人	访谈时长（分钟）
31	2019-2-18	WRL	男	彝	29	本科	党员	扶贫站站长	谢治菊	78:27:00
32	2019-2-18	DYZ	男	汉	31	本科	党员	驻村干部	谢治菊	89:51:00
		SR	男	汉	24	本科	群众	驻村干部	谢治菊	
33	2019-2-20	ZZZ	男	汉	57	初中	党员	村支书	谢治菊	57:01:00
34	2019-2-20	SGX	男	汉	34	大专	党员	第一书记	谢治菊	78:38:00
35	2019-2-20	YH	男	汉	55	大专	党员	村支书	谢治菊	84:42:00
		AYX	男	汉	54	初中	党员	村主任	谢治菊	
36	2019-2-21	WT	男	布依	33	专科	党员	镇副书记	谢治菊	85:25:00
37	2019-2-21	CXF	男	汉	43	大专	党员	社区主任	谢治菊	76:58:00
38	2019-2-21	LQB	男	布依	45	初中	党员	村主任	夏雍	72:23:00
39	2019-2-21	HSY	男	汉	56	初中	群众	社区人员	夏雍	28:00:00
40	2019-2-22	LD	男	汉	40	本科	党员	镇副书记	谢治菊	52:03:00
41	2019-2-22	TCF	男	汉	50	初中	群众	合作社负责人	谢治菊	113:58:00
42	2019-2-22	YTS	男	苗	65	初中	党员	村干部	谢治菊	41:03:00
43	2019-4-6	YYY	男	汉	46	本科	党员	扶贫站站长	谢治菊	95:31:00
		ZJ	男	汉	31	中专	党员	扶贫站人员		
		WMM	女	汉	31	中专	党员	扶贫站人员		
44	2019-4-6	CG	男	汉	39	本科	党员	第一书记	谢治菊	130:07:00
45	2019-4-7	GKY	男	汉	39	本科	党员	司法局科员	谢治菊	77:53:00
46	2019-5-26	LZ	女	汉	36	本科	党员	社区主任	谢治菊	134:00:00
47	2019-5-27	HJQ	女	汉	45	—	党员	县纪委副书记	谢治菊	74:45:00
48	2019-5-27	DF	女	汉	34	中师	群众	县大数据中心副主任	谢治菊	92:07:00
		CG	男	汉	37	中师	党员	县大数据中心工作人员	谢治菊	

续表

序号	访谈日期	姓名	性别	民族	年龄（岁）	文化程度	政治面貌	身份	访谈人	访谈时长（分钟）
49	2019-5-27	XZQ	男	汉		本科	党员	社区支书	谢治菊	135:19:00
50	2019-5-27	FL	男	汉	31	本科	党员	街道副主任	谢治菊	85:02:00
51	2019-5-26	LZ	男	汉	36	本科	党员	社区主任	兰英	54:13:00
52	2019-5-27	WJP	男	汉	34	小学	群众	人口专干	兰英	89:26:00
		ZQG	男	汉	47	初中	群众	村监察干部	兰英	
53	2019-5-28	YW	男	汉	30	本科	党员	教育局人员	谢治菊	70:10:00
		LMM	男	汉	45	本科	党员		谢治菊	
		YMM	男	汉	52	本科	党员		谢治菊	
54	2019-5-28	LLF	男	汉	45	本科	党员	镇党委书记	谢治菊	39:29:00
55	2019-5-28	曹怡	女	汉	24	本科	群众	扶贫站站长	谢治菊	79:58:00
56	2019-5-28	CY	男	汉	—	大专	党员	镇长	兰英	16:11:00
57	2019-5-28	LJC	男	汉	43	本科	党员	校长	兰英	114:53:00
58	2019-5-28	LZ	男	汉	39	本科	党员	社会救助局局长	兰英	55:44:00
59	2019-5-28	DPY	男	汉	38	本科	党员	副局长	夏雍	36:20:00
60	2019-5-29	LAJ	女	汉	42	本科	党员	扶贫办副主任	谢治菊	154:11:00
		ZS	女	汉	37	本科	党员	扶贫办人员	谢治菊	
61	2019-5-30	LMJ	男	苗	46	高中	党员	社区书记	夏雍	53:34:00
62	2019-5-30	MJD	男	苗	38	本科	党员	党工委书记	夏雍	66:32:00
63	2019-5-30	LB	男	苗	35	大专	群众	扶贫站站长	兰英	50:08:00
64	2019-5-30	LZR	男	汉	39	本科	党员	移民局副局长	兰英	50:02:00
65	2019-5-30	LXH	男	苗	43	本科	党员	人社局副局长	谢治菊	150:59:00
66		TL	男	侗	35	本科	党员	人社局副局长	谢治菊	
67		CT	女	汉	39	本科	党员	人社局人员	谢治菊	
68		WXM	女	苗	34	本科	党员	人社局人员	谢治菊	
69	2019-5-30	LXH	男	布依	36	本科	党员	扶贫办副主任	谢治菊	41:06:00

续表

序号	访谈日期	姓名	性别	民族	年龄（岁）	文化程度	政治面貌	身份	访谈人	访谈时长（分钟）
70	2019-5-30	XLY	男	苗	43	本科	党员	电教站站长	谢治菊	57:43:00
		LZZ	男	苗	48	本科	党员	电教站副站长		
71	2019-5-30	LGR	男	苗	46	本科	党员	社会救助局长	谢治菊	92:00:00
72	2019-5-30	LMG	男	苗	43	大专	党员	第一书记	夏雍	72:71:00
73	2019-5-30	ZR	男	汉	—	—	党员	挂职县副书记	谢治菊	113:19:00
		WTX	男	汉	—	—	党员	挂职镇副书记		
		CL	女	汉	—	—	党员	驻村干部		
		ZPA	男	汉	—	—	党员	第一书记		
		LSL	男	汉	—	—	党员	第一书记		
74	2019-5-31	MHD	男	苗	47	本科	党员	扶贫办主任	谢治菊	76:32:00
		YDF	男	苗	32	本科	党员	扶贫办人员	谢治菊	
		LXH	男	苗	37	本科	党员	扶贫办副主任	谢治菊	
75	2019-5-31	XJG	男	苗	44	本科	党员	副县长	谢治菊	79:35:00
76	2019-5-31	LY	男	水	38	本科	党员	副校长	谢治菊	10:55:00
77	2019-5-31	YCF	男	苗	50	本科	群众	县农办主任	谢治菊	46:53:00
78	2019-5-31	PCG	男	苗	40	本科	党员	工信局副局长	谢治菊	65:01:00
79	2019-6-1	YLB	男	苗	78	—	党员	老支书	谢治菊	29:38:00
80	2019-6-1	YWH	男	白	37	大专	党员	村支书	谢治菊	54:15:00
81	2019-6-3	YSW	男	苗	39	本科	党员	党委书记	谢治菊	90:17:00
82	2019-6-3	HJW	男	汉	39	本科	党员	第一书记	谢治菊	130:44:00
83	2019-6-4	NJ	男	侗	46	大专	群众	副总经理	谢治菊	40:35:00
84	2019-6-4	ZZF	男	汉	—	本科	党员	副主任	谢治菊	79:19:00
85	2019-6-4	YAP	男	侗	42	本科	党员	副局长	谢治菊	40:38:00
		PLZ	男	侗	30	本科	党员	扶贫专员	谢治菊	67:41:00
86	2019-6-4	HSH	男	侗	35	本科	党员	大数据专员	谢治菊	31:31:00

续表

序号	访谈日期	姓名	性别	民族	年龄（岁）	文化程度	政治面貌	身份	访谈人	访谈时长（分钟）
87	2019-6-4	ZXD	男	侗	49	研究生	党员	部长	谢治菊	67:18:00
88	2019-6-4	JJH	女	侗	35	大专	党员	工作人员	夏雍	40:00:00
89	2019-6-5	TGJ	男	侗	43	—	党员	党委书记	谢治菊	42:04:00
90	2019-6-5	PSD	男	苗	47	初中	党员	村支书	夏雍	41:05:00
91	2019-6-13	XB	男	汉	51	本科	党员	数据中心主任	谢治菊等	113:56:00
91	2019-6-13	LYQ	男	汉	37	本科	党员	数据中心处长	谢治菊等	113:56:00
92	2019-6-13	LWZ	男	汉	49	博士	党员	区数据局局长		96:36:00
93	2019-12-23	CGR	男	韩	57	本科	党员	支教副校长	谢治菊	139:19:00

后　　记

　　就在写后记的时候，全世界正在为控制新型冠状病毒肺炎疫情而努力，许许多多可爱又可敬的逆行者，毅然冲在疫情的第一线，保障着国家的稳定、人民的安宁、社会的和谐与家庭的幸福，在此表示深深的敬意。目前，病毒的传播在我国暂时得到了控制，不仅连续多天的新增病例和死亡病例在低位运行，重症病人在逐步减少，且新增的病例也以境外输入为主，复工复产复学正在有序推进。然而，疫情在国外的扩散却愈演愈烈，这场疫情是一场悲剧，不仅已经夺去了几十万人的生命，让无数个家庭支离破碎，还可能引发未来经济社会发展的退步，危害党和政府的公信力。然而，正如作家方方所言："时代的一粒灰，落在个人头上，就是一座大山"。在贫困人口和基层工作者面前，这座山更加沉重。以基层工作者为例。疫情之下，他们身处联防联控的末端，又是直面潜在病患的前端，肩负的压力不小、付出的努力也不小。在我们身边能够看到，大批的镇村干部、民警、社区工作者等，坚守在自己的岗位上。他们不畏艰险、辛勤付出，为的是守护千家万户的平安。可以说，当前，无论是建立健全区县、街镇、城乡社区等防护网络，还是做好疫情监测、排查、预警、防控等工作，基层一线在联防联控上取得的成绩都是扎实有效的，疫情防控的大网正在不断织密织牢。但是，一方面我们感动于这些基层公务员们在如此严峻疫情下的默默付出，另一方面也为奔波在防疫战线上的基层工作者们隐隐的担忧，他们走街串巷给老百姓宣传防疫知识、还要排查风险、对往返乡的人口做好登记和"跟踪"、紧跟上级传达指令、配合相关（防疫）部门做好工作……毕竟，在如此严峻的疫情形式下，出门就意味着风险增加，况且有时候还要挨家挨户去排查。这不禁让我想起，那些我们曾经调研过的基层公务员，你们还好吗？

我们知道，党的十八大以来，在以习近平同志为核心的党中央坚强领导下，在全党全国全社会共同努力下，我国脱贫攻坚取得了决定性成就，脱贫攻坚目标任务接近完成，贫困人口从 2012 年年底的 9899 万人减到 2019 年年底的 551 万人，贫困发生率由 10.2% 降至 0.6%，区域性整体贫困基本得到解决，贫困群众"两不愁"质量水平明显提升，"三保障"突出问题总体解决，群众出行难、用电难、上学难、看病难、通信难等长期没有解决的老大难问题普遍解决，义务教育、基本医疗、住房安全有了保障，贫困地区经济社会发展明显加快。① 这说明，中国在扶贫方面取得了举世瞩目的成绩，对全球贫困治理贡献了巨大的力量。这些成绩的取得，凝聚了全党全国各族人民的智慧和心血，彰显了中国共产党领导和我国社会主义制度的政治优势，也与基层公务员的努力与付出分不开。

脱贫攻坚战，是一场没有硝烟的战斗，更是一场旷日持久的战役。在这场史无前例的战斗中，广大基层干部无论是从精神层面还是从体能方面都经历了前所未有的考验，做出了不可磨灭的贡献。网上流传的段子"多少个废寝忘食，多少个通宵达旦，三过家门而不入，儿子病了没人管，须发疯长无空理，撒泡尿也得憋半天，哪管妻儿老人怨，皆因扶贫大如天……"恐怕是对全体扶贫一线战斗人员最真实的写照。正如云南省曲靖市一名高三学生在文章《父亲扶贫路上那些事》所写道："我的父亲，以及每一位扶贫工作者，都无英雄之名却行英雄之实，无夸父之能却效逐日之事，无孔孟之贤却怀济世之心。"② 不仅如此，由于扶贫工作烦琐、检查繁杂、任务繁重，工作地点又比较偏僻，截至 2019 年 6 月，

---

① 《坚决夺取脱贫攻坚战全面胜利——论学习贯彻习近平总书记在决战决胜脱贫攻坚座谈会上重要讲话》，http://www.xinhuanet.com/2020-03/07/c_1125678423.htm，2020 年 3 月 8 日。

② 曲一中高三女生写父亲驻村的作文，被国务院扶贫办官微转发点赞，2020 年 6 月 30 日。

因劳累过度、自然灾害、交通事故等牺牲的扶贫干部已达 770 人①；而最近几月突发的新冠肺炎疫情，仅在 2020 年 2 月 12 日之前，就让 54 名基层干部倒下。② 这说明，基层公务员的生存状态也令人担忧。

"其作始也简，其将毕也必巨。"今年是脱贫攻坚收官之年，又遭遇疫情影响，脱贫工作时间紧、任务重、难度高。在此背景下，2020 年 3 月 6 日，党中央、国务院召开了决战脱贫攻坚座谈会。座谈会上，习近平总书记指出，这次会议的主要任务是"分析当前形势，克服新冠肺炎疫情影响，凝心聚力打赢脱贫攻坚战，确保如期完成脱贫攻坚目标任务，确保全面建成小康社会。"③ 在疫情防控与脱贫攻坚的双重压力下，基层公务员的压力可想而知。

其实，党的十八大尤其是"八项规定"以来，从中央到地方强力推进作风建设和反腐倡廉，各项规定、禁令不断出台。禁令之下，无论是公务员的工作方式、生活方式还是交往方式都会发生很大的变化，这些变化将会对基层公务员的心态造成强烈冲击。心态决定心情，心情决定状态。作为国家公职人员，基层公务员心态的好坏事关基层公共事务的治理效果，事关百姓的安危冷暖，必须予以足够的重视。为此，2016 年 7 月，我们申请并获批贵阳孔学堂阳明心学与当代社会心态研究院的横向课题"西南地区基层公务员心态研究"（KXTXT201605），随后开始调研。在调研中，我们被脱贫攻坚下基层公务员的乐观心态和奉献精神所打动，也发现了很多鲜为人知的感人故事。为扩大影响，做更有意义的研究，考虑到贵州基层公务员是课题的重点研究对象，我们本着"先低后高"的原则，分别于 2017 年 3 月和 9 月，又申请并获批了贵州省教育厅重点项目"贵州基层公务员社会心态调查研究"（2017ZD02）和贵州省哲学社会科学一般项目"贵州基层公务员心态变化及调适研究"

---

① 尹琦琦：《贵州：扶贫领域"两个责任"落实不力 669 人被追责》，《中国纪检监察报》2018 年 7 月 20 日第 003 版。

② 《54 名干部抗击疫情牺牲！基层干部疾呼：请配合社区工作者工作》，https://www.sohu.com/a/372392165_100028127，2020 年 2 月 12 日。

③ 习近平：《在决战决胜脱贫攻坚座谈会上的讲话》，《学习强国》2020 年 3 月 6 日。

（17GZYB09）。2019年3月，贵阳孔学堂的横向课题结题后，正值教育部后期资助项目的申报，我们将调研报告整理成书稿，申请了该项目，于2019年7月获批。

事实上，该问题的第一次调研始于2017年1月。那一次，有个本科毕业后好久不见的学生来学校找我，他在一个人口有3万多的镇里面当个副职，因2016年12月获批的贵阳孔学堂课题，我恰好以他为访谈对象，向他请教了党的十八大以来基层公务员心态的变化问题。没想到，他打开话匣子，给我说了两个多小时。记得他告诉我，总体而言，党的十八大以来基层公务员心态的变化是积极的，但"一票否决制"的考核机制和"严苛"的问责机制，让很多基层公务员感觉压力很大，由此导致党的十八大以来的辞职现象有所增加。后来查了资料，确实如此。据不完全数据统计，2014年全国辞职的公务员是9000人，占当年总人数的0.125%；2015年为12000人，约占当时公务员总数比例的0.2%。公务员辞职比较高的是云南省，该省2012—2014年的辞职人数分别为16人、184人和301人，辞职人数占公务员总人数的比例分别为0.6%、0.71%和1.16%，不仅逐年递增，还远远高于全国的平均水平。[①] 遗憾的是，2017年1月我还是贵州民族大学教务处主持工作的副处长，正在校领导的指导下，带领全校师生迎接本科教学的审核评估，当时的那段访谈没及时整理，后来想起的时候，找不到录音文件了。不过，此次学生访谈为我们设计调查问卷提供了清晰的思路和明确的方向，设计好问卷反复试调研修改后，我们在重庆、四川和贵州三省进行了大规模的实证调研，重点是调研贵州省。截至2020年1月，我们先后10多次到重庆、四川和贵州做调研，调研区域共涉及30余个县（市区）130余个乡镇（街道）和县属部门，访谈基层公务员上百人，共获取有效调查问卷3209份，其中，贵州省1478份，四川省805份，重庆市926份，3省（市）问卷的回收率分别为92.4%、80.5%和92.6%。

---

① Yongkang Li, "Analysis of Resignation Trend of Chinese Civil Servants. 2nd International Conference on Social," *Eduction and Management Engineering*（SEME 2016）：20.

调研中方发现了许多感人的故事，如部分基层干部家人生病，请假回家匆匆一瞥就含泪返回；部分驻村干部夜以继日、带病工作，最后积劳成疾、倒在扶贫一线……这样的例子真是太多。例如，还记得2019年3月12日晚，雷山县达地水族乡乌达村的上空，忽然飘起丝丝细雨，似乎在为一位英年早逝的灵魂哭泣。在这个深度贫困村，中共党员、驻村干部余金政，在连续工作近40小时后，安然睡在了他的帮扶对象家中，再也没有醒来。1979年出生的余金政是贵州省黔东南苗族侗族自治州雷山县丹江镇脚雄村人，2002年毕业于贵州民族学院文学与传播学院。毕业后，他选择回到生养自己的故乡发展，三年后的2005年，忠厚老实、宽人克己的余金政被乡亲们推选为雷山县丹江镇脚雄村村主任；十年后的2012年，余金政考进达地乡文化站，正式成为一名乡政府事业编制的工作人员；2017年4月至2018年2月，余金政又以乡镇干部身份编入达地乡乌空村同步小康驻村工作组开展驻村帮扶工作；2018年3月，雷山县脱贫攻坚战进入攻营拔寨的关键时期，达地水族乡党委、政府决定从乡属各部门抽调精兵强将轮战驻村，一向踏实肯干、吃苦耐劳，任劳任怨、爱岗敬业、忘我工作的余金政被党委、政府第一时间"相中"，余金政二话没说，到乌达村工作。① 没想到，到乌达村一年，他就倒下了。这让我们深切地感受到，开展精准扶贫的这些年，时间虽然不长，但扶贫干部为此付出的汗水、热血甚至生命，理应被后人、被历史、被所有的中华儿女所记住。所以，自2019年6月以来，我们就开始在全国征集"一线扶贫干部口述故事"，开始推进"扶贫干部口述故事进校园"活动。

虽然我们先后下乡进村调研10余次，但2019年春节的那次调研给我印象最深。那年的大年初九，我们便踏上了征程，此时是贵州最寒冷的时候，调研期间的天气和环境大多数时候比较恶劣，遇到过冰雹、凝冻、暴雨和大雾，住过村民的小木屋和乡下的招待所，条件比较艰苦。最难忘的是我们在能见度不到五米的高速路上行驶、在山路十八弯的乡间小

---

① 余金政的故事，详见新华网的报道《满腔热血驱贫困 万缕深情铸忠魂 追记雷山县驻村干部、党员余金政》，网址为：http://www.gz.xinhuanet.com/2019－04/03/c_ 1124327253.htm，2019年4月3日。

路上蜿蜒、在凝冻的天气里一扇扇推开贫困户家的门、在零下几摄氏度的田地里与农户交流。最感动的是，虽然调研期间部分学生感冒发烧、基层的脱贫攻坚争分夺秒，但是，没有一个学生中途退缩，没有一个扶贫干部工作应付，没有哪个乡镇敷衍我们，所有的调查者和被调查者都在认真、踏实而努力地工作，尽管这些工作经常到晚上十二点甚至半夜一点，经常需要步行好几公里。所以，此次调研最大的收获不是顺利完成了课题研究所需要的素材，而是让我看到了团队成员坚忍不拔、勇于攀登、团结协作的优秀精神，以及青年学生朝气蓬勃、乐观开朗、善良隐忍的可贵品质，感受到了基层政府的攻坚信心和驻村干部的无私奉献。这些让我们进一步认识到自己肩上的责任和重担，坚定了将"论文写在大地上"的信心与决心。

在此，我要感谢一直支持我、陪伴我、帮助我的团队成员们，他们是：贵州民族大学李小勇副教授、张恒诚老师，安顺学院兰定松副教授和廖洪泉副教授，广州大学硕士研究生许文朔、刘峰、曾梓粦、范飞、李尚恒等，贵州民族大学博士研究生兰英和夏雍、硕士研究生朱绍豪、王曦、肖鸿禹、杨正莲、向丹、邓熙媛、黄玲、梅陈、吴雪婷等，广州大学本科生韩尚臻、刘婉敏、兰凌云、李恺茵、叶选婷、陈郯、钟金娴、罗浩奇、郭泳淋、梅梦婷等，贵州民族大学已毕业的本科生陈林、黄为、黄河龙、罗祥海、杜旭、杨胜江、高开勇、韦正富、姚磊、蒋薇、王庆华、罗吉明等（注：此处排名不分先后）。更要感谢的是为我们调研提供帮助、接受我们访谈的基层干部和村民们，他们的名字将永远镌刻在我们的心里。当然，此书的顺利出版，也要感谢中国社会科学出版社赵丽老师的大力支持、悉心指导和用心编辑。

我们知道，近年来，随着政治、经济、文化、社会等环境的变化，以及权力下沉改革的逐步推进，基层政府的职能也随之调整，这种紧迫感和变化趋势必给基层公务员的心态带来变化。尤其是权力下沉改革，让更多的权责和资源沉入地方和基层一线，让基层机构有更多的资源和能力为群众提供优质服务和管理，这样就能够更好地发挥中央、地方和基层三个积极性。然而，由于基层政府的治理能力与治理体系现代化还远远不够，这种下沉的权力在悄悄改变基层公共管理环境、重塑基层权力运作方式的同时，也给基层公务员带来了不小的压力和负担。由此，如要达成党的十九届四中全会提出的"推动社会治理和服务重心向基层下移，把更多资源下沉到基层，更好提供精准化、精细化服务"的目标，重塑基层公务员心态就必不可少。希望在书正式出版之际，困扰全球的新冠肺炎疫情能够结束，等待那一天。

谢治菊
2020 年 7 月 5 日于广州